JURA
Juristische Ausbildung

Zwischenprüfung

Inhalt

Geleitwort

Die Anfängerübungen in der Universitätsausbildung sind – als Voraussetzung für die Zulassung zu den Übungen für Fortgeschrittene – nach wie vor an zahlreichen Universitäten wichtige Ausbildungsabschnitte. An den Universitäten, die die Anfängerübungen abgeschafft haben, verlagert sich das Schwergewicht automatisch auf die Übungen für Fortgeschrittene. – Gleichwohl hält sich der »Examensdruck« in den Übungen in einem erträglichen Maß, da die Übungen bis zum erfolgreichen Abschluss wiederholt werden konnten und können.

Mit Einführung der Zwischenprüfung hat sich die Ausbildungslage entscheidend geändert. Der Misserfolg in einer Zwischenprüfungsklausur, kann – auch wenn eine Wiederholungsmöglichkeit besteht – schnell zum abrupten Ende des juristischen Studiums führen. Wichtig ist es daher, dass der Student sich bei Zeiten Kenntnisse darüber verschafft, was in den einzelnen Prüfungsleistungen von ihm erwartet wird. – Trotz aller individueller Unterschiede an den einzelnen Universitäten sind hier durchaus Gemeinsamkeiten erkennbar, die die formalen Unterschiede – Klausur, Hausarbeit, Vorlesungsabschlussarbeit – in den Hintergrund treten lassen.

Neben dem erforderlichen Wissen, ist aber die Übung im praktischen Umgang mit Prüfungsfällen von besonderer Bedeutung. Jedes Heft der JURA macht daher in der Rubrik »Methodik« mit Falllösungen bekannt, natürlich auch mit Klausuren aus den Grundlagen und Pflichtfächern der Zwischenprüfung. Da aber die ersten Leistungen der Zwischenprüfung schon sehr früh im Studium verlangt werden, besteht ein Bedürfnis nach konzentrierter Information. Diese Information will das Sonderheft bieten, und zwar als **methodische** Hilfestellung. Das bedeutet, dass es unter Vorbereitungsgesichtspunkten auf die Zwischenprüfung nicht genügt, die einzelnen Prüfungsklausuren nur zur Kenntnis zu nehmen. Um das eigene Wissen und Können zu erweitern, aber sogleich kritisch zu analysieren, ist es erforderlich, nach Kenntnis des Klausursachverhalts eine Lösungsskizze zu erarbeiten und diese mit der abgedruckten Falllösung zu vergleichen. So kann aus Fehlern gelernt, die nötige Sicherheit im Umgang mit dem Rechtsstoff gewonnen und die Zwischenprüfung erfolgreich bestanden werden.

Die Herausgeber

Zur Einführung

Vom »1 x 1« des Klausuren Schreibens

Von Wiss. Mit. Elisabeth Schütze, Würzburg

Subsumtion – Aufbau – Formulierungen

Dieser Beitrag richtet sich an Studenten im ersten Semester beziehungsweise in den Anfangssemestern, die sich auf ihre Klausuren vorbereiten oder nach unbefriedigenden Ergebnissen in ihren ersten Prüfungen nach Wegen suchen, ihre Leistungen zu verbessern. Die Abhandlung widmet sich im wahrsten Sinne des Wortes dem »1 x 1« des Klausuren Schreibens[1]. Sofern die Meinung entsteht, der Beitrag enthalte Selbstverständlichkeiten, die keiner Erwähnung bedürften, sei gesagt, dass die nachstehenden Empfehlungen auf Erfahrungen als Lehrkraft und Korrektorin basieren, und im Austausch mit Kollegen bestätigt wurden[2]. Auch das Selbstverständliche bedarf also der Erwähnung und erst Recht der Beachtung.

A. Vom Gutachtenstil

Der Student im ersten Semester wird beim Erstellen von Klausuren mit einer gänzlich neuen Vorgehensweise, dem so genannten »Gutachtenstil« konfrontiert. In der Theorie hört dieser sich noch recht einfach an. Ein Problem wird aufgeworfen (»Obersatz«), die hiermit korrespondierende Norm im Gesetz gesucht, deren Voraussetzungen genannt, gegebenenfalls definiert und nach der Auseinandersetzung mit der Frage, ob der jeweilige Sachverhalt unter die Norm fällt (»Subsumtion«) wird abschließend ein Ergebnis formuliert[3]. Dabei ist im Unterschied zum Urteilsstil der Konjunktiv anzuwenden, da der Bearbeiter das Ergebnis nicht durch die Formulierung vorwegnehmen soll. Soviel zur Theorie, nun zur Praxis.

I. Vom Konjunktiv

Nicht wenige Studenten setzen den Konjunktiv zu oft ein. So werden zum Beispiel auch problemlose Punkte oder die Konsequenzen der Gesetzesanwendung im Konjunktiv formuliert. Ist beispielsweise der Herausgabeanspruch aus § 985 BGB zu prüfen, so lautet eine beliebte Einleitung der Prüfung *»Voraussetzung hierfür wäre, dass A Eigentümer und B Besitzer ohne Recht zum Besitz ist.«* Die Rechtsfolgen einer Anfechtung werden zum Beispiel wie folgt beschrieben: *»In Betracht kommt eine Anfechtung gem. § 142 I BGB, sodass der Vertrag als* ex tunc *nichtig angesehen werden würde.«* In beiden Beispielen ist der Konjunktiv überflüssig[4]. Denn es *ist* tatsächlich Voraussetzung der Herausgabe nach § 985, dass der Anspruchssteller Eigentümer und der Anspruchsgegner Besitzer ohne Besitzrecht ist, und die Rechtsfolge einer Anfechtung *ist* (in der Regel) die rückwirkende Nichtigkeit des Rechtsgeschäfts. Waren V und K sich im Sachverhalt *»sofort über den Verkauf des Fahrrades zu 50 € handelseinig«*, dann ist die Formulierung sie *»könnten sich geeinigt haben«* verfehlt, denn sie *haben* sich geeinigt.

Die Grundregel lautet deshalb: Auch der Konjunktiv hat seine Grenzen! Überprüfen Sie daher, ob die Verwendung des Konjunktivs in Ihrer Klausur in dem jeweiligen Kontext auch sinnvoll und notwendig ist! Das ist in der Regel dann nicht der Fall, wenn Sie die Rechtsfolgen einer Norm beschreiben, oder Punkte, die keine Schwierigkeiten aufwerfen, zügig abhandeln!

II. Von den Definitionen

Dass Definitionen in der Lösung einer juristischen Klausur eine beachtliche Rolle spielen und häufig eine ordentliche Subsumtion erst ermöglichen, nehmen einige Bearbeiter zum Anlass, ihre Ausarbeitung mit einer »Flut von Definitionen« zu überfrachten.

Die Definitionen werden dabei ohne Bezug zum Fall »abgeladen« und es wird auch dann noch leidenschaftlich definiert, wenn der in Rede stehende Punkt keine Schwierigkeiten aufwirft. So liest der Leid geplagte Korrektor zum Beispiel bei der Prüfung des Zustandekommens eines Kaufvertrages: *»Ein Vertrag setzt sich zusammen aus zwei korrespondierenden Willenserklärungen, Antrag und Annahme (§§ 145 ff. BGB). Eine Willenserklärung ist eine private Willensäußerung, die auf Erzielung einer Rechtsfolge gerichtet ist. Ein Antrag ist eine einseitige empfangsbedürftige Willenserklärung, die alle wesentlichen Vertragsbestandteile enthält, so dass der andere Vertragsteil nur noch sein Einverständnis erklären muss. Eine Annahme ist eine einseitige empfangsbedürftige Willenserklärung, durch die der andere sein vorbehaltloses Einverständnis mit dem Angebot erklärt.«*

Dabei könnte der Korrektor lesen: *»Ein Vertrag setzt sich zusammen aus zwei korrespondierenden Willenserklärungen, Antrag und Annahme (§§ 145 ff. BGB). In dem V fragte, ob K das Bild zu 100 € erwerben möchte, hat er ihm den Abschluss des Kaufvertrages unter Nennung aller wesentlichen Vertragsbestandteile vorgeschlagen. Ein Antrag des V liegt mithin vor. In der Aussage des »ja gerne« liegt sein vorbehaltloses Einverständnis mit dem Angebot. Zwei korrespondierende Willenserklärungen sind gegeben, ein Kaufvertrag über das Bild ist damit zustande gekommen.«*

Werden sich die Parteien wie im unter I. genannten Beispiel *»sofort handelseinig«* reicht auch die schlichte Formulierung: *»V und K haben sich über den Verkauf des Fahrrades geeinigt. Ein Kaufvertrag liegt somit vor.«*

Die Grundregel lautet also: Definieren Sie »mit Köpfchen«! Das heißt definieren Sie nicht, ohne dabei oder danach einen Bezug zum Fall herzustellen! Bei einfachen Punkten ist es oft sinnvoll, gänzlich auf die Definitionen zu verzichten!

III. Von der Subsumtion

Einer der schwierigsten Punkte in der Klausurbearbeitung stellt für viele Verfasser die Subsumtion dar, also die Auseinandersetzung mit der Frage, ob die Voraussetzungen einer Norm im

1 Für die weiterführende Lektüre sei DIEDRICHSEN/WAGNER, Die BGB-Klausur, 9. Aufl. (1998) eindringlich empfohlen. Vgl. auch DÜHN, Die »10 Gebote« der Klausurbearbeitung, JA 2000, 765 ff.; KNÖDLER, Zur Vermeidung von formalen Fehlern in Klausuren, JuS 1996, L 65 ff.; FRITZSCHE, Technik der zivilrechtlichen Fallbearbeitung, JuS 1993, L 57 ff.; KÖBLER, Anfängerübung, 7. Aufl. (1995) und VELTE, Methodische Hinweise zur Fallösung im Zivilrecht, **JURA** 1980, 193 ff.

2 Besonderer Dank gilt in diesem Zusammenhang Frau Jenny Grimm (LL.M. Eur.), die diesen Beitrag mit konkreten Beispielen bereicherte.

3 Näher zum Gutachtenstil, VELTE, Methodische Hinweise zur Fallösung im Zivilrecht, **JURA** 1980, 193 (200 f.).

4 Anders FRANCK, Zur Verwendung des Konjunktivs für den Lösungsansatz in einem Gutachten, JuS 2000, 174 ff. Er hält die Formulierung *»T hätte einen Anspruch auf Zahlung des Kaufpreises, wenn ein wirksamer Kaufvertrag, § 433 BGB, zwischen ihm und S vorläge und der Kaufpreis fällig wäre«* für korrekt. Bei diesem Obersatz müsste m.E. in der Konsequenz das Ergebnis der Prüfung lauten: *»T hätte einen Anspruch«.*

Klausursachverhalt erfüllt sind, oder nicht[5]. Einige Bearbeiter versuchen dieser Problematik dadurch Herr zu werden, dass sie »Gleiches mit Gleichem« erklären (Variante 1). Andere wiederum berufen sich schlicht auf den Sachverhalt (Variante 2), oder lassen die Subsumtion gleich ganz weg (Variante 3). Bei der Prüfung des Eigentumsübergangs an einer Vase liest sich das – nach der immer gleichen Einleitung *»E könnte sein Eigentum an der Vase an B verloren haben. Dazu müssten nach § 929 S. 1 BGB eine Einigung und eine Übergabe vorliegen«* - wie folgt:

– Variante 1: *»Beides liegt vor, indem sie sich einigten, und die Sache übergeben wurde.«*
– Variante 2: *»Das ist hier laut Sachverhalt der Fall.«*
– Variante 3: *»B ist folglich Eigentümer geworden.«*

In keiner der genannten Varianten erfolgt eine Auseinandersetzung mit dem Sachverhalt. Der Verfasser kann diesen Fehler vermeiden, indem er den Korrektor auf dem Weg zur Ergebnisfindung in seiner Klausur »an die Hand nimmt«, das heißt, seine Entscheidung anhand des Sachverhalts begründet. Dies geschieht beinahe von selbst, wenn der Verfasser sich in die Rolle des Korrektors versetzt und wie dieser jedes Ergebnis in der Klausur auf seine Stichhaltigkeit hin überprüft. Fehlen wie in den drei genannten Beispielen Anhaltspunkte aus dem Sachverhalt, die das Ergebnis in der Klausur plausibel erscheinen lassen, hat der Verfasser nicht, oder nicht ausreichend subsumiert.

Eine ordentliche Subsumtion, eingebettet in Obersatz und Ergebnis lautet deshalb so oder ähnlich: *»E könnte sein Eigentum an der Vase an B verloren haben* (Obersatz). *Dazu müssten nach § 929 S. 1 BGB eine Einigung und eine Übergabe vorliegen* (Voraussetzungen der Norm). *E und B hatten vereinbart, dass B nunmehr Eigentümer der Vase sein sollte, und E verschaffte B auch den unmittelbaren Besitz an der Vase* (Subsumtion). *Die Voraussetzungen des § 929 S. 1 BGB sind damit erfüllt; E hat sein Eigentum an der Vase an B verloren* (Ergebnis).«

Die Grundregel lautet deshalb: Keine Angst vor der Subsumtion! Versuchen Sie jedoch beim Subsumieren nicht genau die Begriffe zu verwenden, deren Vorliegen Sie gerade untersuchen!

IV. Von der Arbeit mit dem Gesetz

Nicht selten wundern sich die Bearbeiter in den Anfangssemestern darüber, für eine korrekte Bearbeitung und Lösung des Falles eine unbefriedigende Note zu erhalten. Dabei wird häufig einfach nur vergessen, den beschrittenen Weg und das Ergebnis mit Hilfe des Gesetzes zu begründen. In der Klausur ist dann zum Beispiel *»M 17 Jahre alt und somit beschränkt geschäftsfähig«*, seine Eltern haben *»ihre Genehmigung, das heißt die nachträgliche Zustimmung zu dem von ihm getätigten Rechtsgeschäft noch nicht erteilt«* und der Vertrag ist deshalb *»schwebend unwirksam«*. Die betreffenden Paragraphen, das heißt §§ 2, 106 BGB für die beschränkte Geschäftsfähigkeit, §§ 182, 184 I BGB für die Genehmigung oder § 108 I BGB für die schwebende Unwirksamkeit, werden nicht erwähnt.

An anderer Stelle wird die einschlägige Norm zwar genannt, aber nicht genau zitiert. So stellt sich in der Klausur heraus, dass M *»einem Irrtum gem. § 119 BGB unterlag«* und er *»einen Anspruch aus § 812 I BGB«* gegen seinen Vertragspartner hat. *Welchem* Irrtum i. S. d. § 119 BGB (es gibt drei!) M unterlag, oder *welche* Anspruchsgrundlage im Rahmen von § 812 I BGB (es gibt vier!) einschlägig ist, vermag der Korrektor mangels genauer Zitierweise nur zu erahnen.

Die Grundregel lautet hier also: Arbeiten Sie mit dem Gesetz, das heißt verankern Sie sowohl den Lösungsweg, als auch das Ergebnis an den einschlägigen Normen und zitieren Sie diese genau[6]!

V. Von den Autoritäten

Viele Bearbeiter zeigen sich von der »herrschenden Meinung«, der »herrschenden Lehre« oder der »herrschenden Rechtsprechung« derartig beeindruckt, dass sie eine Argumentation für gänzlich entbehrlich halten. In der Klausur ist dann zum Beispiel die Duldungsvollmacht einfach *»nach herrschender Meinung nicht anfechtbar«*, und der Korrektor sucht vergeblich nach einer Begründung.

Die Grundregel lautet hier: Argumentieren Sie, anstatt sich ohne Begründung (vermeintlichen) Autoritäten anzuschließen[7]!

VI. Vom Sonderwissen

Nicht selten sind die Bearbeiter so begeistert von ihrem eigenen Wissen, dass sie vergessen zu hinterfragen, ob ihre spezifischen Kenntnisse in dem jeweiligen Kontext überhaupt gefragt sind. Lautet der Bearbeitervermerk: *»Ist B Eigentümer geworden?«* oder *»Hat V Anspruch auf Zahlung der letzten Rate?«*, so sind im ersten Fall Ausführungen zur Herausgabe nach § 985 BGB, und im zweiten Fall die Auseinandersetzung mit der Frage, ob nicht wenigstens ein Schadenersatzanspruch nach § 122 I BGB besteht, gänzlich unangebracht[8].

Die Grundregel lautet deshalb: Lesen Sie den Bearbeitervermerk genau und beschränken Sie sich ausschließlich auf die Beantwortung des Gefragten[9]!

VII. Von den Füllwörtern

Sind die Bearbeiter von ihrer eigenen Falllösung beziehungsweise Entscheidungsfindung selbst nicht ganz überzeugt, oder wollen sie die Verwendung des Urteilstils »kraftvoll untermalen«, werden häufig Füllwörter benutzt[10]. Diese klingen dann entweder sehr selbstbewusst, oder sehr »ängstlich«. So ist B beispielsweise *»eindeutig unmittelbarer Besitzer«*, die Einwilligung der Eltern ist *»unproblematisch«* gegeben, oder in M‹s Aussage, er »kündige« den Vertrag ist *»wohl eine Anfechtungserklärung zu sehen.«*

Die Grundregel lautet in diesem Zusammenhang: »Finger weg« von Füllwörtern[11]!

5 Ausführlich hierzu DIEDRICHSEN/WAGNER, Die BGB-Klausur, 9. Aufl. (1998), S. 172 ff.

6 Vgl. BRÜHL, Die juristische Fallbearbeitung in Klausur, Hausarbeit und Vortrag, 3. Aufl. (1992), S. 130 ff. Siehe auch DÜHN, Die »10 Gebote« der Klausurbearbeitung, JA 2000, 765.

7 Die Bezugnahme auf die »h. M.«, »h. L.« oder »hRspr.« ist, sofern sie von Argumenten gestützt wird, grundsätzlich möglich. Achten Sie jedoch darauf, dass die von Ihnen als »herrschend« bezeichnete Meinung auch tatsächlich ganz überwiegend vertreten wird, und vermeiden Sie die Bezeichnung der Gegenansicht als »Mindermeinung«, da dieser Ausdruck abwertend klingt (vgl. DÜHN, Die »10 Gebote« der Klausurbearbeitung, JA 2000, 765 [768]). In Zweifelsfällen bieten sich neutrale Bezeichnungen wie *»eine Ansicht«* oder *»andere Ansicht«*, beziehungsweise solche Formulierungen an, die gänzlich ohne Bezugnahme auf Meinungen oder Ansichten auskommen. Dies sind zum Beispiel Einleitungen wie *»Hier könnte man argumentieren (...). Für diese Begründung spricht (...). Dagegen wird jedoch angeführt (...)«*.

8 Dies gilt auch dann, wenn der Bearbeiter die Prüfung mit der kessen Einleitung beginnt *»Vom Bearbeitervermerk nicht mehr gefragt und vom Bearbeiter wohl bemerkt, ist der Schadenersatzanspruch gem. § 122 I BGB.«*

9 Vgl. KNÖDLER, Zur Vermeidung von formalen Fehlern in Klausuren, JuS 1996, L 73 (74).

10 So auch TEUBNER, Die Examens- und Übungshausarbeit im Bürgerlichen Recht, einschließlich des Verfahrensrechts, 2. Aufl. (1993), S. 32: *»Hinter kräftig erscheinenden Hervorhebungen wie (...), verbergen sich oft Argumentationsschwächen.«*

11 Vgl. TEUBNER, Die Examens- und Übungshausarbeit im Bürgerlichen Recht, einschließlich des Verfahrensrechts, 2. Aufl. (1993), S. 32. Siehe auch DÜHN, Die »10 Gebote« der Klausurbearbeitung, JA 2000, 765 (769).

VIII. Von den Überleitungen

Wenn es darum geht, die Klausur ordentlich aufzubauen und dem Korrektor die künftigen Prüfungspunkte anzukündigen, was für sich genommen ein durchweg lobenswertes Bestreben ist, bedienen sich einige Bearbeiter unzweckmäßiger Mittel. So wird die Prüfung eingeleitet mit Ausdrücken wie *»problematisch aber ist die Frage der Wirksamkeit der Willenserklärung, auf die im Folgenden einzugehen ist«* oder *»im Folgenden ist zu prüfen, ob M sich wirksam einigen konnte.«* Auch finden sich Fragen wie *»Die Willenserklärung des M, ist sie gem. § 107 BGB wirksam?«* oder *»haben die Eltern ihre Einwilligung in dieses Geschäft gem. §§ 107, 182, 183 gegeben?«* Obschon juristische Standardformulierungen wie »fraglich« oder »problematisch ist« und die schlichte Einleitung der Prüfung durch einen Obersatz im Konjunktiv (*»Die Willenserklärung des M könnte gem. § 107 BGB wirksam sein.«*) weniger »spannend« anmuten, sollten die Bearbeiter diese gleichwohl verwenden.

Die Grundregel lautet deshalb: Vorsicht bei der Ein- und Überleitung Ihrer Prüfung! Beschränken Sie sich auf den Konjunktiv und juristische »Standardformulierungen«[12]!

IX. Von den »Wurmsätzen«

Einige Bearbeiter haben es sich zur Aufgabe gemacht, möglichst viele Informationen in einem Satz unterzubringen, ob gleich dieser dadurch an Lesbarkeit verliert. Ein schönes Beispiel hierfür ist der folgende Auszug einer Klausur, der *inhaltlich*[13] nicht zu beanstanden ist: *»Da M erst 17 Jahre alt, und somit gem. §§ 2, 106 BGB beschränkt geschäftsfähig ist, bedarf es für ihn nach § 107 BGB, wenn er durch seine Willenserklärung nicht einen lediglich rechtlichen Vorteil erlangt, der Einwilligung – also der vorherigen Zustimmung – seines gesetzlichen Vertreters, d. h. heißt im Falle des M seiner Eltern, §§ 1626, 1629 BGB.«*

Die Grundregel lautet deshalb: Machen Sie im wahrsten Sinne des Wortes (ab und zu) einen Punkt! Formulieren Sie klar, kurz, und fragen Sie sich immer wieder, ob Sie als Leser der Klausur Ihre Ausführungen noch verstehen[14]!

B. Von den Formalien

Schließlich sei hier noch auf die häufigsten formalen Fehler bei der Klausurbearbeitung hingewiesen.

I. Von der Gliederung

Einige Bearbeiter vertiefen sich so in die inhaltliche Auseinandersetzung mit dem Klausursachverhalt, dass sie ihre Ausführungen über Seiten aneinanderreihen, ohne dabei auch nur ein einziges Mal eine neue Zeile anzufangen, einen Absatz zu machen oder eine Überschrift beziehungsweise ein Ergebnis zu formulieren.

Die Grundregel lautet: Verleihen Sie Ihren Gedanken auch äußerlich Struktur, indem Sie durch Überschriften[15] den Inhalt des folgenden Abschnitts ankündigen oder in Zwischenschritten Ihre Ergebnisse zusammenfassen[16]!

II. Von den Unterschieden zu Lösungsskizzen

Nicht selten fragt sich der Korrektor, ob ihm tatsächlich die ausformulierte Lösung des Bearbeiters vorliegt, oder nicht doch dessen Lösungsskizze beziehungsweise der Klausurentwurf. Vergeblich sucht er ganze Sätze[17], findet stattdessen aber Fallskizzen und Formulierungen, die geschmückt sind mit Pfeilen, Klammern und abenteuerlichen Abkürzungen wie zum Beispiel »*ET*« für Eigentum oder »*AB*« für Anfechtungsberechtigung[18].

Die Grundregel lautet hier: Eine Klausur ist keine Lösungsskizze! Schreiben Sie ganze Sätze, vermeiden Sie »Sonderzeichen« und verwenden Sie nur allgemein anerkannte Abkürzungen!

III. Vom äußeren Erscheinungsbild

»Gequält« wird der Korrektor zu guter Letzt noch mit bisweilen optisch unschön anmutenden Klausuren der Bearbeiter. Da wird nach Gut dünken durchgestrichen und der Korrektor mit Verweisen kreuz und quer durch die Klausur »gejagt«. Er vermisst schmerzlich den mehrfach eingeforderten Rand von einem Drittel (auf einer Seite des Blattes!) und muss sich den einzeilig auf klein kariertem, beidseitig beschriebenem Papier dargebotenen Ergüssen des Bearbeiters widmen. Nicht weiter vertieft werden sollen hier die Rechtschreib- und Grammatikfehler[19], die in einigen Klausuren mit (beängstigender) Häufigkeit enthalten sind.

Eine solche Darbietung der Klausur wird sich in der Regel zwar nicht direkt in deren Bewertung niederschlagen. Spätestens in Zweifelsfällen, wenn der Korrektor sich zwischen der einen oder anderen Note entscheiden muss, wird er sich jedoch bewusst oder unbewusst auch diese formalen Aspekte der Klausur vor Augen führen.

Die Grundregel lautet deshalb: »Das Auge korrigiert mit«! Lassen Sie auf Ihrem Klausurpapier ein Drittel Rand auf einer Seite, beschreiben Sie die Blätter einseitig und geben Sie Ihrer Klausur auch im Übrigen ein »ansprechendes« Aussehen! Achten Sie schließlich auf Rechtschreib- und Grammatikfehler[20]!

C. Fazit

Die Bearbeitung einer juristischen Klausur setzt neben der sorgfältigen Auseinandersetzung mit den Inhalten auch eine in Form und Stil sichere Präsentation voraus. Dieses »1 x 1« des Klausuren Schreibens ist durchaus keine leichte Übung. Werden jedoch die hier beschriebenen Grundregeln befolgt, ist der Weg zum Erfolg von den »größten Stolpersteinen« befreit.

12 Weitere Formulierungsbeispiele nennen Diedrichsen/Wagner, Die BGB-Klausur, 9. Aufl. (1998), S. 207.

13 Auch inhaltlich auf Abwegen befand sich demgegenüber der Bearbeiter dieser Klausur im Rahmen seiner Prüfung von § 110 BGB: *»M hat zwar die Zahlung des Buches mit eigenen Mitteln bewirkt, allerdings stammte das Geld aus einem vorher von ihm getätigten Rechtsgeschäft, d. h. dieses daraus resultierende Mittel war keines, das ihm zu diesem Zweck von einem Vertreter überlassen worden ist«*. Ein anderer Bearbeiter machte zum unbeachtlichen Motivirrtum folgende Ausführungen: *»Allerdings ist die Fähigkeit des Autos, die Zustimmung der Freundin zu finden, keine Eigenschaft des Autos, die im Verkehr als wesentlich angesehen werden wird, da mit Verkehr hier der allgemeine Geschäftsverkehr und nicht die subjektive Auffassung des M gemeint ist.«*

14 Vgl. auch Knödler, Zur Vermeidung von formalen Fehlern in Klausuren, JuS 1996, L 73 (74); Teubner, Die Examens- und Übungshausarbeit im Bürgerlichen Recht, einschließlich des Verfahrensrechts, 2. Aufl. (1993), S. 33 f.

15 Eine farbliche Hervorhebung der Überschriften ist hierbei nicht notwendig. Sie kann bei einem allzu munteren Griff in den Farbtopf sogar eher unprofessionell wirken.

16 Ein klassischer Gliederungsaufbau ist A. I. 1. a. aa. (1).

17 So zum Beispiel die Definition der arglistigen Täuschung, die ein Bearbeiter präsentierte: *»Wissen und Wollen des Täuschenden, den anderen zu einer Willenserklärung zu bestimmen, die er unter Kenntnis der Täuschung nicht oder nicht so abgeben würde.«*

18 Ein Bearbeiter führte aus: *»Eine Leistung des M (–> bewusste und zweckgerichtete Mehrung fremden Vermögens) liegt vor.*

19 Zum Beispiel die *»konklu(d)enten«* oder *»angefechteten«* Willenserklärungen und die *»essentialia negoti(i)«*.

20 Dies gilt im Besonderen für jene Bearbeiter, die Ihre Klausuren vor Ablauf der Bearbeitungszeit abgeben! Nutzen Sie die verbleibende Zeit sinnvoll(er), indem Sie Ihre Klausur auf inhaltliche und formale Fehler Korrektur lesen!

Zwischenprüfungsklausur

Zivilrecht

Der fürsorgliche Nachbar[1]

Von Professor Dr. Dagmar Coester-Waltjen, München

Geschäftsführung ohne Auftrag – Bereicherung – Delikt – Vertrag mit Schutzwirkung für Dritte

SACHVERHALT

Friedrich Fürsorglich hat einen neuen Nachbarn bekommen, Gustav Gans. Als Gustav Gans kurz nach seinem Einzug mit unbekanntem Ziel in Urlaub fährt, wird durch ein Unwetter das Dach des alten, sehr baufälligen Anbaus an Gustavs Haus zerstört. Friedrich, der Gustav Gans jetzt nicht erreicht, aber vor der Abreise von diesem erfahren hat, dass er den jetzt noch leeren Anbau später zur Lagerung seiner großen Briefmarkensammlung nutzen will, schließt mit Willibald Wuttke einen Vertrag über die Ausbesserung des Daches an diesem Anbau. Willibald nimmt unter Verwendung des vorhandenen Materials die Ausbesserung vor und verlangt von Friedrich Zahlung eines Betrages von € 500,– als Arbeitslohn. Friedrich zahlt zunächst die Summe von € 200,– und vertröstet Willibald wegen des Restes.

Als Gustav Gans aus dem Urlaub zurückkommt, ist er über die Ausbesserung des Daches sehr erfreut.

1. Frage:

Von wem kann W (Willibald) den noch offenen Betrag von € 300,– verlangen?

2. Frage:

Kann F (Friedrich) von G (Gustav) die Erstattung des an W (Willibald) bereits gezahlten Betrages von € 200,– verlangen?

3. Frage:

Welche Ansprüche haben jeweils F (Friedrich) und G (Gustav) gegen W (Willibald), wenn der sonst immer sehr sorgfältig arbeitende Lehrling des W (Willibald), L (Lothar Leine), bei den Reparaturarbeiten am Dach sowohl das auf dem Grundstück des G parkende Auto des G (Gustav) als auch die Blumen des F (Friedrich) auf dessen Grundstück durch unsorgfältiges Hantieren mit dem Arbeitsmaterial beschädigt hat.

LÖSUNG

Zu Frage 1:

I. *Ansprüche des Handwerkers Willibald Wuttke (W) gegen den Nachbarn Friedrich Fürsorglich (F).*

W könnte vorliegend einen Anspruch gegen F auf Zahlung des noch offenen Werklohnes in Höhe von € 300,– haben. Voraussetzung dafür ist, dass ein wirksamer Werkvertrag zwischen W und F zustande gekommen ist. Vorliegend ist nicht ersichtlich, dass F bei Vertragsschluss den Eigentümer Gustav Gans vertreten wollte. Vielmehr hat er seine Erklärungen im eigenen Namen abgegeben. Im Übrigen würden Unklarheiten bzgl. der Vertretung ohnehin nach § 164 II BGB zu Lasten des F gehen: Wenn er nicht hinreichend deutlich zum Ausdruck bringt, dass er als Vertreter des G auftritt, wird er aus dem abgeschlossenen Rechtsgeschäft verpflichtet. Der aufgrund dieses wirksamen Werkvertrages über die Dachausbesserung entstehende Werklohnanspruch ist mit Vollendung des Werks und Abnahme fällig geworden, § 640 BGB. Die Teilzahlung in Höhe von € 200,– hat nur den entsprechenden Teilanspruch zum Erlöschen gebracht, ist aber nicht als eine den gesamten Werklohnanspruch zum Erlöschen bringende Leistung anzusehen. Einwendungen, die auf eine Minderung des Werklohnanspruchs aus sonstigen Gründen hinweisen könnten, sind nicht ersichtlich. W hat gegen F einen Anspruch auf Zahlung von € 300,– gem. § 631 II BGB.

II. *Ansprüche des Willibald Wuttke (W) gegen Gustav Gans (G)*

1. *Vertragliche Beziehung zwischen W und G bestehen nicht*[2].

2. *Es kommt aber möglicherweise ein Anspruch auf Aufwendungsersatz nach den Grundsätzen der Geschäftsführung ohne Auftrag in Betracht (§§ 683, 670 BGB).*

Es müsste sich dann um ein fremdes Geschäft gehandelt haben, das W mit Fremdgeschäftsführerwillen vorgenommen hat. Die Reparatur eines fremden Daches kann ein fremdes Geschäft darstellen. Vorliegend wurde W aber aufgrund seiner vertraglichen Verpflichtungen gegenüber F tätig, so dass man wegen dieser vertraglichen Pflicht des W die Ausführung der Reparatur durchaus als eigenes Geschäft bezeichnen kann. Die h.L. verneint in Fällen, in denen ein Geschäftsführer aufgrund eigener vertraglicher Verpflichtungen tätig wird, bereits die Fremdheit des Geschäftes, zumindest aber den Fremdgeschäftsführerwillen, weil W mit der Ausführung der Reparatur seine vertragliche Verpflichtung erfüllen will. Die Rechtsprechung hingegen entscheidet anders. Danach kann ein »auch eigenes Geschäft« vorliegen, wenn eine fremdgerichtete Tätigkeit in Erfüllung einer eigenen Pflicht stattfindet. Dies führt jedoch bei Vorliegen der übrigen Voraussetzungen einer berechtigten Geschäftsführung ohne Auftrag bei einer Kette von Leistungsverhältnissen zu einem Durchgriffsanspruch des Geschäftsführers gegen den Geschäftsherrn, welcher den Grundwertungen des Bereichungsrechts widerspricht und insofern zu nicht kompatiblen Ergebnissen führt. Die Annahme eines »auch fremden« Geschäfts bei Bestehen einer vertraglichen Verpflichtung gegenüber einem Dritten ist daher abzulehnen. W hat damit keine Ansprüche gegen G aus Geschäftsführung ohne Auftrag[3].

1 Die Klausur wurde an der Juristischen Fakultät der Ludwig-Maximilians-Universität München im Grundkurs Zivilrecht als Zwischenprüfungsklausur gestellt. Sie ist mit einem Durchschnitt von 6,0 Punkten relativ gut ausgefallen. Die Durchfallquote lag bei nur 20%.

2 Viele Bearbeiter gingen davon aus, dass F den Vertrag mit W im Namen des G geschlossen habe. Dafür gab der Sachverhalt aber nichts her. Über die Zweifelsregelung des § 164 II musste hier – wie oben dargestellt – ein Vertragsschluss zwischen W und F bejaht werden. Das Ausweichen auf einen Vertrag mit einem Vertreter ohne Vertretungsmacht und einer späteren Genehmigung des Geschäftsherrn (G) war also versperrt.

3 Selbstverständlich kann hier auch eine andere Meinung vertreten werden. Unter Berufung auf die Rechtsprechung kann der auch-fremde Charakter des Geschäfts bejaht und für ausreichend gehalten werden (vgl. BGHZ 37, 262; BGHZ 63, 167, BGHZ 110, 313; zur Vermutung des Fremdgeschäftsführerwillens beim auch-fremden Geschäft: BGHZ 98, 235; BGH NJW 2000, 72; dazu auch Falk, JuS 2003, 833; Giesen, **JURA** 1996, 225, 229, **JURA** 1996, 344; Pesch, **JURA** 1995, 361; Schreiber, **JURA** 1991, 155). Es ist dann konsequent anzunehmen, dass W ohne Auftrag (des G) gehandelt hat und auch sonst eine Berechtigung gegenüber dem G (z. B. aus Gesetz) nicht bestand. Des weiteren muss dann aber auch geprüft werden, ob das Geschäft dem Interesse und dem Willen des Geschäftsherrn entsprach (§ 683 S. 1 BGB). Dem Interesse eines Geschäftsherrn entspricht die Geschäftsführung jedenfalls dann, wenn sie objektiv nützlich ist. Dies kann vorliegend bejaht werden, weil die Abdeckung des offenen Daches als eine objektiv nützliche Arbeit angesehen werden muss. Bezüglich des Willens des Geschäftsherrn ist in erster Linie auf den wirklichen Willen abzustellen. Da ein solcher von G vor Vornahme des Geschäfts nicht geäußert worden ist, kommt es auf den mutmaßlichen Willen des G an. Dieser ist in der Regel aus dem objektiven Interesse zu vermuten, hier aber ohne weiteres anzunehmen, da G über die Ausbesserung des Daches erfreut ist. Die Übernahme des Geschäfts entsprach daher dem Interesse und Willen des G. Da damit die Voraussetzungen der (echten) berechtigten Geschäftsführung ohne Auftrag erfüllt sind, hat W einen Anspruch auf Ersatz der Aufwendungen, die der Geschäftsführer als zur Geschäftsbesorgung erforderlich ansehen durfte (§§ 683 S. 1, 670 BGB). Zu den in diesem Rahmen zu

3. *Möglicherweise besteht ein Anspruch des W gegen G aufgrund einer Leistungskondiktion, § 812 I 1, 1. Alt. BGB.*

Ein solcher Anspruch würde eine Leistung von W an G voraussetzen, die ohne Rechtsgrund erfolgt ist. Leistung ist die bewusste zweckgerichtete Mehrung fremden Vermögens. Hier wollte W jedoch nicht an G leisten, sondern aufgrund seiner Verpflichtung gegenüber F tätig werden. Soweit W nicht nachträglich den Leistungsempfänger ändert[4], fehlt es an einer zweckgerichteten Mehrung des Vermögens des G durch den W. Ein Anspruch aus Leistungskondiktion muss daher ausscheiden[5].

4. *Ein Anspruch des W gegen G könnte sich aber aus einer Kondiktion in sonstiger Weise ergeben, § 812 I 1, 2. Alt. BGB.*

Ein Kondiktionsanspruch des W[6] muss vorliegend ausscheiden, weil W hier geleistet hat – und zwar an F. F wollte seinerseits über die Geschäftsführung ohne Auftrag an G leisten. Wegen der Subsidiarität der Nichtleistungskondiktion kommt eine Kondiktion in sonstiger Weise nicht in Betracht. Anders als im sogenannten Jungbullen-Fall[7] ergibt sich hier durch den Ausschluss der Eingriffskondiktion kein Wertungswiderspruch.

5. *Zusammenfassung: W hat gegen G keine Ansprüche.*

Zu Frage 2:

Ansprüche des F gegen G auf Zahlung von € 200,–.

1. *Vertragliche Beziehungen zwischen F und G bestehen nicht.*

2. *Anspruchsgrundlage kann möglicherweise eine Geschäftsführung ohne Auftrag sein (§§ 683, 670 BGB).*

Die Eindeckung des Daches[8] am Hause des G ist für F ein objektiv fremdes Geschäft. Auf seiner Seite liegt auch Fremdgeschäftsführerwillen vor, F will die Dacheindeckung als fremdes Geschäft[9]. Für dieses objektiv fremde Geschäft hatte F daher auch Fremdgeschäftsführerwillen. Er handelte ohne Auftrag und ohne sonstige Berechtigung. Da die Eindeckung des Daches und die dazu erforderliche Beauftragung des Handwerkers W objektiv nützlich war, lag sie im Interesse des G. Zwar hat G vor der Geschäftsführung keinen entsprechenden realen Willen geäußert, seine Freude über die Dacheindeckung lässt jedoch die Annahme eines mutmaßlichen Willens zu. Auch der Wille des G steht demnach nicht entgegen. Damit sind die Voraussetzungen einer (echten) berechtigten Geschäftsführung ohne Auftrag erfüllt. F kann von G Ersatz seiner Aufwendungen verlangen, soweit er diese für angemessen halten durfte. Aus dem Sachverhalt ergibt sich nicht, dass die Reparatur des Daches unangemessen oder die Kosten für die Reparatur exorbitant hoch sind. Da es sich somit um angemessene Aufwendungen handelt, kann F den bereits für die Leistungen aufgewandten Betrag von € 200,– von G verlangen. Darüber hinaus kann er von G auch verlangen, von den weiteren Verpflichtungen gegenüber W (siehe oben) freigestellt zu werden.

3. *Es könnte auch ein Anspruch aus Bereicherung bestehen, § 812 I 1, 1. Alt. BGB.*

Dann müsste G durch eine Leistung des F etwas ohne Rechtsgrund erlangt haben. G hat die Reparatur des Daches erlangt. Dieses war nur durch eine Leistung des F, nämlich seine Verpflichtung und Bezahlung des W, möglich. F hat zweckgerichtet und bewusst diese Leistung erbracht, es handelte sich um eine bewusste, zweckgerichtete Mehrung des Vermögens des G. Fraglich ist aber, ob diese Leistung ohne Rechtsgrund geschehen ist. Wie soeben dargestellt, erfolgte die Leistung des F an den G im Rahmen einer Geschäftsführung ohne Auftrag. Diese bildet einen Rechtsgrund für die Leistung. Ein Anspruch aus ungerechtfertigter Bereicherung scheidet daher aus.

4. *Zusammenfassung: F hat gegen G aus §§ 683, 670 BGB einen Anspruch auf Zahlung von € 200,– (und auf Freistellung von einer weiteren Zahlung an W)*[10].

Zu Frage 3:

I. *Ansprüche des F gegen W*

1. *Vertragliche Ansprüche*

Zwischen F und W besteht – wie oben dargelegt – ein Vertrag über die Reparatur des Daches (§ 631 BGB). Innerhalb dieses Vertrages hat W nicht nur die primären Hauptleistungspflichten zu erfüllen, sondern auch dafür zu sorgen, dass durch seine Arbeiten andere Rechtsgüter des Vertragspartners nicht verletzt werden, § 241 II BGB. Da die Blumen des F durch das unsorgfältige Hantieren mit dem Arbeitsmaterial im Rahmen des Werkvertrages beschädigt worden sind, ist diese Verpflichtung verletzt worden. Fraglich ist jedoch, ob diese Pflichtverletzung dem W zugerechnet werden kann. Er selbst hat – soweit ersichtlich – diese Beschädigung nicht verursacht. Er könnte aber dennoch zum Schadensersatz verpflichtet sein, wenn die Pflichtverletzung auf einer Handlung eines Erfüllungsgehilfen beruht, für die er einzustehen hat. Der Lehrling L ist im Rahmen der Reparaturarbeit beschäftigt, er ist daher jemand, dem sich W zur Erfüllung seiner vertraglichen Verbindlichkeit bedient. Im Zusammenhang mit dieser Tätigkeit hat L den entsprechenden Schaden angerichtet. Da L unsorgfältig mit dem Arbeitsmaterial hantiert hat, handelt es sich um eine schuldhaft verursachte Beschädigung der Rechtsgüter des F. W hat nach § 278 BGB das Verschulden seines Erfüllungsgehilfen in gleichem Umfang wie eigenes Verschulden zu vertreten. Da eine Haftungsbeschränkung vorliegend nicht ersichtlich ist, haftet W daher für die fahrlässige Verletzung von Nebenpflichten durch seinen Erfüllungsgehilfen. Nach § 280 I BGB kann F daher von W Ersatz der beschädigten Pflanzen verlangen.

2. *Ansprüche aus Delikt*

Die Beschädigung der Blumen des F stellt eine Eigentumsverletzung dar. Da W diese Eigentumsverletzung aber nicht durch eine eigene Handlung verursacht hat (auch die Verletzung von Verkehrssicherungspflichten ist nicht ersichtlich), kommt ein Anspruch aus § 823 BGB gegen ihn nicht in Betracht. Wohl aber könnte W dem F aus § 831 BGB haften. Voraussetzung dafür ist, dass L als Verrichtungsgehilfe widerrechtlich eine Eigentumsverletzung vorgenommen hat. Da L als Lehrling weisungsabhängig

ersetzenden Aufwendungen gehören die Materialkosten, wenn B solche aufwenden musste, was aber nach dem Sachverhalt nicht der Fall ist. Umfasst ist hier aber auch ausnahmsweise eine Vergütung für die geleistete Tätigkeit, weil die konkrete Geschäftsbesorgung zum Gewerbe des Geschäftsführers gehört (Analogie zu § 1835 III BGB).
Folgt man also der Rechtsprechung, so wird vorliegend ein Anspruch des W gegen G bereits aus §§ 683, 670 bejaht.

4 Vgl. BGH, NJW 2002, 2871 bezüglich der Auslegung des Zuwendungsverhältnisses; zur nachträglichen »Umwidmung« BGH, NJW 1986, 2700; dazu ausführlich Staudinger/W. Lorenz, § 812 Rdn. 60.

5 Die wenigsten Bearbeiter haben die bereicherungsrechtliche Problematik gesehen; die Frage der Umwidmung der Leistung wurde in keiner Arbeit erörtert. Wer einen Anspruch aus GoA bejaht hat, muss Bereicherungsansprüche ausscheiden, da die GoA Rechtsgrund für die Erlangung der Bereicherung ist.

6 Bezüglich verarbeiteten Baumaterials käme eventuell § 812 i.V.m. § 951 BGB in Betracht; da in der Vorlesung die sachenrechtliche Problematik nur am Rande erwähnt wurde, schließt der Sachverhalt einen Materialeinbau aus.

7 BGHZ 55, 176; dazu Homberger, **JURA** 2003, 333.

8 Der Vertrag mit W war hingegen nach den obigen Ausführungen ein eigenes Geschäft des F.

9 Auf die Frage, ob F im Namen des G oder im eigenen Namen dieses Geschäft abgeschlossen hat, kommt es für die Frage der Erstattung bereits gezahlten Geldes nicht an, denn die GoA betrifft nur das Innenverhältnis zwischen Geschäftsführer und Geschäftsherrn. Das Außenverhältnis des Geschäftsführers zum Dritten (hier zu W) hängt hingegen – wie oben bereits erörtert – davon ab, ob F im eigenen Namen oder im Namen des G gehandelt hat. Letzteres war hier zu verneinen. Zu diesen Fragen vgl. Coester-Waltjen, **JURA** 1990, 608 f.

10 Dieser Teil der Klausur ist von den meisten Bearbeitern recht ordentlich behandelt worden. Die meisten erkannten die typische Situation einer berechtigten Geschäftsführung ohne Auftrag. Die Prüfung eines Bereicherungsanspruchs wurde jedoch von vielen gar nicht erst in Erwägung gezogen.

für W arbeitet, ist er als Verrichtungsgehilfe anzusehen. Er hat die Eigentumsverletzung in Ausführung dieser Verrichtungen verursacht. Ein Rechtfertigungsgrund ist nicht ersichtlich[11]. § 831 BGB sieht eine Haftung für vermutetes Verschulden des Geschäftsherrn vor. W hat aber vorliegend die Möglichkeit, sich nach § 831 I 2 BGB zu exkulpieren. Voraussetzung dafür ist, dass der Geschäftsherr bei der Auswahl und Überwachung von L die erforderliche Sorgfalt angewandt hatte. Da nach der Sachverhaltsangabe L bisher immer sehr sorgfältig arbeitete, ist nicht ersichtlich, dass W hier seine Auswahl- und Überwachungspflichten verletzt hat. Es besteht daher die Möglichkeit, dass W sich exkulpieren kann.

Diese Exkulpationsmöglichkeit besteht aber nur für den Anspruch aus § 831 BGB. Für die vertragliche Haftung, bei der F nicht für eigenes, sondern für das Fremdverschulden der Personen, derer er sich zur Erfüllung bedient, haftet, kommt eine entsprechende Exkulpation nicht in Betracht. F wird daher erfolgreich gegen W einen Anspruch aus §§ 280 I, 278, 631, 241 II BGB geltend machen können.

II. *Ansprüche G gegen W*

1. *Ansprüche aus einem eigenen Vertrag des G mit W*

Ein Vertrag zwischen G und W besteht – wie oben dargelegt – nicht. Fraglich ist jedoch, ob G sich im Schutzbereich des zwischen W und F abgeschlossenen Vertrages befand. Da ein solcher Anspruch jedoch subsidiär ist (s. u.), sind zunächst die anderen in Betracht kommenden Ansprüche zu prüfen.

2. *Ansprüche aus einer Pflichtverletzung im Rahmen einer Geschäftsführung ohne Auftrag*

Da zwischen G und W – wie oben dargelegt – kein gesetzliches Schuldverhältnis in Form einer Geschäftsführung ohne Auftrag bestand, kommt hier eine Prüfung eines Anspruchs nach §§ 677, 280, 278 BGB nicht in Betracht.

3. *Deliktische Ansprüche*

G könnte gegen W hier ebenso wie F einen Anspruch aus § 831 BGB haben. Wie oben dargelegt, war L Verrichtungsgehilfe des W und hat bei der Verrichtung durch die Beschädigung des parkenden Autos des G das Eigentum des G beschädigt. Dies geschah widerrechtlich. Fraglich ist aber auch hier das Verschulden des W. Dieses wird zwar nach § 831 I 1 BGB vermutet. W kann sich aber nach § 831 I 2 BGB exkulpieren, wenn er weder bei der Auswahl noch bei der Überwachung des L unsorgfältig gehandelt hat. Wie oben dargelegt, wird dem W der Exkulpationsbeweis voraussichtlich gelingen.

4. *Ansprüche aus einem Vertrag mit Schutzwirkung für Dritte*

Voraussetzung für einen derartigen Anspruch ist, dass eine aus dem Vertrag W-F bestehende vertragliche Schutzpflicht verletzt worden ist gegenüber G und G eine Person ist, die eine gläubigerähnliche Beziehung zu der von W zu erbringenden Leistung hatte (1), dem Schuldner W diese Leistungsbeziehung erkennbar war (2) und der Geschädigte (G) wegen Fehlens eines anderweitigen Ersatzanspruchs schutzbedürftig ist (3).

Hier war das Auto des G durch die auf seinem Grundstück vorgenommenen Dachdeckerarbeiten in besonderem Maße und in gleicher Weise wie die Pflanzen des F mit der Leistungserbringung des W verknüpft. Diese Leistungsnähe war dem W durchaus auch erkennbar. Da ein deliktischer Anspruch des G gegen W voraussichtlich an der erfolgreichen Exkulpation des W scheitert und ein eventueller Anspruch aus § 823 BGB gegen L[12] nicht durchsetzbar sein wird, erscheint G auch schutzbedürftig. Da wie bereits dargelegt – W das Fehlverhalten des L bei der Ausführung der Dachdeckerarbeiten zu vertreten hat, sind die Voraussetzungen für einen Anspruch auf Schadensersatz für die Beschädigung des Autos nach §§ 280 I, 241 II, 311 III[13] BGB gegeben.

5. *Zusammenfassung:*

F und G können gegen W Schadensersatzansprüche wegen der beschädigten Sachen aus Vertrag bzw. Vertrag mit Schutzwirkung für Dritte (§§ 280, 241 II BGB bzw. §§ 280 I, 241 II, 311 III BGB) geltend machen. Ein Schadensersatzanspruch gegen W aus § 831 BGB wird voraussichtlich an der erfolgreichen Exkulpation des W scheitern[14].

11 Auf ein Verschulden des Lehrlings kommt es nicht an, da § 831 BGB eine Haftung des Geschäftsherrn für eigenes Verschulden vorsieht.

12 Nach Ansprüchen des G gegen L ist nicht gefragt.

13 Eine Auseinandersetzung mit der umstrittenen Frage, ob § 311 III BGB auch den Vertrag mit Schutzwirkung erfasst, oder ob es bei der gewohnheitsrechtlichen Grundlage bleibt, wurde – weil für das Ergebnis irrelevant – nicht erwartet und nicht gewünscht.

14 Die meisten Bearbeiter behandelten § 831 BGB als Anspruchsgrundlage, verschiedentlich wurde die Möglichkeit eines vertraglichen Anspruchs des F gegen W nicht gesehen, verschiedentlich auch *die*, Haftungszurechnung des § 278 verkannt. Verschiedentlich wurde der Vertrag mit Schutzwirkung für G bejaht.

Zwischenprüfungsklausur

Zivilrecht

Unglück im Glück*

Von Professor Dr. Michael Coester, München

Gewährleistungsrecht beim Kauf – Nacherfüllung, Rücktritt, Minderung, Schadenersatz – Berechnungs- und Kombinationsmöglichkeiten

SACHVERHALT

Studentin Susanne S hat nicht viel Geld, aber Glück: Sie gewinnt in der Lotterie ein Auto. In der Gewinnmitteilung heißt es: »Herzlichen Glückwunsch! Sie haben einen fabrikneuen VW Polo gewonnen! Das Auto wird Ihnen in ca. drei Wochen – voll getankt und auf Ihren Namen zugelassen – vor die Tür gestellt.«

Mit leichtem Bedauern entscheidet sich die vernunftgeleitete S, das Auto zu veräußern, um durch den Erlös ihr Studium zu finanzieren. Sie veröffentlicht eine Anzeige in der Zeitung: »SCHNÄPPCHEN! Fabrikneuer VW Polo, Listenpreis 12.400 €, für nur 11.000 € zu verkaufen!« Nach Verhandlungen mit einigen Interessenten einigt sich S schließlich mit Gabi G, einer finanziell besser ausgestatteten Mitstudentin, die vom Fahrrad aufs Auto umsteigen möchte. Man vereinbart, dass G das Auto für 11.000 € kauft, S aber das Fahrrad der G übernimmt unter Anrechnung von 500 € auf den Kaufpreis. Der Austausch der Leistungen soll erfolgen, wenn S das Auto von der Lotteriegesellschaft erhalten hat. Dass es sich bei dem Auto um einen Lotteriegewinn handelt,

* Die Klausur wurde als 2. Pflichtklausur und gleichzeitig Zwischenprüfungsklausur im Rahmen des »Grundkurs Zivilrecht« an der Universität München gestellt. Alle Fallprobleme waren zuvor, systematisch eingebettet, im Grundkurs angesprochen worden.
Die Durchfallquote lag bei 26,5%, Durchschnittspunktzahl 5,79 Punkte, Höchstpunktzahl 16 Punkte.

hatte S der G zuvor offenbart, weitere Einzelheiten hatte sie jedoch nicht mitgeteilt.

Eine Woche später erscheint an einem Freitag der Vertreter der Lotteriegesellschaft bei S und übergibt ihr den VW Polo nebst den Fahrzeugpapieren, wie in der Gewinnmitteilung angekündigt. S ruft bei G an, und man verabredet sich zur Übergabe am nächsten Montag bei S. Das schöne Wetter am Wochenende verführt S, die sich doch wenigstens einmal als Autobesitzerin fühlen möchte, mit dem Auto eine Spritztour an einen nahe gelegenen Badesee zu unternehmen. Am darauf folgenden Montag erscheint G pünktlich mit Geld und Fahrrad, ist dann aber nach näherem Hinsehen enttäuscht: Sie weist daraufhin, dass der VW Polo bereits (2 Tage vor der Übergabe an S) zugelassen sei, sie selbst also nur als Zweithalterin im Kfz-Brief eingetragen werden könne. Bei einem späteren Weiterverkauf könne sie das Auto deshalb nicht mehr »aus erster Hand« anbieten. Außerdem sei das Auto ausweislich der Km-Anzeige bereits 145 km gefahren. Insgesamt handle es sich deshalb nicht mehr um ein »fabrikneues« Fahrzeug, wie man es im Kaufvertrag vereinbart habe. Neuwertige, aber gebrauchte VW Polo dieses Typs seien für 10.000 € auf dem Markt zu haben (was sachlich zutrifft).

Da G und S unsicher sind, wie man mit der überraschend aufgetretenen Konfliktlage umzugehen habe, tauscht man zunächst die beiderseitigen Leistungen aus. G betont aber, sie behalte sich alle Rechte vor und wolle sich zunächst beraten lassen; sie werde sich bis zum nächsten Wochenende melden.

Erstellen Sie ein Gutachten über die rechtlichen Möglichkeiten für G.

LÖSUNGSSKIZZE

I. Anspruch G – S auf Nacherfüllung, §§ 437 Nr. 1, 439 I[1]

1. Wirksamer Kaufvertrag

a) Vertraglicher Konsens

S und G haben übereinstimmende, auf den Austausch von Auto einerseits, Geld und Fahrrad andererseits gerichtete Willenserklärungen abgegeben, ein Vertrag wurde geschlossen.

b) Kaufvertrag?

Die In-Zahlung-Gabe des Fahrrads könnte Zweifel daran wecken, ob Kaufrecht und damit die Gewährleistungsregeln der §§ 434 ff. anwendbar sind. Für die Vereinbarung zwischen S und G kommen mehrere Deutungsmöglichkeiten in Betracht:

- Doppelkauf mit Verrechnungsabrede
- Kauf mit einem Tauschelement (oder Tausch mit Draufzahlung durch G)
- Von vornherein vereinbarte, teilweise Leistungsmöglichkeit der G an Erfüllungs Statt (§ 364 I)
- Vertragliche Begründung einer (teilweisen) Ersetzungsbefugnis der G[2].

Die Qualifikation der Vereinbarung zwischen S und G kann aber an dieser Stelle offen bleiben: Es findet in jedem Fall Kaufrecht Anwendung, auch soweit man teilweise einen Tausch annehmen würde (§ 480).

2. Mangelhafte Sache (§ 437 Einleitungssatz)

a) Sach- oder Rechtsmangel?

Als Mangel kommen hier zwei Aspekte in Betracht: Die Voreintragung der S im Kfz-Brief sowie die gefahrene Km-Leistung des VW. Während zweitere eindeutig als Sachmangel zu qualifizieren ist, könnte dies bei der Briefeintragung zweifelhaft sein.

Ein Sachmangel i. S. v. § 434 I 1 setzt eine dem Käufer nachteilige Abweichung der Ist-Beschaffenheit von der Soll-Beschaffenheit voraus. Zur »Beschaffenheit« einer Sache im Sinne des Gesetzes gehören nicht nur ihre physischen Eigenschaften, sondern auch ihre wirtschaftlichen und rechtlichen Beziehungen zur Umwelt, jedenfalls soweit diese ihren Grund in der Sache selbst haben. Nun bezieht sich zwar die Voreintragung der S nicht auf das Auto selbst, sondern nur auf den Kfz-Brief. Andererseits bilden Kfz und Fahrzeugbrief eine rechtliche Einheit (das Eigentum am Brief folgt akzessorisch dem Eigentum am PKW, § 952 I analog). Die Eintragungen in dem Brief schlagen unmittelbar auf den Marktwert des Autos selbst durch (je mehr Voreintragungen, desto geringer der Marktwert). Dem gemäß gehört die Zahl der voreingetragenen Halter zur »Beschaffenheit« eines PKW; nachteilige Abweichungen insoweit stellen einen Sachmangel dar[3].

b) Vorliegen eines Sachmangels, § 434

Das Gesetz geht vorrangig vom subjektiven Fehlerbegriff aus, Maßstab ist die vertraglich vereinbarte Soll-Beschaffenheit (§ 434 I 1). Zwischen S und G vereinbart war die Veräußerung eines »fabrikneuen VW-Polo«. Es fragt sich, ob das von S übereignete Auto dieser Beschaffenheitsvereinbarung entspricht. Problematisch erscheinen insoweit, wie bereits erwähnt, sowohl die Voreintragung der S als Halterin wie auch die Km-Leistung des Autos.

Die Voreintragung einer anderen Person im Kfz-Brief eines als »fabrikneu« verkauften Autos wird überwiegend als Sachmangel eingestuft, weil damit der merkantile Vorteil eines Verkaufs »aus erster Hand« verloren geht; auch sind nachteilige Folgen für den Käufer bei der Kfz-Versicherung bzw. den TÜV-/ASU-Fristen denkbar[4]. Andererseits gibt es auch eine Gegenauffassung, die jedenfalls bei der Voreintragung eines Kfz-Händlers ohne Eigennutzung des Fahrzeugs vor der Übergabe an den Käufer keinen Mangel annehmen will.

Damit kommt hier zusätzlich die Km-Leistung des VW-Polo ins Blickfeld. Das Auto hat nicht nur im Zusammenhang mit Zulassung und Überführung eine Fahrstrecke zurückgelegt (was noch weitgehend akzeptiert wird), vielmehr hat S das Fahrzeug auch privat genutzt (das Ausmaß der Nutzung in Km ist unwesentlich). Schon diese Nutzung alleine hätte dem PKW die Beschaffenheit als »fabrikneu« genommen; in ihrem Lichte ist auch die Voreintragung der S unproblematisch als Sachmangel einzustufen[5].

Der von S an G übergebene VW-Polo war folglich mit einem Sachmangel behaftet.

3. Maßgeblicher Zeitpunkt

Der Sachmangel muss bei »Gefahrübergang« vorgelegen haben (§ 434 I 1). Nach § 446 war dies im vorliegenden Fall die Übergabe der verkauften Sache von S an G – in diesem Moment lag der Sachmangel schon vor.

4. Kein Ausschluss der Gewährleistung

a) Ein **vertraglicher Haftungsausschluss** (§ 444) ist nicht ersichtlich.

b) **Kenntnis der G vom Mangel** (§ 442 I 1) ist dem Sachverhalt nicht zu entnehmen. Man kann auch nicht sagen, dass der Mangel

1 Normen ohne Gesetzesangabe sind solche des BGB.

2 Die Rechtsprechung zur In-Zahlung-Gabe von Gebrauchtwagen beim Neuwagenkauf vom Händler (HONSELL, **JURA** 1983, 523 ff.; MEDICUS, Bürgerliches Recht [18. Aufl. 1999] Rdn. 756) kann wegen der unterschiedlichen rechtlichen und tatsächlichen Bedingungen hier nur begrenzt als Leitlinie dienen.

3 Die Definition eines Rechtsmangels, § 435, erfasst die Problematik von vornherein nicht.

4 Zum Streitstand mit umfassenden Nachweisen OLG Dresden NJW 1999, 1036, 1037.

5 Kenntnisse der Bearbeiter über die Rechtsprechung zum Neuwagenkauf wurden nicht erwartet; eine verständige Würdigung des Sachverhalts kann aber nur zu dem vorgenannten Ergebnis kommen.

der G durch grobe Fahrlässigkeit unbekannt geblieben ist (§ 442 I 2): Die private Nutzung durch S konnte G im maßgeblichen Zeitpunkt des Vertragsschlusses noch gar nicht kennen, und auch die bei Vertragsschluss noch nicht erfolgte, aber vorhersehbare Eintragung der S musste G nicht kennen (des Vorbehalts, den G bei der Übernahme des VW-Polo erklärt hat, bedurfte es also zur Wahrung ihrer Rechte nicht).
c) Damit ist das gesetzliche Gewährleistungsrecht nicht ausgeschlossen oder eingeschränkt.

5. Anspruch auf Nacherfüllung, §§ 437 Nr. 1, 439 I
a) **Vorrangig** vor anderen Rechtsbehelfen gewährt das Gesetz dem Käufer bei mangelhafter Lieferung einen **Nacherfüllungs**anspruch. Der Vorrang ergibt sich nicht nur aus dem Prinzip der Vertragstreue, sondern auch daraus, dass alle anderen Rechtsbehelfe im Prinzip eine Nachfristsetzung (gerichtet auf korrekte Nacherfüllung) voraussetzen. Dem Verkäufer wird damit das Recht zur »zweiten Andienung« gewährt.
b) § 439 I eröffnet dem Käufer die **Wahlmöglichkeit** zwischen zwei Formen der Nacherfüllung: Reparatur oder Neulieferung. Diese Wahlmöglichkeit besteht allerdings nur insoweit, als beide Arten der Nacherfüllung im konkreten Fall möglich sind.

Eine »Beseitigung des Mangels«, das heißt der Voreintragung der S im Kfz-Brief sowie der gefahrenen Km ist bei dem übergebenen VW-Polo nicht mehr möglich, so dass ein entsprechender Anspruch der G auch rechtlich nach § 275 I ausgeschlossen ist.

Die »Lieferung einer mangelfreien Sache« könnte hier nur in der Neulieferung eines anderen, fabrikneuen VW-Polo bestehen. Es fragt sich jedoch, ob S hierzu verpflichtet ist. Die von S an G verkaufte Sache war nicht »nur der Gattung nach bestimmt« (§ 243 I), vielmehr richtete sich die Vereinbarung auf ein ganz bestimmtes, nämlich das von S in der Lotterie gewonnene Fahrzeug. Dabei spielt es keine Rolle, dass es noch viele andere, gleichartige neue VW-Polo gibt: Ob eine Stück- oder Gattungsschuld vorliegt, richtet sich ausschließlich nach den Parteivereinbarungen.
c) Ob ein **Anspruch auf Neulieferung beim Stückkauf** überhaupt in Betracht kommt, ist umstritten[6].

Zum Teil wird ein solcher Anspruch abgelehnt, die Pflicht des Verkäufers richte sich vertragsgemäß auf ein individualisiertes Einzelstück, nur dieses müsse er liefern, eine darüber hinausgehende Beschaffungspflicht sei nicht Gegenstand der Parteivereinbarung[7].

Dem gegenüber ist nach einer anderen Auffassung ein Anspruch auf Neulieferung dann zu bejahen, wenn es sich bei dem verkauften Stück um eine »vertretbare Sache« i. S. § 91 handelt[8]. Diese Auffassung geht von einem Sachverhalt aus, in dem ein Serienprodukt von einem Händler gekauft wird, wobei der Käufer zwar ein bestimmtes Exemplar ausgesucht hat, sein nicht weiter qualifiziertes Leistungsinteresse aber ohne weiteres auch durch ein anderes Exemplar hätte befriedigt werden können. Dies weist darauf hin, dass bei der Streitentscheidung sowohl die Käufer- wie auch die Verkäuferinteressen beachtet werden müssen: Ein Ersatz der gelieferten mangelhaften Sache kommt nach verständiger Würdigung der Parteivereinbarungen nur in Betracht, wenn trotz Stückkaufs die Käuferinteressen nicht auf das individualisierte Stück beschränkt sind und der Verkäufer ohne größere Schwierigkeiten in der Lage ist, ein anderes Exemplar der Kaufsache zu liefern. In vorliegendem Fall mag es der G egal sein, ob sie diesen oder einen anderen fabrikneuen VW-Polo des gleichen Typs bekommt. S als Privatperson ist jedoch nicht in der Lage, einen anderen VW-Polo als ihren Lotteriegewinn zu liefern. Da die Vereinbarungen beider Parteien sich auf das gewonnene Auto beschränkt haben, scheidet in diesem Falle eine Neulieferungspflicht der S aus (ob ein *Recht der S* auf Lieferung des anderen Neufahrzeugs besteht, braucht hier nicht entschieden zu werden)[9].

6. Im **Ergebnis** scheidet damit ein Anspruch der G auf Nacherfüllung insgesamt aus: Die Reparaturpflicht ist gem. § 275 I ausgeschlossen, eine Neulieferungspflicht besteht von vornherein nicht.

II. Anspruch G – S auf Rückzahlung des Kaufpreises und Rückübereignung des Fahrrads aus § 326 IV, 346 ff.

Voraussetzung dieses Anspruchs ist, dass die Gegenleistungspflicht der G nach § 326 I 1 entfallen ist. Bezüglich der allein geschuldeten Art der Nacherfüllung liegt hier zwar Unmöglichkeit nach § 275 I vor, die Gegenleistungspflicht der G wird hiervon dennoch nicht berührt: § 326 I 2 schließt für den Fall der irreparablen Schlechtleistung einen automatischen Wegfall der Gegenleistungspflicht aus (§ 437 verweist deshalb auch nicht auf § 326 IV)[10].

III. Anspruch G – S auf Rückzahlung des Kaufpreises und Rückübereignung des Fahrrads nach *Rücktritt* aus §§ 437 Nr. 2, 326 V, 323, 349, 346–348

1. Kaufvertrag und Sachmangel liegen vor
2. Bei irreparabler Schlechtleistung eröffnet § 326 V dem Käufer eine Rücktrittsmöglichkeit, wenn die Rücktrittsvoraussetzungen des § 323 im Übrigen (das heißt abgesehen von einer fälligen Leistungspflicht des Schuldners) vorliegen; lediglich vom Erfordernis einer Nachfristsetzung wird abgesehen, da eine solche bei Unmöglichkeit sinnlos wäre.
a) Die »nicht vertragsgemäße« Leistung der S (§ 323 I) ergibt sich hier aus dem Vorliegen eines Sachmangels.
b) Eine Fristsetzung ist, wie erwähnt, im Falle von § 326 V nicht erforderlich.
c) Das Rücktrittsrecht dürfte auch **nicht ausgeschlossen** sein. Nach § 323 V 2 wäre dies der Fall, wenn die Pflichtverletzung der S unerheblich ist. Diese (von S darzulegende und zu beweisende) Voraussetzung ist hier nicht gegeben: Der Unterschied zwischen einem fabrikneuen und einem gebrauchten PKW ist erheblich.

Für einen Ausschluss des Rücktrittsrechts nach § 323 VI ergeben sich aus dem Sachverhalt keine Anhaltspunkte.

Damit steht G ein Rücktrittsrecht zu.
3. Um die Rückwirkungsfolgen auszulösen, müsste G ihr Rücktrittsrecht durch einseitige, empfangsbedürftige **Gestaltungserklärung** ausüben, § 349. Der ausgeübte Rücktritt beseitigt den Vertrag nicht, sondern verwandelt ihn in ein Rückgewährschuldverhältnis: Beide Parteien müssen sich die jeweils empfangenen Leistungen Zug-um-Zug zurückgewähren, §§ 346, 348. Demnach müsste S der G 10.500 € zurückzahlen und das Fahrrad rückübereignen, G müsste der S das Auto rückübereignen. Darüber hinaus ist eine Pflicht beider Parteien zum Nutzungsersatz (§ 347) denkbar, im Einzelnen enthält der Sachverhalt hierzu keine Angaben. Das gleiche gilt für etwaige Verwendungen der jeweiligen Rückgewährschuldnerin.

6 Diese Fallproblematik wurde von ca. 2/3 der Bearbeiter erkannt.
7 Vgl. Lorenz/Riem, Lehrbuch zum neuen Schuldrecht (2002) Rdn. 505; Köhler/Fritzsche, Fälle zum neuen Schuldrecht (2002) Fall 10 Rdn. 15.
8 *Anspruch* auf Neulieferung: Bitter/Mejdt, ZiP 2001, 2114, 2119 f.; Schubel, JuS 2002, 311, 316; Pammler, NJW 2003, 1992 ff.; nur Neulieferungs*recht* des Verkäufers: Palandt/Putzo, § 439 Rdn. 15; Ackermann, JZ 2002, 379; auch das OLG Braunschweig NJW 2003, 1053 scheint in diese Richtung zu tendieren.
9 Bei anderer Auffassung müssen nunmehr §§ 275 II, 439 III oder 313 geprüft werden. Da die Annahme einer Neulieferungspflicht der S jedoch unvertretbar ist, werden diese Wege hier nicht weiter verfolgt.
10 Diese Anspruchsgrundlage wurde von kaum einem Bearbeiter geprüft.

IV. Anspruch G – S auf teilweise Rückzahlung des Kaufpreises nach *Minderung* gem. §§ 437 Nr. 2, 441 IV, (346 I)

Ein solcher Anspruch besteht, wenn G nach §§ 437 Nr. 2, 441 I mindern kann und die Minderung auch erklärt.

1. Der Rechtsbehelf der Minderung wird vom Gesetz angeboten als Alternative zum Rücktritt, dessen Voraussetzungen müssen also vorliegen. Dies ist oben (III.) festgestellt worden. Damit ist auch ein Minderungsrecht der G ohne weiteres zu bejahen.

2. Auch die Minderung ist durch einseitige, empfangsbedürftige Willenserklärung gegenüber S auszuüben. Für die Berechnung des Minderungsbetrags gilt § 441 III. Da nach dem Sachverhalt davon auszugehen ist, dass der Marktwert des gebrauchten VW-Polo bei 10.000 € liegt, ergibt sich folgende Rechnung:

$$\frac{11.000 \text{ (Kaufpreis) x } 10.000 \text{ (Wert der mangelhaften Sache)}}{12.400 \text{ (Wert der mangelfreien Sache)}} = 8.871 \text{ (geminderter Kaufpreis)}$$

Die Differenz zwischen gezahltem und geschuldetem Kaufpreis beträgt somit 2.129 €, in dieser Höhe hat G gegen S einen Rückzahlungsanspruch (neben dem Fahrrad hat sie dann im Endeffekt 8.371 € bezahlt)[11].

3. Die Minderung bedeutet modifiziertes Festhalten am vertraglichen Austauschprogramm, sie ist deshalb (wie § 441 I unmissverständlich deutlich macht) mit dem Rücktritt nicht kombinierbar. Anderes gilt jedoch für den Schadenersatz – außer Schadenersatz neben der Leistung kann der Gläubiger auch den »kleinen« Schadenersatz statt der Leistung verlangen (dazu unten V. 4. a).

V. Anspruch G – S auf Schadenersatz statt der Leistung gem. §§ 437 Nr. 3, 280 I, III, 283

1. Schuldverhältnis und Pflichtverletzung wurden bereits oben I. 1., 2. festgestellt.

2. Nachträgliche Unmöglichkeit, § 283

Die korrekte Vertragserfüllung, das heißt die mangelfreie Leistung müsste S erst nachträglich, das heißt nach dem Vertragsschluss unmöglich geworden sein (bei anfänglicher Unmöglichkeit: § 311 a II). Die Unmöglichkeit der Nacherfüllung wurde bereits oben I. 5. festgestellt. Diese Unmöglichkeit ist auch erst nach Vertragsschluss eingetreten: Die »Voreintragung der S« ist 2 Tage vor der Übergabe, also mehrere Tage nach Vertragsschluss vorgenommen worden[12]. Die Privatfahrt mit dem PKW (zweiter Mangel) hat S ebenfalls erst nach Vertragsschluss unternommen.

3. Vertretenmüssen, §§ 283, 280 I 2

Das Vertretenmüssen der S wird gesetzlich vermutet, S müsste darlegen, dass sie die Mangelhaftigkeit des Autos nicht zu vertreten hat. Maßstab des Vertretenmüssens sind die §§ 276–278. Die Fahrt mit dem Kfz hat S als vorsätzliche Handlung ohne weiteres zu vertreten. Ihre Voreintragung im Brief hat sie zwar nicht selbst veranlasst; sie wusste jedoch, dass sie als Ersteigentümerin eingetragen werden würde. Hätte die Eintragung im Kfz-Brief schon bei Vertragsschluss bestanden, hätte dieses Wissen der S ohne weiteres ihr »Vertretenmüssen« i. S. v. § 311 a II begründet; nichts anderes kann gelten, wenn der Schuldner schon bei Vertragsschluss voraussieht oder voraussehen muss, dass vor dem Gefahrübergang ein (irreparabler) Mangel eintreten wird. Auch bei nachträglicher Unmöglichkeit begründet dieses Wissen vom künftigen Mangel ein »Vertretenmüssen« der S.

4. Schadenersatz statt der Leistung – Wahlmöglichkeiten

Im Rahmen des Schadenersatzes statt der Leistung gem. § 283 eröffnen sich für G mehrere Entscheidungsmöglichkeiten.

a) »Kleiner Schadenersatz«

aa) G kann den VW-Polo, so, wie er ist, behalten und sich darauf beschränken, von S die Differenz zwischen dem Marktwert des gelieferten Fahrzeugs und dem des vertraglich geschuldeten Fahrzeugs in Geld zu verlangen – dann ist sie im Ergebnis jedenfalls ökonomisch so gestellt, wie wenn S vertragsgemäß erfüllt hätte. Der Marktwert des gelieferten VW beläuft sich auf 10.000 €, der eines fabrikneuen Fahrzeugs auf 12.400 € = Die Differenz, das heißt 2.400 € kann G verlangen.

bb) Kombinationsmöglichkeiten: Der »kleine Schadenersatz« ist *nicht* mit Rücktritt kombinierbar, da es grundsätzlich beim vereinbarten Leistungsaustausch bleibt und sich G nur das Leistungsdefizit auf Seiten der S zwischen mangelfreier und mangelhafter Sache in Geld abgelten lässt.

Kombiniert werden kann der »kleine Schadenersatz« allerdings mit der Minderung (oben IV.): Die grundsätzliche Kombinationsmöglichkeit von Minderung und Schadenersatz folgt indirekt aus § 325; die Minderung ist dort zwar nicht erwähnt, aber in § 441 I als Alternative zum Rücktritt konzipiert und auch sonst dem Rücktritt gleichgestellt (vgl. §§ 437 Nr. 2, 438 V)[13]. Die Verträglichkeit von kleinem Schadenersatz und Minderung insbesondere ergibt sich aus der gleichen Interessenlage des Käufers: Die mangelhafte Sache wird behalten und nur ein finanzieller Ausgleich gesucht. Die Ergebnisse können jedoch unterschiedlich sein: Nach Durchführung der Minderung musste G nur einen Barbetrag von 8.371 € zahlen (oben IV. 2.), nach Forderung des kleinen Schadenersatzes bliebe ein Barbetrag von 8.100 € (10.500 – 2.400). Allerdings müsste bei einer Kombination von Minderung und kleinem Schadenersatz der Minderungsbetrag auf den Schadenersatz angerechnet werden, so dass eine Schadenersatzforderung der G nur noch in Höhe von 271 € verbliebe.

b) »Großer Schadenersatz«

aa) G könnte unter den Voraussetzungen der §§ 283, 281 I 3 den mangelhaften PKW an S zurückgeben und »Schadenersatz statt der ganzen Leistung« (großer Schadenersatz) verlangen. Diese Wahlmöglichkeit ist nur ausgeschlossen, wenn der Mangel unerheblich ist (Darlegungs- und Beweislast bei S). Dies wird man bei einem gebrauchten PKW, der als fabrikneu verkauft worden ist, nicht sagen können. G kann demnach »großen Schadenersatz« verlangen.

bb) Die Rechtsfolgen sind nicht eindeutig. Zwar ergibt sich aus § 281 V, dass G bei Wahl des großen Schadenersatzes verpflichtet ist, der S das mangelhafte Auto zurück zu übereignen; die Gegenleistungspflicht der G (Geld und Fahrrad) wird hingegen vom Schadenersatzverlangen nicht unmittelbar berührt. Vielmehr wird die Gegenleistung der G in die *Berechnung des von ihr zu verlangenden Schadenersatzes* einbezogen[14]:

Nach einer Auffassung hat G die **freie Wahl**, ob sie ihren Schaden nach der **Differenzmethode** oder der Surrogationsmethode (Austauschmethode) berechnen will. Im ersten Fall erbringt sie ihre Leistung nicht (bzw. fordert sie zurück [dies müsste wohl auf eine analoge Anwendung des § 326 IV gestützt werden]) und fordert nur die Differenz zwischen ihrem jetzigen Vermö-

11 Die Ausführung dieses Rechenvorgangs wurde von den Bearbeitern nicht erwartet, wohl aber die korrekte Darstellung der Berechnungsformel. Wurde der Minderungsbetrag richtig ausgerechnet, ist dies jedoch positiv bewertet worden.

12 Angesichts der Ankündigung durch die Lotteriegesellschaft hätte man hier auch an anfängliche Unmöglichkeit (§ 311 a) denken können. Allerdings hätte S die Gesellschaft auch noch um Nichteintragung oder um direkte Eintragung der G bitten können. Im Übrigen ergäben sich über § 311 a II die gleichen Ergebnisse.

13 Vgl. Dauner-Lieb/Büdenbender, Anwaltkommentar Schuldrecht, § 441 Rdn. 9.

14 Die folgenden Überlegungen wurden nur von den besten Bearbeitern angestellt (ca. 5%).

gensstand im Vergleich zu dem Stand, wenn S korrekt erfüllt hätte (vor allem entgangener Gewinn).

Bei der **Surrogations- oder Austauschmethode** erbringt G hingegen die von ihrer Seite geschuldete Leistung (Geld und Fahrrad) und bezieht diese Vermögenseinbußen in die Berechnung des von S zu fordernden Schadenersatzes ein[15].

Nach anderer Auffassung muss G, da im Vertragsgefüge nur die Primärleistung der S durch eine Schadenersatzleistung ersetzt worden ist, grundsätzlich ihre Gegenleistung erbringen, ist also auf eine Berechnung des Schadenersatzes nach der Surrogationsmethode beschränkt. Nur wenn G zusätzlich zurücktritt (§ 325; vgl. oben III.) und dadurch ihre Gegenleistungspflicht zu Fall bringt, kann sie sich auf den Schaden nach der Differenzmethode beschränken[16].

cc) Angesichts dieses Streitstands und des Umstands, dass G nicht nur Geld, sondern auch ihr Fahrrad geleistet hat, ist nach den möglichen Interessen der G zu differenzieren:

(1) Will G ihr Fahrrad und den Kaufpreis zurück und nur darüber hinausgehenden Schaden verlangen (Differenzmethode), so sollte sie sicherheitshalber Rücktritt und Schadenersatz miteinander kombinieren: Ihr Rückforderungsanspruch ergäbe sich dann aus § 346 I, der Schadenersatzanspruch aus § 283. Da an G bei Rücktritt Werte in Höhe von insgesamt 11.000 € zurückfließen, sie bei (hypothetischer) korrekter Erfüllung durch S aber einen Wert von 12.400 € erlangt hätte, beläuft sich ihr Schadenersatzanspruch nach der Differenzmethode auf 1.400 €.

(2) Will G hingegen das Fahrrad endgültig loswerden, dann darf sie nicht den Rücktritt erklären, sondern nur Schadenersatz nach §§ 437 Nr. 3, 280 I, III, 283 verlangen und diesen Schaden nach der Surrogationsmethode (Austauschmethode) berechnen: Sie erbringt ihre eigene Leistung (bzw. belässt diese bei S) und bezieht sie in die Schadensberechnung mit ein: Dies ergibt 10.500 € (gezahlter Kaufpreis) + 500 € (Wert Fahrrad) + 1.400 € (Differenz zum vollständigen Erfüllungsinteresse) = 12.400 €. S kann diese Summe zwar zum Teil mit den empfangenen 10.500 € begleichen, muss aber den Wert des Fahrrads sowie den Differenzschaden in Geld ersetzen (1.900 €)[17].

VI. Anspruch G – S auf Rückzahlung des Kaufpreises und Rückübereignung des Fahrrads aus § 812 I 1 Alt. 1

Dieser Anspruch ist gegeben, wenn G den Vertrag durch Anfechtung rückwirkend beseitigt (§ 142 I), so dass sie ihre Leistungen rechtsgrundlos erbracht hat.

1. Als Anfechtungsgrund kommt **§ 119 II** in Betracht, weil G sich möglicherweise über Eigenschaften der Kaufsache geirrt hat. Allerdings ist § 119 II von vornherein vom kaufrechtlichen Gewährleistungsrecht verdrängt, so dass eine Anfechtungsmöglichkeit ausscheidet.

2. Eine Anfechtung nach **§ 123 I** bleibt hingegen auch neben den §§ 434 ff. möglich. In Betracht käme hier nur eine Täuschung durch S bezüglich ihrer (künftigen) Voreintragung im Kfz-Brief. Allerdings musste S, auch angesichts des Streitstandes in Rechtsprechung und Literatur, nicht wissen, dass die bloße Voreintragung dem Kfz möglicherweise die Eigenschaft als »fabrikneu« nimmt (von ihrer Privatfahrt wusste sie bei Vertragsschluss selbst noch nichts). Ihr fehlte deshalb der für die arglistige Täuschung notwendige »Vorsatz mit Kausalbewusstsein«, eine Anfechtung nach § 123 I scheidet aus.

3. Damit fehlt jede Anfechtungsmöglichkeit, ein Anspruch der G aus § 812 I 1 besteht nicht.

VII. Ergebnis

1. G hat gegen S keinen Anspruch auf Nacherfüllung.

2. G hat gegen S auch keinen Anspruch auf Rückzahlung des Kaufpreises und Rückübereignung des Fahrrads aus § 326 IV oder § 812.

3. Als Gewährleistungsrechte stehen der G grundsätzlich zu:
- Minderung
- Rücktritt
- Schadenersatz statt der Leistung.

4. Kombinationsmöglichkeiten:

– G kann die Minderung des Kaufpreises erklären und zusätzlich »kleinen Schadenersatz« verlangen; mit einem Rücktritt sind diese beiden Rechtsbehelfe nicht vereinbar.

– Erklärt G den Rücktritt, kann sie zwar zusätzlich Schadenersatz statt der Leistung verlangen, ist hier aber auf den »Schadenersatz statt der ganzen Leistung« beschränkt, der nach der Differenzmethode zu berechnen ist. In diesem Fall erhält G Kaufpreis und Fahrrad zurück und kann nur darüber hinausgehenden Schadenersatz verlangen.

– Will G das Auto nicht behalten, aber auch ihr Fahrrad loswerden, so darf sie nicht zurücktreten, sondern nur Schadenersatz statt der ganzen Leistung verlangen; dieser wird dann nach der so genannten Surrogationsmethode berechnet, umfasst also auch den Wert des Fahrrads.

15 Vgl. Lorenz/Riem, Rdn. 208 ff.; Looschelders, Schuldrecht Allgemeiner Teil (2003) Rdn. 671–673; Palandt/Heinrichs, § 281 Rdn. 19 ff.; MünchKomm/Emmerich (2003) vor § 281 Rdn. 28.

16 MünchKomm/Ernst (2003) § 325 Rdn. 6 ff.

17 Es könnte noch problematisiert werden, ob die Option der G, das Fahrrad bei S zu belassen und dafür Geld zu verlangen, möglicherweise durch § 242 ausgeschlossen ist. Immerhin war der Fahrradkauf nur im Zusammenhang und als Nebengeschäft zum Autokauf vereinbart, und die Lieferung des Fahrrads könnte in einem Bedingungszusammenhang mit der Lieferung des Autos stehen. Auf der anderen Seite liegt die Leistungsstörung auf Seiten der S und ist von ihr zu vertreten, so dass G verlangen kann, so gestellt zu werden, wie wenn richtig erfüllt worden wäre. Das Interesse der G am »Loswerden« des Fahrrads ist grundsätzlich anerkennenswert. Auch kann S das Fahrrad wie geplant gebrauchen und wird nur versuchen müssen, das Auto nunmehr anderweitig (naturgemäß billiger) zu veräußern. Richtigerweise sollte es deshalb bei der im Text dargestellten Lösung bleiben.

Zivilrechtsklausur

Zivilrecht

Karibik-Bar in Lohmar-Birk

Von Richter Jan F. Orth und Wiss. Mit. Christian Hoppe, Köln*

Minderjährigkeit – Eigentümer-Besitzer-Verhältnis

Die vorliegende Klausur wurde als Semesterabschlussklausur für den Grundkurs Sachenrecht an der Universität zu Köln gestellt. Die Studierenden des dritten Semesters hatten nur Anspruchsgrundlagen aus dem dritten Buch des BGB zu prüfen und für die Bearbeitung 90 Minuten Zeit.

Für die Veröffentlichung ist insbesondere die dritte Aufgabe auf alle Anspruchsgrundlagen ausgedehnt worden. Aufgabe 1 und 2 dienen eher der Prüfung und Wiederholung grundlegender Elemente des Sachenrechts, aber auch des Allgemeinen Teils. Bei Aufgabe 3 kann der Bearbeiter systematisches Wissen um das BGB unter Beweis stellen. Wer den korrekten Anspruchsaufbau nicht beherrscht, wird mit der Klausur große Probleme haben.

Bei der Bearbeitung war darüber hinaus auf die neue Regelung des § 105 a BGB einzugehen, bei dessen Berücksichtigung sich überraschende Wirkungen auch für den auf den ersten Blick nicht betroffenen sachenrechtlichen Bereich ergeben. Die aktuellen Stellungnahmen in der Literatur sind einbezogen.

SACHVERHALT

Die 17-jährigen Maic (M), Daniel (D) und Steffi (S), alle Schüler der Stufe 11 des Gymnasiums *Lohmar*, haben sich für die sog. »Karibik-Bar«, ein Cocktail-Happening in *Lohmar-Birk*, verabredet. D führt an diesem Abend sein neues Hawaii-Hemd vor, das er vor kurzem voller Stolz beim Resteverkauf im Siegburger »Kodi« für 5 € erworben hat. Bei dem Kauf war M dabei, der Hawaii-Hemden auch ganz toll und hoch geeignet für die »Karibik-Bar« fand, sich aber nur deswegen keines kaufte, weil er für seinen Spanien-Urlaub spart. Beim Fest selbst wollen die Freunde natürlich etwas trinken; die Clique beschließt, nach mehreren »Caipirinha« zu »Sangria« aus Plastikeimern (mit Riesenstrohhalmen) überzugehen.

Als D ziemlich betrunken ist, will er am Pool seinen wohlgeformten Oberkörper der anwesenden Damenwelt präsentieren und zieht das neue Hawaii-Hemd aus. M erkennt seine Chance und fragt D, ob er das Hemd für den Rest des Abends geliehen haben könne. D willigt ein und entfernt sich in Richtung einer kreischenden Mädchengruppe. Zu M herbei eilt S, die seit Monaten unsterblich in D verliebt ist. Unbedingt möchte sie dessen Hemd einmal anziehen. M will es zunächst gar nicht hergeben, lässt sich von S jedoch überreden, ihr dieses für 20 Minuten gegen 20 € (die S von ihrem Taschengeld bezahlt) zu vermieten. Nach dieser Zeit zieht M das Hemd selbst an, weil er damit seinerseits auf positive Wirkungen bei den anwesenden Mädchen hofft.

Daraufhin flirtet er – durch sein neues Äußeres hoch motiviert – mit der 15-jährigen Ilca (I), die M allerdings nach einigen nassforschen Bemerkungen in den Pool schubst, um seinen Anbandelungsversuch zu beenden. Im Wasser verliert das Hawaii-Hemd alle Farben; es ist ruiniert.

Als M sich danach trocknet, verliert er dabei den 20-€-Schein, den er kurz zuvor von S als Miete erhalten hatte. S ihrerseits findet kurze Zeit später diesen Schein am Poolrand, freut sich und kauft sich davon bei dem Betreiber (B) des Getränkestandes noch einen »Pinacolada-Rieseneimer« zu genau diesem Preis.

Den letzten Sangria-Eimer für die drei Freunde hatte der D gekauft. An seinem Verkaufsstand geht B wie folgt vor: Die Eimer werden den Käufern im Wege der Leihe – was aus einem aufgehängten Schild eindeutig hervorgeht – gegen ein Pfand von 5 € zur Verfügung gestellt. D dachte jedoch, er dürfe den Eimer für sich behalten. Nachdem er bei der Damenwelt schließlich auch keinen wesentlichen Erfolg verbucht hat, tritt D mit dem Plastikeimer in der Hand zu Fuß den Nachhauseweg (7 km) an. Auf der Landstraße nach *Wahlscheid* nimmt ihn der unerkannt geisteskranke Heinz (H) im Auto mit, dem D aus lauter Dankbarkeit den Eimer schenkt und mitgibt. Anderentags veräußert H den Eimer auf dem *Birker* Fußballplatz dem zufällig anwesenden Jan (J), welcher gerade einen neuen Putzeimer braucht. Diesen Vorgang beobachtet jedoch B, der ebenfalls Fußballfan ist und den Eimer als einen seiner »Sangria-Eimer« identifiziert.

Aufgaben

1. S erzählt M von dem Geldfund. Kann M von B den 20-€-Schein herausverlangen?
2. B stellt J hinsichtlich des Eimers zur Rede. Hat er Ansprüche gegen J?
3. Welche Ansprüche hat D gegen M?

Hinweise für die Bearbeitung:

Die aufgeworfenen Fragen sind **gutachtlich** zu beantworten.

D hat am darauf folgenden Montag in der Schule damit angegeben, dass die Polizei 5 Minuten, nachdem er M das Hawaii-Hemd geliehen hat, **eine Blutalkoholkonzentration von 3,15‰** bei ihm festgestellt hat, was den Tatsachen entspricht.

Die Eltern von M haben sich über dessen nächtliche Geschäftstüchtigkeit gefreut und alle von ihm vorgenommenen Geschäfte **genehmigt.**

LÖSUNG

Aufgabe 1:

A. § 985 BGB

M könnte gegen B einen Anspruch auf Herausgabe des 20-€-Geldscheins aus § 985 BGB haben. Voraussetzung ist, dass eine Vindikationslage besteht, M also Eigentümer des Scheines ist und B Besitzer ohne Recht zum Besitz (§ 986 BGB).

I. B übt gegenwärtig die tatsächliche Gewalt über die 20 € aus, ist also Besitzer (§ 854 I BGB); ein eigenes oder abgeleitetes Recht zum Besitz (§ 986 I S. 1, 1. oder 2. Alternative) gegenüber M ist nicht ersichtlich[1].

II. Fraglich ist daher allein, ob M Eigentümer des 20-€-Scheins ist.

1. Ursprünglich stand der Schein im Eigentum der S.

2. Sie könnte ihr Eigentum jedoch durch rechtsgeschäftliche Übereignung nach § 929 S. 1 BGB an M verloren haben.

a) Voraussetzung dafür ist zunächst eine wirksame Einigung

* Der Autor HOPPE ist Wiss. Mitarbeiter am Rechtszentrum für europäische und internationale Zusammenarbeit in Köln (Abt. III, Direktor Prof. Dr. JÜRGEN F. BAUR). Beide Autoren waren Mitarbeiter am Institut für das Recht der Europäischen Gemeinschaften der Universität zu Köln, dem auch ein Lehrstuhl für Bürgerliches Recht angegliedert ist. Direktor des Instituts war zum Erstellungszeitpunkt Universitätsprofessor Dr. JÜRGEN F. BAUR.

1 Diese Frage konnte hier, weil sie offensichtlich unproblematisch ist, vorgezogen werden.

zwischen S und M hinsichtlich des Eigentumsübergangs. Bei der Einigung handelt es sich um einen dinglichen Vertrag[2], auf den die §§ 104 ff. BGB Anwendung finden[3]. Bedenken hinsichtlich der Wirksamkeit der Einigung könnten hier hinsichtlich der Minderjährigkeit der S (§§ 2, 106 BGB) bestehen. Da die Einigungserklärung zum Verlust des Eigentums an dem Schein führen konnte, mithin rechtlich nachteilig war, bedurfte S grundsätzlich gemäß § 107 BGB der Einwilligung ihrer Eltern als gesetzliche Vertreter (§§ 1626 I, 1629 I S. 1 BGB), die nicht vorlag. Indes könnte § 110 BGB eingreifen. Dieser gilt zwar seinem Wortlaut nach nur für das hier irrelevante Verpflichtungsgeschäft; in der Überlassung der Mittel an den Minderjährigen liegt aber eine konkludente Einwilligung auch in das Verfügungsgeschäft[4], wenn die sonstigen Voraussetzungen des § 110 BGB vorliegen.

Dann müsste S die Leistung, hier also die geschuldete Miete, mit ihr zur freien Verfügung überlassenen Mitteln bewirkt haben. Die 20 € gehörten zum Taschengeld der S, so dass von einer entsprechenden Überlassung ausgegangen werden kann. Folglich ist die Einigungserklärung der S nach § 110 BGB wirksam. Hinsichtlich der Willenserklärung des ebenfalls minderjährigen M greift § 107 BGB, da der Rechtserwerb durch Minderjährige für diese im Grundsatz einen lediglich rechtlichen Vorteil darstellt[5]. Auf die Genehmigung durch die Eltern des M[6] kommt es nicht an. Mithin liegt eine wirksame Einigung vor.

b) Auch hat eine Übergabe stattgefunden. Die ebenfalls gemäß § 929 S. 1 BGB erforderliche Berechtigung der S zur Eigentumsübertragung liegt vor, da S Eigentümerin des Scheins ist.

c) Somit hat S das Eigentum an dem Schein durch Übereignung an M verloren, § 929 S. 1 BGB.

3. Der Verlust des Scheines durch M führt nicht zu einer Veränderung der dinglichen Rechtslage, insbesondere liegt keine Dereliktion (§ 959 BGB) vor, da es an einer entsprechenden Absicht des M fehlt, das Eigentum aufzugeben.

4. Mit dem Auffinden der 20 € durch die S ist ebensowenig ein Eigentumserwerb zu ihren Gunsten verbunden: die Voraussetzungen des § 973 BGB (der rechtliche »Fund«) sind nicht gegeben. M ist also immer noch Eigentümer.

5. M kann sein Eigentum aber dadurch verloren haben, dass S dem B die 20 € wirksam übereignet hat. Nachdem zu diesem Zeitpunkt M – und nicht S – Eigentümer des Scheines war, kommt insoweit nur gutgläubiger Erwerb des B in Betracht, §§ 929 S. 1, 932 I S. 1 BGB. Voraussetzung für jede Art des gutgläubigen Erwerbs vom Nichtberechtigten ist zunächst das Vorliegen der Voraussetzungen des Grunderwerbstatbestandes, hier des § 929 S. 1 BGB.

a) Einer wirksamen Einigung scheint auch hier zunächst die Minderjährigkeit der S entgegenzustehen, §§ 2, 106 BGB, da die Übereignung von Sachen durch Minderjährige[7] für diese aufgrund des Eigentumsverlustes im Grundsatz ein rechtlicher Nachteil im Sinne des § 107 ist. Indes ist zu bedenken, dass S hier über eine fremde Sache, nämlich den 20-€-Schein des M, verfügte. Ein Eigentumsverlust bei ihr konnte also durch die Verfügung nicht eintreten, so dass man geneigt sein könnte, einen rechtlichen Nachteil zu verneinen. Die Frage, ob eine Verfügung über eine dem Minderjährigen nicht gehörende Sache als wirksam anzusehen ist, wird in der Literatur nicht einheitlich beantwortet.

aa) Einerseits wird die Ansicht vertreten[8], ein gutgläubiger Erwerb habe in diesem Fall auszuscheiden, da die Gutglaubensvorschriften nur den Sinn hätten, den Erwerber so zu stellen, als wäre der Veräußerer Eigentümer. Wäre das aber der Fall, so müsse der Rechtserwerb an §§ 2, 106, 107 BGB scheitern, da für den Minderjährigen aufgrund der Veräußerung seines Eigentums ein rechtlich nachteiliges Geschäft vorläge[9]. Mithin sei eine teleologische Reduktion der Gutglaubensvorschriften geboten, da der Schutz des Eigentümers vorrangig gegenüber den Erwerbsinteressen desjenigen sei, der auch im Falle des Zutreffens seiner Ansicht, dass der Minderjährige Eigentümer sei, nicht erwerben könnte[10]. Unter Zugrundelegung dieser Ansicht scheidet ein Eigentumserwerb des B an dem 20-€-Schein vorliegend aus.

bb) Andererseits wird von der überwiegenden Ansicht auf den Rechtsgedanken des § 165 BGB verwiesen und ein neutrales Geschäft, wie es die Veräußerung einer fremden Sache für den Minderjährigen darstellt[11], für wirksam gehalten[12]. Begründet wird dies neben dem schon erwähnten § 165 BGB damit, dass der Minderjährige in diesem Fall nicht schutzbedürftig sei und insoweit der Verkehrsschutz Vorrang haben müsse[13]. Der Interessenkonflikt sei in diesem Fall derselbe, wie ihn die §§ 932, 935 BGB regelten[14]. Hiernach ist ein Eigentumserwerb des B, sollten die weiteren Voraussetzungen des gutgläubigen Erwerbs vorliegen, möglich, so dass es einer Entscheidung des Streits bedarf.

cc) Dabei muss der Schutz des Minderjährigen, dem grundsätzlich ein Vorrang gegenüber dem Gutglaubensschutz zukommt[15], hier als Argument ausscheiden, da eine Belastung für den Minderjährigen durch die Veräußerung nicht eintritt[16]. In den Blick zu nehmen ist vielmehr der Schutz des Geschäftsgegners, für den es nicht erkennbar ist, ob der Minderjährige etwa mit Einwilligung des gesetzlichen Vertreters handelt oder nicht. Zwar ist der gute Glaube an die Geschäftsfähigkeit oder eine bestehende Einwilligung des Vertreters nicht geschützt[17]; hieraus kann aber nicht allgemein geschlossen werden, dass aus diesem Grund nunmehr der Schutz des Eigentümers absoluten Vorrang verdiente[18]. Hinzu kommt, dass der Zweck des § 107 BGB, der von erstgenannter Ansicht dazu verwendet wird, die Zustimmungsbedürftigkeit des Geschäfts zu begründen und so die Interessen des Eigentümers der Sache zu schützen, gerade im Schutz des Minderjährigen liegt. Der Eigentümer soll von dieser Norm jedoch nicht geschützt werden[19], so dass es nicht gerechtfertigt erscheint, dem Geschäftsgegner des Minderjährigen, hier also dem B, die Möglichkeit des gutgläubigen Erwerbs zu versagen. Dies würde den Schutz des Eigentümers zu Lasten des Verkehrsschutzes überdehnen[20]. Mithin ist der zweitgenannten Auffassung zu folgen.

dd) Der gutgläubige Erwerb des B scheitert demnach nicht

2 Palandt-Bassenge, BGB, 63. Aufl. 2004, § 929 Rdn. 2.
3 Baur/Stürner, Sachenrecht, 17. Aufl. 1999, § 5 Rdn. 2; Staudinger-Wiegand, BGB, 13. Bearb. 1995, § 929 Rdn. 13.
4 Soergel-Hefermehl, BGB, 13. Aufl. 1999, § 110 Rdn. 1; Jauernig/ders., BGB, 11. Aufl. 2004, § 110 Rdn. 2.
5 Palandt-Heinrichs (o. Fn. 2), § 107 Rdn. 4; Soergel-Hefermehl (o. Fn. 4), § 107 Rdn. 2.
6 Siehe Bearbeitervermerk!
7 Insoweit anders als die *an* Minderjährige, s. o. unter A II 2 a) am Ende.
8 Insbesondere von Medicus, Bürgerliches Recht, 19. Aufl. 2002, Rdn. 542; ebenso Zeranski, JuS 2002, 340 (343); Krampe, **JURA** 1989, 167; Staudinger-Wiegand (o. Fn. 3), § 932 Rdn. 11.
9 Medicus, a. a. O.
10 Medicus, a. a. O.
11 Vgl. Soergel-Hefermehl (o. Fn. 4), § 107 Rdn. 7.
12 MüKo-Schmitt, BGB, 4. Aufl. 2001, § 107 Rdn. 33 f.; Palandt-Heinrichs (o. Fn. 2), § 107 Rdn. 7; Soergel-Hefermehl (o. Fn. 4), § 107 Rdn. 7; Larenz/Wolf, BGB AT, 9. Aufl. 2004, § 25 Rdn. 28; Westermann-Gursky, Sachenrecht, 7. Aufl. 1998, § 47 II 1 (S. 389 f.); Schreiber, **JURA** 1987, 221 (222); Hommelhoff/Stüsser, **JURA** 1985, 654 (658).
13 MüKo-Schmitt (o. Fn. 12), § 107 Rdn. 34; Larenz/Wolf (o. Fn. 12), § 25 Rdn. 28.
14 Westermann-Gursky (o. Fn. 12), § 47 II 1 (S. 390).
15 Vgl. näher MüKo-Schmitt (o. Fn. 12), vor § 104 Rdn. 7.
16 Ansprüche des wahren Eigentümers aus § 816 I BGB, §§ 687 II, 681 S. 2, 667 BGB etc. bleiben bei dieser Betrachtung nach allgemeiner Ansicht unberücksichtigt, vgl. Soergel-Hefermehl (o. Fn. 4), § 107 Rdn. 7; MüKo-Schmitt (o. Fn. 12), § 107 Rdn. 35.
17 Vgl. nur MüKo-Schmitt (o. Fn. 12), vor § 104 Rdn. 7.
18 So indes das Argument von Medicus (o. Fn. 8), Rdn. 542.
19 S. Wilhelm, Sachenrecht, 2. Aufl. 2002, Rdn. 794.
20 Vgl. Hommelhoff/Stüsser, **JURA** 1985, 654 (658).

bereits daran, dass die S minderjährig ist. Eine wirksame Einigung liegt also vor.

b) Ebenso hat eine Übergabe stattgefunden.

c) B war nicht bekannt oder infolge grober Fahrlässigkeit unbekannt (§ 932 II BGB), dass die S nicht Eigentümerin der 20 € war. Demnach ist auch die Gutgläubigkeit des B gegeben.

d) Es könnte allenfalls ein Abhandenkommen (§ 935 I BGB) gegeben sein, das als unfreiwilliger Verlust des unmittelbaren Besitzes durch den Eigentümer definiert wird[21]. Allerdings ist § 935 II BGB zu beachten, der im Interesse der Umlauffähigkeit von Geld eine Ausnahme von § 935 I vorsieht. Da nach dieser Norm ein Abhandenkommen von Geld beim gutgläubigen Erwerb desselben unschädlich ist, konnte B den Schein gutgläubig erwerben.

e) Nachdem also alle Voraussetzungen der §§ 929 S. 1, 932 I, II BGB vorliegen, ist B Eigentümer des Scheines geworden.

III. Mangels einer Vindikationslage zwischen M und B scheidet ein Anspruch des M aus § 985 BGB aus.

B. § 1007 I und II BGB

Ein Anspruch des M gegen B auf Herausgabe der 20 € aus § 1007 I BGB scheitert bereits daran, dass B, wie soeben erörtert, nicht bösgläubig (§ 932 II BGB) im Hinblick auf das Eigentum der S war, mithin auch keine Bösgläubigkeit hinsichtlich seines Besitzrecht vorliegt. Aus § 1007 II BGB[22] ergibt sich ebenfalls nichts zu Gunsten des M, da trotz Abhandenkommen des Scheins § 1007 II S. 2 BGB in Parallelität zu § 935 II BGB diesen Umstand für Geld gerade für unbeachtlich erklärt.

C. § 861 I BGB

Für einen Anspruch des M auf Wiedereinräumung des Besitzes an dem Schein aus § 861 I BGB ist Voraussetzung, dass ihm dieser durch verbotene Eigenmacht (§ 858 BGB) entzogen wurde. Indes haben weder S noch B dem M den unmittelbaren Besitz an dem Schein entzogen; diesen hatte M vielmehr schon nicht mehr inne, als er den Schein beim Trocknen verlor. § 861 BGB schützt aber nur den bestehenden unmittelbaren Besitz[23]. Auch § 861 I BGB gibt dem M daher keinen Anspruch auf Herausgabe der 20 €.

D. § 823 I BGB

Ein Anspruch des M auf Herausgabe der 20 € aus § 823 I BGB besteht nur dann, wenn der gutgläubige Erwerb des Scheins durch B eine Eigentumsverletzung darstellt. Um Wertungswidersprüche zu den §§ 932 ff. zu vermeiden, wird dies allerdings allgemein verneint[24].

E. § 812 I S. 1, 2. Alt. BGB

Es kommt letztlich noch ein Anspruch des M gegen B auf Rückübereignung und Herausgabe des Geldscheins aus § 812 I S. 1, 2. Alt. BGB, also aus Eingriffskondiktion, in Betracht.

I. B hat Eigentum und Besitz an dem Schein erlangt.

II. Es ist indes fraglich, ob auch die Merkmale »in sonstiger Weise auf dessen Kosten ohne rechtlichen Grund« zu bejahen sind und zwar deswegen, weil auch die Zulassung dieses Anspruchs dazu führen würde, den gutgläubigen Erwerb zu konterkarieren und diese spezielle Regelung wertlos zu machen. Dementsprechend wird im Umkehrschluss zu § 816 I S. 1 und 2 BGB, der die Haftung des unberechtigt Verfügenden anordnet und nur ausnahmsweise den Durchgriff auf den Erwerber zulässt, angenommen, für den Erwerb bestehe trotz der vom Wortlaut her vorliegenden Voraussetzungen der Eingriffskondiktion ein Rechtsgrund[25].

III. Folglich ist ein Anspruch aus § 812 I S. 1, 2. Alt. BGB nicht gegeben.

Aufgabe 2:

A. § 985 BGB

B könnte gegen J einen Anspruch auf Herausgabe des Eimers aus § 985 BGB haben, wofür wiederum eine Vindikationslage Voraussetzung ist.

I. B müsste Eigentümer sein.

1. Ursprünglich war B Eigentümer des Sangria-Eimers.

2. Sein Eigentum hat er nicht durch das Überlassen des Eimers an D verloren; für einen objektiven Dritten in der Rolle des Erklärungsempfängers (hier des D) ergab sich vielmehr eindeutig, dass B seinen Kunden nur den Gebrauch an den Eimern im Wege der Leihe überlassen wollte, §§ 133, 157 BGB.

3. Ein Verlust des Eigentums des B könnte jedoch durch eine Veräußerung des D an H erfolgt sein. Nach dem soeben Gesagten war D nicht Eigentümer des Eimers, so dass wiederum gutgläubiger Erwerb (§§ 929 S. 1, 932 I S. 1 BGB) zu prüfen ist.

a) Zunächst muss also eine Einigung zwischen D und H über den Eigentumsübergang an dem Eimer vorliegen. Hier war die Willenserklärung des H aufgrund dessen Geisteskrankheit nach §§ 105 I, 104 Nr. 2 BGB nichtig, so dass eine wirksame Einigung nicht vorzuliegen scheint. Für einen »lichten Augenblick« des H, der Geschäftsfähigkeit für diesen Moment begründen kann[26], sind, obwohl er nicht auszuschließen ist, nicht genügend Anhaltspunkte ersichtlich. Über die Geschäftsunfähigkeit des H hinweghelfen könnte indes § 105 a S. 1 BGB, wonach auch Geschäftsunfähige wirksam Geschäfte des täglichen Lebens tätigen können.

aa) Zwar könnte der Wortlaut von § 105 a S. 1 BGB, der auf Leistung und Gegenleistung abstellt und die Bewirkung der Leistung verlangt, darauf hindeuten, die Fiktion der Wirksamkeit auf das schuldrechtliche Kausalgeschäft zu beschränken[27]. Jedoch liefe es dem Sinn der Vorschrift, die Rechtsstellung geistig Behinderter zu verbessern[28], zuwider, wenn man den Geschäftsunfähigen (lediglich) schuldrechtlich wirksame Geschäfte tätigen ließe und das Eigentum an den erworbenen Sachen beim Veräußerer verbliebe. Weiter ist davon auszugehen, dass ein dauerhaftes Auseinanderfallen von Eigentum und Besitz von der Rechtsordnung grundsätzlich nicht gewollt ist[29]. Stützen lässt sich dies dogmatisch entweder damit, dass die Fiktion des § 105 a S. 1 BGB hinsichtlich des Erfüllungsgeschäfts eine besondere Rechtsfolgenverweisung auf die Regelungen über die Willenserklärungen Geschäftsfähiger darstellt[30] oder dass § 105 a S. 1 BGB zu einer Durchbrechung des Abstraktionsprinzips dergestalt führt, dass die Wirksamkeit des Verpflichtungsgeschäfts auf die des Erfüllungsgeschäfts übertragen wird[31]. Demnach erfasst § 105 a S. 1 BGB auch die dingliche Ebene.

bb) Da die Abgabe einer Willenserklärung zum Erwerb von Eigentum auch zu den Geschäften des täglichen Lebens gerechnet werden kann[32],

21 Statt aller: Palandt-Bassenge (o. Fn. 2), § 935 Rdn. 3.
22 Zu beachten war hier, dass § 1007 BGB zwei eigenständige Anspruchsgrundlagen enthält, vgl. Palandt-Bassenge (o. Fn. 2), § 1007 Rdn. 2.
23 BGH, NJW 1977, 1818.
24 BGH, JZ 1956, 490; Staudinger-Wiegand (o. Fn. 3), § 932 Rdn. 111; Soergel-Henssler, 13. Aufl. 2002, § 932 Rdn. 38.
25 Larenz/Canaris, Lehrbuch des Schuldrecht Bd. II/2, 13. Aufl. 1994, § 67 III 2 a) (S. 138 f.); Esser/Weyers, Schuldrecht Bd. 2 (Tb. 2), 8. Aufl. 2000, § 50 II 1 (S. 80); MüKo-Lieb, 4. Aufl. 2004, § 812 Rdn. 270.
26 Vgl. Soergel-Hefermehl (o. Fn. 4), § 104 Rdn. 6; Jauernig/ders. (o. Fn. 4), § 104 Rdn. 7.
27 S. Casper, NJW 2002, 3425 (3427).
28 Casper, NJW 2002, 3425; Palandt-Heinrichs (o. Fn. 2), § 105 a Rdn. 1.
29 Casper, NJW 2002, 3425 (3428); § 241 a BGB bildet insoweit eine Ausnahme, vgl. Palandt-Heinrichs (o. Fn. 2), § 241 a Rdn. 4.
30 So Casper, NJW 2002, 3425 (3428).
31 So Heim, JuS 2003, 141 (143 f.); ablehnend zu beiden Konstruktionen Löhnig/Schürtl, AcP 204 (2004), 25 (37 f.).
32 Erfasst werden einfache Geschäfte des täglichen Bedarfs, z. B. der Kauf von

liegt hiernach eine wirksame Willenserklärung des H vor. Jedoch ist die Willenserklärung des D, bei dem eine Blutalkoholkonzentration von 3,15‰ festgestellt wurde, gemäß § 105 II BGB nichtig: ab einer BAK von mehr als 3‰ wird Bewußtlosigkeit im Sinne einer hochgradigen Bewusstseinstrübung angenommen[33]. Aus § 105 a BGB ergibt sich nichts anderes, da zum einen der sachliche Anwendungsbereich der Norm nur auf die Fälle des § 105 I BGB beschränkt ist und zum anderen D nicht volljährig ist, wie es § 105 a S. 1 BGB in persönlicher Hinsicht voraussetzt[34].

b) Demnach fehlt es bereits an einer wirksamen Einigung, so dass ein gutgläubiger Erwerb des H ausscheidet.

4. Schlussendlich kommt noch ein Eigentumserwerb des J von H, wiederum nach §§ 929 S. 1, 932 I S. 1 BGB in Betracht.

a) Eine wirksame Einigung zwischen H und J setzt voraus, dass der Tatbestand des § 105 a S. 1 BGB erfüllt ist, der – wie oben gezeigt – die Wirksamkeit auch des dinglichen Vertrages fingiert.

aa) Geschäfte des täglichen Lebens sind solche Verträge, die derart häufig abgeschlossen werden, dass sie als Alltagsgeschäft betrachtet werden können[35]. Die Veräußerung eines geringwertigen Gegenstands des Haushaltsbereichs fällt hierunter. Das muss auch für den Fall gelten, wenn wie vorliegend eine fremde Sache veräußert wird. Insoweit bietet sich eine Parallelargumentation zu den Fällen des neutralen Geschäfts im Rahmen des § 107 BGB an.

bb) Die Bewirkbarkeit mit geringwertigen Mitteln als weitere Voraussetzung des § 105 a S. 1 BGB ist ebenso zu bejahen, da es sich bei dem Eimer nicht um einen besonders wertvollen Haushaltsgegenstand handelt.

b) Auch eine Übergabe liegt vor; Zweifel in Bezug auf den guten Glauben (§ 932 II BGB) des J an das Eigentum des H ergeben sich nicht.

c) Es könnte jedoch ein Abhandenkommen des Eimers (§ 935 I BGB) vorliegen, das den Gutglaubenserwerb des J ausschließt, weil H geschäftsunfähig ist[36]. Nach überwiegender Auffassung führt die Weggabe einer Sache durch einen Geschäftsunfähigen im Grunde zum Abhandenkommen derselben[37]. Zwar ist umstritten, ob § 935 I S. 2 BGB auch die vorliegende Konstellation erfaßt, in der der unmittelbare Besitzer (hier H) nicht Besitzmittler des Eigentümers ist[37a]. Die Frage kann aber dahinstehen, wenn im Anwendungsbereich des § 105 a BGB § 935 BGB aus anderen Gründen ausscheidet. Spricht man mit der auch hier vertretenen Ansicht § 105 a BGB eine Fiktionswirkung für das dingliche Geschäft zu[38], erscheint es konsequent, auch ein Abhandenkommen der Sache zu verneinen. Dagegen ließe sich zwar anführen, dass es im Falle einer Veräußerung fremder Sachen einer solchen Wirkung des § 105 a BGB nicht bedarf, weil die Interessen des Eigentümers der Sache hierbei zu sehr ins Hintertreffen geraten. Allerdings muss auch gesehen werden, dass die Geschäfte, bei denen § 105 a BGB eingreifen soll, ohnehin nahelegen, dass in diesen Situationen ein »lichter Augenblick« des Geschäftsunfähigen vorliegt[39], bei dem schon bisher die Wirksamkeit der getätigten Rechtsgeschäfte angenommen wurde[40]. Ein solcher »lichter Augenblick« kann bei der Vornahme einer Veräußerung von Sachen wie hier zumindest nicht ausgeschlossen werden. Zwar liegen nicht genug Anhaltspunkte vor, um darauf die Wirksamkeit der getätigten Rechtsgeschäfte zu stützen[41]. Allerdings kommt es im Rahmen des § 935 I BGB entscheidend auf die Fähigkeit an, sich über die Bedeutung der Besitzweggabe ein zutreffendes Bild machen zu können[42]; das kann aber auch schon unterhalb der Fähigkeit zur rechtsgeschäftlichen Verfügung angenommen werden. Dies lässt es als gerechtfertigt erscheinen, in den Fällen des § 105 a S. 1 BGB ein Abhandenkommen zu verneinen[43]. § 935 I BGB steht dem Erwerb des Eigentums an dem Eimer durch J also bereits aus diesem Grund entgegen.

d) Als Ergebnis ist damit festzuhalten, dass J gutgläubig nach §§ 929 S. 1, 932 I S. 1 BGB Eigentum an dem Eimer erworben hat.

II. Fehlt es mithin am fortbestehenden Eigentum des B, so scheidet vorliegend ein Anspruch des B gegen J auf Herausgabe des Eimers aus § 985 BGB aus.

B. Auch Ansprüche des B aus § 1007 I oder II BGB sind mangels Bösgläubigkeit des J bzw. Abhandenkommen des Eimers nicht gegeben. Gleiches gilt mangels verbotener Eigenmacht für einen Anspruch aus § 861 BGB; dass § 823 I BGB unter dem Gesichtspunkt der Eigentumsverletzung sowie § 812 I S. 1, 2. Alt. BGB im Falle des gutgläubigen Erwerbs keinen Herausgabeanspruch gegen den gutgläubigen Erwerber begründen, wurde schon oben dargelegt[44].

Aufgabe 3:

A. Ansprüche auf Herausgabe des beschädigten Hemdes

I. § 604 I, II BGB

Ein Anspruch des D gegen M auf Herausgabe des Hawaii-Hemdes aus § 604 I BGB besteht nicht, da die Wirksamkeit des Leihvertrages einer Einwilligung der Eltern des D bedurfte, die nicht vorliegt (§§ 107, 108 I BGB). Überdies war D geschäftsunfähig, § 105 II BGB[45].

II. § 985 BGB und § 812 I S. 1, 1. Alt. BGB

Unproblematisch ist ein Herausgabeanspruch indessen aus § 985 BGB begründet, da D nach wie vor Eigentümer des Hemdes ist[46] und M Besitzer, ohne aus dem Leihvertrag (wegen dessen Nichtigkeit) ein Recht zum Besitz herleiten zu können.

Gleiches gilt für einen Anspruch aus § 812 I S. 1, 1. Alt. BGB: M hat den Besitz am Hemd ohne Rechtsgrund durch Leistung des D erlangt und muss diesen daher herausgeben.

B. Ansprüche auf Herausgabe der Miete von 20 € für das Hemd

I. §§ 990 I S. 1, 987 I BGB

D kann gegen M einen Anspruch auf Zahlung der 20 €, die M von S als Miete erhalten hat, aus §§ 990 I S. 1, 987 I BGB haben.

1. Eine Vindikationslage zwischen D und M liegt vor: D ist wie oben geprüft immer noch Eigentümer des Hemdes und M hat Besitz hieran, ohne nach § 986 I, 1. Alt. zum Besitz berechtigt zu sein.

Nahrungsmitteln, die zum alsbaldigen Verzehr bestimmt sind, vgl. Palandt-Heinrichs (o. Fn. 2), § 105 a Rdn. 3 mit weiteren Beispielen.

33 Vgl. OLG Nürnberg, NJW 1977, 1496 (dort 3,4‰); Soergel-Hefermehl (o. Fn. 4), § 105 Rdn. 6; Palandt-Heinrichs (o. Fn. 2), § 105 Rdn. 2.

34 Insoweit steht der Schutzzweck der §§ 106, 107 BGB auch einer entsprechenden Anwendung des § 105 a BGB entgegen, s. Casper, NJW 2002, 3425 (3426).

35 Casper, NJW 2002, 3425 (3426).

36 An diesem Umstand ändert § 105 a BGB nichts, da dieser nur die Vertragswirksamkeit fingiert und nicht die Geschäftsfähigkeit des H!

37 Vgl. OLG München, NJW 1991, 2571; Palandt-Bassenge (o. Fn. 2), § 935 Rdn. 5; differenzierend Baur/Stürner (o. Fn. 3), § 52 Rdn. 42.

37a Dazu Staudinger/Wiegand (o. Fn. 3), § 935 Rdn. 6; Baur/Stürner (o. Fn. 3), § 52 Rdn. 38.

38 S.o. unter A 1 a).

39 Vgl. Jauernig/ders. (o. Fn. 4), § 105 a Rdn. 3.

40 S.o. Fn. 28.

41 Vgl. unter A I 3 a).

42 Baur/Stürner (o. Fn. 3), § 52 Rdn. 42.

43 I. Erg. ebenso Casper, NJW 2002, 3425 (3428).

44 Unter Aufgabe 1, D und E.

45 S. unter Aufgabe 2, A I 3 a).

46 Der Erwerb des Eigentums an dem Hemd durch D im Supermarkt war nicht weiter zu problematisieren.

2. Problematisch ist aber das Vorliegen der nach § 990 I S. 1 BGB erforderlichen Bösgläubigkeit des M hinsichtlich seines Besitzrechts. Diese liegt dann vor, wenn M wußte oder aus grober Fahrlässigkeit nicht wußte (§ 932 II BGB), dass der Leihvertrag zwischen D und ihm nichtig war.

a) Dabei ist wegen der Wertung der §§ 104 ff. BGB, die den Minderjährigen schützen wollen, zu differenzieren: ist das Handeln des Minderjährigen deliktsähnlich, kommt es für seine Kenntnis analog § 828 III BGB darauf an, ob der Minderjährige die zur Erkenntnis der Verantwortung erforderliche Einsicht hatte[47]. Ist es dagegen rechtsgeschäftsähnlich, wie das insbesondere bei der Leistungskondiktion der Fall ist, kommt es auf die Kenntnis der gesetzlichen Vertreter an[48]. Im Rahmen des § 990 I BGB ist nach überwiegender Ansicht wegen dessen Deliktsähnlichkeit auf die Kenntnis des Minderjährigen selbst abzustellen[49]. Hinsichtlich der Einsichtsfähigkeit des 17-jährigen M bestehen keine Bedenken, so dass seine Kenntnis oder grobfahrlässige Unkenntnis entscheidend ist.

b) Für die Annahme positiver Kenntnis des M von der Unwirksamkeit des Leihvertrages wegen der Geschäftsunfähigkeit des D (§ 105 II BGB) sind trotz der erkennbaren Trunkenheit des D nicht genügend Anhaltspunkte im Sachverhalt vorhanden.

c) In Betracht kommt daher nur grob fahrlässige Unkenntnis des M; diese liegt dann vor, wenn der Besitzer die im Verkehr erforderliche Sorgfalt in ungewöhnlich großem Maße verletzt hat und dasjenige unbeachtet gelassen hat, was im gegebenen Fall jedem hätte einleuchten müssen[50]. Hier ließe sich zunächst wie folgt argumentieren: angesichts des Umstandes, dass D bereits ziemlich betrunken war, hätte es sich dem M im Rahmen einer Art »Parallelwertung in der Laiensphäre« aufdrängen müssen, dass dem Leihvertrag der Wirksamkeitsmangel des § 105 II BGB anhaftete. Stützen lässt sich dies mit typischen Äußerungen von Jugendlichen, wie sie bei Erzählungen über solche Begebenheiten auftauchen (etwa: »Der war so besoffen, der hat mir sogar sein Hemd geliehen.«). Hierbei blieben aber die Gesamtumstände unberücksichtigt. Zu bedenken ist hier, dass sich das Geschehen im Rahmen einer Cocktail-Party abspielte und Besucher solcher Partys im allgemeinen einen gewissen Grad an Trunkenheit aufweisen. Die Einschätzung aber, ab wieviel Alkoholgenuss Geschäftsunfähigkeit eintritt, ist nicht leicht zu treffen und gehört insofern nicht zu den Dingen, die jedem in einer solchen Situation ohne weiteres einleuchten müssen. Auch spricht gegen grobe Fahrlässigkeit des M, dass anderen ebenso die Geschäftsunfähigkeit des D offenbar verborgen blieb, da D zuletzt noch von B einen Sangria-Eimer gekauft hatte. Gleiches gilt für die Beurteilung der rechtlichen Folgen der Minderjährigkeit des D durch M, da die schwierigen Differenzierungen der §§ 106 ff. BGB dem minderjährigen juristischen Laien nicht ohne weiteres geläufig sein und einleuchten müssen. Nach alledem erscheint es hier noch nicht als gerechtfertigt, M den Vorwurf grober Fahrlässigkeit zu machen[51].

3. Ein Anspruch aus §§ 990 I S. 1, 987 BGB besteht daher nicht.

II. §§ 988, 818 BGB

Ein Anspruch des D gegen M auf Herausgabe der 20 €, die M als Miete erzielt hat, könnte sich auf §§ 988, 818 BGB stützen lassen.

1. M ist Besitzer des Hemdes und D Eigentümer desselben. Auch ein Recht zum Besitz stand dem M nicht zu[52].

2. Unabhängig von den weiteren Voraussetzungen des § 988 BGB ist aber § 818 BGB zu beachten, der durch die Rechtsfolgenverweisung in Bezug genommen wird[53]. M hat den Schein verloren und ist insoweit nach § 818 III BGB entreichert. Für positive Kenntnis des M von der Unwirksamkeit des Leihvertrages, die zur verschärften Haftung nach §§ 819 I, 818 IV BGB führen könnte, ist nichts ersichtlich.

3. Damit besteht ein Anspruch auf Herausgabe von 20 € des D gegen M nicht.

III. §§ 687 II S. 1, 681 S. 2, 667 BGB

Weiter kann sich ein Anspruch des D gegen M auf Herausgabe der Miete von 20 € aus angemaßter Eigengeschäftsführung, §§ 687 II S. 1, 681 S. 2, 667 BGB, ergeben.

1. Ansprüche aus angemaßter Eigengeschäftsführung sind neben solchen aus den §§ 987 ff. BGB anwendbar[54].

2. Erste Voraussetzung für den Anspruch ist, dass M ein fremdes Geschäft geführt hat. Die Vermietung von Sachen steht nur deren Eigentümer zu[55], ist also ein für M fremdes Geschäft.

3. Als subjektive Voraussetzung bedarf es der positiven Kenntnis des M davon, dass er nicht zur Weitervermietung berechtigt ist. Selbst bei Wirksamkeit des Leihvertrags hätte M ohne Erlaubnis des D das Hemd der S nicht überlassen dürfen, § 603 S. 2 BGB. Dies dürfte dem M auch ohne Rechtskenntnisse bewusst gewesen sein. Somit wollte er, da er den Erlös für sich behalten wollte, auch ein eigenes Geschäft führen.

4. Dem Anspruch kann allerdings § 682 BGB entgegenstehen. Dieser beschränkt die Haftung des M – trotz der Genehmigung des Geschäfts durch seine Eltern – in Verbindung mit § 818 III BGB auf die verbliebene Bereicherung, so dass er aufgrund des Verlusts des Geldscheins dem D nicht auf Herausgabe desselben oder Wertersatz haftet.

IV. § 816 I S. 1 BGB

Weiter kommt ein Anspruch auf Herausgabe des Mieterlöses in Höhe von 20 € des D gegen M aus § 816 I S. 1 BGB in Betracht. M hat, da das Hemd nicht ihm gehörte, als Nichtberechtigter gehandelt. Unter Verfügung ist ein Rechtsgeschäft zu verstehen, das unmittelbar auf die Veränderung, Übertragung oder Aufhebung eines bestehenden Rechts gerichtet ist[56]. Rein schuldrechtliche Geschäfte gehören hierzu nicht, also insbesondere nicht die Vermietung fremder Sachen[57]. Demnach scheidet ein Anspruch aus § 816 I S. 1 BGB aus.

V. §§ 993 I, Hs. 1, 818 ff. BGB

Zu denken ist noch an einen Anspruch des D aus §§ 993 I, Hs. 1, 818 ff. BGB auf Herausgabe von 20 €. Auch hier kommt aufgrund der Rechtsfolgenverweisung des § 993 I, Hs. 1 BGB[58] aber § 818 III BGB zur Anwendung. Auch dieser Anspruch besteht also nicht.

VI. § 812 I S. 1, 2. Alt. BGB

Zuletzt ist hinsichtlich der Herausgabe von 20 € Mieterlös noch

47 Soergel-Hefermehl (o. Fn. 4), vor § 104 Rdn. 11; Medicus (o. Fn. 8), Rdn. 176.

48 Vgl. KG, NJW 1998, 2911; Palandt-Sprau (o. Fn. 2), § 819 Rdn. 4.

49 MüKo-Medicus, 4. Aufl. 2004, § 990 Rdn. 17 m. w. N.; Palandt-Bassenge (o. Fn. 2), § 990 Rdn. 8; Jauernig/ders. (o. Fn. 4), § 990 Rdn. 2; Baur/Stürner (o. Fn. 3), § 11 Rdn. 7; Soergel-Mühl (o. Fn. 26), § 990 Rdn. 16.

50 BGHZ 10, 14 (16) m. w. N.; BGHZ 77, 274 (276).

51 Die gegenteilige Auffassung war hier selbstverständlich ebensogut vertretbar.

52 S. o. unter A II.

53 MüKo-Medicus (o. Fn. 49), § 988 Rdn. 11; Jauernig/ders. (o. Fn. 4), § 988 Rdn. 3; Palandt-Bassenge (o. Fn. 2), § 988 Rdn. 6.

54 Palandt-Bassenge (o. Fn. 2), Vorb. vor § 987 Rdn. 22; Jauernig/ders. (o. Fn. 4), vor §§ 987–993, Rdn. 15; MüKo-Medicus (o. Fn. 51), § 987 Rdn. 14; vgl. auch BGHZ 39, 186 (188).

55 Staudinger-Wittmann, 13. Bearb. 1995, § 687 Rdn. 10.

56 Palandt-Sprau (o. Fn. 2), § 816 Rdn. 7; MüKo-Lieb (o. Fn. 25), § 816 Rdn. 13.

57 BGHZ 131, 297 (305 f.); MüKo-Lieb (o. Fn. 25), § 816 Rdn. 16; Jauernig/Schlechtriem (o. Fn. 4), § 816 Rdn. 2; Larenz/Canaris (o. Fn. 25), § 69 II 1 d) (S. 182).

58 Vgl. Palandt-Bassenge (o. Fn. 2), § 993 Rdn. 2.

§ 812 I S. 1, 2. Alt. BGB als Anspruchsgrundlage in Betracht zu ziehen. Die Frage, ob die Vorschrift hier neben den §§ 987 ff. BGB überhaupt anwendbar ist, kann im Ergebnis offen bleiben, da jedenfalls § 818 III BGB einschlägig ist: wegen der Entreicherung des M aufgrund des Verlusts des Geldscheins ist der Anspruch aus § 812 I S. 1, 2. Alt. BGB nicht gegeben[59].

C. Ansprüche wegen der Beschädigung des Hemds

I. §§ 280 I, 241 II BGB

Ein Anspruch aus §§ 280 I, 241 II BGB des gegen M besteht mangels eines wirksamen Schuldverhältnisses nicht, denn der Leihvertrag scheitert an dem Vorliegen der Voraussetzungen des § 105 II BGB in der Person des D[60].

II. §§ 990 I S. 1, 989 BGB

Aus §§ 990 I S. 1, 989 BGB ergibt sich zugunsten des D nur dann ein Schadensersatzanspruch gegen M in Höhe von 5 €, wenn letzterer bei Besitzerwerb nicht in gutem Glauben war, also Kenntnis von seinem fehlenden Besitzrecht hatte oder dieses grob fahrlässig angenommen hatte (§ 932 II BGB). Bereits oben wurde jedoch dargelegt, dass dem M der Vorwurf grober Fahrlässigkeit nicht zu machen ist[61]. Damit scheiden §§ 990 I S. 1, 989 BGB als Anspruchsgrundlage aus.

III. § 823 I BGB

Zuletzt kann noch ein Anspruch aus § 823 I BGB wegen Eigentumsverletzung gegeben sein.

1. Hierzu müsste § 823 I BGB jedoch neben den Normen der §§ 987 ff. BGB anwendbar sein. Die Normen des Eigentümer-Besitzer-Verhältnisses stellen für die in ihnen geregelten Ansprüche auf Schadensersatz aber eine abschließende Regelung dar[62]. Für ein Vorliegen der Voraussetzungen des § 992 BGB, der die §§ 823 ff. BGB für anwendbar erklärt, ist nichts ersichtlich.

2. Auf die Frage, ob hier ein Fremdbesitzerexzess vorliegt, der zur Anwendbarkeit des § 823 I BGB neben §§ 987 ff. BGB führt[63], kommt es nicht mehr an, da die Eigentumsverletzung nicht schuldhaft erfolgte, weil M mit einer derartigen Reaktion der I auf seine Anbandelungsversuche nicht rechnen musste[64].

3. Also ist der Anspruch aus § 823 I BGB nicht gegeben.

59 Hier stellt sich das Problem des Fremdbesitzerexzesses, vgl. dazu Staudinger-Gursky, BGB, Neubearb. 1999, Vorbem. zu §§ 987–993, Rdn. 31.
60 S.o. Aufgabe 2, A I 3 a).
61 S. unter B I 2 c).
62 Sog. Ausschließlichkeitsgrundsatz, s. Staudinger-Gursky (o. Fn. 61), § 993 Rdn. 1; Baur/Stürner (o. Fn. 3), § 11 Rdn. 34.
63 Staudinger-Gursky (o. Fn. 61), Vorbem. zu §§ 987–993, Rdn. 36.
64 Auch hier ist eine andere Ansicht ebenso gut vertretbar, im Hinblick auf die laut Sachverhalt »nassforschen« Bemerkungen des M nämlich. Wenn man entgegen der hier favorisierten Lösung das Verschulden bejaht, wäre noch die Problematik zu erörtern, ob die haftungsbegründende Kausalität (zwischen der Verletzungshandlung des M, die hier allein im forschen Flirten mit I erblickt werden kann und der Eigentumsverletzung) durch das Dazwischentreten der I unterbrochen wird. Vgl. dazu etwa Palandt-Heinrichs (o. Fn. 2), Vorb. vor § 249, Rdn. 73 ff.

Semesterabschlussklausur

Zivilrecht

Das Chi und der Mob

Von Professor Dr. Peter A. Windel, Bochum

Vertragsschluss – geheimer Vorbehalt – Anfechtung wegen Drohung – Drohung im Kollektiv und durch Dritte

SACHVERHALT

Aufgabe 1: Ausgangsfall

Oma Ottilie (O) durchforstet am Frühstückstisch das Anzeigenblatt und entdeckt dort ein ganzseitiges Inserat, mit dem der Elektronikfachhändler E (E) für Chi-Reflexmassagegeräte mit Infrarotwärme »ab € 79,–« wirbt. O erkennt sofort, dass der abgebildete Massagesitz Shar Pai 4702 einen üblichen Verkaufspreis von € 249,– hat. O steht noch vor Geschäftsöffnung vor dem Markt des E und wartet in einer ständig wachsenden Menschenmenge auf Einlass. Als sich die Eingangstüren öffnen, stürmt O mit ca. 400–500 anderen Menschen in den Markt, kann aber nur zu € 249,– ausgezeichnete Massagesitze Shar Pai 4702 vorfinden. E versucht den Kunden zu erklären, dass kein Anspruch bestehe, einen Massagesitz Shar Pai 4702 für € 79,– zu erwerben. Vielmehr habe er zu diesem Preis nur die Fußmassagematte Xun Ji 850 im Angebot. Daraufhin entlädt sich die ohnehin schon sehr gereizte Stimmung unter den Kunden in wüsten Beschimpfungen, so dass E davon ausgeht, es komme gleich zum Krawall. Auch O schreit E lauthals an, sie werde »den Laden platt machen«, wenn E ihr den Massagesitz Shar Pai 4702 nicht zum beworbenen Preis verkaufe, wobei sie dem durch Heben ihres Stockschirmes Nachdruck verleiht. E erklärt sich – mit Rücksicht auf seine Geschäftsausstattung – widerwillig mit der Veräußerung zu € 79,– einverstanden. Da allerdings nicht genügend Massagesitze Shar Pai 4702 vorrätig seien, könne O die Ware erst in den nächsten Tagen in Empfang nehmen.

E will wissen, ob er an die Vereinbarung gebunden ist.

Aufgabe 2: Fallabwandlung

Was ändert sich, wenn O morgens nicht zugegen war und den Markt erst am frühen Abend aufsucht, nachdem sich die Situation vom Vormittag zwar beruhigt hat, E aber immer noch unter dem Eindruck jener tumultuarischen Szenen zu € 79,– verkauft.

LÖSUNG

A. Ausgangsfall

Die Bindung des E an die Vereinbarung kann sich nur darin niederschlagen, dass er möglicher Weise ein Gerät zum Preise von € 79,– zu liefern hat. Die rechtliche Problematik des Falles erschöpft sich folglich in den Hauptleistungspflichten aus § 433 I 1 und II BGB[1].

1 **Zur Konkretisierung der Fallfrage** im Sinne der Anspruchsmethode unter den genannten Voraussetzungen etwa Medicus, Bürgerliches Recht, 19. Aufl. (2002), Rdn. 1 f., 19; vgl. auch Diederichsen/Wagner, Die BGB-Klausur, 9. Aufl. (1998), S. 26 ff., 30 f.

I. Anspruch der O aus § 433 I 1 BGB

O könnte gegen E einen Anspruch aus § 433 I 1 BGB auf Übereignung und Übergabe eines Massagesitzes Shar Pai 4702 haben.

1. Vertragsschluss

Ein solcher Anspruch setzt voraus, dass durch Angebot und Annahme als korrespondierende Willenserklärungen i. S. der §§ 145 ff. BGB ein Kaufvertrag zwischen O und E zu Stande gekommen ist.

a) Ein Angebot auf Abschluss eines Kaufvertrages muss diesen hinsichtlich der Hauptleistungspflichten, der Parteien und ihrer jeweiligen Rolle als Verkäufer bzw. Käufer klar erkennbar machen. Zunächst ist im Wege der Auslegung zu ermitteln, ob der Zeitungsanzeige diese rechtliche Bedeutung beizusprechen ist. Um von einem bindenden Angebot des E auszugehen, bedürfte es einer klaren Verknüpfung von Ware und Preis. Schon daran fehlt es, weil die Artikel nur der Gattung nach bestimmt sind und die Preise durch die Bezeichnung »ab« ebenfalls offen bleiben. Im Übrigen werden Anpreisungen *(invitationes ad offerendum)* vom Verkehr selbst dann nicht als bindende Angebote aufgefasst[2], wenn sie spezifiziert sind[3]. Damit lag kein Angebot des E vor[4].

b) O macht einen Antrag zum Abschluss eines Kaufvertrages. Inhaltlich ist das Angebot nicht zu beanstanden, weil Ware und Preis zweifelsfrei bezeichnet sind. Klar ist auch, dass O von E kaufen will. Unerheblich ist, dass dieses Angebot sehr nachdrücklich und vielleicht sogar in Verbindung mit einer Drohung im Rechtssinne erfolgt.

c) E ist einverstanden und nimmt damit das Angebot an. Da er dies aber nur widerwillig tut, könnte man problematisieren, ob überhaupt von einer vertraglichen Einigung gesprochen werden kann. Schließlich hat einer der Vertragspartner nicht autonom gehandelt[5]. Als Ansatzpunkt für eine Verneinung des Vertragsschlusses käme in Betracht, die Willensbildung des E als derart fehlerhaft anzusehen, dass von einer Willenserklärung nicht mehr gesprochen werden kann. Den inneren Willen als subjektiven Tatbestand unterteilt man jedenfalls für eine idealtypische und damit vollgültige Willenserklärung in den schlichten Handlungswillen, das Erklärungsbewusstsein und den konkreten Geschäftswillen. Dabei ist streitig, inwiefern diese einzelnen Elemente einer idealtypischen Willenserklärung in concreto gegeben sein müssen, damit von einer Willenserklärung im Rechtssinne gesprochen werden kann[6]. Auf diesen Streit kommt es hier aber nicht an. Denn der Bedrohte hat die Wahl zwischen dem angedrohten Übel und der verlangten Erklärung. Gibt er diese ab, so will er sie vorbehaltlich der von § 116 BGB erfassten Konstellationen auch[7]. Darin liegt der Unterschied zum Irrenden wie zum körperlich Überwältigten. Auch die Beeinflussung des E betraf dessen Motivation, nicht die Willensbildung selbst. Daher lässt sich der Vertragsschluss als solcher nicht leugnen[8].

d) Die Annahmeerklärung des E könnte aber gem. § 116 S. 2 BGB nichtig sein[9]. Dies würde voraussetzen, dass E die Annahmeerklärung nur mit innerem Vorbehalt abgegeben und O dies erkannt hat. So ist der Sachverhalt wohl kaum auszulegen. Denn O konnte durchaus davon ausgehen, E habe sich schließlich gebeugt und zu dem aus ihrer subjektiven Sicht beworbenen Preis verkaufen wollen. Damit wird es letztlich nur dann zu einer Anwendung des § 116 S. 2 BGB bei gleichzeitiger Drohung kommen können, wenn etwa durch Erklärung des Bedrohten oder durch die Umstände eindeutig klar ist, dass nur der äußere Tatbestand einer Willenserklärung ohne eigentliche Bindung erzeugt werden soll[10]. Selbst wenn man den Tatbestand des § 116 S. 2 BGB aber als gegeben unterstellt, bleibt fraglich, ob diese Norm anwendbar ist. Denn damit wäre auch der Tatbestand des § 123 I, 2. Fall BGB erfüllt[11], der ein Anfechtungsrecht gewährt. Die wohl h. M.[12] nimmt in solchen Kollisionsfällen zwar einen Vorrang des § 116 S. 2 BGB an und behandelt das Rechtsgeschäft ohne Anfechtung als endgültig nichtig. Damit erlaubt sie aber einerseits auch dem Drohenden, sich auf die Nichtigkeit des Rechtsgeschäfts zu berufen[13], andererseits nimmt sie spiegelbildlich dem Bedrohten die Möglichkeit, das Geschäft durch ein Unterlassen der Anfechtungserklärung gelten zu lassen[14]. Daher ist § 123 BGB richtiger Ansicht nach als lex specialis zu § 116 S. 2 BGB[15] einzuordnen, sofern der Vorbehalt auf einer Drohung beruht[16]. Eine Nichtigkeit der Annahmeerklärung scheidet auch aus diesem Grunde aus.

2. Anfechtung[17]

E vermag sich von der Liefer- und Übereignungspflicht zu lösen, wenn er das Rechtsgeschäft[18] anfechten und damit rückwirkend dessen Unwirksamkeit herbeiführen kann, § 142 I BGB. Dies setzt einen Anfechtungsgrund (a) und eine fristgerechte (b) Anfechtungserklärung (c) voraus.

a) Als Anfechtungsgrund kommt § 123 I, 2. Fall BGB in

2 MünchKomm/Kramer, 4. Aufl., § 145 BGB Rdn. 10.

3 Verfehlt wäre dagegen ein schlichter Hinweis auf die Unbestimmtheit des Adressatenkreises bei einer öffentlichen Anpreisung. Denn Vertragsangebote können durchaus die Person des Vertragspartners offen lassen (*offertae ad incertas personas*, vgl. dazu etwa Köhler, BGB Allgemeiner Teil, 27. Aufl. [2003], § 8 Rdn. 9 f.).

4 Ausführungen zum UWG sind nicht angezeigt. Die Werbung ist wohl auch nicht wettbewerbswidrig gem. § 1 UWG, da durch die Formulierung »ab € 79,–« zum Ausdruck gebracht wird, dass der abgebildete Massagesitz lediglich eine Symbolabbildung für die Produktkategorie Massagegeräte darstellt.

5 Zum Problem Pawlowski, Allgemeiner Teil des BGB, 7. Aufl. (2003), Rdn. 525 m. Nw.

6 Dazu etwa Jauernig, 10. Aufl., vor § 116 BGB Rdn. 4–6; Köhler, BGB Allgemeiner Teil, 27. Aufl. (2003), § 6 Rdn. 3, § 7 Rdn. 4–6, jew. m. Nw.

7 Von Tuhr, Der Allgemeine Teil des Deutschen Bürgerlichen Rechts, Bd. II/1 (1914), S. 609 f.

8 So i. E. auch Pawlowski, Allgemeiner Teil des BGB, 7. Aufl. (2003), Rdn. 526.

9 **Aufbauhinweis:** Da § 116 S. 2 BGB eine rechtshindernde Einwendung begründet, ist die Vorschrift im Rahmen eines Unterpunktes der Vertragsschlussproblematik zu prüfen.

10 Instruktiv zu den denkbaren Konstellationen von Tuhr, Der Allgemeine Teil des Deutschen Bürgerlichen Rechts, Bd. II/1 (1914), S. 610 Fn. 43.

11 Näher sogleich A. I. 2.

12 Etwa Jauernig, 10. Aufl., § 116 BGB Rdn. 4; MünchKomm/Kramer, 4. Aufl., § 116 BGB Rdn. 14.

13 Instruktiv Pawlowski, Allgemeiner Teil des BGB, 7. Aufl. (2003), Rdn. 526 (zum Verhältnis von § 138 BGB und § 116 S. 2 BGB).

14 Dies betont auch Soergel/Hefermehl, 12. Aufl., § 116 BGB Rdn. 5 a. E., zieht daraus aber keine klare Konsequenz.

15 Diese Vorschrift ist rechtspolitisch ohnedies hoch umstritten, vgl. etwa Hölder, Kommentar zum Allgemeinen Teil des BGB (1900), § 116 Anm. 3 b; Larenz/Wolf, Allgemeiner Teil des Bürgerlichen Rechts, 8. Aufl. (1997), § 35 Rdn. 9–11, einerseits, Wieacker, JZ 1967, S. 385, 390, andererseits.

16 Zutr. RGRK/Krüger-Nieland, 12. Aufl., § 116 BGB Rdn. 5. – § 116 S. 2 BGB greift demzufolge nur durch, wenn keine Drohung gegeben ist. Neben dem unbeeinflusst vom Erklärungsempfänger gemachten Vorbehalt liegt es so etwa, wenn eine gesellschaftliche oder »moralische« Zwangslage ausgenutzt wird, dazu Wieacker, a. a. O.

17 **Hinweis:** Aus der Fragestellung »E will wissen« ergibt sich, dass die Aufgabe dem Typus der Rechtsberatungs- oder Anwaltsklausur zuzurechnen ist. Daher ist der Sachverhalt nicht nur auf die aktuell bestehende Rechtslage hin zu untersuchen. Vielmehr ist auch auszuloten, wie die Rechtslage durch dem E zustehende Verteidigungsmittel für diesen günstiger gestaltet werden kann. Zu diesen gehören insbesondere Gegenrechte (Einreden und Gestaltungsgegenrechte) sowie Gestaltungsrechte, hier in Betracht kommend das Anfechtungsrecht.

18 **Aufbauhinweis:** Häufig wird beim Vertrag die einzelne Vertragserklärung (Angebot bzw. – hier – Annahme) als Anfechtungsgegenstand angesehen. Dafür spricht der Wortlaut der §§ 119, 120 und 123 BGB. Die konstruktive Folge besteht in der rückwirkenden Vernichtung des Vertrages als rechtsgeschäftlicher Regelung. Damit wird aber der Zugang zu den §§ 139 ff. BGB wenn nicht vereitelt, so doch erschwert. Dies erscheint nicht sachgerecht. Daher ist es zutreffender, mit dem Wortlaut des § 142 I BGB das Rechtsgeschäft »Vertrag« als Anfechtungsgegenstand einzuordnen, zu allem dezidiert Leenen, JURA 1991, S. 393, 395 ff. m. N. w.

Betracht[19]. Es kommt also darauf an, ob E zum Vertragsschluss widerrechtlich durch Drohung bestimmt worden ist.

aa) Drohung ist die Ankündigung eines künftigen Übels, auf dessen Eintritt der Drohende Einfluss zu haben vorgibt und das verwirklicht werden soll, wenn der Bedrohte nicht die vom Drohenden gewünschte Willenserklärung abgibt[20]. Eine solche Drohung wurde von O ausgesprochen und gestisch nachhaltig unterstrichen. Gleichzeitig haben auch die anderen Kunden gedroht. Damit ist der Tatbestand des § 123 I, 2. Fall BGB mehrfach verwirklicht. Denn für den Anfechtungsgrund wegen Drohung ist es irrelevant, ob die Drohung vom Erklärungsgegner oder von einem Dritten ausgeht[21]. Insbesondere berechtigen gerade auch sog. Kollektivdrohungen zur Anfechtung[22].

Auf die besondere (objektive) Schwere des angedrohten Übels kommt es nicht an[23]. Außerdem ist für die Beurteilung der Ernsthaftigkeit einer Drohung nicht die Sicht des Drohenden entscheidend, sondern die des Bedrohten[24]. Es reicht daher, dass der Bedrohte subjektiv in eine Zwangslage kommt[25]. Gerade bei einem Elektronikfachhandel ist aber davon auszugehen, dass eine Menschenmenge – zumal mit Stockschirmen und ähnlichem mehr – einiges verwüsten kann. Daher beruht die von E empfundene Zwangslage im Ausgangsfall sogar auf einer objektiven Gefährlichkeit der Situation. Der Drohungstatbestand ist folglich unter jedem denkbaren Aspekt zu bejahen.

bb) Weitere Voraussetzung der Anfechtung ist, dass E zur Abgabe der Annahmeerklärung durch die Drohung »bestimmt« worden ist. Anders gewendet: Die Drohung muss für die Willenserklärung kausal geworden sein, was naturgemäß wiederum an subjektiven Maßstäben zu prüfen ist[26]. E hat unmittelbar unter dem Eindruck der Drohung der O und der übrigen Kunden mit Rücksicht auf seine Geschäftsausstattung verkauft. Seine Motivation wurde damit durch mehrere Drohungen ausgelöst. Da jede dieser Drohungen für sich bereits als tatbestandsmäßig einzustufen ist, ist auch der Kausalzusammenhang nicht in Frage zu stellen. Insbesondere kommt es bei Kollektivdrohungen nicht darauf an, dass es sonst im Rahmen des § 123 I, 2. Fall BGB als zureichend angesehen wird, dass eine Drohung für die Abgabe der Erklärung nicht allein-, sondern nur mitursächlich ist[27].

cc) § 123 I, 2. Fall BGB setzt voraus, dass die Drohung widerrechtlich ist. Widerrechtlichkeit oder – gleichbedeutend – Rechtswidrigkeit ergibt sich, wenn entweder ein unerlaubtes Mittel eingesetzt oder ein illegitimer Zweck verfolgt wird oder wenn sich der Einsatz von (für sich nicht zu beanstandenden) Mitteln als inadäquat zur Verfolgung eines (für sich nicht verwerflichen) Zweckes darstellt[28]. E ist zur Erklärung durch Androhung einer rechtswidrigen, ja sogar strafbaren Sachbeschädigung bestimmt worden. Das eingesetzte Mittel ist also »unerlaubt«[29] und damit das Erfordernis der Widerrechtlichkeit in der ersten der angeführten Varianten gegeben.

dd) In subjektiver Hinsicht erfordert der Tatbestand der widerrechtlichen Drohung das Bewusstsein des Drohenden, dass sein Verhalten die Willensbetätigung des Bedrohten zu beeinflussen geeignet ist, und den Willen, ihn zur Abgabe einer bestimmten Willenserklärung zu veranlassen[30]. Dies ergibt sich wiederum aus dem Tatbestandsmerkmal »bestimmt worden«, das auf eine finale Drohung des Anfechtungsgegners verweist. Auch diese Voraussetzung ist erfüllt, weil die Menschenmenge, O eingeschlossen, E gezielt zum Verkauf bewegen will. Auf ein Bewusstsein des Drohenden von der Widerrechtlichkeit seiner Drohung kommt es unstreitig nicht an[31]. Umstritten ist aber, ob es erforderlich ist, dass der Drohende die tatsächlichen Umstände kannte oder wenigstens kennen musste, die seiner Bedrohung den anstößigen Charakter verliehen haben[32]. Auf diesen Meinungsstreit kommt es aber nicht an, wenn und weil sich die Widerrechtlichkeit unmittelbar aus der Unerlaubtheit des eingesetzten Mittels ergibt und der Drohende sich der äußeren Umstände der Drohung mit einer vorsätzlichen strafbaren Handlung bewusst ist. Gerade so lag es hier.

b) Die Anfechtungsfrist beträgt ein Jahr (§ 124 BGB). Die Frist beginnt mit dem Zeitpunkt, in welchem die Zwangslage aufhört (§ 124 Abs. 2 Satz 1, 2. HS BGB). Dabei ist auf die subjektive Lage abzustellen, in der sich das Opfer befindet[33]. Folglich beginnt die Anfechtungsfrist zu laufen, sobald E nicht mehr unter dem Eindruck des Tumults steht. Damit ergeben sich aus § 124 BGB keine Zweifel an seiner Anfechtungsmöglichkeit.

c) Eine Anfechtungserklärung hat gem. § 143 I, II, 1. Fall BGB gegenüber O als Vertragspartnerin zu erfolgen. Die Erklärung ist empfangsbedürftig und wird mit Zugang wirksam, § 130 BGB. Besondere Formvorschriften bestehen nicht.

d) Rechtsfolgen

Erfolgt eine Anfechtung, so wirkt sie zurück, der Vertrag ist dann also als von Anfang an nichtig anzusehen, § 142 Abs. 1 BGB. Der Anfechtende schuldet keinen Schadensersatz, § 122 gilt i. R. des § 123 BGB nicht. Denn anders als bei den §§ 118, 119 und 120 BGB liegt der Anfechtungsgrund bei § 123 BGB nicht im Verantwortungsbereich des Erklärenden. E kann sich daher im Ergebnis ohne weitere Nachteile seiner Verpflichtung aus § 433 I 1 BGB wieder entziehen.

II. Anspruch des E aus § 433 II BGB

Für den Gegenleistungsanspruch des E aus § 433 II BGB auf Zahlung von € 79,– durch O gilt entsprechendes.

III. Ergebnis Aufgabe 1:

E ist an die Vereinbarung mit O nicht endgültig gebunden.

19 Nicht die Willensbildung i. e. S., sondern die Motivation ist beeinflusst. Deshalb könnte allenfalls noch eine Anfechtung gem. § 119 II BGB in Betracht gezogen werden, die nach h. M. an einen Motivirrtum anknüpft (etwa Hübner, Allgemeiner Teil des Bürgerlichen Gesetzbuchs, 2. Aufl. [1996], Rdn. 786). Es fehlt aber evident sowohl an einem Irrtum, weil E bewusst ist, dass er bedroht wird, als auch an einer verkehrswesentlichen Eigenschaft der verkauften Sache. Zu diesen Eigenschaften zählt nämlich schon nicht der Wert (Hübner, a. a. O., Rdn. 787), geschweige der Preis.

20 BGH, NJW 1988, 2599, 2600 f.; Larenz/Wolf, Allgemeiner Teil des Bürgerlichen Rechts, 8. Aufl. (1997), § 37 Rdn. 23; Soergel/Hefermehl, § 123 BGB Rdn. 40.

21 Dazu Windel, AcP 199, S. 421, 427 m. Nw. in Fn. 23.

22 Staudinger/Dilcher, 12. Aufl., § 123 BGB Rdn. 52; Soergel/Hefermehl, 12. Aufl., § 123 BGB Rdn. 42. Mot. I, S. 206, und Prot. I, S. 120, begründen die später Gesetz gewordene Fassung der Entwürfe geradezu damit, »dass nicht selten, namentlich in aufgeregten Zeiten, einzelne Personen Drohungen im Interesse Vieler mit Erfolg anwende(te)n, und es leuchte(t) ein, in welcher ungünstigen Lage der durch solche Drohungen zu Leistungen Veranlasste sich befinden würde, wenn er jedem, der infolge dessen etwas erlangt hat, seine Mitschuld oder auch nur sein Kennen oder Kennenmüssen nachweisen sollte.«

23 Vgl. etwa Köhler, BGB Allgemeiner Teil, 27. Aufl. (2003), § 7 Rdn. 50; Soergel/Hefermehl, § 123 BGB Rdn. 41.

24 BGH, NJW 1982, 2301, 2302; MünchKomm/Kramer, 4. Aufl., § 123 BGB Rdn. 46.

25 **Rechtsvergleichender Hinweis:** Anders ist es im österreichischen und im schweizerischen Recht, wo im Anschluss an die gemeinrechtliche Lehre nur die »gegründete Furcht« *(metus qui cadit in constantissimum hominem)* zur Anfechtung berechtigt, MünchKomm/Kramer, 4. Aufl., § 123 BGB Rdn. 46.

26 MünchKomm/Kramer, 4. Aufl., § 123 BGB Rdn. 52.

27 Vgl. BGHZ 2, 287, 299; MünchKomm/Kramer, 4. Aufl., § 123 BGB Rdn. 52.

28 Statt aller Jauernig, 10. Aufl., § 123 BGB Rdn. 13–15.

29 Vgl. MünchKomm/Kramer, 4. Aufl., § 123 BGB Rdn. 42 m. Nw.

30 Soergel/Hefermehl, 12. Aufl., § 123 BGB Rdn. 50; Hübner, Allgemeiner Teil des Bürgerlichen Gesetzbuchs, 2. Aufl. (1996), Rdn. 842.

31 BGH, NJW 1982, 2301, 2302; Jauernig, 10. Aufl., § 123 BGB Rdn. 16.

32 Dazu MünchKomm/Kramer, 4. Aufl., § 123 BGB Rdn. 51.

33 Jauernig, 10. Aufl., § 124 BGB Rdn. 2.

B. Fallabwandlung

Die Fallabwandlung wirft unter einigen Aspekten andere rechtliche Fragestellungen auf. Im Übrigen gelten die vorstehenden Ausführungen auch hier[34].

I. Besonderheiten hinsichtlich der rechtshindernden Einwendung des § 116 S. 2 BGB

Wie bereits näher ausgeführt[35], hängt das Nichtigkeitsverdikt des § 116 S. 2 BGB davon ab, dass der Erklärende mit Vorbehalt gehandelt und dass der Erklärungsgegner dies durchschaut hat. Nachdem O in der Fallabwandlung erst einen halben Tag nach den tumultuarischen Szenen in das Geschäftslokal des E kommt, kann davon unter keinem Aspekt ausgegangen werden: Weder teilt der Sachverhalt mit, dass O um die Vorgänge vom Vormittag gewusst hat, noch, dass E irgendwelche Vorbehalte gegen das Geschäft O gegenüber erkennbar gemacht hätte. Daher scheidet eine Nichtigkeit der Annahmeerklärung nach jeder zu § 116 S. 2 BGB vertretenen Ansicht aus.

II. Besonderheiten hinsichtlich der Anfechtung

Vom Ausgangsfall unterscheidet sich die Fallabwandlung vor dem Hintergrund des § 123 BGB darin, dass O an der Bedrohung des E nicht beteiligt war (1.), und dass E nicht aufgrund einer gegenwärtigen Drohung, sondern unter dem Einfluss der psychischen Nachwirkungen einer früheren Drohung verkauft (2.). Schließlich sind Überlegungen dazu angebracht, welche wirtschaftlichen Folgen eine Anfechtung des Vertrages für E hätte (3.).

1. Fraglich sind die Voraussetzungen des § 123 I, 2. Fall BGB sowohl in objektiver (a) wie in subjektiver Hinsicht (b).

a) § 123 BGB enthält in Abs. 2 eine Einschränkung der Anfechtungsmöglichkeit nur für den Fall, dass ein Dritter getäuscht, nicht für den, dass ein Dritter gedroht hat. Dies wird allgemein als – gesetzgeberisch gewollte[36] – Entscheidung dafür verstanden, dass ein Bedrohter soll anfechten können einerlei, ob die Drohung vom Erklärungsgegner oder einem Dritten ausgegangen ist[37]. Objektiv hat eine solche Bedrohung am Vormittag stattgefunden, weil sich die Kunden jeder für sich so verhalten haben, wie dies im Ausgangsfall untersucht und rechtlich gewürdigt wurde. Bereits den Tatbestand einer Drohung könnte man gleichwohl verneinen, wenn dieser eine objektive Gefährlichkeit voraussetzen würde. Denn die bedrohliche Zusammenrottung vom Vormittag hatte sich aufgelöst und O als alte Frau tat am Abend nichts anderes, als eine gewöhnliche Bestellung aufzugeben. Zuvor wurde aber festgestellt, dass eine Drohung gerade nicht auf einer objektiven Gefahr zu beruhen braucht[38]. Folglich ist der Tatbestand des § 123 I, 2. Fall BGB unter diesem Aspekt nicht zu beanstanden.

b) Bei lebensnaher Betrachtung ist davon auszugehen, dass jeder Kunde vom Eigennutz getrieben wurde. Dadurch wird der erforderliche Vorsatz der Drohenden in Frage gestellt, gerade die viel später O gegenüber abgegebene Erklärung erpresst haben zu wollen[39]. Zu beachten ist freilich, dass die selbstischen Absichten eines jeden nur durchzusetzen waren, wenn E ganz allgemein zum Verkauf zum Schnäppchenpreis bewogen werden konnte. Insoweit ging der an sich rein eigennützige Vorsatz der Einzelnen notwendig über das Ziel hinaus, jeweils nur selbst unter Wert kaufen zu können. Von diesem allgemeinen Vorsatz wird man auch noch später abgeschlossene Geschäfte wie das der O als umfasst ansehen können.

2. Der Umstand, dass die Drohung zur Zeit des Geschäftsabschlusses nicht mehr gegenwärtig war, sondern nur psychisch fortwirkte, kann auch unter dem Aspekt der Kausalitätsprüfung problematisiert werden. Schon dargelegt wurde, dass der durch die Wendung »bestimmt worden ist« geforderte Kausalzusammenhang subjektiv gegeben sein muss[40]. Daher reichen psychische Vermittlungen aus und es kann zwischen Drohung und Erklärung durchaus ein längerer Zeitraum liegen[41]. Zweifeln könnte man an dem sich abzeichnenden Ergebnis allenfalls, weil das bloße Ausnutzen einer für den Erklärenden ohnehin bestehenden Zwangslage nicht als Drohung aufzufassen ist[42]. Kann O, die von den krawallartigen Szenen nichts wusste, schlechter gestellt werden als jemand, der eine ohne jede Drohung bestehende Zwangslage des Erklärenden bewusst ausnutzt? Die Beantwortung dieser Frage ergibt sich unmittelbar daraus, dass der Gesetzgeber die Drohung durch einen Dritten schlechthin hat ausreichen lassen und nicht auf Kenntnis oder Kennenmüssen des Erklärungsempfängers abgestellt hat: § 123 I, 2. Fall BGB schützt die Motivationsfreiheit vor *vis compulsiva* allgemein[43].

3. Möglicherweise nützt E die Anfechtung des Vertrags im wirtschaftlichen Ergebnis nichts[44], weil er sich dadurch gegenüber O in rechtsähnlicher Anwendung des § 122 I BGB schadensersatzpflichtig machen würde. Zwar gilt § 122 BGB für eine Anfechtung gem. § 123 BGB an sich nicht[45]. Es ist aber streitig, ob von diesem Grundsatz eine Ausnahme zu machen ist, wenn die Drohung von einem Dritten ausgeht[46]. Dieser Meinungsstreit wäre aber nur dann erheblich, wenn der Sachverhalt für einen konkreten Vertrauensschaden der O einen Anhaltspunkt bieten würde. Schon daran fehlt es, so dass E ohne weiteres zur Anfechtung geraten werden kann.

III. Ergebnis Aufgabe 2:

Damit kann E auch in der Fallabwandlung den Kaufvertrag ohne wirtschaftliche Nachteile wieder zu Fall bringen und ist damit an die Vereinbarung wiederum nicht endgültig gebunden.

34 **Hinweis:** Eine Wiederholung des bereits Geprüften wäre überflüssig. Andererseits müssen die gutachtlichen Anforderungen insoweit beachtet werden, dass für jeden in Betracht kommenden Punkt die Abweichungen detailliert dargelegt werden.

35 Oben A. I. 1. d).

36 Mot. I, S. 206; Prot. I, S. 120.

37 BGH, NJW 1966, 2399, 2401; Jauernig, 10. Aufl., § 123 BGB Rdn. 17; MünchKomm/Kramer, 4. Aufl., § 123 BGB Rdn. 53.

38 Oben A. I. 2. a) aa).

39 Allgemein zu diesem Kausalitätsproblem bei der Drohung durch Dritte Larenz/Wolf, Allgemeiner Teil des Bürgerlichen Rechts, 8. Aufl. (1997), § 37 Rdn. 34 f. m. Nw.

40 Oben A. I. 2. a) bb).

41 Zu Letzterem Staudinger/Dilcher, 12. Aufl. (1980), § 123 BGB Rdn. 54.

42 Statt aller Soergel/Hefermehl, 12. Aufl., § 123 BGB Rdn. 40; MünchKomm/Kramer, 4. Aufl., § 123 BGB Rdn. 45.

43 Vor diesem Hintergrund erscheint es umgekehrt als nicht recht konsequent, dass § 123 I BGB die Anfechtung bei »bloßem« Ausnutzen einer Zwangslage nicht eröffnet (dazu MünchKomm/Kramer, 4. Aufl., § 123 Rdn. 45, 57). Freilich ist zu beachten, dass dann oft eine Nichtigkeit des Rechtsgeschäfts gem. § 138 II BGB in Betracht kommt, dazu von Tuhr, Der Allgemeine Teil des Deutschen Bürgerlichen Rechts, Bd. II/1 (1914), S. 611 f.

44 **Hinweis:** Ist in einer Klausur – wie hier – letztlich Beratung für das sinnvolle künftige Vorgehen zur Vermeidung von Rechtsnachteilen verlangt, sind solche Kontrollüberlegungen angezeigt.

45 Hübner, Allgemeiner Teil des Bürgerlichen Gesetzbuchs, 2. Aufl. (1996), Rdn. 820; Bamberger/Roth/Wendtland, § 123 BGB Rdn. 38.

46 So MünchKomm/Kramer, 4. Aufl., § 123 Rdn. 53; Köhler, BGB Allgemeiner Teil, 27. Aufl. (2003), § 7 Rdn. 59; ablehnend aber Staudinger/Coing, 11. Aufl., § 123 Rdn. 45; Medicus, Allgemeiner Teil des BGB, 8. Aufl. (2002), Rdn. 822.

Anfänger-Hausarbeit

Strafrecht

Rachedurst mit Folgen

Von Wiss. Ass. Dr. Torsten Noak, Rostock

Defensiver und aggressiver Notstand (§§ 228 und 904 BGB) – Vorzeitiger und nachzeitiger extensiver Notwehrexzess (§ 33 StGB) – Risikoerhöhungsprinzip – Garantenstellung von Ehegatten – Garantenstellung aus Ingerenz – Verdeckungsabsicht (bei Tötung durch Unterlassen)

SACHVERHALT*

J kann seinen Nachbarn S nicht mehr ausstehen, seit dieser ihm vor Monaten die Tour mit einer schönen Frau vermasselt hat. J sinnt auf Rache, und so kommt es, dass er S – angeblich zur Versöhnung – auf ein Bier zu sich nach Hause einlädt. Unter einem Vorwand lockt J den S in den fensterlosen Heizungskeller seines Hauses, schleicht sich hinaus und schließt S ein. S soll dort die ganze Nacht schmoren und wegen seiner Verfehlung Buße tun. Nach zwei Minuten wird J ungeduldig; er will dem S noch einmal unter vier Augen klarmachen, warum er die kommende Nacht in dieser unluxuriösen Umgebung verbringen wird. Als J die Tür zum Heizungskeller aufschließt und den Raum betritt, schlägt S ihm, um sich zu befreien, heftig mit der Faust ins Gesicht. J fällt hin und bleibt benommen liegen. Noch in der gleichen Sekunde erkennt S, dass er das Haus nun ohne Weiteres verlassen kann, hat aber panische Angst davor, ein weiteres Mal eingeschlossen zu werden; zudem ist er wegen der erlittenen Demütigung wütend. Deswegen nimmt er den Schlüssel aus dem Schloss der Heizungskellertür und verbiegt den Schlüsselbart mit einer herumliegenden Zange. Dann verlässt er das Haus. J hat eine Platzwunde am Hinterkopf, sonst ist ihm nichts passiert.

Einige Tage später: S kann den Vorfall nicht vergessen. Er will sich mit seinem Auto zu J begeben und diesen zur Rede stellen. S ist gerade losgefahren – er fährt mit überhöhter Geschwindigkeit –, als plötzlich und unerwartet F, seine Ehefrau, auf die Straße tritt. S und F leben seit 4 Jahren getrennt; sie haben sich auseinander gelebt und pflegen nur noch sporadischen Kontakt. S kann nicht mehr ausweichen und überfährt F, die schwer verletzt und bewusstlos liegen bleibt. S steigt aus und denkt: »So ein Ärger. Jemanden, den man über den Haufen fährt, muss man wohl ins Krankenhaus bringen, und ich die F erst recht.« Diese Anwandlungen halten jedoch nicht lange vor: Als nach zehn Minuten immer noch weit und breit niemand zu sehen ist, fährt S – anstatt Rettungsmaßnahmen einzuleiten – davon, weil er die seiner Ansicht nach wegen der Karambolage zu erwartenden strafrechtlichen Sanktionen vermeiden will. Dass F sterben könnte, nimmt S billigend in Kauf. Von dem schönen Wetter inspiriert unternimmt S dann aber eine Spritztour. F erliegt ihren Verletzungen. Spätere Ermittlungen ergeben, dass die Verletzungen der F auch bei vorschriftsmäßigem Verhalten des S mit an Sicherheit grenzender Wahrscheinlichkeit nicht zu verhindern gewesen wären. Ebenso wahrscheinlich wäre F gerettet worden, hätte man sie rechtzeitig ins Krankenhaus gebracht.

Wie haben sich J und S strafbar gemacht?

Nicht zu prüfen sind §§ 226, 227, 234, 239 a, 239 b, 240, 315 b und 315 c StGB.

LÖSUNG

1. Tatkomplex: Das Geschehen bei J

1. Teil: Strafbarkeit des J – Freiheitsberaubung, § 239 Abs. 1 StGB

J hat mit dem Einschließen des S im Heizungskeller das – als häufigste Begehungsform der Freiheitsberaubung hervorgehobene[1] – Tatbestandsmerkmal des »Einsperrens« erfüllt, das näher umschrieben wird als Festhalten in einem umschlossenen Raum durch äußere Vorrichtungen oder sonstige Vorkehrungen[2]. Die Dauer von lediglich zwei Minuten hat für die Tatbestandsmäßigkeit keine Bedeutung, weil die Freiheitsberaubung – freilich unter Beachtung der Bagatellschwelle[3] – vollendet ist, sobald es dem Opfer, und sei es eben auch nur vorübergehend, unmöglich gemacht wird, seinen Aufenthaltsort zu verändern[4]. J handelte mit zielgerichtetem Erfolgswillen, sprich: mit Absicht. Rechtswidrigkeit und Schuld unterliegen keinen Bedenken. Somit hat sich J durch das Einschließen des S im Heizungskeller wegen Freiheitsberaubung gem. § 239 Abs. 1 StGB strafbar gemacht.

2. Teil: Strafbarkeit des S

A. Gefährliche Körperverletzung, § 223 Abs. 1, 224 Abs. 1 Nrn. 2, 3 StGB

S könnte sich durch den heftigen Schlag ins Gesicht des J wegen gefährlicher Körperverletzung gem. §§ 223 Abs. 1, 224 Abs. 1 Nrn. 2, 3 StGB strafbar gemacht haben.

I. Tatbestand

1. a) Der objektive Tatbestand des § 223 Abs. 1 StGB ist zu bejahen: Mit dem Schlag hat S den J sowohl »körperlich misshandelt« als auch an der »Gesundheit geschädigt«[5]. An der Kausalität bestehen keine Zweifel[6]. Ebenso ist dem S der Erfolg objektiv zuzurechnen, denn zum einen hat er mit dem Schlag unerlaubt das Risiko der Verletzung geschaffen[7]; zum anderen hat

* Grundlage dieser Falllösung ist eine vom *Verf.* an der Universität Rostock gestellte Hausarbeit im Rahmen der Zwischenprüfungsübung im Strafrecht. Zur Veröffentlichung wurde die Aufgabenstellung leicht verändert.

1 Lackner/Kühl, 24. Aufl. 2001, § 239 Rdn. 3.

2 BGHSt 32, 267 (269); Wessels/Hettinger, Strafrecht Besonderer Teil/1, 27. Aufl. 2003, Rdn. 372.

3 So scheiden minimale Beeinträchtigungen von wenigen Sekunden aus dem Strafbarkeitsbereich des § 239 StGB aus, während nach RGSt 7, 259 (260) schon die Dauer eines »Vater Unser« genügen soll; s. dazu BGH, NStZ 2003, 371; Küpper, Strafrecht Besonderer Teil 1, 2. Aufl. 2001, § 3 Rdn. 7.

4 Schönke/Schröder-Eser, 26. Aufl. 2002, § 239 Rdn. 11.

5 Näher zu »körperlicher Misshandlung« und »Gesundheitsschädigung« LK/Lilie, 11. Aufl. 2001, § 223 Rdn. 6 ff., 12 ff.

6 Zu den Kausalitätstheorien vgl. Wessels/Beulke, Strafrecht Allgemeiner Teil, 33. Aufl. 2003, Rdn. 156 ff.

7 Die so erreichte »Befreiung« steht dem nicht entgegen, weil sie erst in der Rechtswidrigkeit zu erörtern ist. Zwar mag es auf den ersten Blick befremden, von S zu sagen, er habe *unerlaubt* ein Risiko geschaffen; dies ist aber die Sicht des Gesetzes. Es unterscheidet zwischen Tatbestand und Rechtswidrigkeit. Das zeigt sich etwa daran, dass § 32 StGB nicht schon die Tatbestandsmäßigkeit ausschließt, sondern erst die Rechtswidrigkeit. Punktum: *Bei Prüfung des Tatbestandes werden rechtfertigende Umstände ausgeblendet.* Näher Hardtung, Lehrskript Strafrecht AT, 2. Kapitel, S. 47 f., unter http://www.jura.uni-rostock.de/Hardtung/index.htm.

sich in dem konkreten tatbestandlichen Erfolg gerade dieses durch den Schlag ins Gesicht produzierte Risiko verwirklicht.

b) Möglicherweise sind auch Varianten der gefährlichen Körperverletzung gemäß § 224 Abs. 1 StGB einschlägig. In Betracht kommt dabei zum einen Nr. 2, könnte man doch erwägen, die Faust des S als »gefährliches Werkzeug« im Sinne der Norm zu interpretieren. »Gefährliches Werkzeug« ist jeder Gegenstand, der unter Berücksichtigung seiner objektiven Beschaffenheit und der Art seiner Benutzung konkret geeignet ist, erhebliche körperliche Verletzungen bei dem Angegriffenen hervorzurufen[8]. Nach Sinn und Zweck des § 224 StGB, Bestrafung der Gefährlichkeit der Begehungsweise, liegt es zwar durchaus nahe, Körperteile von Menschen dem Begriff des »gefährlichen Werkzeugs« zu subsumieren[9] – nur gibt es da die Wortlautgrenze des Art. 103 Abs. 2 GG, die einem solchen Vorgehen zwingend einen Riegel vorschiebt. Körperteile sind dem Wortsinne nach keine Werkzeuge, und ein anderslautendes Ergebnis fußt nicht mehr auf erlaubter Auslegung, sondern schon auf verbotener *Analogie*[10]. Zwar lassen es – da ist *Hilgendorf*[11] in seinem »Plädoyer für einen funktionalen Werkzeugbegriff« Recht zu geben – die Alltagssprache[12] und erst recht die strafrechtliche[13] zu, Menschen und ihre »Einzelteile« als Werkzeuge zu bezeichnen. Aber das ist eine Verwendung nur im *übertragenen* und damit für die Auslegung unzulässigen Sinne[14]. Zum anderen könnte man daran denken, dem S einen »hinterlistigen Überfall« im Sinne von § 224 Abs. 1 Nr. 3 StGB anzulasten. Da fehlt es aber spätestens am Merkmal der »Hinterlist«, weil dafür nicht reicht, dass der Täter – wie hier S – die Überraschung des Opfers ausnutzt, sondern erforderlich ist, dass er seine Angriffsabsicht gegenüber dem Opfer planmäßig verbirgt, mit Vorbedacht handelt, eben mit »List« vorgeht[15]. Mehr als eine einfache Körperverletzung kann man S demnach tatbestandlich nicht anlasten.

2. S handelte mit Vorsatz, und zwar mit Absicht, Dolus directus ersten Grades.

II. Rechtswidrigkeit

S handelte nicht rechtswidrig, wenn ihm wenigstens ein Rechtfertigungsgrund zur Seite stand. In Betracht kommt Notwehr (§ 32 StGB). Es liegt eine Notwehrlage vor, denn durch das Einschließen hat J den S in seiner Fortbewegungsfreiheit angegriffen. Der Angriff war auch noch gegenwärtig, weil J keineswegs vorhatte, S freizulassen, sondern ihm lediglich den Grund für die »Sanktion« näher bringen wollte; und rechtswidrig war der Angriff auch, denn J stand für seine Handlung keine Erlaubnisnorm zur Seite. Des Weiteren genügte der Schlag des S den Anforderungen an eine hinreichende Notwehrhandlung: Er war als »Verteidigung« zu werten, denn er richtete sich gegen den Angreifer. Darüber hinaus war er »erforderlich«, denn er war zum einen zur Angriffsabwehr geeignet. Zum anderen stellte er auch das mildeste zur Verfügung stehende Gegenmittel dar, denn ob etwa der Versuch einer verbalen Konfliktlösung genauso effektiv gewesen wäre, erscheint hier mehr als unsicher, zumal es auch der Überraschungseffekt des Schlages war, der S zur Freiheit verhalf. Man muss sich nicht auf das Risiko einer nur unzureichenden Abwehrhandlung einlassen[16]. Ein Gesichtspunkt, der die Gebotenheit der Notwehr ausschließen könnte, ist vorliegend nicht zu sehen. S wollte sich aus der »Gefangenschaft« befreien, handelte also mit Verteidigungswillen. Damit sind die Voraussetzungen der Notwehr erfüllt, S handelte gerechtfertigt. § 34 StGB tritt hinter § 32 StGB zurück, weil die allgemein auch in § 34 StGB enthaltene Konfliktsituation »gegenwärtiger rechtswidriger Angriff« durch § 32 StGB konkretisiert wird[17].

III. Ergebnis

S hat sich nicht wegen gefährlicher Körperverletzung gem. §§ 223 Abs. 1, 224 Abs. 1 Nrn. 2, 3 StGB strafbar gemacht.

B. Sachbeschädigung, § 303 Abs. 1 StGB

S könnte sich durch das Verbiegen des Schlüsselbarts wegen Sachbeschädigung gem. § 303 Abs. 1 StGB strafbar gemacht haben.

I. Tatbestand

S hat eine fremde Sache kausal und objektiv zurechenbar beschädigt. Zwar wird man bei einem Verbiegen die Beschädigung weniger mit einer Substanzverletzung begründen können[18], weil eine Substanz*verletzung* eher von Substanz*verlust* gekennzeichnet sein dürfte. Argumentieren kann man aber mit der Funktionsbeeinträchtigung des Schlüssels, denn ein Schlüssel, der nicht mehr ins Schloss passt, ist in seiner bestimmungsgemäßen Brauchbarkeit erheblich gemindert. Hier kann man sogar eine »Zerstörung« annehmen, weil die Möglichkeit, einen Schlüssel wieder so hinzubiegen, dass er ohne Weiteres seine Funktion erfüllen kann, ernsthaft in Zweifel zu ziehen ist. S handelte absichtlich.

II. Rechtswidrigkeit

Auf Rechtfertigungsgründe kann sich S nicht berufen, denn nach seinem »Befreiungsschlag« hatte er ohne Weiteres die Möglichkeit das Haus zu verlassen. Und damit fehlte es für § 228 S. 1 BGB an der »durch die Sache drohende(n) Gefahr«, für § 904 S. 1 BGB an der »gegenwärtigen Gefahr«, für § 32 StGB am »gegenwärtigen Angriff« und für § 34 StGB wiederum an der »gegenwärtigen Gefahr«. S erkennt zudem, dass seine Fortbewegungsfreiheit nicht mehr angegriffen wird und auch sonst keine Gefahr mehr für sie besteht, so dass er auch keinem Erlaubnisumstandsirrtum – Fehlvorstellung über das Vorliegen der sachlichen Voraussetzungen eines anerkannten Rechtfertigungsgrundes, die bei tatsächlichem Gegebensein die Tat gerechtfertigt hätten[19] – unterliegt.

8 BGHSt 30, 375 (377); NStZ 1987, 174; Lackner/Kühl, § 224 Rdn. 5; LK/Lilie, § 224 Rdn. 20.

9 Hilgendorf, ZStW 112 (2000), 811 (830): »Mit Blick auf diese gesetzgeberische Wertung ist es widersprüchlich, den Bleistift in der Hand des Gelehrten unter Umständen als ›gefährliches Werkzeug‹ anzusehen, nicht dagegen den wuchtigen, in das Gesicht geführten Schlag eines Berufsboxers, den Tritt eines trainierten Fußballspielers in den Magen oder den mit langen, angespitzten Fingernägeln durchgeführten Stich in die Augen des Opfers.«

10 So die ganz h. M., vgl. etwa BGH, GA 1984, 124; Lackner/Kühl, § 224 Rdn. 3; Stree, **JURA** 1980, 281 (282 f.).

11 ZStW 112 (2000), 811 (825); zum Diebstahl mit Waffen auch Lesch, GA 1999, 365 (374 f.).

12 S. Duden, Das große Wörterbuch der deutschen Sprache, Band 8, 2. Aufl. 1995, Stichwort »Werkzeug« (S. 3901): ein »bezahltes Werkzeug«, ein »gefügiges Werkzeug der Partei«.

13 So findet sich etwa bei Beschreibung der mittelbaren Täterschaft (§ 25 Abs. 1 Alt. 2 StGB) regelmäßig der Begriff des »menschlichen Werkzeugs«.

14 Näher dazu MüKo-StGB/Hardtung, 2003, § 224 Rdn. 14.

15 LK/Lilie, § 224 Rdn. 31; MüKo-StGB/Hardtung, § 224 Rdn. 22.

16 BGH, NStZ 2002, 140; SK-StGB/Günther, Stand: 1999, § 32 Rdn. 95.

17 Lackner/Kühl, § 34 Rdn. 14; Schönke/Schröder-Lenckner/Perron, § 34 Rdn. 6.

18 So aber NK-Zazcyk, Stand: 1998, § 303 Rdn. 11.

19 Näher Wessels/Beulke, Rdn. 467 ff.

III. Schuld

1. Es besteht keine gegenwärtige Gefahr für die Fortbewegungsfreiheit, demnach kommt eine Entschuldigung über § 35 Abs. 1 StGB nicht in Betracht. Ebenso wenig kann sich S auf § 35 Abs. 2 StGB berufen, denn dass die Gefahr nicht besteht, erkennt er.

2. a) Möglicherweise kommt S aber in den Genuss des § 33 StGB[20]. Die Norm müsste anwendbar sein, oder mit den Worten des Gesetzes: es müsste eine Überschreitung der Notwehrgrenzen vorliegen. S handelt hier, obwohl er sich keinem gegenwärtigen Angriff mehr gegenübersieht; der Angriff auf seine Fortbewegungsfreiheit ist abgeschlossen. Genannt wird diese Konstellation *nachzeitiger extensiver Notwehrexzess*, und es ist umstritten, ob sie dem Anwendungsbereich des § 33 StGB unterfällt. Die knapp h. M.[21] verneint das, sieht sich aber einer Reihe von Gegenstimmen[22] gegenüber, die diese Fälle zumindest dann einbeziehen wollen, wenn ein enger zeitlicher Zusammenhang zwischen Angriffsende und Exzesshandlung besteht.

Hauptargument der h. M. ist dabei, dass ein nicht mehr bestehendes Notwehrrecht schon dem Wortsinne nach nicht überschritten werden könne, § 33 StGB also zwangsläufig auf § 32 StGB inklusive einer tatsächlichen Notwehrlage aufbauen müsse. Dem kann man aber entgegenhalten, dass der Wortlaut des § 33 StGB eine andere Deutung sehr wohl trägt, weil – wenn auch nicht beim *vorzeitigen*, so aber doch beim *nachzeitigen* extensiven Notwehrexzess – die Grenzen der Notwehr auch in *zeitlicher* Hinsicht überschritten werden können, nämlich bei Handeln nach Abschluss des Angriffs. »Hat die Notwehr zwei Grenzen, eine im Maß und eine in der Zeit, so ist auch eine Überschreitung beider Grenzen möglich.«[23] Darüber hinaus wird gegen die Einbeziehung vorgebracht, dass Straffreiheit nicht allein deshalb eintreten könne, weil die Schuld des Täters durch die asthenischen Affekte gemindert sei – dann sei eine Beschränkung auf die Notwehr nicht einsehbar –, sondern weil neben die Schuldminderung dadurch eine Unrechtsminderung trete, dass der Täter sich der Dramatik eines *gegenwärtigen* rechtswidrigen Angriffs gegenübersehe; und diese fehle gerade beim extensiven Notwehrexzess. Dieser Argumentation ist zum einen zu erwidern, dass der Täter unter dem Eindruck eines *gerade beendeten* rechtswidrigen Angriffs handelt, die Dramatik der Situation mit der des intensiven Notwehrexzesses insofern also vollends vergleichbar ist. Es ist doch gerade der rechtswidrige Angriff, der als Nachwirkung den asthenischen Affekt hervorruft. Zum anderen kann das Unrecht desjenigen, der bei einer maßvollen Reaktion über die zeitlichen Grenzen der Notwehr geringfügig hinausgeht, weit geringer sein, als wenn er bei einem gegenwärtigen Angriff die Grenzen des Erforderlichen erheblich überschreitet, so dass auch die These »gegenwärtiger Angriff = automatisch geringeres Unrecht« nicht durchgreift.

Infolgedessen vermögen die Argumente der h. M. nicht zu überzeugen, und es ist der nachzeitige extensive Notwehrexzess grundsätzlich in den Anwendungsbereich des § 33 StGB einzubeziehen. Die tatbestandsmäßige und rechtswidrige Sachbeschädigung stand hier in engstem zeitlichen Zusammenhang mit dem Angriff auf die Fortbewegungsfreiheit, alle Ansprüche der Minderheitsansicht sind demnach erfüllt.

b) Laut Sacherhalt handelt S auf Grund »panischer Angst«, so dass den Anforderungen, die an »Furcht« als asthenischem Effekt i. S. von § 33 StGB gestellt werden – »gerade dadurch muss die Fähigkeit, das Geschehen richtig zu verarbeiten, erheblich reduziert sein, der Täter muss durch ein gesteigertes Maß an Angst zur Notwehrüberschreitung hingerissen worden sein«[24] – Genüge getan ist. Die daneben bestehende Wut des S hindert die Entschuldigung nicht, weil es ausreicht, dass die in § 33 StGB genannten Affekte in einem Motivbündel wenigstens mitursächlich sind[25].

c) Zu erörtern bleibt noch, ob eine Entschuldigung nach § 33 StGB ausscheidet, weil der Täter – wie hier S – bewusst handelt. *Gropp*[26] etwa vermag die Straffreiheit des Täters in diesen Fällen nicht einzusehen. Entscheidend ist indessen, was das *geltende Recht* für einsichtig hält. Und da ist mit der h. M[27]. zu bemerken, dass der Wortlaut des § 33 StGB keine Beschränkung auf die unbewusste Notwehrüberschreitung enthält. Hinzu kommt, dass man eine solche Eingrenzung in den Gesetzesberatungen diskutiert, letztlich aber wieder verworfen hat[28]. Andere[29] argumentieren auf phänomenologischer Ebene: Es sei kaum denkbar, dass der bewusst Handelnde »aus Furcht, Verwirrung oder Schrecken« handeln könne. Dazu ist zu bemerken, dass *alle Fälle* der Notwehrüberschreitung – und insbesondere die bewusst ausgeführten – der sorgfältigen Prüfung dahingehend bedürfen, ob die asthenischen Affekte die Überschreitung bedingten oder nicht. Den bewusst handelnden Täter von vornherein für nicht entschuldbar zu halten, erscheint jedoch im Hinblick auf die Vielfalt möglicher menschlicher Verhaltensweisen zu undifferenziert. Und *Lenckner/Perron* trauen sich das auch nicht, denn die Formulierung »kaum denkbar« lässt noch ein Hintertürchen offen.

d) Damit sind die Voraussetzungen des § 33 StGB erfüllt und S ist entschuldigt.

IV. Ergebnis

S hat sich nicht wegen Sachbeschädigung gemäß § 303 Abs. 1 StGB strafbar gemacht.

Ergebnis zum 1. Tatkomplex

J hat sich wegen Freiheitsberaubung nach § 239 Abs. 1 StGB strafbar gemacht, S ist straflos.

2. Tatkomplex: Die Fahrt des S

A. Fahrlässige Tötung, § 222 StGB

Möglicherweise hat sich S der fahrlässigen Tötung, § 222 StGB, schuldig gemacht.

I. Tatbestand

S hat F durch das Anfahren getötet. Fraglich ist allerdings, ob er objektiv fahrlässig gehandelt hat. Dazu gehören zwei Elemente, zum einen die objektive Sorgfaltspflichtverletzung, zum anderen

20 Dass die Norm einen Entschuldigungsgrund enthält und keinen »plumpen persönlichen Strafausschließungsgrund« (so noch M. E. Mayer, Strafrecht Allgemeiner Teil, 1923, S. 282 f.; zustimmend Jakobs, Studien zum fahrlässigen Erfolgsdelikt, 1970, S. 145 f.; anders aber jetzt in Strafrecht Allgemeiner Teil, 2. Aufl. 1993, 20/28) oder eine »Beweisregel des Inhalts, dass bei Vorliegen der genannten Affekte eine Fahrlässigkeit bzgl. der Notwehrüberschreitung ausgeschlossen sein soll« (Schönke/Schröder-Schröder, 17. Aufl. 1974, § 53 Rdn. 36), ist heutzutage unstreitig.

21 BGH, NStZ 2002, 141 f.; Geilen, **JURA** 1979, 370 (379); Jescheck/Weigend, Strafrecht Allgemeiner Teil, 5. Aufl. 1996, S. 493; SK-StGB/Rudolphi, Stand: 1999, § 33 Rdn. 2; Sauren, **JURA** 1988, 567 (571).

22 Beulke, **JURA** 1988, 641 (643); Lackner/Kühl, § 33 Rdn. 2; Otto, Grundkurs Strafrecht Allgemeiner Teil, 7. Aufl. 2004, § 14 Rdn. 23; Roxin, Strafrecht Allgemeiner Teil I, 3. Aufl. 1997, § 22 Rdn. 90; Trüg/Wentzell, **JURA** 2001, 30 (33); Wessels/Beulke, Rdn. 447.

23 Otto, **JURA** 1987, 604 (606), m. w. N.

24 Tröndle/Fischer, 51. Aufl. 2003, § 33 Rdn. 3.

25 BGH, NStZ 1987, 20; NStZ-RR 1999, 264 (265); Otto, **JURA** 1987, 604 (606 f.); Tröndle/Fischer, § 33 Rdn. 3.

26 Strafrecht Allgemeiner Teil, 2. Aufl. 2001, § 7 Rdn. 86.

27 Etwa BGH, NStZ 1989, 474; Kühl, Strafrecht Allgemeiner Teil, 4. Aufl. 2002, § 12 Rdn. 148; Wessels/Beulke, Rdn. 446.

28 S. Roxin, in: Schaffstein-FS, 1975, 105 (108) mit Hinweis auf die 90. Sitzung des Sonderausschusses, S. 1814.

29 Schönke/Schröder-Lenckner/Perron, § 33 Rdn. 7.

der objektive Zurechnungszusammenhang[30]. Gesetzlicher Anknüpfungspunkt für die objektive Sorgfaltspflichtverletzung ist § 276 Abs. 2 BGB, der bestimmt, dass »fahrlässig handelt, wer die im Verkehr erforderliche Sorgfalt außer Acht lässt«. Laut Sachverhalt fährt S hier mit überhöhter Geschwindigkeit. Damit verstößt er gegen § 3 Abs. 3 StVO und handelt objektiv sorgfaltswidrig. Näher zu erörtern ist indessen, ob der Tod der F auch »*durch* Fahrlässigkeit« verursacht worden ist. Der konkrete tatbestandliche Erfolg muss mit dem sorgfaltspflichtwidrigen Verhalten in einem objektiven Zurechnungszusammenhang stehen. Die Verletzungen der F wären vorliegend auch bei verkehrsgerechtem Verhalten des S mit an Sicherheit grenzender Wahrscheinlichkeit nicht zu verhindern gewesen, so dass sich die Frage stellt, ob der Tod dem S zugerechnet werden kann. Es handelt sich um ein Problem des sog. Pflichtwidrigkeitszusammenhanges:

Die h.M. in Rechtsprechung und Literatur[31] will den Täter straflos lassen, wenn konkrete Anhaltspunkte dafür vorliegen, dass der tatbestandliche Erfolg in gleicher Weise auch bei sorgfältigem, fehlerfreien Verhalten möglicherweise eingetreten wäre. Danach kann dem S der tatbestandliche Erfolg nicht zugerechnet werden, der Tatbestand des § 222 StGB ist nicht erfüllt. Zu keinem anderen Ergebnis kommen die Vertreter der sog. Risikoerhöhungslehre[32]. Zwar wollen sie schon bestrafen, wenn das Verhalten des Täters eine Risikosteigerung bewirkt hat, die Wahrscheinlichkeit des Erfolgseintritts bei sorgfaltsgerechtem Verhalten also geringer gewesen wäre. Das ist hier aber gerade nicht der Fall, weil eben mit an Sicherheit grenzender Wahrscheinlichkeit feststeht, dass die Verletzungen der F auch bei sorgfaltsgemäßem Verhalten eingetreten wären. Demnach fehlt der erforderliche Pflichtwidrigkeitszusammenhang[33] und infolgedessen die objektive Fahrlässigkeit. Der Tatbestand des § 222 StGB ist nicht erfüllt.

II. Ergebnis

S hat sich nicht wegen fahrlässiger Tötung, § 222 StGB, strafbar gemacht.

B. Mord durch Unterlassen, §§ 212 Abs. 1, 211, 13 StGB

S könnte wegen Mordes durch Unterlassen, §§ 212 Abs. 1, 211, 13 StGB zu bestrafen sein.

I. Tatbestand

1. Der Erfolg ist eingetreten, F ist tot. S hätte ohne Weiteres die nötigen Maßnahmen, sprich: F ins Krankenhaus bringen, Notarztwagen herbeirufen etc., ergreifen können. Nach der abgewandelten Conditio-sine-qua-non-Formel[34] kann ein rettendes Eingreifen nicht hinzugedacht werden, ohne dass der Tod der F mit an Sicherheit grenzender Wahrscheinlichkeit ausgeblieben wäre.

2. Problematisch ist, ob S eine Garantenstellung innehatte, oder mit den Worten des § 13 StGB: ob er rechtlich dafür einzustehen hatte, dass der Erfolg nicht eintrat[35].

a) Möglicherweise ist S Beschützergarant, weil er noch mit F verheiratet ist. Aus dem Gesetz – § 1353 Abs. 1 S. 2 BGB – folgt die Verpflichtung der Ehegatten, die eheliche Lebensgemeinschaft einzugehen und füreinander die Verantwortung zu tragen. Daraus lässt sich grundsätzlich die Pflicht zum Schutze von Rechtsgütern des Ehepartners herleiten[36]. Hier besteht nun aber die Besonderheit, dass die Eheleute seit 4 Jahren getrennt leben und nur noch sporadischen Kontakt pflegen. Manche[37] vertreten dazu die Auffassung, Ehegatten seien stets Garanten für die Rechtsgüter des anderen Ehepartners, auch bei Getrenntleben. Nach dieser Auffassung ist S Garant. Andere[38] stellen auf das Bestehen des in § 1353 Abs. 1 S. 2 BGB enthaltenen Anspruchs auf Herstellung der Lebensgemeinschaft ab. Sie würden hier das Bestehen einer Garantenpflicht verneinen, denn gem. § 1353 Abs. 2 BGB kann der Ehegatte das Verlangen nach Herstellung der Lebensgemeinschaft verweigern, wenn die Ehe gescheitert ist; und das ist sie nach der unwiderleglichen Vermutung des § 1566 Abs. 2 BGB bei dreijährigem Getrenntleben. Noch weiter gehen Autoren, die eine Garantenstellung nur bei Bestehen einer *tatsächlichen* Lebensgemeinschaft anerkennen[39]: Der reine *Anspruch* auf Herstellung der Lebensgemeinschaft genüge für die Begründung einer Garantenpflicht nicht, denn solange es an einem auf der tatsächlichen Lebensgemeinschaft basierenden gegenseitigen Vertrauens- und Abhängigkeitsverhältnis zwischen den Ehegatten fehle, solange bestehe keine Garantenpflicht, sondern nur die Verpflichtung, ein garantenpflichtbegründendes Obhutsverhältnis zu begründen. Auch danach ist S kein Garant, so dass nur die erstgenannte Meinung eine Garantenpflicht aus der noch bestehenden Ehe herleiten kann. Diese Auffassung ist abzulehnen. Sie ist zu undifferenziert, weil sie einzig auf das formale Band der Ehe abstellt und alle weiteren tatsächlichen Gegebenheiten außer Betracht lässt. *Arzt*[40] hat Recht, wenn er sagt: »Schutzpflichten aus Gesetz begründen eine Garantenstellung nur, wenn nach dem Vorverhalten die Erwartung begründet ist, dass der (möglicherweise) Verpflichtete seinen Pflichten nachkommen wird.« Das wird im vorliegenden Fall deutlich, weil nicht ersichtlich ist, inwieweit F aufgrund der nur noch auf dem Papier bestehenden Ehe weitergehende Erwartungen an S knüpfen könnte als an jeden anderen Verkehrsteilnehmer. Demnach besteht hier keine Beschützergarantenpflicht.

b) S könnte aber Bewachergarant sein, und zwar als Bewacher der eigenen Person. Hier hat sein pflichtwidriges Verhalten, das Führen des Kraftfahrzeugs mit überhöhter Geschwindigkeit, das Leben der F gefährdet, so dass eine Garantenpflicht aus

30 Näher MüKo-StGB/Hardtung, § 222 Rdn. 1, 7 ff.
31 BGHSt 11, 1; 24, 31; Schönke/Schröder-Cramer/Sternberg-Lieben, § 15 Rdn. 173 ff.; Wessels/Beulke, Rdn. 680.
32 Etwa Jescheck/Weigend, S. 584 ff.; Roxin, § 11 Rdn. 76 ff.; SK-StGB/Rudolphi, Stand: 1997, Vor § 1 Rdn. 65 ff.
33 Einzelstimmen (Bindokat, JZ 1977, 549 ff.; Spendel, JuS 1964, 14 ff.) rechnen den Erfolg dem Täter auch in diesen Fällen zu. Begründung Bindokat: Grundvoraussetzung riskanten Handelns sei Pflichtgemäßheit des Handelns. Pflichtwidriges Handeln bewirke einen Vertrauensbruch und lasse die Voraussetzung für den Eintritt in den Gefahrenbereich entfallen. Damit entfalle die Befugnis zu einer Gefährdung überhaupt und mit ihr die Möglichkeit eines Abhebens auf den Zufallscharakter des konkreten Erfolges. Begründung Spendel: Der Umstand, dass der Erfolg auch bei rechtmäßigem Verhalten des Täters mit an Sicherheit grenzender Wahrscheinlichkeit eingetreten wäre, könne nicht die Rechtmäßigkeit des Täterverhaltens, sondern umgekehrt nur die Rechtswidrigkeit des normalerweise rechtmäßigen Verhaltens begründen. Diese Auffassungen sind jedoch abzulehnen. Denn: Rechnete man den Erfolg in Fällen wie dem Vorliegenden zu, so würde der Täter für die Verletzung einer Pflicht bestraft, deren Erfüllung gänzlich nutzlos gewesen wäre. Er würde gegen den Wortlaut des § 222 StGB bestraft, weil in Fällen, in denen mit an Sicherheit grenzender Wahrscheinlichkeit feststeht, dass der Erfolg auch bei pflichtgemäßem Verhalten eingetreten wäre, der Erfolg gerade nicht »durch Fahrlässigkeit« bewirkt wurde. S. dazu Roxin, AT I, § 11 Rdn. 68.
34 S. dazu Wessels/Beulke, Rdn. 711.
35 Die Garantenpflicht des Täters ist genau besehen eine Voraussetzung der objektiven Zurechnung, denn nur wer Garant ist, kann unerlaubt eine Gefahr schaffen, oder besser: zulassen. Ganz üblich und weit verbreitet ist aber, die Garantenpflicht als eigenen Prüfungspunkt zu behandeln. Der ist dann aber vor der (sonstigen) objektiven Zurechnung zu bringen, denn man kann nicht die Unerlaubtheit des Unterlassen bejahen, ohne vorher die Garantenpflicht bejaht zu haben. S. dazu Hardtung, Lehrskript AT (o. Fn. 7), 5. Kapitel, S. 6.
36 Kühl, § 18 Rdn. 56; Schönke/Schröder-Stree, § 13 Rdn. 18.
37 LK/Jescheck, 11. Aufl. 1993, § 13 Rdn. 23; Geilen, FamRZ 1961, 147 (148 f.).
38 BGH, NJW 2003, 3212 ff.; Jakobs, 29/64; Schönke/Schröder-Stree, § 13 Rdn. 19.
39 Kühl, § 18 Rdn. 58; SK-StGB/Rudolphi, Stand: 2000, § 13 Rdn. 50; NK-Seelmann, Stand: 1995, § 13 Rdn. 136.
40 JA 1980, 647 (650).

Ingerenz[41] in Betracht kommt. Allerdings konnte der tatbestandliche Erfolg dem S nicht zugerechnet werden, weil es am objektiven Zurechnungszusammenhang fehlte. Reicht das zur Begründung einer Garantenpflicht? Drei Strömungen kann man unterscheiden:

aa) Zum Teil lässt man schon ein pflichtgemäßes gefährdendes Vorverhalten zur Begründung einer Garantenstellung aus Ingerenz genügen. Dabei sind manche[42] besonders streng und verlangen lediglich, dass durch das Vorverhalten eine in Bezug auf den abzuwendenden Erfolg nahe und adäquate Gefahr geschaffen wurde. Sie können eine Garantenstellung hier problemlos bejahen, weil S durch das Anfahren der F eine in Bezug auf den abzuwendenden Tod hinreichende Gefahr geschaffen hat. Andere sind – bei gleichem Ausgangspunkt – großzügiger. So wird bisweilen eine von vornherein »qualifiziert riskante Tätigkeit« verlangt, deren Voraussetzungen allerdings beim Autofahren Genüge getan sein soll[43]. *Herzberg*[44] bindet sich an das Kriterium der »Vermeideverantwortlichkeit schon während des aktiven Tuns« und meint, »die Sonderpflicht, den Verletzten nach unvermeidbarem Zusammenstoß tätig zu retten, sei nur Ausfluss der von Anfang an gegebenen Verantwortlichkeit, tödliche Folgen des eigenen Fahrens mit allen Kräften und allen möglichen Vorkehrungen zu vermeiden«. *Rengier*[45] orientiert sich an der Frage, wann der Täter die Verantwortung für die von ihm geschaffene Gefahr verliere, weil sie nicht (mehr) seinen Organisationskreis betreffe, und notiert für die vorliegende Konstellation als Ergebnis, es gebe keine überzeugenden Gründe dafür, den Autofahrer, der unvermeidbar einen Fußgänger anfahre, bezüglich seiner Hilfspflicht mit jedem beliebigen Dritten gleichzusetzen und ihn nicht für in besonderer Weise rettungspflichtig zu halten.

bb) Die Gegenauffassung[46] verlangt demgegenüber ein pflichtwidriges Vorverhalten insbesondere mit der Begründung, die Garantenstellung aus Ingerenz würde sonst uferlos ausgeweitet und es sei die wertfreie Kausalität für sich allein niemals in der Lage, eine menschliche Verantwortung zu begründen. Auch entspreche das Unterlassen der Erfolgsabwendung nach pflichtgemäßem Verhalten nicht der Verwirklichung des gesetzlichen Tatbestandes durch positives Tun. Ob es zur Begründung einer Garantenstellung reicht, wenn – wie hier – zwar ein pflichtwidriges Vorverhalten vorliegt, dieses sich aber nicht im Erfolg realisiert hat, wird innerhalb der »Pflichtwidrigkeitsgruppe« nicht einheitlich behandelt: So hat der BGH in einer Reihe von Entscheidungen[47], auch unter Zustimmung im Schrifttum[48], eine Garantenpflicht aus Ingerenz bejaht, obwohl der Erfolg – sei es wegen fehlenden Pflichtwidrigkeitszusammenhanges, sei es wegen eigenverantwortlicher Selbstgefährdung des Opfers – dem Täter nicht zugerechnet werden konnte. Begründung: Der Täter habe durch sein pflichtwidriges Vorverhalten die eingetretene Gefahrenlage tatsächlich herbeigeführt. Die Straflosigkeit des Vorverhaltens im Hinblick auf die Herbeiführung der Gefahr ändere nichts daran, dass für den Täter Garantenpflichten in dem Zeitpunkt entstünden, in dem aus dem allgemeinen Risiko eine besondere Gefahrenlage erwachse. Dem wird von einer neueren BGH-Entscheidung[49] und manchen im Schrifttum[50] widersprochen: Nur dann, wenn dem Unterlassenden bereits aufgrund seiner pflichtwidrigen Vorhandlung die Gefahr und damit die sich aus ihr entwickelnden Rechtsgutsverletzungen objektiv als fahrlässig bewirkt zugerechnet werden könnten, habe der Täter aufgrund dieser Vorhandlung auch als Garant nach § 13 Abs. 1 StGB rechtlich dafür einzustehen, dass die von ihm pflichtwidrig geschaffene Gefahr sich nicht in einem tatbestandsmäßigen Unrechtserfolg realisiere. Denn sonst würde die Garantenstellung aus vorangegangenem Tun dazu missbraucht, die Grenzen der Verantwortlichkeit des Handelnden für die Folgen seines Handelns durch die Konstruktion des Unterlassungsdelikts zu unterlaufen. Danach lässt sich eine Garantenstellung aus Ingerenz hier nicht begründen.

cc) Schließlich wird die Konstruktion der Garantenstellung aus vorangegangenem Tun grundsätzlich abgelehnt[51]. Hauptargumente: Die Herrschaft des Unterlassenden liege bei den Ingerenzfällen vollständig in der Vergangenheit; ihr fehle die für die Begehungsgleichheit erforderliche Aktualität, denn der Ingerent habe den Kausalverlauf aus seinem Herrschaftsbereich entlassen und besitze daher lediglich eine durch die Abwendungsmöglichkeit gekennzeichnete potentielle Herrschaft über das Geschehen – nicht anders eben als jeder rettungsmächtige Bürger. Zudem lasse sich die Ingerentenhaftung nur als eine am bloßen Kausalnexus orientierte Veranlassungshaftung, nicht aber durch ein dem Strafrecht allein gerecht werdendes personales Zurechnungsprinzip begründen. Indem die Ingerenztheorie aber das an der Personenhaftigkeit des Menschen orientierte Zurechnungskriterium verfehle und durch eine blinde Kausalhaftung ersetze, würden begehungsungleiche Unterlassungen aus dem Begehungsstraftatbestand bestraft, ungleiche Verhaltensweisen ohne gesetzliche Grundlagen gleichbehandelt und damit auch das verfassungsrechtliche Gebot »nullum crimen sine lege« (Art. 103 Abs. 2 GG) missachtet. Diese Stimmen kommen selbstredend zu keiner Garantenpflicht.

dd) Und welche Strömung hat Recht? Die Garantenpflicht aus Ingerenz in Gänze abzulehnen, ist nicht überzeugend. Derjenige, der durch sein Verhalten die Gefahr eines Schadenseintritts heraufbeschwört, muss – gewissermaßen als Kehrseite der Medaille – als Garant grundsätzlich dafür sorgen, dass die Gefahr sich nicht verwirklicht. Das ist Ausfluss des Grundsatzes, niemanden zu schädigen (neminem laedere) und steht in Art. 2 Abs. 1 GG[52]. Offen ist dann noch, welche Qualität das Vorverhalten haben muss. Und da erscheint es sachgerecht, allein an die gefährdende Wirkung des Vorverhaltens anzuknüpfen. Das zeigt sich insbesondere an den Fällen gerechtfertigten Vorverhaltens: Die Notwehr etwa verlangt eine »erforderliche«, also möglichst milde Verteidigung. Dazu passt dann, dass derjenige, der im Moment der Verteidigung nur heftig reagieren kann, nach Abwehr des Angriffs die Folgen seiner Verteidigung eindämmen muss. Dieser Gedanke ist in § 904 BGB sogar gesetzlich niedergeschrieben: § 904 BGB sagt ausdrücklich, dass man zwar ein wichtigeres Rechtsgut auf Kosten eines weniger wichtigen schützen darf, dass man aber für die Folgen seiner Notstandshandlung verantwortlich ist. Denn man hat nach S. 2 die Pflicht zur Wiedergutmachung weiterer Schäden. Dann aber hat man erst recht die Pflicht schon zur *Vermeidung* weiterer Schäden[53]. Folglich besteht hier eine Bewachergarantenpflicht des S aus dem Aspekt der Ingerenz.

3. Einzugreifen muss dem S zumutbar[54] gewesen sein. Daran

41 Eingehend Sowada, **JURA** 2003, 236 ff.

42 Maurach/Gössel/Zipf, Strafrecht Allgemeiner Teil, Teilband 2, 7. Aufl. 1989, § 46 Rdn. 98 ff.

43 S. Freund, Strafrecht Allgemeiner Teil, 1998, § 6 Rdn. 67; Jakobs, 29/42; NK-Seelmann, § 13 Rdn. 117.

44 JZ 1986, 986 (989 ff.).

45 JuS 1989, 802 (807).

46 S. etwa BGHSt 37, 106; 43, 381 (397); SK-StGB/Rudolphi, § 13 Rdn. 40; Schönke/Schröder-Stree, § 13 Rdn. 37.

47 BGHSt 34, 82 ff.; NStZ 1994, 581; NStZ 1985, 319 (320); NStZ 1984, 452.

48 S. etwa Jescheck/Weigend, S. 625 f.

49 NStZ 1998, 83 f.

50 Sowada, **JURA** 2003, 236 (243); Kühl, § 18 Rdn. 102; SK-StGB/Rudolphi, § 13 Rdn. 39 a f.; Schönke/Schröder-Stree, § 13 Rdn. 35 a.

51 Lampe, ZStW 72 (1960), 93 ff.; Roxin, ZStW 83 (1971), 369 (403); Schünemann, GA 1974, 231 ff.

52 Sachs/Murswiek, Grundgesetz, 3. Aufl. 2002, Art. 2 Rdn. 91; Kühl, § 18 Rdn. 91.

53 Ausführlich dazu Hardtung, Lehrskript AT (o. Fn. 7), 5. Kapitel, S. 8. f.

54 Auch dieser Aspekt gehört – Begründung wie in Fn. 35! – im Grunde in die objektive Zurechnung. Gropp (§ 11 Rdn. 54 ff.) und Köhler (Strafrecht Allgemeiner Teil, 1997, S. 297 f.) platzieren ihn in der *Rechtswidrigkeit*, die h. M. (BGHSt 2, 204; 6, 57; StV 1998, 126; Lackner/Kühl, § 13 Rdn. 5; Wessels/Beulke, Rdn. 739) in der Schuld. Ebenfalls im Tatbestand

kann man zweifeln, weil er sich mit Ergreifung von Rettungsmaßnahmen der Gefahr der Strafverfolgung ausgesetzt hätte. Unzumutbar ist eine Handlung, wenn sie eigene billigenswerte Interessen in erheblichem Umfange beeinträchtigt und diese in einem angemessenen Verhältnis zum drohenden Erfolg stehen[55]. Die widerstreitenden Interessen sind gegeneinander abzuwägen. Ob die Gefahr der Strafverfolgung überhaupt die Unzumutbarkeit einer Rettungshandlung begründen kann, ist streitig. Manche lehnen das ab[56]. Andere differenzieren nach der verfolgungsfähigen Tat. Hänge diese mit der Gefahrschaffung zusammen, so soll sich der Täter auf die Gefahr der Strafverfolgung nicht berufen können[57]. Bestehe dagegen die Verfolgungsgefahr für Taten, die mit der Gefahrschaffung nichts zu tun haben, so soll eine Hilfspflicht bestehen, wenn im Falle von Lebens- oder schwerer Leibesgefahr dem Garanten nur eine geringfügige Bestrafung drohe[58]. Hier kommen alle Ansätze zum selben Ergebnis: Die Rettung der F war dem S zumutbar. Lässt man den Gesichtspunkt drohender Strafverfolgung von vornherein nicht gelten, ist das klar. Ansonsten kann man damit argumentieren, dass die »verfolgungsfähige« Tat, das Anfahren, für die Lebensgefahr der F mitursächlich war. Wägt man die widerstreitenden Interessen ab, so gebührt der Erhaltung des Lebens der F natürlich der Vorrang, zumal das Anfahren wegen des fehlenden Pflichtwidrigkeitszusammenhangs zwischen Sorgfaltspflichtverletzung und Erfolg zwar verfolgt, letztendlich aber – auf der Grundlage der beiden Hauptströmungen zum Pflichtwidrigkeitszusammenhang – nicht bestraft worden wäre.

4. Auch sonst ist dem S der Erfolg objektiv zuzurechnen, insbesondere hat sich gerade die im Unterlassen liegende Gefahr tatbestandsspezifisch verwirklicht. Das Unterlassen entspricht der Verwirklichung des Tatbestandes durch ein Tun.

5. S handelte mit Dolus eventualis. Möglicherweise verwirklichte er dazu auch noch das Mordmerkmal der Verdeckungsabsicht, weil er den seiner Ansicht nach aus dem Unfall resultierenden strafrechtlichen Konsequenzen entgehen wollte. Dass ihm das Anfahren der F mangels Pflichtwidrigkeitszusammenhanges strafrechtlich nicht zum Vorwurf gereicht werden kann, ist dabei nicht von Belang, denn bei der Verdeckungsabsicht handelt es sich um ein rein subjektives Merkmal, das auch derjenige verwirklicht, welcher sich nur irrigerweise vorstellt, er habe eine verfolgbare Straftat begangen[59]. Auch ist die frühere Auffassung des BGH[60], wonach von Verdeckungsabsicht nur die Rede sein könne, wenn die andere Straftat »zugedeckt«, nicht aber, wenn sie »nicht aufgedeckt« werden soll, überholt und wird nicht mehr vertreten[61]. *Mitsch*[62] allerdings verneint in Fällen wie dem Vorliegenden das Merkmal der Verdeckungsabsicht mit dem Hinweis, das bloße Untätigbleiben durch Entfernung vom Unfallort sei kein taugliches Verdeckungsverhalten, weil die Fortbewegung insofern nur mittelbar in einer Beziehung zum Todeserfolg stehe, als sie dem Täter die Möglichkeit nehme, die erforderlichen todesabwendenden Rettungsmaßnahmen auszuführen. Das überzeugt aber nicht: Diese Sichtweise ist zu stark am Kriterium einer objektiven Risikosteigerung ausgerichtet, während die hier erörterte Mordqualifikation allein subjektiv fixiert ist und daher schon eingreift, wenn der Täter Rettungsaktivitäten unterlässt, weil er sonst Aufdeckung befürchtet[63]. Schließlich spricht der bedingte Tötungsvorsatz des S ebenfalls nicht gegen eine Bestrafung wegen Verdeckungsabsicht. Denn nach überzeugender BGH-Rechtsprechung[64] reicht es, dass der Täter – wie S – das zum Tode führende Verdeckungs*verhalten*, hier also das Unterlassen von Rettungsmaßnahmen, anstrebt, während es ihm auf die *Tötung selber* nicht ankommen muss.

II./III./IV. Rechtswidrigkeit/Schuld/Ergebnis

S handelte rechtswidrig und schuldhaft. Er hat sich wegen Mordes durch Unterlassen strafbar gemacht.

C. Aussetzung mit Todesfolge, § 221 Abs. 1 Nr. 2, Abs. 3 StGB; Unterlassene Hilfeleistung, § 323 c StGB

S hat sowohl die Voraussetzungen der Aussetzung mit Todesfolge (§ 221 Abs. 1 Nr. 2, Abs. 3 StGB) als auch der Unterlassenen Hilfeleistung (§ 323 c StGB) erfüllt. Auf Konkurrenzebene treten beide Tatbestände hinter §§ 212 Abs. 1, 211, 13 StGB zurück[65].

D. Unerlaubtes Entfernen vom Unfallort, § 142 I Nr. 1, 2 StGB

Vorliegend hat ein Unfall[66] im Straßenverkehr stattgefunden. S ist tauglicher Täter des § 142 StGB, weil sein Verhalten »nach den Umständen zur Verursachung des Unfalls beigetragen haben kann« (§ 142 Abs. 5 StGB). Zudem hat er sich vom Unfallort entfernt. Fraglich ist, welche Alternative des Abs. 1 verwirklicht ist. Nr. 1 bestraft, dass der Unfallbeteiligte es vor dem Sich-Entfernen versäumt, durch seine Anwesenheit und seine Angabe, dass er am Unfall beteiligt ist, den anderen Unfallbeteiligten und Geschädigten die nötigen Feststellungen zu ermöglichen. Die so statuierte Pflicht kann aber nur erfüllt werden, wenn überhaupt feststellungsbereite Personen entweder von vornherein am Unfallort anwesend sind oder jedenfalls eintreffen, solange sich der Unfallbeteiligte dort noch aufhält. Anwesend ist die F, allerdings schwerverletzt und bewusstlos. In ihrem Zustand ist sie keine »feststellungsbereite Person«, weil sie zur Feststellung nicht fähig ist[67]. Und auch sonst ist weit und breit niemand zu sehen, so dass eine Bestrafung nach § 142 Abs. 1 Nr. 1 ausscheidet. Aber: S hat die Voraussetzungen von Abs. 1 Nr. 2 verwirklicht, denn diese Norm verlangt vom Unfallbeteiligten eine nach den Umständen angemessene Wartezeit, »ohne dass jemand bereit war, die Feststellungen zu treffen.« Die Länge der Wartefrist bestimmt sich nach den Umständen des Einzelfalles, namentlich nach dem Grad des Feststellungsbedürfnisses und der Zumutbarkeit für den Täter[68]. In der Literatur[69] wird für Fälle mit schweren Personenschäden eine Frist von wenigstens einer Stunde veranschlagt, die hier offensichtlich – S entfernt sich nach zehn Minuten – nicht eingehalten ist. S handelte mit Vorsatz, denn er fuhr in dem Bewusstsein, einen Unfall (mit)verursacht zu haben und weg-

Pawlik, GA 1995, 360 (372); NK-Seelmann, § 13 Rdn. 62 ff.; Schönke/Schröder-Stree, Vor § 13 Rdn. 155 ff.; Tröndle/Fischer, § 13 Rdn. 15 f.

55 BGH, NJW 1998, 1574; NStZ 1984, 164; SK-StGB/Rudolphi, Stand: 2000, Vor § 13 Rdn. 31; Schönke/Schröder-Stree, Vor § 13 ff. Rdn. 156.

56 BGHSt 39, 164 (166); Otto, § 67 Rdn. 12; SK-StGB/Rudolphi, Vor § 13 Rdn. 33.

57 BGH, NJW 1964, 732; NStZ 1985, 452; Schönke/Schröder-Stree, Vor §§ 13 ff. Rdn. 156.

58 Rengier, Strafrecht Besonderer Teil II, 5. Aufl. 2003, § 42 Rdn. 12; NK-Seelmann, Stand: 1995, § 323 c Rdn. 44.

59 BGHSt 11, 226; SK-StGB/Horn, Stand: 2000, § 211 Rdn. 64.

60 BGHSt 7, 290.

61 BGH NJW 2000, 1730 (1732); vgl. auch Otto, JURA 1994, 141 (152); ausführlich Schlüchter, in: BGH-FG, 2000, S. 933 (944 ff.).

62 JuS 1996, 213 (219).

63 Zutreffend MüKo-StGB/Schneider, 2003, § 211 Rdn. 195 mit Fn. 708; in Rdn. 196 auch überzeugend gegen die zuweilen im Schrifttum zu findende These, eine Bestrafung des untätigen Lebensrettungsgaranten verstoße gegen den Grundsatz »nemo tenetur se ipsum accusare«.

64 Vgl. zur Ermöglichungsabsicht BGHSt 39, 159 ff., zur Verdeckungsabsicht BGHSt 41, 358 ff. Dem BGH zustimmend auch Saliger, ZStW 109 (1997), 302 (325).

65 Lackner/Kühl, § 221 Rdn. 9; Schönke/Schröder-Cramer/Sternberg-Lieben, § 323 c Rdn. 34/35.

66 Zu dessen Voraussetzungen näher Schönke/Schröder-Cramer/Sternberg-Lieben, § 142 Rdn. 6 ff.

67 Vgl. SK-StGB/Rudolphi, Stand: 1998, § 142 Rdn. 27.

68 Dazu Lackner/Kühl, § 142 Rdn. 19.

69 S. Maurach/Schroeder/Maiwald, Strafrecht Besonderer Teil, Teilband 2, 9. Aufl. 2003, § 49 Rdn. 50; Schönke/Schröder-Cramer/Sternberg-Lieben, § 142 Rdn. 39.

gefahren zu sein. Zudem kannte er die Umstände, aus denen sich die Unangemessenheit der verstrichenen Wartezeit ergab. Rechtswidrigkeit und Schuld unterliegen keinen Bedenken, so dass sich S wegen unerlaubten Entfernens vom Unfallort gem. § 142 I Nr. 2 StGB strafbar gemacht hat.

Endergebnis und Konkurrenzen:

J hat sich im ersten Tatkomplex wegen Freiheitsberaubung, § 239 I StGB, strafbar gemacht. S ist im ersten Tatkomplex straflos. Im zweiten Tatkomplex ist S wegen Mordes durch Unterlassen zu bestrafen. Die Verkehrsunfallflucht nach § 142 I Nr. 2 StGB steht dazu in Tateinheit, § 52 StGB[70].

70 Vgl. SK-StGB/Rudolphi, § 142 Rdn. 59.

Übungsklausur[1]

Strafrecht

Die belebte einsame Landstraße

Von Wiss. Mit. Tobias Reinbacher, Berlin

Straßenverkehrsdelikte – Verkehrsunfallflucht – Verdeckungsabsicht bei Totschlag durch Unterlassen – Rücktritt vom versuchten Unterlassungsdelikt – Versuch bei Erfolgsqualifikation (hier: bei Aussetzung) – Aussagedelikte

SACHVERHALT

Albert war zum Geburtstag eines Freundes in einer Kneipe eingeladen. Dort hat er etwas über den Durst getrunken. Gegen ein Uhr morgens entschließt er sich dennoch, mit dem Auto nach Hause zu fahren. Er hat zu diesem Zeitpunkt einen BAK-Wert von 1,8‰. Albert selbst ist allerdings der Auffassung, dass er sehr wohl noch fahren könne. Kaum dass er in seinen Wagen gestiegen und losgefahren ist, kommt ihm auf einer einsamen Landstraße der Radfahrer Oswald entgegen. Albert kann aufgrund seiner Trunkenheit nur sehr verlangsamt reagieren und kollidiert mit dem Fahrrad. Oswald, der über die Motorhaube geschleudert wird, bleibt erheblich verletzt und regungslos im Straßengraben liegen. Albert erkennt, dass die Verletzungen so schwer sind, dass Hilfe dringend angezeigt wäre, um das Leben des Oswald zu retten und dass es zu dieser Stunde hier wohl eher unwahrscheinlich ist, dass andere Leute vorbeikommen. Da er aber einer Bestrafung wegen dieses Vorfalles entgehen möchte, entschließt er sich kurzerhand zur Weiterfahrt, wobei er es in Kauf nimmt, dass Oswald auch sterben könnte.

Nachdem Albert seinen Wagen ohne weitere Vorfälle nach Hause gesteuert hat, bekommt er nach etwa einer Stunde doch Gewissensbisse und macht sich Sorgen um Oswald. Er steigt deshalb wieder in sein Auto und fährt zurück zur Unfallstelle. Oswald liegt noch immer dort und sein Zustand hat sich seitdem erheblich verschlechtert. Da Albert aber zutreffend davon ausgeht, dass Oswald noch gerettet werden kann, ruft er von einer Telefonzelle aus anonym die Polizei und das Krankenhaus an und verweilt dort bis er die Sirenen hört. Dann fährt er nach Hause, ohne sich zu erkennen zu geben. Oswald kann durch Sofortmaßnahmen der Ärzte gerettet werden. Hätte Albert sogleich Hilfe geholt, wären die Verletzungen aber weniger schlimm gewesen und eine Heilung wesentlich schneller eingetreten.

Zu seinem Pech ist Albert beim Telefonieren von Norbert beobachtet worden, der zufällig mit seinem Hund vorbeigekommen ist und Verdacht geschöpft hat. Norbert hat sich die Autonummer von Albert gemerkt und diese der Polizei mitgeteilt. Noch in der gleichen Nacht suchen die Beamten die Wohnung des Albert auf, die dieser zusammen mit seiner Freundin Beate bewohnt. Da Albert im Tiefschlaf ist, öffnet Beate, die von Albert noch über die Geschehnisse informiert worden ist, auf das Klingeln der Polizei die Wohnungstür. Beate erkennt, dass sie ihrem Freund nun wohl dringend ein Alibi beschaffen müsste, um ihn vor Konsequenzen zu bewahren. Deshalb erklärt sie dem Polizeibeamten Paulus gegenüber spontan, sie könne bezeugen, dass Albert die ganze Nacht über bei ihr gewesen sei, obwohl sie weiß, dass dies natürlich nicht stimmt.

Da Paulus diesen Angaben nicht traut, bestellt er Beate am nächsten Tag auf die Wache. Dort wiederholt diese ihre Angaben. Um ganz sicher zu gehen, vereidigt Paulus Beate, die dennoch standfest bei ihrer Version der Ereignisse bleibt. Aufgrund der Aussage von Beate wird das Verfahren gegen Albert eingestellt.

Wie haben sich Albert und Beate nach dem StGB strafbar gemacht?

LÖSUNG[2]

1. Teil: Strafbarkeit des Albert

1. Handlungsabschnitt: Autofahrt bis zum Unfall

A. § 315 c I Nr. 1 a StGB[3]

Albert könnte sich gemäß § 315 c I Nr. 1 a[4] strafbar gemacht

1 Die Klausur wurde als Semesterabschlussklausur (im Grundkurs III) bei Herrn Prof. Dr. Bernd *Heinrich* an der Humboldt-Universität zu Berlin gestellt, die Bearbeitungszeit betrug 120 Minuten. Die Arbeit behandelt im Wesentlichen Standardprobleme der Straßenverkehrsdelikte, inklusive der Unfallflucht, des versuchten Mordes und Aussagedelikte. Da sie jedoch sehr umfangreich war, indes aber gerade die Frage der verschiedenen Trunkenheitsfahrten sehr genau und sorgfältig geprüft werden musste, ist sie insgesamt im mittleren Schwierigkeitsbereich anzusiedeln. Die Standardprobleme wurden von vielen, die Besonderheiten aber nur von sehr wenigen Bearbeitern/innen erkannt. So war zwar die Durchfallquote nicht sonderlich hoch, eine vollbefriedigende und bessere Note konnte aber kaum ein/e Kandidat/in erzielen. Von nur 63 abgegebenen Arbeiten wurden 19 mit mangelhaft oder schlechter bewertet (30,1%), lediglich 2 Klausuren (3,2%) erreichten die Note vollbefriedigend oder besser. Insgesamt lag der Durchschnitt der Klausur bei 4, 5 Punkten.

2 Die Klausur ist hier so aufbereitet, wie sie auch im »Realfall« formuliert werden könnte. Wichtig war es vor allem, eine Untergliederung in Handlungsabschnitte vorzunehmen, da nur so gewährleistet werden konnte, dass auch tatsächlich alle Handlungen untersucht werden. Es lagen ja gerade mehrere Autofahrten vor, welche jeweils strafrechtlich zu würdigen waren.

3 Alle folgenden Paragrafen sind solche des StGB.

4 Hier wird angeregt, § 315 c zunächst in der Form der Vorsatz-Vorsatz-Kombination zu prüfen, und dann erst auf die Fahrlässigkeit nach § 315 c III einzugehen. Aus Zeitgründen kann allerdings auch sogleich § 315 c I Nr. 1 a, III geprüft werden. Wichtig ist aber, dass das konkrete Gefähr-

haben, indem er in alkoholisiertem Zustand mit seinem Auto fuhr und mit dem Fahrradfahrer Oswald zusammenstieß.

I. Tatbestand

1. Albert hat ein Fahrzeug im Straßenverkehr geführt. Er müsste dies auch im Zustand der Fahruntüchtigkeit getan haben. Ab einem Blutalkoholwert von über 1,1‰ wird nach der Rechtsprechung eine absolute alkoholbedingte Fahruntüchtigkeit unwiderleglich vermutet[5]. Hier hatte Albert zur Tatzeit eine Blutalkoholkonzentration von 1,8‰. Folglich war er absolut fahruntüchtig.

2. Es könnte ferner auch zu einer konkreten Gefährdung von Leib und Leben eines anderen Menschen gekommen sein. Hierzu ist erforderlich, dass eine konkrete Gefahr eingetreten ist, also eine kritische Situation, in welcher der Eintritt eines Schadens als wahrscheinlich gelten kann[6]. Hier ist es zu einem Zusammenstoß mit dem Radfahrer Oswald gekommen, wobei dieser lebensgefährlich verletzt wurde, also sogar ein Schaden eingetreten ist, sodass eine konkrete Gefährdung jedenfalls vorliegt. Hierfür war das Verhalten des Albert auch kausal.

3. Die konkrete Gefährdung müsste außerdem in spezifischem Gefahrzusammenhang mit der Pflichtwidrigkeit des Verkehrsverstoßes stehen, es muss sich also gerade die typische Gefährlichkeit der Fahruntüchtigkeit in der konkreten Gefährdung realisiert haben[7], d. h. die Gefährdung dürfte nicht auch bei Fahrtüchtigkeit eingetreten sein. Hier hat Albert gerade wegen seiner Trunkenheit nur verlangsamt reagieren können. Daher hat sich hier gerade die spezifische Gefahr seiner Alkoholisierung realisiert.

4. Albert müsste ferner auch vorsätzlich gehandelt haben, und zwar sowohl bezüglich der eigenen Alkoholisierung als auch hinsichtlich der konkreten Gefährdung[8]. Albert hielt sich aber noch für fahrtüchtig, ein Vorsatz ist deshalb bereits bezüglich der Fahruntüchtigkeit nicht anzunehmen.

II. Ergebnis

Albert hat sich nicht gemäß § 315 c I Nr. 1 a strafbar gemacht.

B. § 315 c I Nr. 1 a, III Nr. 2

Albert könnte sich aber nach § 315 c I Nr. 1 a, III Nr. 2 strafbar gemacht haben[9].

I. Tatbestand

1. Albert hat, wie bereits dargestellt, ein Fahrzeug im Zustand der absoluten Fahruntüchtigkeit geführt und dadurch Leib und Leben des Oswald konkret gefährdet.

2. a) Er müsste fahrlässig hinsichtlich der eigenen Fahruntüchtigkeit gehandelt haben. Fahrlässig handelt, wer die im Verkehr erforderliche Sorgfalt außer acht lässt, obwohl die Tatbestandsverwirklichung objektiv voraussehbar und vermeidbar ist[10]. Hier war es objektiv sorgfaltswidrig, sich bei einer derartig hohen Blutalkoholkonzentration, welche einen verstärkten Alkoholkonsum voraussetzt, noch für fahrtüchtig zu erachten[11]. Ein besonnener und sorgfältiger Autofahrer in der Situation des Albert hätte erkannt, dass er nach der von ihm konsumierten Alkoholmenge keinesfalls mehr fahren durfte.

b) Albert müsste auch fahrlässig bezüglich der konkreten Gefährdung gehandelt haben. Ein Vorsatz ist ihm hier keinesfalls zu unterstellen, der Sachverhalt gibt dazu keinerlei Hinweise. Es war indes wiederum aus der Sicht eines objektivierten Dritten sorgfaltswidrig, sich in fahruntüchtigem Zustand hinter das Steuer zu setzen und in den öffentlichen Verkehr zu begeben und dabei letztlich objektiv auch voraussehbar, dass hierdurch andere Menschen gefährdet werden könnten[12]. Mithin handelte Albert fahrlässig hinsichtlich Trunkenheit und konkreter Gefährdung.

II. Rechtswidrigkeit

Es sind keine Rechtfertigungsgründe ersichtlich. Die Tat war demnach rechtswidrig.

III. Schuld und Ergebnis

Die Tat war auch schuldhaft. Insbesondere enthält der Sachverhalt keine Hinweise dahingehend, an der Schuldfähigkeit zu zweifeln. Auch subjektiv wurde der Taterfolg sorgfaltswidrig herbeigeführt.

Albert hat sich gemäß § 315 c I Nr. 1 a, III Nr. 2 strafbar gemacht. Der gleichfalls verwirklichte § 316 tritt dahinter zurück[13].

C. § 229

Albert könnte sich durch die Verletzung von Oswald auch gemäß § 229 strafbar gemacht haben.

I. Tatbestand

Er müsste hierzu Oswald fahrlässig am Körper verletzt haben. Oswald ist durch den Zusammenstoß schwer verletzt worden. Albert müsste diesbezüglich fahrlässig gehandelt haben. Auch hier war es aus der Sicht eines besonnenen Autofahrers objektiv sorgfaltswidrig, ein Fahrzeug in stark alkoholisiertem Zustand zu führen. Die Verletzung anderer ist bei einem solchen Verhalten auch durchaus vorhersehbar (typische Verkehrssituation). Albert handelte folglich fahrlässig.

II. Rechtswidrigkeit, Schuld und Ergebnis

Die Tat war rechtswidrig und schuldhaft. Auch aus der Sicht von Albert war dieses Verhalten individuell pflichtwidrig, d. h. auch er hätte den Schaden voraussehen und vermeiden können. Albert hat sich auch der fahrlässigen Körperverletzung gemäß § 229 strafbar gemacht.

dungsdelikt des § 315 c vor dem abstrakten Gefährdungsdelikt des § 316 untersucht wird.

5 BGHSt 37, 89 (99); LACKNER/KÜHL, StGB, Kommentar, 24. Aufl. 2001, § 315 c Rdn. 6 a.

6 Dies ist allerdings nur dann problematisch, wenn es nicht zu einem Schaden gekommen ist, d. h. nur ein sog. »Beinahe-Unfall« vorliegt.

7 WESSELS/HETTINGER, Strafrecht Besonderer Teil/1, 27. Aufl. 2003, Rdn. 991.

8 Der subjektive Tatbestand muss sich spiegelbildlich auf sämtliche Merkmale des objektiven Tatbestands beziehen. Gerade bei § 315 c ist es für eine gute Klausurbearbeitung ausschlaggebend, genau zwischen den einzelnen Modalitäten und Vorsatz-Kombinationen zu differenzieren. Vgl. dazu WESSELS/HETTINGER (o. Fn. 7), Rdn. 995; instruktiv zu Vorsatz-Fahrlässigkeitskombinationen auch Münchner Kommentar zum Strafgesetzbuch (MüKo)-DUTTGE, 2003, § 15 Rdn. 18 ff.

9 Hier zeigt sich, wie wichtig es ist, die Vorschrift genau zu lesen und in der Arbeit auch genau zu zitieren.

10 WESSELS/BEULKE, Strafrecht Allgemeiner Teil, 33. Aufl. 2003, Rdn. 667.

11 Bei absoluter Fahruntüchtigkeit liegt Fahrlässigkeit regelmäßig nahe; es sind keine Hinweise im Sachverhalt ersichtlich, dass Albert seine konsumierte Alkoholmenge nicht bekannt war, wie etwa dann, wenn ihm heimlich Schnaps in sein Getränk gemischt worden wäre; jedem (sorgfältigen) Kraftfahrer müssen die Gefahren des Alkohols im Straßenverkehr bekannt sein.

12 Vgl. dazu TRÖNDLE/FISCHER, Strafgesetzbuch und Nebengesetze, Kommentar, 51. Aufl. 2003, § 316 Rdn. 9 c.

13 § 316 an dieser Stelle abzuhandeln ist zulässig und war hier aus Zeitgründen auch angezeigt.

III. Antrag

Gemäß § 230 I müsste noch ein Strafantrag gestellt werden, sofern nicht das öffentliche Interesse an der Strafverfolgung bejaht wird.

D. Konkurrenzen

Die von Albert verwirklichten Delikte des § 315 c I Nr. 1 a, III Nr. 2 und § 229 stehen in Tateinheit, § 52, denn sie wurden jeweils durch dieselbe Handlung, das Führen des Fahrzeugs, verursacht.

2. Handlungsabschnitt: Die Weiterfahrt[14]

A. §§ 211, 212 I, 13, 22, 23[15]

Albert könnte sich durch die Weiterfahrt und das Liegenlassen von Oswald des versuchten Mordes durch Unterlassen strafbar gemacht haben.

I. Tatbestand

Die Tat wurde nicht vollendet, Oswald hat überlebt. Der Versuch des Mordes ist strafbar gemäß § 23 I, da es sich hierbei um ein Verbrechen im Sinne des § 12 handelt[16].

1. Albert müsste zur Tat entschlossen gewesen sein, also vorsätzlich hinsichtlich aller Merkmale des objektiven Tatbestandes gehandelt haben.

a) Zunächst muss Albert zur Tötung eines anderen Menschen entschlossen gewesen sein. Vorsatz wird definiert als das Wissen und Wollen der Tatbestandsverwirklichung[17]. Je nach Intensität der jeweiligen Komponente unterscheidet man Absicht, direkten Vorsatz und Eventualvorsatz[18]. Die beiden erstgenannten Vorsatzformen scheiden hier aus, da Albert weder den Tod des Oswald unbedingt erreichen wollte, noch sicher wusste, dass dieser sterben würde. In Betracht kommt aber Eventualvorsatz. Für diesen ist nach der herrschenden Einwilligungstheorie erforderlich, dass der Täter den Taterfolg zumindest für möglich hält und diesen billigend in Kauf nimmt, sich mit ihm abfindet[19]. Der Eventualvorsatz ist regelmäßig abzugrenzen von der bewussten Fahrlässigkeit, bei welcher der Täter den Erfolg zwar ebenfalls für möglich hält, aber noch auf einen guten Ausgang hofft[20]. Hier erkannte Albert, dass Oswald sterben könnte, wenn er nichts unternahm, da er auch auf fremde Hilfe auf der einsamen Landstraße nicht vertrauen konnte. Zwar ist bei Tötungsdelikten grundsätzlich eine höhere und besondere Hemmschwelle zu überschreiten[21], diese ist aber bei Unterlassungsdelikten deutlich reduziert[22]. Laut Sachverhalt nahm Albert den Tod des Oswald ohnehin billigend in Kauf, sodass keine Zweifel an der Überschreitung der Hemmschwelle bestehen. Er handelte folglich mit Eventualvorsatz.

b) Albert handelte auch vorsätzlich hinsichtlich des Unterlassens der rechtlich geforderten und tatsächlich möglichen Handlung. Das Liegenlassen des Oswald stellte ein Unterlassen der rechtlich geforderten Tätigkeit, nämlich der Rettung dar. Es bestand auch, wie Albert wusste, die konkrete Möglichkeit der Rettung, welche für ihn auch zumutbar war.

c) Albert müsste auch vorsätzlich bezüglich einer Garantenstellung gehandelt haben. Hier kommt einzig eine Garantenstellung aus Ingerenz in Betracht. Eine solche ist anzunehmen, wenn der Täter durch sein vorangegangenes pflichtwidriges, nicht unbedingt schuldhaftes[23] Vorverhalten die Gefahr geschaffen hat, dass ein weitergehender Erfolg eintritt. Wer durch sein Handeln die Gefahr für den Eintritt schädlicher Erfolge schafft, ist verpflichtet, die drohenden Schäden zu verhindern. Hier wusste Albert, dass eine große Gefahr für Oswald bestand, die er auch herbeigeführt hatte, sodass er für deren Ausbleiben verantwortlich und folglich Garant war. Er hatte demnach auch Vorsatz hinsichtlich seiner Garantenstellung.

d) Schließlich hatte Albert auch Vorsatz hinsichtlich der Kausalität seiner Handlung, denn diese konnte nicht hinzugedacht werden, ohne dass der Erfolg mit an Sicherheit grenzender Wahrscheinlichkeit entfiele[24], was Albert wusste und billigte. Der Eintritt des Todes von Oswald wäre auch nicht völlig atypisch und außerhalb aller Lebenserfahrung gewesen.

e) Albert müsste ferner auch ein Mordmerkmal erfüllt haben.

aa) Zu denken ist hier an Verdeckungsabsicht. Als zu verdeckende Straftat kommt nur eine strafbare Handlung im Sinne des § 11 I Nr. 5 in Betracht[25]. Es wurde bereits dargestellt, dass Albert sich aus § 315 c I Nr. 1 a, III Nr. 2 und § 229 strafbar gemacht hat. Absicht setzt zielgerichtetes Handeln voraus, bei der Verdeckungsabsicht im Sinne des § 211 also das Bestreben, das Bekanntwerden der Vortat oder ihres Täters zu verhindern oder die Aufklärung zu erschweren[26]. Voraussetzung dafür ist, dass die Straftat nach der Vorstellung des Täters wirklich noch verheimlicht werden kann[27]. Albert ging es hier tatsächlich gerade darum, seine Täterschaft wegen Körperverletzung und Straßenverkehrsgefährdung zu vertuschen.

bb) Fraglich ist aber, wie die innere Beziehung zwischen der Tötung als Mittel und dem Verdeckungserfolg beschaffen sein muss, ob also eine nur bedingt vorsätzliche Tötung zugleich mit der Absicht zur Verdeckung einer anderen Straftat gekoppelt sein kann oder sich die »Absicht« auch auf die Tötung selbst beziehen muss.

In der Rechtsprechung wurde früher gefordert, dass gerade der Tötungs*erfolg* Mittel zur Erreichung des Täterzieles sein müsse, nicht ausreichend sollte es sein, wenn der Tod lediglich als Folge gebilligt wurde[28]. In unserem Fall wäre danach die Verdeckungs-

14 Überraschenderweise haben sehr viele Bearbeiter/innen die strafrechtliche Relevanz der Weiterfahrt und des Liegenlassens von Oswald nicht erkannt!

15 In der Regel dürfte es vorzugswürdig sein, wenn Totschlag und Mord getrennt untersucht werden. Hier spricht aber Einiges dafür, beide Delikte zusammen zu prüfen, denn wegen des Rücktritts scheidet die Versuchsstrafbarkeit aus, sodass Mordmerkmale nicht mehr besprochen werden könnten, wenn man nur mit § 212 begonnen hätte.

16 Es wird hier vorgeschlagen, diese Sätze bereits im Obersatz oder ohne Gliederungspunkt im Tatbestand anzuführen; gebräuchlich, aber eher zweifelhaft, ist oftmals auch ein Gliederungspunkt 0.

17 Tröndle/Fischer (o. Fn. 12), § 15 Rdn. 3.

18 Dazu genauer Wessels/Beulke (o. Fn. 10), Rdn. 210 ff.

19 Die Voraussetzungen des Eventualvorsatzes sind im Einzelnen sehr umstritten, vgl. statt vieler Wessels/Beulke (o. Fn. 10), Rdn. 216 ff.; MüKo-Joecks (o. Fn. 8), § 16 Rdn. 20 ff.; hier war eine so genaue Unterscheidung aber nicht vorzunehmen, da dies ganz offensichtlich keinen Schwerpunkt der Klausur darstellte. Es war daher angezeigt, sich hier auf die Darstellung der h. M. zu beschränken, da die Vielzahl der Delikte sonst zeitlich nicht mehr zu bewerkstelligen war.

20 Wessels/Beulke (o. Fn. 10), Rdn. 216.

21 Ständige Rspr.; vgl. BGHSt 36, 1 (15); zu den Anforderungen des Tötungsvorsatzes vgl. auch BGH NStZ-RR 1999, S. 454.

22 Tröndle/Fischer (o. Fn. 12), § 212 Rdn. 6; BGH NJW 1992, S. 583 (584).

23 Str., vgl. dazu BGHSt 11, 353 (355); Schönke/Schröder-Stree, Strafgesetzbuch, Kommentar, 26. Aufl. 2001, § 13 Rdn. 38.

24 Bei Unterlassungsdelikten wird die herrschende Conditio-Formel entsprechend abgewandelt; vgl. BGH NStZ 1985, S. 26 (27).

25 Schönke/Schröder-Eser (o. Fn. 23), § 211 Rdn. 32.

26 Leipziger Kommentar zum Strafgesetzbuch (LK)-Jähnke, 11. Aufl. 1994, § 211 Rdn. 15.

27 Indes ist eine Verdeckungsabsicht auch dann möglich, wenn die Straftat bereits entdeckt ist, vgl. Tröndle/Fischer (o. Fn. 12), § 211 Rdn. 29; dies ist aber bei Unterlassungstaten dann problematisch, wenn der Täter sich bereits vollständig entdeckt glaubt, sich aber z. B. nur vor Verfolgern retten will – nach Schönke/Schröder-Eser (o. Fn. 23), § 211 Rdn. 35, soll bei Unterlassungsdelikten Verdeckungsabsicht dann zu verneinen sein.

28 BGHSt 7, 287 (290).

absicht zu verneinen, da Albert von dem bewusstlosen Oswald keine Aufdeckung zu erwarten hatte, somit also nicht dessen Tod, sondern nur die Flucht Mittel zur Verdeckung war.

Im Schrifttum wird demgegenüber nur zu Recht verlangt, dass der Täter durch die zum Tode führende *Handlung* und nicht notwendigerweise durch den Tod selbst den Verdeckungserfolg beabsichtigt[29]. Dieser Auffassung hat sich der BGH inzwischen (auch bei Tötung durch Unterlassen) angeschlossen[30]. Das Leben des Opfers wird auch dann in einer die Strafwürdigkeit erhöhenden Weise vernichtet, wenn der Täter den Eintritt des Erfolges nur für möglich hält und diese Folge zur Erreichung seines eigentlichen Zieles in Kauf nimmt[31]. Hier hat Albert durch sein Unterlassen eine entsprechende Handlungspflicht verletzt, sein Unterlassen der geforderten Handlung war Mittel der Verdeckung, nach dieser Meinung ist Verdeckungsabsicht zu bejahen[32]. Richtigerweise war hier also auch Verdeckungsabsicht zu bejahen.

cc) Fraglich ist ferner, ob die Annahme von Mord namentlich bei den Absichtsmerkmalen der 3. Gruppe in diesem Fall nicht unverhältnismäßig sein könnte. Nach Auffassung des BVerfG ist nämlich eine verfassungsgemäße Auslegung wegen der lebenslangen Freiheitsstrafe erforderlich[33].

Die *Lehre von der negativen Typenkorrektur* versucht dieses Ziel dadurch zu erreichen, dass sie die Möglichkeit eröffnet, Mord trotz Bejahung der Verdeckungsabsicht dann zu verneinen, wenn aufgrund einer Gesamtwürdigung die Tötung ausnahmsweise nicht als besonders verwerflich erscheint[34]. Solche Gründe sind hier jedoch nicht ersichtlich.

Der BGH will Einschränkungen nur dann vornehmen, wenn die Verdeckungsabsicht im Einzelfall nicht wie üblicherweise gleichzeitig einen niedrigen Beweggrund darstellt[35]. Außerdem erwägt er parallel zur Heimtücke die Annahme eines »minder schweren Falles« des Mordes bei außergewöhnlichen Umständen[36]. Für beides bestehen hier ebenfalls keine Anhaltspunkte, sodass eine Streitentscheidung entbehrlich ist. Albert handelte also mit Tatentschluss hinsichtlich eines Mordes durch Unterlassen.

2. Albert müsste des Weiteren zur Tat unmittelbar angesetzt haben. Zwar ist bei Unterlassungsdelikten grundsätzlich umstritten, wann ein solches unmittelbares Ansetzen angenommen werden kann[37]. Da Albert sich aber bereits vom Unfallort entfernt hat und nach Hause gefahren ist, wodurch sich sogar der Gesundheitszustand des Oswald verschlechtert hat, sollte dies hier im Ergebnis bejaht werden, da er die mögliche Rettungshandlung nicht unternommen hat und eine konkrete Gefährdung bereits eingetreten ist[38].

II. Rechtswidrigkeit und Schuld

Die Tat geschah rechtswidrig und schuldhaft.

III. Strafaufhebungsgründe

Albert könnte aber strafbefreiend gemäß § 24 vom Mordversuch zurückgetreten sein, weil er später doch Polizei und Krankenwagen gerufen hat, sodass Oswald gerettet werden konnte.

1. Hierzu dürfte zunächst kein Fehlschlag vorgelegen haben[39]. Ein solcher ist anzunehmen, wenn der Täter nach seiner Vorstellung nicht mehr imstande ist, die Tat zu vollenden, ohne dass er eine völlig neue Kausalkette in Gang setzen müsste[40]. Abzustellen ist hierbei grundsätzlich auf den Zeitpunkt der letzten Ausführungshandlung[41]. Hier erkannte Albert, dass sich Oswalds Zustand eher noch verschlechtert hatte, sodass es ihm sehr wohl noch möglich war, die Tat durch fortgesetztes Unterlassen zu vollenden. Ein Fehlschlag lag folglich nicht vor.

2. Für die Frage, welche Rücktrittshandlung des Täters erforderlich ist, ist zunächst zu untersuchen, ob der Versuch beendet oder noch unbeendet war. Grundsätzlich ist ein Versuch beendet, wenn der Täter glaubt, alles Erforderliche getan zu haben, sodass der Erfolg ohne weitere Handlungen des Täters eintreten kann[42]. Auch bei Unterlassungsdelikten ist eine solche Abgrenzung vorzunehmen[43]. Ein unbeendeter Unterlassungsversuch liegt vor, wenn nach der Vorstellung des Täters die Nachholung der ursprünglich gebotenen Handlung den Erfolg noch verhindern kann, ein beendeter, wenn der Täter die ihm obliegende spezielle Handlung nicht vorgenommen hat und nach seiner Vorstellung die Nachholung dieser konkreten Handlung erfolglos wäre[44]. Hier ging Albert davon aus, dass er den Tod von Oswald noch verhindern kann, sodass ein unbeendeter Versuch vorliegt.

Im Unterschied zu den Begehungsdelikten ist bei Unterlassungsdelikten jedoch in jedem Fall ein positives Tun des Täters erforderlich[45]. Albert hat durch positives Tun, nämlich den Anruf bei Polizei und Krankenhaus, den Erfolg verhindert. Hier war es insbesondere nicht erforderlich, dass Albert die bestmögliche Rettungshandlung unternahm, etwa Oswald selbst ins Krankenhaus brachte, denn auch weniger geeignete Maßnahmen reichen aus, wenn der Erfolg dadurch tatsächlich verhindert wird[46].

3. Schließlich muss der Rücktritt auch freiwillig erfolgt sein. Freiwilligkeit liegt vor, wenn der Täter aus autonomen Motiven heraus handelt[47]. Dies ist hier zu bejahen.

IV. Ergebnis

Albert hat sich nicht des versuchten Mordes durch Unterlassen strafbar gemacht.

29 Lackner/Kühl (o. Fn. 5), § 211 Rdn. 15; Schönke/Schröder-Eser (o. Fn. 23), § 211 Rdn. 35.
30 BGHSt 39, 159 (160 f.).
31 BGHSt 39, 159 (161).
32 Bei Unterlassungstaten ist diese Gleichsetzung des Unterlassens mit der Handlung nicht unproblematisch, eine vertiefte Diskussion hier allerdings nicht zu erwarten.
33 BVerfGE 45, 187 (259 ff.).
34 Schönke/Schröder-Eser (o. Fn. 23), § 211 Rdn. 10.
35 BGHSt 35, 116 (127 f.).
36 BGHSt 30, 105 (120); BGHSt 35, 116 (127 f.).
37 Insbesondere ob hierbei auf das Unterlassen der ersten oder der letzten Rettungsmöglichkeit oder auf den Eintritt einer konkreten Gefährdung abzustellen ist, vgl. statt vieler Schönke/Schröder-Eser (o. Fn. 23), § 22 Rdn. 47 ff.
38 Sofern die Verfasser/innen hier etwas weitergehende Ausführungen machten, war dies natürlich nicht verkehrt. Ist ein/e Kandidat/in dann aber tatsächlich der (abzulehnenden!) Meinung gefolgt, dass die letzte Rettungsmöglichkeit ausschlaggebend sei, so musste er/sie dann konsequenterweise ein unmittelbares Ansetzen hier ablehnen!
39 Dieser Prüfungspunkt ist nicht unumstritten, vgl. MüKo-Herzberg (o. Fn. 8), § 24 Rdn. 58 ff., 62; insgesamt jedoch herrschende Meinung, so etwa BGHSt 39, 244 (246 f.); BGH NStZ-RR 2002, 168 (169); BGH NStZ-RR 2003, 40 (40); Wessels/Beulke (o. Fn. 10), Rdn. 628; Tröndle/Fischer (o. Fn. 12), § 24 Rdn. 6.
40 Tröndle/Fischer (o. Fn. 12), § 24 Rdn. 7.
41 BGHSt 33, 295 (297 ff.); Wessels/Beulke (o. Fn. 10), Rdn. 632.
42 Wessels/Beulke (o. Fn. 10), Rdn. 631.
43 Str., vgl. Schönke/Schröder-Eser (o. Fn. 23), § 24 Rdn. 27; Lackner/Kühl (o. Fn. 5), § 24 Rdn. 22 a.
44 Schönke/Schröder/Eser (o. Fn. 23), § 24 Rdn. 28 u. 29.
45 Aus diesem Grund ist hier auch eine genaue Unterscheidung zwischen unbeendetem und beendetem Versuch entbehrlich.
46 Str., vgl. dazu BGH StV 2003, 214 (215) – »optimale« Verteidigung nicht erforderlich; Tröndle/Fischer (o. Fn. 12), § 24 Rdn. 32 ff. – a. A. etwa Baumann/Weber/Mitsch, Strafrecht Allgemeiner Teil, 11. Aufl. 2003, § 27 Rdn. 28, die stets ein »ernsthaftes Bemühen« fordern.
47 HM, vgl. z. B. Wessels/Beulke (o. Fn. 10), Rdn. 651.

B. §§ 223 I, 224 I Nr. 5, 13[48]

Albert könnte sich aber durch die Weiterfahrt einer gefährlichen Körperverletzung durch Unterlassen gemäß §§ 223 I, 224 I Nr. 5, 13 strafbar gemacht haben.

I. Tatbestand

1. Durch die Weiterfahrt ist es zu einer weitergehenden Körperverletzung gekommen, denn die Verschlimmerung des Zustandes stellte eine weitere körperliche Misshandlung und Gesundheitsbeschädigung dar. Hätte Albert sofort gehandelt, wären weniger gravierende Verletzungen eingetreten, Kausalität des Unterlassens ist also ebenfalls anzunehmen. Die Rettung war, wie oben[49] dargelegt, möglich und auch zumutbar.

2. Wie oben beim Mord ist auch hier eine Garantenstellung zu bejahen.

3. Die Körperverletzung könnte ferner mittels einer das Leben (des Oswald) gefährdenden Behandlung begangen worden sein. Nach der Rechtsprechung genügt hierzu bereits die objektive Eignung der Behandlung zur Lebensgefährdung[50]. Hier war eine Rettungshandlung des Albert dringend angezeigt, um Oswald zu retten, das Unterlassen dieser Handlung demnach objektiv lebensgefährlich.

4. Albert handelte auch vorsätzlich. Der Verletzungs- und der Gefährdungsvorsatz sind im Tötungsvorsatz enthalten[51].

II. Rechtswidrigkeit, Schuld und Ergebnis

Die Tat geschah rechtswidrig und schuldhaft. Die zusätzliche Körperverletzung ist auch bereits vollendet, sodass Albert hiervon nicht mehr zurücktreten konnte. Albert hat sich gemäß §§ 223 I, 224 I Nr. 5, 13 strafbar gemacht.

C. § 221 I Nr. 2[52]

Albert könnte sich durch das Liegenlassen des Oswald auch der Aussetzung in der Modalität des Im-Stich-Lassens in hilfloser Lage gemäß § 221 I Nr. 2 strafbar gemacht haben[53].

I. Tatbestand

1. Oswald müsste in hilfloser Lage im Stich gelassen worden sein. Der Zustand der hilflosen Lage lässt sich definieren als Situation, in der sich das Opfer aus eigener Kraft nicht vor dem Eintritt einer Gefahr für seine Gesundheit oder sein Leben schützen kann und in der es, kommt kein rettender Zufall zu Hilfe, an Leib und Leben gefährdet wird[54]. Eine solche Lage ist hier ohne weiteres anzunehmen, da Oswald bewusstlos und schwer verletzt war.

Weiter müsste Albert ihn in dieser Lage im Stich gelassen haben. Hierunter ist jedes Verhalten zu verstehen, durch das der Täter die Beseitigung einer bereits vorhandenen hilflosen Lage unterlässt, obwohl ihm dies tatsächlich möglich und zumutbar ist[55]. Wie bereits oben dargestellt, hat Albert eine solche rettende Handlung durch die Weiterfahrt unterlassen.

2. Täter des § 221 I Nr. 2 kann nur derjenige sein, der gegenüber dem Opfer beistandspflichtig ist. Eine solche Pflicht besteht jedenfalls dann, wenn er Garant im Sinne des § 13 ist[56]. Eine solche Garantenstellung wurde hinsichtlich Albert bereits oben festgestellt[57].

3. Durch das Im-Stich-Lassen muss das Opfer einer konkreten Gefahr des Todes oder einer schweren Gesundheitsbeschädigung ausgesetzt worden sein. Auch eine solche Gefährdung ist zu bejahen, da laut Sachverhalt Hilfe dringend notwendig war, um das Leben des Oswald noch zu retten.

4. Albert kannte seine Beistandspflicht und die konkrete Gefahr für Oswald, er wusste auch, dass er die Möglichkeit zur Rettung hatte. Er handelte vorsätzlich.

II. Rechtswidrigkeit und Schuld

Die Tat geschah rechtswidrig und schuldhaft.

III. Strafaufhebungsgründe

Äußerst problematisch und fraglich ist, ob der Rücktritt des Albert vom versuchten Mord durch Unterlassen gleichzeitig auch eine Strafbarkeit wegen vollendeter (!) Aussetzung entfallen lässt. In der Literatur wird teilweise vertreten, dass § 24 der Gedanke zu entnehmen sei, dass der Täter im Falle des Rücktritts wegen der in dem Versuch liegenden Gefährdung nicht mehr bestraft werden solle[58].

Diese Meinung lässt sich allerdings mit dem Argument ablehnen, dass der Täter, der sogar einen Mordvorsatz hatte, dadurch besser stünde als derjenige, der von Anfang an nur Gefährdungsvorsatz besaß[59]. In eine ähnliche Richtung geht auch die von einigen Autoren vorgeschlagene analoge Anwendung der Vorschriften über die tätige Reue auf § 221[60]. Eine solche ist aber ebenfalls nicht zu befürworten, da es bereits an einer planwidrigen Gesetzeslücke fehlt[61].

IV. Ergebnis

Albert hat sich gemäß § 221 I Nr. 2 strafbar gemacht.

D. §§ 221 I Nr. 2, III, 22, 23[62]

Albert könnte sich ferner auch der versuchten Aussetzung mit Todesfolge strafbar gemacht haben.

48 Diesbezüglich befand sich ein recht deutlicher Hinweis im Sachverhalt. Dennoch bereitete es den Verfassern/innen große Probleme zu erkennen, dass Albert zwar vom versuchten Mord zurückgetreten ist, dennoch durch die Verzögerung bereits eine weitergehende Verletzung eingetreten ist, welche *vollendet* ist!

49 1. Teil 2. HA. A. I. Nr. 1. b).

50 BGHSt 2, 163; str., vgl. dazu Lackner/Kühl (o. Fn. 5), § 224 Rdn. 8; MüKo-Hardtung (o. Fn. 8), § 224 Rdn. 30; Schönke/Schröder-Stree (o. Fn. 23), § 224 Rdn. 12.

51 So die herrschende »Einheitstheorie«, vgl. Schönke/Schröder-Eser (o. Fn. 23), § 212 Rdn. 17; str.

52 § 221 wurde von nahezu keinem/r Bearbeiter/in gesehen.

53 Die Frage des Versetzens in eine solche Lage mit all den streitigen Fragen war nicht zu erörtern, denn ein vorsätzliches Versetzen durch das Anfahren kam hier nicht in Betracht.

54 BGHSt 21, 44 (45 f.).

55 Durch diese Tathandlung wird also letztlich ein Unterlassen wie bei den Unterlassungsdelikten gefordert; vgl. Tröndle/Fischer (o. Fn. 12), § 221 Rdn. 8.

56 Schönke/Schröder-Eser (o. Fn. 23), § 221 Rdn. 10.

57 1. Teil 2. HA A.I. 1. c).

58 Schönke/Schröder-Eser (o. Fn. 23), § 24 Rdn. 110.

59 BGHSt 39, 128 (130) vertrat eine vergleichbare Ansicht bei den Brandstiftungsdelikten für das Verhältnis von Brandstiftungsversuch und Herbeiführen einer Brandgefahr!

60 Vgl. dazu Lackner/Kühl (o. Fn. 5), § 24 Rdn. 29.

61 Hier waren alle Auffassungen vertretbar, jedoch war es aus klausurtaktischen Erwägungen heraus besser, dem BGH zu folgen, da dann auch noch § 221 III geprüft werden konnte.

62 Verfasser/innen, die der Literaturmeinung gefolgt sind und bereits § 221 wegen des Rücktritts vom Mordversuch abgelehnt haben, durften dies eigentlich nicht mehr prüfen, höchstens noch ganz kurz erwähnen.

I. Tatbestand

1. Diese Tat ist nicht vollendet, da Oswald überlebt hat. Fraglich ist die Versuchsstrafbarkeit, da es sich um ein erfolgsqualifiziertes Delikt handelt (Versuch einer Erfolgsqualifikation[63]).

Ein Teil des Schrifttums hält die Versuchsregeln bei Erfolgsqualifikationen für unanwendbar, da dies Fahrlässigkeitstaten seien[64]. Aus § 11 II ergibt sich jedoch, dass auch Erfolgsqualifikationen als Vorsatztaten anzusehen sind. Auch in § 18 heißt es »wenigstens Fahrlässigkeit«. Selbst wenn die schwere Folge, wie hier, nicht eingetreten ist, ist der Versuch der Erfolgsqualifikation strafbar[65], denn es ist gerade kennzeichnend für den Versuch, dass ein Merkmal des gesetzlichen Tatbestands nicht erfüllt wurde.

Da es sich bei § 221 III auch um ein Verbrechen im Sinne des § 12 handelt, ist die Strafbarkeit des Versuchs zu bejahen. Dem steht auch nicht entgegen, dass der Versuch des Grunddelikts des § 221 ein nicht strafbewehrtes Vergehen ist, denn die Versuchsstrafbarkeit nach § 23 hängt nicht davon ab, ob ein in dem versuchten Delikt enthaltenes Grunddelikt seinerseits strafbar ist[66]. Zudem ändert sich durch die (versuchte) schwere Folge die Natur des Delikts.

2. Wie beim versuchten Mord ist hier der Tatentschluss zu bejahen, da Albert den Tod des Oswald billigend in Kauf nahm. Auch ein Vorsatz hinsichtlich eines entsprechenden Unmittelbarkeitszusammenhangs[67] ist zu bejahen, da der Tod gerade auf der Aussetzung beruht hätte, was Albert auch wusste.

3. Auch von unmittelbarem Ansetzen ist auszugehen.

II. Rechtswidrigkeit und Schuld

An Rechtswidrigkeit und Schuld ist nicht zu zweifeln.

III. Rücktritt

Hier ist allerdings der Rücktritt vom Mordversuch auch auf die versuchte Aussetzung mit Todesfolge zu beziehen, denn diese ist ja im Mordversuch enthalten. Albert ist strafbefreiend zurückgetreten.

IV. Ergebnis

Albert hat sich nicht gemäß §§ 221 I Nr. 2, III, 22, 23 strafbar gemacht.

E. § 323 c

Albert könnte sich auch der unterlassenen Hilfeleistung nach § 323 c strafbar gemacht haben.

I. Tatbestand

1. Objektiv erfordert § 323 c zunächst das Vorliegen einer der aufgezählten Krisensituationen. Hier kommt ein Unglücksfall in Betracht. Dies ist jedes plötzliche Ereignis, das eine erhebliche Gefahr für Personen mit sich bringt[68]. Durch den Unfall drohte der Tod des Oswald, sodass ein Unglücksfall anzunehmen ist.

2. Unabhängig davon, ob man die Formulierung »bei« örtlich oder zeitlich verstehen will, ist dieses Merkmal ebenso erfüllt.

3. Albert müsste ferner die erforderliche Hilfeleistung unterlassen haben. Dies hat er getan.

II. Rechtswidrigkeit, Schuld und Ergebnis

Die Tat war rechtswidrig und schuldhaft. Albert hat sich der unterlassenen Hilfeleistung strafbar gemacht. Genau wie bei § 221 führt der Rücktritt vom versuchten Erfolgsdelikt nicht zur Straflosigkeit bezüglich des § 323 c. Auch hier wird zwar diskutiert, ob die Vorschriften über die tätige Reue analog angewendet werden können[69], was aber mit gleichem Argument wie oben abzulehnen ist. § 323 c tritt jedoch hinter § 221 zurück[70].

F. § 316 I[71]

Durch die Weiterfahrt könnte sich Albert (erneut) wegen Trunkenheit im Verkehr strafbar gemacht haben.

I. Tatbestand

1. Der objektive Tatbestand ist schon durch das eigenhändige Führen eines Fahrzeugs im Verkehr im Zustand der Fahruntüchtigkeit erfüllt, es handelt sich um ein abstraktes Gefährdungsdelikt[72]. Diese Merkmale des objektiven Tatbestands liegen wie oben vor.

2. Fraglich ist, ob Albert vorsätzlich gehandelt hat. Der Sachverhalt enthält hierzu zwar keine weiteren Angaben, jedoch konnte Albert nach dem schweren Unfall sich wohl schwerlich noch für fahrtüchtig halten. Vorsatz ist zu bejahen[73].

II. Rechtswidrigkeit, Schuld und Ergebnis

Die Tat war rechtswidrig und schuldhaft. Albert hat sich gemäß § 316 I strafbar gemacht. Ein Unfall bildet nach der Rechtsprechung eine Fahrtunterbrechung, sodass § 316 trotz seines grundsätzlichen Charakters eines Dauerdelikts realkonkurrierend noch einmal verwirklicht werden kann[74].

G. § 142 I Nr. 2

Albert könnte sich außerdem des unerlaubten Entfernens vom Unfallort gemäß § 142 I Nr. 2 strafbar gemacht haben.

63 Die problematische Frage der Strafbarkeit des erfolgsqualifizierten Versuchs (Grunddelikt bleibt im Versuch stecken, Erfolgsqualifikation ist aber schon erfüllt), insbesondere in der Konstellation der Aussetzung, bei welcher der Versuch des Grunddelikts ja nicht strafbar ist (!), war nicht zu erörtern, da es hier ja gerade um eine andere Konstellation geht, nämlich den Versuch der Erfolgsqualifikation (Grunddelikt vollendet, Erfolgsqualifikation nur versucht) zum Ganzen Schönke/Schröder-Cramer/Sternberg-Lieben (o. Fn. 23), § 18 Rdn. 8 ff.

64 Maurach/Gössel/Zipf, Strafrecht Allgemeiner Teil Teilband 2, 7. Aufl. 1989, § 43 Rdn. 117.

65 Wessels/Beulke (o. Fn. 10), Rdn. 617.

66 MüKo-Hardtung (o Fn. 8), § 221 Rdn. 44.

67 Str.; zum Unmittelbarkeitszusammenhang bei erfolgsqualifizierten Delikten vgl. Wessels/Beulke (o. Fn. 10), Rdn. 24; Schönke/Schröder-Cramer/Sternberg-Lieben (o. Fn. 23), § 18 Rdn. 4. Hier war ein solcher Zusammenhang zu bejahen, sodass Albert auch nach strenger Auffassung tatbestandsmäßig handelte und eine Entscheidung des Streits, bzw. sogar dessen Darstellung, hier entbehrlich war.

68 Lackner/Kühl (o. Fn. 5), § 323 c Rdn. 2.

69 So etwa Schönke/Schröder-Eser (o. Fn. 23), § 24 Rdn. 116. Vgl. ferner Schönke/Schröder-Cramer/Sternberg-Lieben (o. Fn. 23), § 323 c Rdn. 30, die vorschlagen, die tätige Reue analog anzuwenden, wenn der Täter die Rettung später vornimmt und es durch die Verzögerung zu keinem Schaden gekommen ist, was hier allerdings nicht der Fall ist, da sich der Gesundheitszustand von Oswald verschlechtert hat.

70 Vgl. die Konkurrenzen unter 1. Teil 2. HA. H.

71 Hier nochmals § 315 c zu prüfen war angesichts der Fülle der Delikte eher überflüssig, da offensichtlich keine weitere konkrete Gefährdung vorlag; nur die guten Verfasser/innen vermochten hier allerdings zu erkennen, dass der Unfall nach der Rechtsprechung eine Zäsur bildet (s. Fn. 74) und § 316, der zwar eigentlich ein Dauerdelikt darstellt und als solches hinter § 315 c zurücktritt, hier erneut verwirklicht werden konnte.

72 Lackner/Kühl (o. Fn. 5), § 316 Rdn. 1.

73 Ansonsten war selbstverständlich § 316 II zu prüfen.

74 BGHSt 21, 203 (204 f.).

I. Tatbestand

1. Zunächst lag zweifelsohne ein Unfall im Straßenverkehr vor.

2. Albert war auch Unfallbeteiligter im Sinne des § 142 V.

3. Da keine feststellungsbereiten Personen anwesend waren (Oswald war ohnmächtig!), kommt nur ein Sichentfernen vom Unfallort ohne Einhalten der erforderlichen Wartezeit nach § 142 I Nr. 2 in Betracht. Unter Sichentfernen ist ein räumliches Verlassen des Bereichs zu verstehen[75], in dem der Unfallbeteiligte seine Pflicht, nämlich seine Beteiligung zu offenbaren, erfüllen kann. Wie lange der Unfallbeteiligte am Unfallort verbleiben muss, um die Wartezeit zu erfüllen, hängt von den Umständen des Einzelfalles ab, wobei Straßen- und Witterungsverhältnisse ebenso wie Tageszeit und Schwere der Verletzung eventueller Opfer zu berücksichtigen sind[76]. Da Albert hier aber gar nicht gewartet hat, hat er in jedem Fall gegen diese Pflicht verstoßen.

4. Dies geschah auch vorsätzlich.

II. Rechtswidrigkeit, Schuld und Ergebnis

Die Tat war rechtswidrig[77] und schuldhaft. Auch das spätere Zurückkehren an den Unfallort kann die Strafbarkeit nicht mehr beseitigen, denn durch das erstmalige vorsätzliche Sichentfernen hat Albert bereits den Tatbestand erfüllt, sodass ein »Rücktritt« nicht mehr möglich ist.

Er hat sich gemäß § 142 I Nr. 2 strafbar gemacht.

H. Konkurrenzen

§ 323 c tritt hinter § 221 I Nr. 2 infolge Spezialität der Aussetzung zurück[78]. § 224 verdrängt als Qualifikation das Grunddelikt des § 223.

Fraglich ist das Verhältnis von § 221 I Nr. 2 und § 224 I Nr. 5. Ausgehend von dem grundsätzlichen Vorrang der Erfolgsdelikte vor den Gefährdungsdelikten könnte hier angenommen werden, dass die Aussetzung im Wege der Gesetzeskonkurrenz als subsidiär zurücktritt[79]. Dies müsste dann allerdings auch für § 323 c gelten, der sonst wieder »aufleben« würde. Es erscheint aber im Hinblick darauf, dass § 221 I Nr. 2 den Eintritt einer konkreten Gefährdung voraussetzt, vorzugswürdig, Tateinheit mit § 224 I Nr. 5 anzunehmen[80], bei welchem ja eine konkrete Gefahr nicht erforderlich ist[81].

Die übrigen Delikte stehen mit § 224 I Nr. 5 und § 221 I Nr. 2 in Tateinheit, da alle durch die Handlung der Weiterfahrt erfüllt wurden.

Es verbleibt demnach eine Strafbarkeit nach den §§ 224 I Nr. 5, 221 I Nr. 2, 316 I, 142 I Nr. 2, 52.

3. Handlungsabschnitt: Rückkehr zum Tatort

A. § 316 I

Albert könnte sich durch die Rückfahrt zum Tatort und wieder nach Hause erneut nach § 316 I strafbar gemacht haben[82].

I. Tatbestand

1. Erforderlich wäre wiederum eine durch Trunkenheit bedingte Fahruntüchtigkeit. Fraglich ist, welchen BAK-Wert Albert im Tatzeitpunkt hatte. Seit der ersten Trunkenheitsfahrt mit 1,8‰ ist eine Stunde vergangen. Folglich muss die Blutalkoholkonzentration im jetzigen Zeitpunkt berechnet werden. Nach medizinischen Erkenntnissen baut der männliche Mensch pro Stunde zwischen 0,1‰ und 0,2‰ ab[83]. Selbst bei Zugrundelegen des für Albert günstigeren Wertes von 0,2‰ und einem Sicherheitszuschlag von weiteren 0,2‰ hätte er immer noch einen BAK-Wert von 1,4‰, sodass weiterhin absolute Fahruntüchtigkeit vorliegt.

2. Es ist auch weiter von Vorsatz des Albert auszugehen, da er sich nach so kurzer Zeit nicht wieder für fahrtüchtig halten konnte[84].

3. Da § 316 ein Dauerdelikt ist[85] und zwischen Hin- und erneuter Rückfahrt nur ein kurzer Zeitpunkt liegt (kurzes Telefonat und Warten auf die Sirenen), sollte von einer einheitlichen Trunkenheitsfahrt ausgegangen werden.

II. Rechtswidrigkeit, Schuld und Ergebnis

Die Tat geschah rechtswidrig[86] und schuldhaft. Albert hat sich erneut nach § 316 I strafbar gemacht.

B. § 142 I Nr. 2

Albert könnte auch noch einmal wegen unerlaubten Entfernens vom Unfallort strafbar sein[87].

I. Tatbestand

Voraussetzung wäre das Sichentfernen vom Unfallort. Täter des § 142 kann aber nur derjenige Unfallbeteiligte sein, der sich zur Zeit des Unfalls am Unfallort befand[88]. Zwar trifft das zunächst auf Albert zu. Die Rückkehr zum Unfallort nach vorheriger Entfernung muss aber so behandelt werden wie das Eintreffen desjenigen am Unfallort, der zuvor gar nicht anwesend war, denn ansonsten würde der Zurückkehrende doppelt bestraft.

II. Ergebnis

Albert hat sich nicht erneut nach § 142 strafbar gemacht.

75 Schönke/Schröder-Cramer/Sternberg-Lieben (o. Fn. 23), § 142 Rdn. 43.
76 Tröndle/Fischer (o. Fn. 12), § 142 Rdn. 36.
77 An eine Rechtfertigung (aus § 34) wäre nur dann zu denken gewesen, wenn Albert sich entfernt hätte, um Hilfe zu holen, etwa einen Krankenwagen zu rufen o. ä., was hier aber nicht der Fall war.
78 Schönke/Schröder-Eser (o. Fn. 23), § 221 Rdn. 18.
79 So Tröndle/Fischer (o. Fn. 12), § 221 Rdn. 20.
80 Ebenso Schönke/Schröder-Eser (o. Fn. 23), § 221 Rdn. 18; MüKo-Hardtung (o. Fn. 8), § 221 Rdn. 49.
81 Siehe bereits oben 1. Teil 2. HA. B. I Nr. 3.
82 Dies hat leider keine/r der Kandidaten/innen erkannt.
83 Normalerweise wird der BAK-Wert erst später festgestellt und es fragt sich, welchen Wert der Täter zur Tatzeit hatte; in diesem Fall ist natürlich der günstigere Wert von 0,1‰ zu Grunde zu legen und es sind sicherheitshalber die ersten 2 Stunden nach Trinkende nicht mit einzuberechnen; in unserem Fall war für Albert aber ein möglichst hoher Abbauwert günstiger; zur Rück- und Berechnung des Blutalkoholwertes vgl. Tröndle/Fischer (o. Fn. 12), § 316 Rdn. 8 ff.
84 A. A. und Bejahung des § 316 II vertretbar.
85 Tröndle/Fischer (o. Fn. 12), § 316 Rdn. 12.
86 Zu denken wäre allenfalls an eine Rechtfertigung gemäß § 34, da Albert zum Tatort zurückkehrte, um Oswald zu helfen. Sofern man hier tatsächlich neben der zweifellos gegebenen Notstandslage auch eine erforderliche und angemessene Notstandshandlung annehmen wollte, was aber abzulehnen ist, da Albert tatsächlich auch auf eine andere Art und Weise Hilfe holen konnte (z. B. durch Anruf von zu Hause), so kann dies jedenfalls nur für die Hinfahrt gelten.
87 Dieses Delikt wurde ebenfalls von keinem/r der Verfasser/innen geprüft, was sich auf die Bewertung aber auch nicht negativ auswirkte. Wenn überhaupt, dann kann es ohnehin kurz mit der folgenden Begründung abgelehnt werden.
88 Lackner/Kühl (o. Fn. 5), § 142 Rdn. 4.

Konkurrenzen und Gesamtergebnis zur Strafbarkeit des Albert

Die Tathandlungen aus den drei Handlungsabschnitten stehen jeweils in Tatmehrheit, § 53.

Albert hat sich demnach gemäß §§ 315 c I Nr. 1 a, III Nr. 2, 229, 52; §§ 224 I Nr. 5, 13, 221 I Nr. 2, 316 I, 142 I Nr. 2, 52; § 316 I; § 53 strafbar gemacht.

2. Teil: Strafbarkeit der Beate

1. Handlungsabschnitt: Die Angaben zu Hause

A. § 153 I

Beate könnte sich durch ihre Angaben gegenüber Paulus gemäß § 153 strafbar gemacht haben.

I. Tatbestand

1. Hierzu müsste sie vor Gericht oder einer anderen zur eidlichen Vernehmung zuständigen Stelle falsch ausgesagt haben. In Betracht kommt hier nur Letzteres. Jedoch ist die Polizei keine Stelle, die vereidigen darf[89]. Selbst die Staatsanwaltschaft ist hierzu nicht befugt, § 161 a I S. 3 StPO.

2. Bereits der objektive Tatbestand ist daher nicht erfüllt.

II. Ergebnis

Beate hat sich nicht nach § 153 I strafbar gemacht. Ein Versuch des § 153 ist nicht strafbar.

B. § 258 I

Sie könnte sich aber der Strafvereitelung gemäß § 258 I strafbar gemacht haben.

I. Tatbestand

1. Voraussetzung ist zunächst die Straftat eines anderen. In Betracht kommen hier sämtliche Straftaten des Albert, über welche Beate von Paulus aufgeklärt wurde, also insbesondere §§ 315 c, 142, 229.

2. Ferner müsste Beate ganz oder zum Teil vereitelt haben, dass Albert bestraft wird. Auch dies hat sie getan, da das Verfahren eingestellt wurde.

3. Ferner müsste Beate absichtlich (dolus directus I.) oder wissentlich (dolus directus II.) hinsichtlich der eigenen Vereitelungshandlung gehandelt haben. Bezüglich der Vortat, also der durch Albert verwirklichten Straftatbestände, genügt dagegen dolus eventualis[90]. Beate wollte Albert ein Alibi verschaffen, es kam ihr gerade darauf an, die Bestrafung des Albert zu verhindern, sodass Absicht gegeben ist. Dadurch brachte sie außerdem zum Ausdruck, dass sie zumindest die Trunkenheitsfahrt und das unerlaubte Entfernen vom Unfallort auch (nachträglich) billigte. Der subjektive Tatbestand ist erfüllt.

II. Rechtswidrigkeit und Schuld

Die Tat war rechtswidrig und schuldhaft.

III. Strafausschließungsgrund des § 258 VI

Beate könnte aber wegen § 258 VI nicht zu bestrafen sein. Erforderlich wäre allerdings hierzu, dass sie die Tat zu Gunsten eines Angehörigen begangen hätte. Wer Angehöriger ist, ergibt sich aus § 11 I Nr. 1. Albert fällt als Freund nicht darunter. Man könnte zwar erwägen, bei Albert als Lebensgefährte – hierzu ergibt der Sachverhalt allerdings wenig Informationen – § 11 I Nr. 1 analog anzuwenden. Dies verbietet sich aber mangels planwidriger Regelungslücke, insbesondere hat der Gesetzgeber die Strafvereitelung neu geregelt, sonstige nahestehende Personen aber weiterhin ausgeklammert[91].

IV. Ergebnis

Beate hat sich gemäß § 258 I strafbar gemacht.

C. § 145 d II Nr. 1

Beate könnte sich auch des Vortäuschens einer Straftat strafbar gemacht haben.

I. Tatbestand

Voraussetzung wäre, dass sie über den Beteiligten einer bereits begangenen Straftat getäuscht hätte. Erforderlich ist hierbei aber, dass das Strafverfolgungsorgan auf eine konkret falsche Spur gelenkt wird. Dass Beate dem Albert bloß ein Alibi verschaffen wollte, reicht nicht aus[92].

II. Ergebnis

Beate hat sich folglich nicht nach § 145 d II Nr. 1 strafbar gemacht.

2. Handlungsabschnitt: Aussage auf der Wache

A. § 153 I

Wie oben scheidet § 153 I auch hier aus.

B. § 154

Da Paulus nicht vereidigen durfte, kommt § 154 erst recht nicht in Betracht[93].

C. § 258 I

Eine erneute Strafbarkeit nach § 258 I ist abzulehnen, denn es handelte sich hierbei nicht um eine neue Tat, der rechtswidrige Zustand wurde vielmehr nur aufrecht erhalten. § 258 I stellt hier ja das gesamte Verhalten bis zur endgültigen Vereitelung unter Strafe. § 258 ist ein Erfolgsdelikt[94], der Erfolg der Strafvereitelung kann aber nur einmal eintreten.

Gesamtergebnis zur Strafbarkeit von Beate:

Beate hat sich nur nach § 258 strafbar gemacht.

89 Dies hat leider kaum ein/e Bearbeiter/in gesehen!

90 Lackner/Kühl (o. Fn. 5), § 258 Rdn. 14.

91 Schönke/Schröder-Stree (o. Fn. 23), § 258 Rdn. 39 a und Schönke/Schröder-Eser (o. Fn. 23), § 11 Rdn. 11.

92 Lackner/Kühl (o. Fn. 5), § 145 d Rdn. 7.

93 Hier setzte sich meist der obige Fehler weiter fort. Die Kandidaten/innen nahmen an, dass die Polizei vereidigen dürfe und bejahten deshalb auch § 154. Vereinzelt wurde vertreten, dass die Polizei zwar nicht bei Beate zu Hause, wohl aber auf der Wache vereidigen dürfe, offenbar, um einen Unterschied zwischen den beiden Handlungskomplexen herauszuarbeiten. Gerade hier verbarg sich aber die »Klausurfalle«.

94 Tröndle/Fischer (o. Fn. 12), § 258 Rdn. 1.

Zwischenprüfungsklausur

Strafrecht

Auf Leben und Tod

Von Prof. Dr. Christian Jäger, Trier

Beginn des Lebensschutzes und §§ 212 ff. StGB – Rechtfertigungsgründe in der Klausur

SACHVERHALT

Bäuerin B hat allen Segnungen der Zivilisation abgeschworen. Als sie schwanger wird, verweigert sie deshalb auch die Konsultation eines Arztes, obwohl sie – wie sie selbst weiß – Bluterin ist und damit eine Risikoschwangerschaft zu erwarten hat. Sie geht jedoch davon aus, dass die Natur und nicht die Schulmedizin für den richtigen Schwangerschaftsverlauf zu sorgen habe und hält deshalb die Zuziehung einer Hebamme beim eigentlichen Geburtsvorgang für ausreichend.

Als die Eröffnungswehen zwei Monate zu früh einsetzen, zitiert sie daher tatsächlich nur ihre Nachbarin N herbei, die ihr als erfahrene Hebamme bekannt ist. Als die N erscheint, stellt diese sofort fest, dass irgendetwas nicht stimmt und ruft deshalb unverzüglich einen Notarzt, der die B eiligst in die nächste Frauenklinik überführt. Die dort vom diensthabenden Arzt A durchgeführte Ultraschalluntersuchung ergibt einen katastrophalen Befund: Eine Geburt ist auf natürlichem Wege nicht möglich, weil die B unter ihrem Herzen siamesische Zwillinge trägt, die am Kopf zusammengewachsen sind. Nachdem die B ihn darüber aufklärt, dass sie Bluterin ist, hält A zutreffend auch eine Kaiserschnittentbindung für ausgeschlossen, zumal das Krankenhaus über die notwendigen blutstillenden Mittel nicht verfügt (tatsächlich werden diese in der Praxis aufgrund der hohen Kosten von den Krankenhäusern nur im jeweils notwendigen Bedarfsfall angefordert). Als A deshalb wehenhemmende Mittel verabreichen will, um Zeit für die Beibringung eines blutstillenden Mittels zu gewinnen, muss er feststellen, dass aufgrund eines Organisationsverschuldens innerhalb des Krankenhauses auch kein wehenhemmendes Präparat mehr zur Verfügung steht. A ist sich nach nochmaligem Blick auf das Ultraschallbild darüber im Klaren, dass nun ein weiteres Zuwarten jederzeit zu einem für B tödlichen Riss der Plazenta führen kann. Da deshalb tatsächlich kein anderer Ausweg zur Rettung der Mutter besteht, entschließt er sich daher nach Aufklärung der B zu einer mit Hilfe eines Endoskops im Mutterbauch durchgeführten operativen Trennung der beiden siamesischen Zwillinge, um diese separat »holen« zu können. Dabei ist sich A allerdings bewusst, dass er die beiden Zwillinge durch diesen Eingriff töten wird. Da auch die B angesichts der eskalierenden Situation und aus Furcht vor dem eigenen Tod mit einem solchen Vorgehen und mit derartigen Konsequenzen einverstanden ist, führt A den für die Zwillinge tödlichen Eingriff durch. Die B kann auf diese Weise tatsächlich gerettet werden.

Bearbeitervermerk: Zu prüfen ist die Strafbarkeit des A nach § 212, wobei auf alle Deliktsstufen – gegebenenfalls hilfsgutachtlich – einzugehen ist. Das Organisationsverschulden innerhalb des Krankenhauses ist nicht zu untersuchen.

LÖSUNG

Vorbemerkung: Es handelt sich bei dem Sachverhalt um eine Abwandlung des berühmten Hydrozephalus-Falles[1], der sich als Klausur deshalb besonders eignet, weil er die Prüfung sämtlicher Ebenen des Deliktsaufbaus erfordert.

Heute wird freilich ein Geburtsdilemma der geschilderten Art in der Praxis zum Glück kaum noch vorkommen, da nicht zu erwarten ist, dass eine Geburtsklinik die Anschaffung wehenhemmender Mittel versäumt. Dennoch bleibt der Fall theoretisch denkbar, zumal Operationen am noch im Mutterleib befindlichen nasciturus aufgrund der fortgeschrittenen medizinischen Technik heute bereits möglich sind.

I. Zu prüfen ist, ob sich A wegen Totschlags in zwei Fällen nach § 212 StGB strafbar gemacht hat, indem er die für die Zwillinge tödliche Trennung im Mutterleib vorgenommen hat.

1. Tatbestandsmäßigkeit

a) Objektiver Tatbestand

aa) Voraussetzung hierfür ist zunächst, dass es sich bei den noch im Mutterleib befindlichen Zwillingen bereits um Menschen im Sinne der §§ 211 ff. gehandelt hat. Entscheidend dafür ist der rechtliche Beginn des Menschseins. Bis zum Inkrafttreten des 6. StrRG hat § 217 StGB einen Abgrenzungszeitpunkt vorgegeben, indem dort die Tötung eines nichtehelichen Kindes *in* oder gleich nach *der Geburt* als milder bestraftes Tötungsdelikt eingestuft war. Die ganz h.M. hat daher den Beginn der Geburt, d.h. das Einsetzen der Eröffnungswehen zum maßgeblichen Zeitpunkt für die Umwandlung des Rechtsguts »Leibesfrucht« in das Rechtsgut »Mensch« erklärt.

Problematisch ist allerdings, dass der Gesetzgeber § 217 StGB im Zuge des 6. StrRG ersatzlos gestrichen und damit möglicherweise die genannte zeitliche Fixierung mit aufgehoben hat. Indessen zeigen die Motive zum 6. StrRG, dass die Aufhebung des § 217 lediglich eine als unzeitgemäß empfundene Privilegierung von Tötungen nichtehelicher Kinder beseitigen sollte, ohne dass damit eine Veränderung des Zeitpunkts des Lebensbeginns angestrebt war[2]. Für die Beibehaltung des genannten Abgrenzungszeitpunkts spricht auch die Tatsache, dass dem Schwangerschaftsabbruch insofern ein Unterlassungselement innewohnt, als die Schwangere dort ihren Körper für die weitere Austragung nicht mehr zur Verfügung stellt. Davon kann aber nach Einsetzen der Eröffnungswehen nicht mehr die Rede sein, weil dieser Zeitpunkt grundsätzlich den Moment kennzeichnet, in dem das Kind den Körper der Mutter bereits von selbst verlässt[3].

Das Vorgehen des A ist daher grundsätzlich als tatbestandliche Tötung und nicht als Schwangerschaftsabbruch erfassbar.

bb) Ein Tatbestandsausschluss könnte sich darüber hinaus aber auch aus der Tatsache ergeben, dass der ärztliche Eingriff des A Heilzwecken diente.

Jedoch ist hiergegen einzuwenden, dass das Handeln des A nur im Hinblick auf die Person der B von einer solchen Zielsetzung

1 Dort geht es vergleichbar zum hier geschilderten Sachverhalt um den Fall einer zum Tode des Kindes führenden Perforation, die bei einer Wasserköpfigkeit des Kindes notwendig werden kann, sofern die Alternative eines von der Bauchwand ausgeführten (abdominalen) Kaiserschnitts wegen der besonderen Konstitution der Schwangeren ausscheidet.

2 Vgl. nur Jäger, JuS 2000, 32; Wessels/Hettinger, BT/1, 26. Aufl. 2003, Rdn. 9; Küper, GA 2001, 524 hält diesen Zeitpunkt bereits für Gewohnheitsrecht, das vom Sprachsinn »Schwangerschaft« gedeckt sei und daher nicht gegen Art. 103 GG verstoße. Gegen diese Grenze – unabhängig von der Aufhebung des § 217 StGB – dagegen Herzberg/Herzberg, JZ 2001, 1106. Zweifelnd gerade wegen der Aufhebung NK-Paeffgen, § 223, Rdn. 3; Struensee, in: Dencker/Struensee/Nelles/Stein, Einführung in das 6. StrRG, 1998, 2/6.

3 Zu diesem Gedanken Jäger, ZStW 115 (2003), S. 775.

getragen war, während der Eingriff dem Lebensrecht der Zwillinge gerade feindlich gegenüberstand. Der Arzt kann sich daher in Bezug auf die tödliche Trennung der Zwillinge nicht auf einen Heilzweck berufen.

Der objektive Tatbestand des Totschlags nach § 212 StGB ist damit jedenfalls erfüllt.

b) Subjektiver Tatbestand

A handelte bei seinem Eingriff auch mit dem notwendigen Vorsatz, da er den Tod der Kinder als Folge der Trennung erkannte und willentlich herbeiführte.

2. Rechtswidrigkeit

Die Rechtswidrigkeit des ärztlichen Handelns wäre ausgeschlossen, wenn sich A auf Rechtfertigungsgründe berufen könnte.

a) Dabei kommt zunächst eine Rechtfertigung aufgrund medizinisch-sozialer Indikation nach § 218 a II StGB nicht in Betracht. Denn vorliegend war zwar das Leben der Mutter durch die auftretenden Komplikationen akut gefährdet, jedoch bezieht sich der Rechtfertigungsgrund des § 218 a II StGB schon seinem Wortlaut nach nur auf einen Abbruch der *Schwangerschaft* und kann daher gerade nicht auf Tötungen nach Beginn des Geburtsvorgangs erstreckt werden[4].

b) Auch eine rechtfertigende Einwilligung der Mutter scheidet bereits wegen deren fehlender Dispositionsbefugnis über das Lebensrecht der Kinder aus (vgl. § 216 StGB, der die Einwilligung in die eigene Tötung und damit erst Recht die Einwilligung in die Tötung Dritter untersagt). Denn die Vertretung bei der Einwilligung kann selbstverständlich nicht weiter reichen als das (hypothetische) Einwilligungsrecht des Vertretenen selbst[5].

c) Umgekehrt scheitert aber auch eine mutmaßliche Einwilligung der Kinder in ihren eigenen Tod zur Rettung der Mutter. Denn die mutmaßliche Einwilligung kann nur eine rechtlich mögliche Einwilligung ersetzen[6]. An dieser Voraussetzung fehlt es aber vorliegend gerade, weil die Kinder ganz unabhängig von der fehlenden Verfügbarkeit menschlichen Lebens jedenfalls nicht einwilligungsfähig waren.

d) In Betracht käme jedoch eine Rechtfertigung durch Nothilfe zugunsten der Mutter gemäß § 32 StGB.

Voraussetzung hierfür ist zunächst das Vorliegen eines gegenwärtigen rechtswidrigen Angriffs, der im gegebenen Fall in der Bedrohung des Lebens der Mutter durch die Geburt der Zwillinge gesehen werden könnte. Jedoch setzt ein Angriff im Sinne des § 32 StGB ein menschliches Verhalten voraus, woran es schon dem Wortsinn nach bei sog. Nicht-Handlungen fehlt. Mindestvoraussetzung für einen Angriff im Sinne des § 32 StGB ist daher, dass der gefahrschaffende Vorgang Handlungsqualität besitzt, d.h. willensmäßig beherrschbar ist[7]. Beim gerade unwillkürlich ausgelösten Geburtsvorgang kann daher nicht von einem Angriff im Sinne des § 32 StGB gesprochen werden[8].

Damit scheidet eine Rechtfertigung durch Nothilfe aus.

e) Denkbar wäre jedoch, Konfliktlösungen der hier vorliegenden Art als Fälle der gesetzlich nicht geregelten rechtfertigenden Pflichtenkollision einzustufen[9].

Allerdings wird eine derartige Pflichtenkollision von der h.M. nur bei der Kollision gleichwertiger Handlungspflichten für möglich gehalten. Begründet wird diese Form der Rechtfertigung nämlich im Wesentlichen damit, dass das Recht als Verhaltensordnung dem Einzelnen nichts Unmögliches abverlangen dürfe (ultra posse nemo obligatur) und die Pflichtenkollision daher nur ein Wahlrecht zur Normbefolgung, nicht aber ein Recht zur Normverletzung geben könne[10].

Dem ist schon deshalb zuzustimmen, weil die mögliche Rechtfertigung einer Unterlassungspflichtverletzung durch die Erfüllung einer Handlungspflicht in § 34 StGB speziell geregelt ist und sich daher auch ausschließlich nach dieser Norm zu richten hat. Damit scheidet aber gerade vorliegend die Bejahung einer rechtfertigenden (echten) Pflichtenkollision aus, weil hier nicht zwei gleichrangige Handlungspflichten, sondern eine Handlungspflicht (Rettung der Mutter) mit einer Unterlassungspflicht (Tötung der Kinder) konkurrierten. Ganz abgesehen davon spricht gegen die Bejahung einer Pflichtenkollision auch die wenig wünschenswerte Konsequenz, dass der Arzt dann auch das Leben der Mutter dem der Kinder aufopfern dürfte[11].

f) Fraglich ist nach allem schließlich, ob eine Rechtfertigung des Arztes auf § 34 StGB gestützt werden kann.

aa) Voraussetzung hierfür wäre zunächst das Vorliegen einer Notstandslage in Form einer gegenwärtigen Gefahr für die B. Dabei ist eine Gefahr im Sinne von § 34 StGB gegenwärtig, »wenn bei natürlicher Weiterentwicklung der Dinge der Eintritt eines Schadens sicher oder doch höchstwahrscheinlich ist, falls nicht alsbald Abwehrmaßnahmen ergriffen werden.«[12] Vorliegend war jederzeit ein für B tödlicher – weil sicher zum Verbluten führender – Riss der Plazenta zu erwarten, so dass von einer Gegenwärtigkeit der Gefahr ohne weiteres ausgegangen werden kann.

bb) Die Rettungshandlung war auch erforderlich, da A nach den Sachverhaltsangaben die zutreffende Diagnose gestellt hatte, dass sowohl eine natürliche Geburt als auch eine Kaiserschnittentbindung ausgeschlossen waren und die für B lebensbedrohliche Lage nur durch die tödliche Trennung der Zwillinge beseitigt werden konnte.

cc) Fraglich ist jedoch, ob die von § 34 StGB geforderte Abwägung die Bejahung eines wesentlichen Überwiegens des Lebenserhaltungsinteresses der B rechtfertigt.

Bei einer rein rechtsgutsbezogenen Betrachtung wäre dies schon deshalb zu verneinen, weil sich vorliegend einerseits das Lebensrecht der B und andererseits das in der Geburt bereits als vollwertig einzustufende Lebensrecht der Zwillinge gegenüberstanden. Das Lebensrecht der Kinder wegen deren Behinderung zurückzustellen wäre insoweit ebenso verfehlt wie eine zahlenmäßige Bevorzugung des Lebensrechts der Kinder, weil dies auf eine mit Blick auf Art. 1, 2 GG unzulässige Relativierung bzw. Quantifizierung menschlichen Lebens hinausliefe[13].

§ 34 StGB spricht aber selbst nicht nur von einer Rechtsgüterabwägung, sondern fordert insgesamt eine Bewertung der widerstreitenden Interessen, so dass sich ein Zurücktreten eines der betroffenen Belange auch aus sonstigen Abwägungsfaktoren ergeben kann[14].

Denkbar wäre insoweit, die Tötung der Zwillinge den Regeln des Defensivnotstandes zu unterstellen und § 228 BGB analog heranzuziehen, indem man davon ausgeht, dass die Gefährdung der Mutter von der besonderen Konstitution der siamesischen

4 SK-Rudolphi, vor § 218, Rdn. 15.

5 Ausführlich zum Vertretungsrecht bei der Einwilligung Baumann/Weber/Mitsch, § 17, Rdn. 102.

6 Näher Jäger, ExamensRep AT, Rdn. 146.

7 Ganz einhellige Meinung, vgl. nur Baumann/Weber/Mitsch, AT, § 17, Rdn. 5; Jäger, ExamensRep AT, Rdn. 107; Krey, AT/1, Rdn. 432; LK-Spendel, § 32, Rdn. 28; Roxin, AT/I, § 15, Rdn. 8; Wessels/Beulke, AT, Rdn. 325.

8 Selbst wenn man die Handlungsqualität bejahen würde, wäre jedenfalls die Rechtswidrigkeit des Angriffs zu verneinen, weil diese eine zumindest fahrlässige Zurechnung voraussetzt, vgl. SK-Günther, § 32, Rdn. 26. Noch weiter einschränkend sogar Otto, AT, § 8, Rdn. 20 f., der mit beachtlichen Gründen sogar unbewusst fahrlässiges Verhalten aus dem Angriffsbegriff ausnimmt.

9 Krey, BT/1, Rdn. 167; Tröndle/Fischer, vor § 218, Rdn. 1 a.

10 Jäger, ExamensRep AT, Rdn. 210; Sch/Sch/Lenckner, vor §§ 32 ff., Rdn. 73; Sch/Sch/Lenckner/Perron, § 34, Rdn. 4. Dagegen aber etwa Otto, AT, § 8, Rdn. 206 m.w.N.

11 So zu Recht Roxin, Festschrift für Jescheck, 1985, 471.

12 Vgl. BGH NJW 1989, 1289; in diesem Sinne auch Jäger, ExamensRep AT, Rdn. 153; Kühl, AT, § 8, Rdn. 64.

13 Dazu Jäger, ExamensRep AT, Rdn. 157.

14 Vgl. dazu umfassend Kühl, AT, § 8, Rdn. 102 ff.

Zwillinge ausgeht und daher deren Interesse ausnahmsweise zurückzutreten habe[15].

Gerade der vorliegende Fall zeigt aber, dass diese Argumentation gewichtigen Bedenken ausgesetzt ist. Sie trifft nämlich jedenfalls dann nicht zu, wenn die Geburtsunmöglichkeit – sei es auch durch Kaiserschnitt – ebenso gut der Bluterkrankheit der Mutter bzw. deren beharrlicher Verweigerung rechtzeitiger ärztlicher Konsultation zugeschrieben werden kann[16]. Auch setzt die Regelung des § 228 StGB voraus, dass der Schaden nicht außer Verhältnis zur Gefahr steht, so dass der Rechtsgedanke auf den hier in Rede stehenden unabwägbaren Höchstwert »Leben« von vornherein nicht übertragbar erscheint.

bb) Möglich wäre daher allenfalls, aus § 218 a II StGB den für die Abwägung innerhalb des § 34 StGB ausschlaggebenden allgemeinen Rechtsgedanken[17] abzuleiten, dass der Schutz der Mutter einen grundsätzlichen Vorrang gegenüber dem Schutz des noch in der Geburt befindlichen Kindes genießt[18]. Dafür spricht vor allem, dass dem Abbruch des Geburtsvorgangs ebenso wie dem des Schwangerschaftsabbruchs ein – bereits oben[19] angesprochenes – Unterlassungsmoment eingestiftet ist und dem Einzelnen eine Pflicht zum lebensbeendenden Einsatz des eigenen Körpers niemals abverlangt werden kann, zumal die Forderung eines solchen Einsatzes gerade auf eine unzulässige Abwägung zu Lasten des Lebensrechts der Mutter hinausliefe[20].

Fraglich bleibt allerdings auch dann, ob die Schutzwürdigkeit des Interesses der B vorliegend nicht deshalb zurückzutreten hat, weil diese die Gefahr selbst (mit)geschaffen hat, indem sie schon während ihrer Schwangerschaft beharrlich die Konsultation eines Arztes verweigerte.

Selbst wenn man jedoch an diesem Verhalten ein Verschulden der B festmacht, kann das Zurücktreten ihres Interesses nicht so weit gehen, dass die B ihr eigenes Leben aufzuopfern hat. Auch hier muss wieder der Grundsatz der Unabwägbarkeit menschlichen Lebens seine schützende Kraft zugunsten der B entfalten. Ausnahmen sind daher nur bei vorsätzlicher Gefährdung eines disponiblen Guts denkbar, sofern dabei nur verhältnismäßig geringe Einbußen drohen[21]. Auch das Verschulden der B schließt daher eine Rechtfertigung nach § 34 StGB nicht aus.

dd) Im Übrigen sind auch sonst keine Gründe erkennbar, die den Eingriff als unangemessen im Sinne des § 34 S. 2 StGB erscheinen lassen. Insbesondere wurde der Wille der Mutter bei dem Eingriff nicht verletzt, da sich diese für den eigenen Lebenserhalt ausgesprochen hatte und daher kein Verstoß gegen ihre Willensautonomie anzunehmen ist[22].

Im Ergebnis ist daher eine Rechtfertigung des Arztes aufgrund Notstands nach § 34 StGB zu bejahen, ohne dass es der Konstruktion eines rechtsfreien Raums[23] oder eines zwischen Rechtswidrigkeit und Schuld angesiedelten Strafunrechtsausschlusses[24] bedarf.

Das Ergebnis einer Rechtfertigung wegen Notstands nach § 34 StGB würde freilich zusätzlich gestützt, wenn eine Lösung auf Schuldebene nicht in Frage kommt. Deshalb sei an dieser Stelle noch weitergehend auf die Frage einer möglichen Entschuldigung eingegangen[25]:

3. Schuld

Denkbar wäre, mit einer Mindermeinung eine Rechtfertigung grundsätzlich nur bei einem eindeutigen Gütergefälle zuzulassen und Konfliktlösungen der vorliegenden Art der Schuld- und Verantwortungsebene zuzuweisen[26].

a) Dabei käme allerdings ein entschuldigender Notstand nach § 35 StGB von vornherein nicht in Betracht, weil zwischen A und B kein Näheverhältnis im Sinne dieser Vorschrift bestand[27]. Das ärztliche Behandlungsverhältnis genügt hierfür jedenfalls nicht, zumal sich dieses nach seiner ursprünglichen Zweckbestimmung auf den Geburtsvorgang insgesamt und damit auch auf die Kinder bezogen haben dürfte.

b) Zu prüfen ist daher allenfalls das Eingreifen eines übergesetzlichen entschuldigenden Notstandes, der von der h.M. in Fällen einer sogenannter Gefahrengemeinschaften zugelassen wird, sofern sich der Täter aufgrund der Ausweglosigkeit der Situation in einer dem Motivationsdruck des § 35 StGB entsprechenden Lage befunden hat und sein Handeln von einer rechtsgutserhaltenden Tendenz getragen war.

Vorliegend bildeten die Mutter und die in der Geburt befindlichen Zwillinge insofern eine Gefahrengemeinschaft, als der Geburtsvorgang für beide in eine lebensbedrohliche, kritische Phase eingetreten war. Auch war der Eingriff des A von dem Bemühen getragen, wenigstens die Mutter vor dem sicheren Tode zu retten. Dass er dafür die Zwillinge dem Tode überantwortete, mag zwar rein rechnerisch fragwürdig sein, ändert aber nichts an der rechtsgutsschützenden Tendenz seines Handelns, die sich angesichts der Unabwägbarkeit menschlichen Lebens auch auf die Mutter als Einzelperson beziehen konnte[28].

15 Vgl. zu diesem Gesichtspunkt Gropp, AT, § 6, Rdn. 137; Koriath, JA 1998, 256; LK-Hirsch, § 34, Rdn. 74; Jescheck/Weigend, AT, § 33 IV 5; Sch/Sch/Eser, vor § 218, Rdn. 41; Kühl, AT, § 8, Rdn. 134 m. Fn. 216 a und Rdn. 139; Lackner/Kühl, § 34, Rdn. 9; Maurach/Schroeder/Maiwald, § 6, Rdn. 24; NK-Neumann, § 34, Rdn. 91; Roxin, AT/I, § 16, Rdn. 70; Sch/Sch/Lenckner/Perron, § 34, Rdn. 30. Vgl. auch MüKo-Erb, § 34, Rdn. 147 unter Einbezug gefahrbegründender Kausalfaktoren. Immerhin schwankend Jakobs, AT 13/22, Fn. 44.

16 Zu Recht eindringlich gegen derartige Verantwortungszuweisungen daher Pawlik, JURA 2002, 31; tendenziell anders aber Merkel, in: Roxin/Schroth, Medizinstrafrecht, 2000, S. 150 f.

17 Eine direkte Anwendung des § 218 a II StGB kommt freilich nicht in Frage, s. oben S. 117.

18 SK-Rudolphi, § 218 a, Rdn. 10 sieht hierin eine generalisierbare gesetzgeberische Abwägung und Bewertung; ebenso Sch/Sch/Eser, § 218 a, Rdn. 22; Küper, Der »verschuldete« rechtfertigende Notstand, 1983, S. 125 f. Kritisch gegen eine derartige »Vorabwägung« Pawlik, JURA 2002, 31; vgl. auch RGSt 61, 242 ff.

19 Vgl. oben S. 116.

20 Gesehen wird dieses Unterlassungsmoment beim Schwangerschaftsabbruch auch von Bernsmann, JuS 1994, 9 ff., 12; Geilen, ZStW 103 (1991), 846 ff. sowie v. Renesse, ZRP 1991, 322. Vgl. zum Unterlassungsgedanken auch BVerfG NJW 1993, 1774 ff. (abw. Meinung der Richter Mahrenholz und Sommer).

21 So zutreffend Sch/Sch/Lenckner/Perron, Rdn. 42.

22 Hätte sich die Mutter dagegen für eine Rettung der Kinder unter Inkaufnahme des eigenen Todes entschieden, so läge der Fall anders, weil ein körperlicher Eingriff gegen den frei gebildeten Willen des zu Rettenden unserer auf dem Grundsatz der freien Persönlichkeitsentfaltung fußenden Gesamtrechtsordnung (vgl. auch Art. 1, 2 GG) widerspricht. Der Autonomieaspekt wird freilich in der Literatur vielfach schon in der Interessenabwägung mit berücksichtigt (vgl. nur Roxin, AT/I, § 16, Rdn. 41 ff.), so dass in diesem Falle schon das Lebensinteresse der Mutter hinter dem der Kinder zurücktreten soll. Fraglich ist dies jedoch deshalb, weil die Abwägung im Rahmen des Notstands grundsätzlich objektiven Maßstäben zu folgen hat und daher gute Gründe dafür sprechen, den die innere Willensrichtung betreffenden Autonomiegrundsatz einer gesonderten Angemessenheitsprüfung zu unterstellen. Vgl. zur Angemessenheit der Tat auch Jäger, ExamensRep AT, Rdn. 161.

23 So etwa Kaufmann, Maurach-FS, 1972, 327. Dagegen zu Recht und lesenswert Hirsch, Bockelmann-FS, 1979, S. 96 ff. mit zahlreichen Beispielen zu einzelnen Lebenskonfliktsituationen. Vgl. auch Jäger, ExamensRep AT, Rdn. 210.

24 Dafür aber Günther, Strafrechtswidrigkeit und Strafunrechtsausschluss, 1983, 326 ff. Kritisch Roxin, Oehler-FS, 1985, 181.

25 Von einem Anfänger kann nicht erwartet werden, dass er sich so geschickt in die Prüfung des Hilfsgutachtens begibt. Es würde vielmehr angesichts des Bearbeitervermerks genügen, wenn die Schuldebene schlicht hilfsgutachtlich angesprochen wird.

26 SK-Horn, § 212, Rdn. 24; SK-Rudolphi, vor § 218, Rdn. 15.

27 Vgl. hierzu LK-Hirsch, § 35 Rdn. 33 ff.

28 Utilitaristische Überlegungen sind dem deutschen Strafrecht im Gegensatz zum anglo-amerikanischen Rechtskreis grundsätzlich fremd. Vgl. dazu Jäger, ZStW 115 (2003), S. 784 f. m. Fn. 58. Eine interessante – wenn auch abgeschwächte – Form des Utilitarismus vertritt allerdings Otto (Pflichtenkollision und Rechtswidrigkeitsurteil, 3. Aufl. 1978, S. 76 ff.), der in Lebenskonfliktsituationen eine Rechtfertigung von Tötungen zumindest dann für möglich hält, wenn dem Opfer wegen sicherer Todes-

Allerdings ist eine derartige Entschuldigungslösung mit dem schweren Nachteil belastet, dass der Eingriff des Arztes dann jedenfalls rechtswidrig ist und ihm daher Dritte gewaltsam im Wege der Nothilfe entgegentreten dürften[29]. Auch hat eine bloße Entschuldigung zur Folge, dass sich der Arzt nur dann rechtmäßig verhält, wenn er den Dingen seinen Lauf lässt und dadurch möglicherweise das Leben sowohl der Mutter als auch der Kinder aufs Spiel setzt. Eine derartige Verhaltensanforderung lässt sich aber mit dem geltenden Recht, das den Schutz des Lebens an die oberste Stelle gesetzt hat, nicht vereinbaren.

Auch die Nachteile einer möglichen Entschuldigungslösung sprechen daher für eine Rechtfertigung des A nach § 34 StGB[30].

Gesamtergebnis: A ist straflos, weil sein Handeln nach § 34 StGB gerechtfertigt ist.

verfallenheit keine Lebenschancen genommen werden. Zu diesem Aspekt ebenfalls Jäger, ZStW 115 (2003), S. 784 m.w.N.

29 Freilich ließe sich zumindest diese Konsequenz vermeiden, wenn man das Nothilferecht – wie ich dies neuerdings vertreten habe – gegen im (übergesetzlichen) entschuldigenden Notstand Handelnde wegen fehlender Gebotenheit mit der Begründung ausschließt, dass der Dritte das von der Gesellschaft aufgebrachte Verständnis für den Notstandstäter zu teilen hat; näher dazu Jäger, ZStW (2004).

30 Vehement gegen eine Rechtfertigung aufgrund Notstands nach § 34 StGB allerdings Pawlik, JURA 2002, 31, ohne sich allerdings selbst auf eine eigene Lösung festzulegen.

Zwischenprüfungsklausur

Strafrecht

SEK statt CLK[1]

Von Wiss. Mit. Hagen Christmann, Bayreuth

Mittäterschaft – Versuch – »Rücktritt« eines Mittäters vor Versuchsbeginn

SACHVERHALT

Beim sonntäglichen Mittagessen schmiedet V mit seinem Bruder O und dessen Frau T den Plan, K umzubringen. Dazu soll T den K suchen, der sich seit längerem im Wochenendhaus eines Freundes vor V versteckt hält. Einige Tage später entdeckt T den K und meldet ihre Beobachtung sogleich an V und O. Man beschließt, dass die T mit ihrer Kreditkarte den Schließmechanismus an der Tür des K überwindet. Wenn die Tür geöffnet ist, soll der hinter dem Gartenzaun lauernde V heranstürmen und den K mit einem Messer erstechen. O hat die Aufgabe bei laufendem Motor in seinem neuen Mercedes CLK zu warten, um eine schnelle Flucht sicherzustellen. Die Ausführung des Planes wird für den kommenden Samstag vereinbart.

Am Freitag überkommen die T jedoch Gewissensbisse. Sie offenbart den gemeinsamen Plan der Kripo. Diese fordert die T auf, weiterhin »mitzuspielen«, um die Verhaftung von V und O »auf frischer Tat« zu ermöglichen.

Als der große Tag gekommen ist und alle ihre Positionen eingenommen haben, begibt sich T zur Tür des K und öffnet diese. Wie bereits vorher mit der Kripo vereinbart, stürmen mehrere SEK – Beamte aus dem Haus. Die völlig überraschten V und O werden verhaftet.

Wie haben sich V, O und T strafbar gemacht?

LÖSUNGSHINWEISE

A. Das Geschehen am Wochenendhaus

I. Strafbarkeit der T[2]

1. Versuchter Totschlag in Mittäterschaft, § 212 Abs. 1, § 23 Abs. 1, § 22, § 25 Abs. 2 StGB

Indem T – wie zuvor mit V und O geplant – an der Tür läutete, könnte sie sich eines versuchten Totschlags in Mittäterschaft gemäß § 212 Abs. 1, § 23 Abs. 1, § 22, § 25 Abs. 2 StGB schuldig gemacht haben.

a) Der Totschlag ist nicht vollendet, da K noch lebt.

b) Der Versuch ist strafbar, §§ 23 Abs. 1, 12 Abs. 1 StGB, da der Totschlag im Mindestmaß mit einer Freiheitsstrafe von 5 Jahren bedroht ist.

c) T muss den vorbehaltlosen Tatentschluss gefasst haben, mit V und O gemeinschaftlich den K zu töten. Da T beim Öffnen der Tür sich bereits von der Tat innerlich distanziert hatte, liegt ein vorbehaltloser Tatentschluss nicht vor.

2. Versuchter Totschlag in Mittäterschaft, § 212 Abs. 1, § 23 Abs. 1, § 22, § 25 Abs. 2 StGB

Indem T den Aufenthaltsort des K ausfindig machte, könnte sie sich eines versuchten Totschlags in Mittäterschaft, § 212 Abs. 1, § 23 Abs. 1, § 22, § 25 Abs. 2 StGB, schuldig gemacht haben.

a) Der Totschlag ist nicht vollendet, der Versuch ist strafbar (s. o.)

b) T muss den vorbehaltlosen Tatentschluss gefasst haben, mit V und O gemeinschaftlich den K zu töten.

aa) Bezüglich der Tötung kommt ein Handeln mit dolus directus 1. Grades (Absicht) in Betracht. Absichtlich handelt, wer sich der Möglichkeit der unmittelbaren, konkreten Gefahr der Rechtsgutsbeeinträchtigung bewusst ist und diese verwirklichen will, weil es ihm auf die Realisierung der Gefahr in der Rechtsgutsbeeinträchtigung als Ziel seines Handelns ankommt[3]. T plante mit V und O, den K umzubringen. Diese Tötung war Ziel ihres Handelns. Sie handelte somit ursprünglich mit dolus directus 1. Grades bezüglich der Tötung des K.

bb) Ferner muss der Entschluss der T die mittäterschaftliche Begehungsweise umfassen.

aaa) Voraussetzung für die Mittäterschaft ist das Vorliegen eines gemeinsamen *Tatplans*, d. h. die intellektuelle Übereinstimmung, die Tat arbeitsteilig durchzuführen[4].

Ursprünglich hatte T zusammen mit V und O geplant, den K zu töten. Ein gemeinsamer Tatplan lag damit vor.

1 Die Klausur in leicht abgewandelter Form als Zwischenprüfungsklausur an der Universität Bayreuth gestellt. Von 262 abgegebenen Arbeiten wurden eine mit »sehr gut«, sechs mit »gut«, 14 mit »vollbefriedigend«, 29 mit »befriedigend«, 105 mit »ausreichend« bewertet. Die Durchfallquote lag bei 40,8%, der Punktedurchschnitt bei 4,6 Punkten.

2 Die Prüfung ist zwingend mit der T als Tatnächster zu beginnen.

3 Otto, Grundkurs Strafrecht – Allgemeine Strafrechtslehre, § 7 Rdn. 31.

4 Ganz h.M. vgl. nur: Schönke/Schröder/Cramer/Heine, Vorbem. §§ 25 ff. Rdn. 81. A.A. Derksen GA 1993, 163; Jakobs AT 21/43; Lesch ZStW 105, 271.

bbb) Als objektive Voraussetzung der Mittäterschaft muss eine *arbeitsteilige* Tatbegehung vom Tatentschluss umfasst sein. Jeder der Mittäter muss die Tatbestandsverwirklichung maßgeblich beeinflussen[5].

Das Aufspüren des K stellt hier den Tatbeitrag der T dar, welcher vom Tatplan getragen war[6].

α) Nach einer Ansicht muss dieser Tatbeitrag im *Versuchsstadium* erbracht werden[7]. Das Aufspüren des K lag jedoch noch im Vorbereitungsstadium. Nach dieser Ansicht fehlt daher ein Tatbeitrag der T.

β) Nach der Gegenansicht kann die Erbringung des Tatbeitrags im *Vorbereitungsstadium* ausreichen. Die Voraussetzungen dafür sind umstritten.

αα) Nach einem Teil der Literatur soll das Minus an Entscheidungsherrschaft bei der Tatausführung durch ein Plus an Gestaltungsherrschaft ausgeglichen werden[8]. Maßgeblich ist, dass der Tatbeitrag ein Teilstück der gemeinschaftlich beschlossenen, eine Sinneinheit bildenden Tatausführung in dem Sinne ist, dass er den Tatablauf wesentlich mitgestaltet[9].

Erst durch das Aufspüren des K wurde der Tatort konkretisiert. T leistet damit einen entscheidenden Beitrag für die Durchführung der Tat, der die arbeitsteilige Durchführung der Tat wesentlich mitgestaltet. Nach dieser Ansicht ist damit ein hinreichender Tatbeitrag der T für ein mittäterschaftliches Zusammenwirken mit V und O gegeben.

ββ) Die Rechtsprechung lässt ebenfalls einen Tatbeitrag im Vorbereitungsstadium ausreichen. Auf Grundlage einer subjektiven Lehre soll es auf den Täterwillen (animus auctoris) ankommen[10]. Das Aufspüren des K war vom Willen der T geprägt, die Tat maßgeblich – durch die Konkretisierung des Tatortes – zu gestalten. Auch hier liegt ein mittäterschaftsbegründender Tatbeitrag der T vor.

γ) Für die enge Tatherrschaftslehre (α) könnte der Wortlaut des § 25 Abs. 2 StGB herangezogen werden, der eine gemeinschaftliche *Begehung der Straftat* fordert. Allerdings ist die Beschränkung des Begriffs Straftat auf den Zeitraum ab Versuchsbeginn nicht zwingend.

Gegen die enge Tatherrschaftslehre spricht, dass sie die Mittäterschaft wesentlicher Tatgenossen ausschließt[11], z. B. Personen auf der Leitungsebene eines Unternehmens[12] oder den Bandenchef[13]. Auch führt diese Ansicht dazu, dass Zufälligkeiten in der Aufgabenverteilung über Mittäterschaft oder Beihilfe entscheiden[14]. Ein Tatbeitrag im Vorbereitungsstadium ist daher ausreichend für eine gemeinschaftliche Begehung der Tat. Der Tatentschluss umfasste damit auch die Erbringung eines Tatbeitrags der T.

cc) Da T die Tatausführung nicht an innere Bedingungen knüpfte, war ihr ursprünglicher Tatentschluss vorbehaltlos[15].

c) Fraglich ist, ob die Tat mit dem Aufspüren des K durch die T in das Versuchsstadium gelangt ist.

aa) Nach der subjektiv akzentuierten[16] Theorie von der Feuerprobe der kritischen Situation liegt ein Versuch vor, wenn der Täter nach seiner Vorstellung die Schwelle zum »jetzt geht's los« im Hinblick auf die Tatbestandsverwirklichung überschritten hat[17]. Nach der Vorstellung der T soll der K an diesem Aufenthaltsort zu einem späteren Zeitpunkt getötet werden. Damit überschreitet sie nach ihrer Vorstellung nicht die Schwelle zur Tatbestandsverwirklichung. Nach dieser Ansicht liegt damit kein Versuchsbeginn vor.

bb) Nach der Gefährdungstheorie überschreitet der Täter die Grenze von der grundsätzlich straflosen Vorbereitungshandlung zum strafbaren Versuch, wenn auf Grundlage seiner Vorstellung von der Tat objektiv eine unmittelbare, konkrete Gefährdung des geschützten Rechtsguts vorliegt[18]. T stellte sich vor, dass K an seinem Aufenthaltsort zu einem späteren Zeitpunkt getötet wird. Somit fehlt es an einem engen zeitlichen Zusammenhang zwischen ihrer Handlung und der Tatbestandsverwirklichung. T hat somit nicht unmittelbar zur Tat angesetzt.

cc) Nach der Zwischenaktstheorie liegt noch eine Vorbereitungshandlung vor, wenn zwischen der Handlung des Täters und der Tatbestandsverwirklichung ein weiterer wesentlicher Zwischenakt liegt[19]. Legt man die Vorstellung der T zu Grunde, so war die spätere Rückkehr an den Tatort mit V und O notwendig, um den K zu töten. Damit fehlen noch wesentliche Zwischenakte, so dass auch nach dieser Ansicht ein unmittelbares Ansetzen ausscheidet.

dd) Da alle Ansichten zum gleichen Ergebnis kommen, kann ein Streitentscheid dahinstehen.

ee) T hat nicht unmittelbar zur Tat angesetzt. Sie muss sich jedoch ein unmittelbares Ansetzen des V oder O zurechnen lassen, wenn in der Tatausführung ihr Tatbeitrag noch fortwirkt[20], d. h.

5 Kindhäuser, LPK-StGB § 25 Rdn. 46 f.

6 Zwar entspricht auch das spätere Öffnen der Tür objektiv dem Tatplan, doch ist diese Handlung nicht mehr vom Willen der T getragen, den Tatplan zu verwirklichen. Sie führt diese Handlung aus, um V und O zu überführen. Eine solche (rein objektive) Mitwirkungshandlung ist nicht geeignet, die Mittäterschaft zu begründen. Vielmehr muss der Tatentschluss bei Erbringung des Tatbeitrags fortbestehen, Schönke/Schröder/Cramer/Heine § 25 Rdn. 82 f.

7 So die wohl nicht mehr vertretene formell-objektive Theorie und die Vertreter der engen Tatherrschaftslehre; zu letzterer Ansicht: Roxin, LK § 25 Rdn. 181 ff.; ders. JA 1979 S. 519, 522 f.; Rudolphi, Bockelmann-FS S. 369 ff.; vgl. auch Bloy GA 1996 S. 424, 432 ff.; Herzberg, Täterschaft und Teilnahme, 1977, S. 65 ff.; Köhler, AT, S. 518 f.; Zieschang ZStW 107 [1995] S. 361 ff.

8 So die sog. funktionelle Tatherrschaftslehre: Beulke JR 1980, 423, 424; Sch/Sch/Cramer/Heine § 25 Rdn. 74; Gropp AT § 10 Rdn. 85; Jakobs 21/47 f., 52; Jescheck/Weigend § 63 III 1; Küpper GA 1986, 437, 444 ff.; Seelmann JuS 1980, 571, 573.

9 Vgl. Jakobs, AT, 21/48; Jescheck/Weigend, AT, S. 679; Kühl, in: Lackner/Kühl § 25 Rdn. 11.

10 Obwohl dies von Studentinnen und Studenten gern behauptet wird, vertritt die Rechtsprechung keine rein subjektive Lehre. Die Bestimmung des Täterwillens soll durch eine wertende Beurteilung anhand objektiver Kriterien erfolgen. Dazu: vgl. statt vieler Kühl, Lackner/Kühl, Vor § 25 Rdn. 5 m. w. N.

11 In Betracht kommt dann eine mittelbare Täterschaft kraft organisierten Machtapparats: BGHSt 40, 218, 236 f. mit Anm. Roxin JZ 1995, 49 ff.; BGHSt 42, 65 ff.; LK-Roxin, § 25 Rdn. 128 ff.; Wessels/Beulke AT Rdn. 541. A. A. Baumann/Weber/Mitsch § 29/147; Jescheck/Weigend § 62 II 8; Murmann GA 1996, 269 ff.; Otto AT § 21 Rdn. 92.

12 Vgl. dazu BGHSt 37, 106, 114; Otto **JURA** 98, 409, 410.

13 Vgl. BGHSt 33, 50.

14 Gores, Der Rücktritt des Tatbeteiligten, 1982, S. 125.

15 Vgl. Otto, AT § 18 Rdn. 18 ff.

16 Eine rein subjektive Theorie stellte allein auf die Tätervorstellung ab: Vgl. RGSt 72 S. 66; BGHSt 6 S. 302. Sie stellt sich nicht vor, die Tat mit dem Auffinden des K bereits zu verwirklichen. Damit liegt nach dieser Ansicht kein unmittelbares Ansetzen der T vor.

17 BGHSt 26 S. 201, 203; BGH NJW 1980 S. 1759; StV 1987 S. 529; NStZ 1997 S. 83; Bockelmann JZ 1954 S. 468, 473.

18 BGHSt 30 S. 363, 364; 43 S. 177, 179; BGH NStZ 1987 S. 20; NJW 1993 S. 2254; StV 1994 S. 240; BayObLG NJW 1990 S. 781; Burkhardt JuS 1983 S. 426 ff.; Schönke/Schröder/Eser § 25 Rdn. 42; Küper JZ 1992 S. 338, 340 f.; Otto, Grundkurs Strafrecht – Allgemeine Strafrechtslehre, § 18 Rdn. 27 ff.; Tröndle/Fischer § 25 Rdn. 11; LK-Vogler § 25 Rdn. 54 ff.; Zaczyk, Das Unrecht der versuchten Tat, 1989, S. 306 ff.

19 Vgl. BGHSt 26, 201, 202 f, mit Anm. Gössel JR 1976 S. 249, Otto NJW 1976 S. 578; BGHSt 28 S. 162, 163; 35 S. 6, 8 f.; 36 S. 249, 250 f.; 37 S. 294, 296 ff.; BayObLG NJW 1991 S. 855; Baumann/Weber/Mitsch AT § 26/54; Berz **JURA** 1984 S. 511, 514; Kühl JuS 1980 S. 650 f.; SK-Rudolphi § 25 Rdn. 13; Wessels/Beulke AT Rdn. 601.

20 Bei der Aufgabe des Tatplans durch einen »Mittäter« ist zu unterscheiden: Ist die Tat zum Zeitpunkt der Aufgabe des Vorhabens schon *im* Versuchsstadium, so richten sich die Auswirkungen dieses Zurückziehens des Einverständnisses in den Tatplan nach den für den Rücktritt geltenden Regeln (§ 24 Abs. 2 StGB); vgl. BGH StV 1992, 376 mit abl. Anm. Zazcyk; Lackner/Kühl, § 25 Rdn. 10. Distanziert sich ein Komplize schon *vor* Eintritt in das Versuchsstadium, so reicht das Aufgeben des Tatentschlusses aus, wenn noch keine Tatbeiträge erbracht worden sind, die bis ins Vollendungsstadium fortwirken; vgl. BGHSt 28, 346 ff.; SK-Rudolphi § 24 Rdn. 36. Dies ist kein Fall des Rücktritts, da dieser einen Versuch

wenn ihr Tatbeitrag in einem von V und/oder O verwirklichtem Totschlag oder versuchten Totschlag noch wirksam ist. – Darauf ist nach Prüfung der Strafbarkeit von V und O zurückzukommen

d) **Zwischenergebnis:** T ist nicht schuldig gemäß § 212 Abs. 1, § 23 Abs. 1, § 22, § 25 Abs. 2 StGB.

II. Strafbarkeit des V

Versuchter Totschlag in Mittäterschaft, § 212 Abs. 1, § 23 Abs. 1, § 22, § 25 Abs. 2 StGB

Indem V – wie mit T und O – vereinbart, hinter dem Gartenzaun lauert, könnte er sich eines versuchten Totschlags in Mittäterschaft, § 212 Abs. 1, § 23 Abs. 1, § 22, § 25 Abs. 2 StGB, schuldig gemacht haben.

1. Der Totschlag ist nicht vollendet, da K noch lebt.
2. Der Versuch ist strafbar.
3. V muss den vorbehaltlosen Tatentschluss gefasst haben, mit T und O gemeinschaftlich den K zu töten.

a) Bezüglich der Tötung kommt ein Handeln mit dolus directus 1. Grades (Absicht) in Betracht. V plante mit T und O, den K umzubringen. Diese Tötung war Ziel seines Handelns. Er handelte daher mit dolus directus 1. Grades bezüglich der Tötung des K.

b) Ferner muss der Entschluss des V die mittäterschaftliche Begehungsweise umfassen.

aa) Voraussetzung für die Mittäterschaft ist das Vorliegen eines gemeinsamen *Tatplans*. V hatte zusammen mit T und O den Plan gefasst, den K zu töten. Ein gemeinsamer Tatplan liegt vor.

bb) Weiterhin muss V den Entschluss gefasst haben, einen Tatbeitrag zu leisten. V plante, K eigenhändig zu töten. Damit hatte er den Entschluss gefasst, einen Tatbeitrag bei der Tatausführung zu leisten. V war somit auch zur mittäterschaftlichen Tötung entschlossen

c) Sein Tatentschluss war auch frei von inneren Vorbehalten.

V hatte somit den vorbehaltlosen Tatentschluss gefasst, K in Mittäterschaft mit T und O zu töten.

4. V muss unmittelbar zur Tat angesetzt haben.

a) Das ist jedenfalls dann der Fall, wenn V durch das Lauern hinter dem Gartenzaun selbst unmittelbar zur Verwirklichung der Tat angesetzt hatte.

aa) Nach der Theorie von der Feuerprobe der kritischen Situation liegt ein Versuch vor, wenn der Täter nach seiner Vorstellung die Schwelle zum »jetzt geht's los« im Hinblick auf die Tatbestandsverwirklichung überschritten hat. V geht nicht davon aus, dass die Tatausführung mit dem Lauern beginnt. Nach dieser Ansicht liegt damit kein Versuchsbeginn vor.

bb) Nach der Gefährdungstheorie überschreitet der Täter die Grenze von der grundsätzlich straflosen Vorbereitungshandlung zum strafbaren Versuch, wenn auf Grundlage seiner Vorstellung von der Tat objektiv eine unmittelbare, konkrete Gefährdung des geschützten Rechtsguts vorliegt. Nach der Vorstellung des V hätte er erst nach dem Öffnen der Tür durch K dessen Leben unmittelbar, konkret gefährdet. V hat somit nicht unmittelbar zur Tat angesetzt.

cc) Damit waren auch weitere wesentliche Zwischenakte erforderlich, so dass das Auflauern durch V nach der Zwischenaktstheorie noch eine Vorbereitungshandlung darstellt.

dd) Da alle Ansichten zum gleichen Ergebnis kommen, kann ein Streitentscheid dahinstehen. V hatte nach der »Einzellösung« nicht unmittelbar zur Tat angesetzt.

b) Nach der sog. Gesamtlösung[21] findet der Eintritt in das Versuchsstadium für alle Mittäter mit dem unmittelbaren Ansetzen eines Mittäters statt[22]. Setzt einer der Mittäter an, kann dies den anderen über § 25 II StGB zugerechnet werden.

aa) Nach einer Ansicht ist daher das unmittelbare Ansetzen eines Mittäters erforderlich. T hat nicht angesetzt (s. o.). O wartet im Fluchtauto. Nach den oben dargestellten Ansichten ist dies kein unmittelbares Ansetzen zu einem Tötungsversuch. Ob O Mittäter ist, kann daher an dieser Stelle dahinstehen. Ein zurechenbares Ansetzen liegt nach dieser Ansicht nicht vor.

bb) Nach anderer Ansicht kann die irrige Vorstellung eines Tatbeteiligten, ein anderer Tatbeteiligter habe unmittelbar angesetzt, den Versuchsbeginn ersetzen[23]. V geht irrig davon aus, dass T beim Öffnen der Tür dem gemeinsamen Tatplan entsprechend vorgeht. Fraglich ist, ob auf Grundlage dieser irrigen Vorstellung ein unmittelbares Ansetzen der T vorläge.

aaa) V ging davon aus, dass die Tat mit dem Öffnen der Tür bereits in die »kritische Phase« übergeht. Nach der Theorie von der Feuerprobe der kritischen Situation hat er demnach zum Versuch unmittelbar angesetzt.

bbb) Nach der Vorstellung des V wäre auch in einem engen räumlichen und zeitlichen Zusammenhang die Tötung des K erfolgt. Somit hat V nach der Gefährdungstheorie unmittelbar zur Tat angesetzt.

ccc) Damit waren auch keine weiteren *wesentlichen* Zwischenakte erforderlich, so dass das Öffnen der Tür durch die T auch nach der Zwischenaktstheorie keine Vorbereitungshandlung mehr darstellt[24].

ddd) Legt man die irrige Vorstellung des V zu Grunde, hat die T somit unmittelbar zur Tat angesetzt. Im Rahmen der Gesamtlösung wäre V dieses Verhalten zuzurechnen, da nach seiner Vorstellung die Mittäterschaft weiterhin besteht.

cc) Zwar ermöglicht die Gesamtlösung die Zurechnung von Versuchshandlungen anderer Mittäter. § 25 Abs. 2 StGB verlangt aber eine zurechenbare Versuchshandlung im Sinne des § 22 StGB. Die irrige Vorstellung eines Mittäters kann das tatsächliche Vorliegen eines Versuchs jedoch nicht ersetzen[25], so dass erster Ansicht zu folgen ist.

c) Damit hat V weder nach der Gesamt- noch nach der Einzellösung unmittelbar angesetzt.

5. **Zwischenergebnis:** V ist nicht schuldig gemäß § 212 Abs. 1, § 23 Abs. 1, § 22, § 25 Abs. 2 StGB. Auch V hat sich im Zusam-

voraussetzt: vgl. Roxin, AT II, § 30 Rdn. 309; Hat der »Mittäter« jedoch im Vorbereitungsstadium einen Tatbeitrag erbracht, der bis ins Vollendungsstadium wirksam wäre, so haftet er nur dann nicht als Beteiligter, wenn er seinen Tatbeitrag vor Beginn der Tat so neutralisiert, dass dieser keinesfalls zur Vollendung der Tat führt; vgl. LK-Vogler, § 24 Rdn. 161; Schönke/Schröder/Eser, § 24 Rdn. 83; Da das Fassen des Tatplans allein nicht zu einem »rücktrittsbedürftigen« Versuchsstadium führt, ist in diesem Fall § 24 Abs. 2 StGB nicht einschlägig; Vgl. auch Otto JA 1980, 708.

21 RGSt 58, 279; 77, 172, 173; BGHSt 11, 268, 271 ff.; 39, 236, 237 f.; BGH NJW 1952, 430; BGH NStZ 1981, 99; BGH wistra 1987, 26; BGH NJW 1995, 142 f.; Ahrens, JA 1996, 664 ff., 666.; Baumann/Weber/Mitsch, AT, § 29 IV 4 a; Dencker, Kausalität und Gesamttat, 1996, S. 191 ff.; Gropp, AT, § 10 Rdn. 91; Ingelfinger, JZ 1995, 704 ff., 713; Jakobs, AT, 21/61; Jescheck/Weigend, AT, § 63 IV 1; Krack, ZStW 110 (1998), S. 611; Kühl, AT, 20/123; Küpper JZ 1979, 775 ff., 785 ff.; Küpper, GA 1986, 446 f.; Küpper/Mosbacher, JuS 1995, 488; Lackner/Kühl, § 22, Rdn. 9; Maiwald, ZStW 93 (1981), 879 ff.; 883 ff.; Maurach/Gössel, AT/2, 49/95 ff., 100 ff.; Otto, AT, § 21 Rdn. 125; Schönke/Schröder/Eser, § 22 Rdn. 55; Stratenwerth, AT, § 12 Rdn. 102 ff., 107 f.; Tröndle/Fischer, § 22 Rdn. 21; LK-Vogler, § 22 Rdn. 88 ff.; Wessels/Beulke, AT, Rdn. 611 f.

22 Gegen diese Zurechnung wendet sich die sog. Einzellösung: Bloy, Die Beteiligungsform als Zurechnungstypus im Strafrecht, 1985, S. 265 ff.; Kratzsch, JA 1983, S. 587; Roxin, AT II, § 29 Rdn. 297; Rudolphi, Bockelmann-FS, 1979, S. 369, 383 ff.; ders. SK, § 22 Rdn. 19; Schilling, Der Verbrechensversuch des Mittäters und des mittelbaren Täters, 1975, S. 1 ff.; Stein, Die strafrechtliche Beteiligungsformenlehre, 1988, S. 383 ff.; Valdagua, ZStW 98 (1986), 839 ff.

23 BGHSt 40, 229 mit zustimmender Anmerkung Hauf NStZ 1994, 263 ff.

24 Zur zweifelhaften Bestimmtheit der »Wesentlichkeit«: vgl. nur Otto, AT, § 18 Rdn. 29.

25 BGHSt 39, 236; Dencker, Kausalität, S. 239 ff.; Ingelfinger, JZ 1995, 704 ff.; Krack ZStW 110 (1998), 623 f.; Otto, AT, § 21 Rdn. 126 m. w. N.; Rath, JuS 1999, 144; Riemenschneider JuS 1997, 631; Streng ZipfGedS S. 330 f.; ders. ZStW 109 (1998) S. 891 ff.

menhang mit dem Geschehen am Wochenendhaus nicht strafbar gemacht.

III. Strafbarkeit des O

Versuchter Totschlag in Mittäterschaft § 212 Abs. 1, § 23 Abs. 1, § 22, § 25 Abs. 2 StGB

Indem O – wie mit T und V – vereinbart, mit dem Fluchtauto wartete, könnte er sich eines versuchten Totschlags in Mittäterschaft gemäß § 212 Abs. 1, § 23 Abs. 1, § 22, § 25 Abs. 2 StGB schuldig gemacht haben.

1. Der Totschlag ist nicht vollendet, da K noch lebt.

2. Der Versuch ist strafbar, §§ 23 Abs. 1, 12 Abs. 1 StGB, da der Totschlag im Mindestmaß mit einer Freiheitsstrafe von 5 Jahren bedroht ist.

3. O muss den vorbehaltlosen Tatentschluss gefasst haben, mit T und V gemeinschaftlich den K zu töten.

a) Bezüglich der Tötung kommt ein Handeln mit dolus directus 1. Grades (Absicht) in Betracht. O plante mit T und V, den K umzubringen. Diese Tötung war Ziel seines Handelns. Er handelte daher mit dolus directus 1. Grades bezüglich der Tötung des K.

b) Ferner muss der Entschluss des O die mittäterschaftliche Begehungsweise umfassen.

aa) Voraussetzung für die Mittäterschaft ist das Vorliegen eines gemeinsamen *Tatplans.*

O hatte zusammen mit T und V den Plan gefasst, den K zu töten. Ein gemeinsamer Tatplan liegt vor.

bb) Weiterhin muss O den Entschluss gefasst haben, einen Tatbeitrag zu leisten. O hatte den Entschluss gefasst, mit dem Fluchtauto zu warten. Das Tötungsdelikt wäre bei planmäßigem Ablauf zu diesem Zeitpunkt nicht nur vollendet, sondern sogar beendet gewesen. Grundsätzlich ist ein Tatbeitrag nach Beendigung der Tat nicht ausreichend, um die Mittäterschaft zu begründen[26], da dieser Tatbeitrag nicht in der Tatausführung wirksam wird. Das Bereithalten des Fluchtautos durch O war jedoch von Anfang an mit V und T abgesprochen[27]. V und T wussten daher schon bei Tatbegehung, dass sie den Tatort nach Beendigung der Tötung schnell verlassen können. Sein Tatbeitrag wirkt sich damit schon bei der Tatdurchführung aus. Der Tatentschluss des O umfasst damit auch einen Tatbeitrag und somit die Begehung der Tat als Mittäter[28].

c) Da O die Tatausführung nicht an innere Bedingungen knüpfte, war sein Tatentschluss vorbehaltlos.

4. O muss unmittelbar zur Tat angesetzt haben. Da O selbst nicht angesetzt hat, könnte allenfalls eine Zurechnung des Ansetzens der Mittäter in Betracht kommen. Diese haben jedoch ebenfalls nicht angesetzt, so dass ein Versuch ausscheidet.

5. **Zwischenergebnis:** Im Rahmen des Geschehens am Wochenendhaus hat sich auch O nicht strafbar gemacht.

IV. Strafbarkeit der T

Versuchter Totschlag in Mittäterschaft § 212 Abs. 1, § 23 Abs. 1, § 22, § 25 Abs. 2 StGB

1. Da weder V noch O unmittelbar zum Totschlag angesetzt haben, fehlt es an einer zurechenbaren Tat.

2. **Zwischenergebnis:** Im Rahmen des Geschehens am Wochenendhaus hat sich auch T nicht schuldig gemacht.

B. Die Verabredung des Überfalles

I. Strafbarkeit der T

§ 30 Abs. 2, 3. Variante in Verbindung mit § 212 Abs. 1 StGB, Verabredung eines Verbrechens

T könnte sich durch die Planung des Totschlags mit V und O einer Verabredung eines Verbrechens gemäß § 30 Abs. 2, 3. Variante in Verbindung mit § 212 Abs. 1 StGB schuldig gemacht haben.

1. Die Haupttat ist nicht ins Versuchsstadium gelangt.

2. Eine Verabredung i. S. d. § 30 Abs. 2 StGB ist die ernstgemeinte Übereinkunft wenigstens zweier Personen, ein Verbrechen als Mittäter zu begehen.

a) T hat mit V und O geplant, K gemeinschaftlich umzubringen (s. o.). T, V und O haben daher den mittäterschaftlichen Totschlag zu Lasten des K verabredet.

b) Weiterhin liegt die Verabredung eines Mordes vor, wenn die Übereinkunft Qualifikationsmerkmale i. S. d. § 211 Abs. 2 StGB umfasst. In Betracht kommt Heimtücke.

aa) Nach einer Ansicht tötet heimtückisch, wer in feindlicher Willensrichtung die Arg- und Wehrlosigkeit des Opfers bewusst zur Tötung ausnutzt[29]. Arglos ist, wer keinen Angriff auf Leib oder Leben befürchtet[30]. Wehrlos ist, wer aufgrund der Arglosigkeit in seiner Verteidigungsbereitschaft erheblich eingeschränkt ist[31]. Nach dem Tatplan wäre K sich bei dem Versuchsbeginn keines Angriffs auf sein Leben oder seine Gesundheit bewusst, da er nicht bemerkt hätte, dass jemand in sein Haus eindringt. Er wäre somit arglos. Aufgrund der Arglosigkeit hätte er auch keine Verteidigungsmaßnahmen getroffen. Dies wollten V, T und O ausnutzen. Nach dieser Ansicht liegt ein heimtückischer Mord vor.

bb) Nach der im Vordringen befindlichen Gegenansicht muss der Täter ein bestehendes besonderes Vertrauensverhältnis ausnutzen[32]. Da K weder T, V noch O ein besonderes Vertrauen entgegenbrachte, liegt nach dieser Ansicht keine Heimtücke vor.

cc) Für die letztere Ansicht spricht, dass das bloße Ausnutzen des Überraschungsmomentes das gesteigerte Unrecht der Tat gegenüber dem bereits durch § 212 StGB erfassten Tötungsunrecht nicht zu begründen vermag. Diese Vorgehensweise ist nicht zwingend das Kennzeichen einer besonderen Gefährlichkeit des Täters, sondern kann gerade Ausdruck seiner Schwäche und Unterlegenheit sein[33]. Stellt man dagegen auf das Ausnutzen eines Vertrauensverhältnisses ab, ermöglicht dies eine restriktive Auslegung des Heimtückebegriffs, die aufgrund der hohen Strafandrohung geboten ist. Damit liegt lediglich die Verabredung eines Totschlags vor.

3. Der Totschlag ist ein Verbrechen i. S. d. § 12 Abs. 1 StGB. Die Verabredung eines Verbrechens ist damit gegeben.

4. Fraglich ist, ob V von der Verabredung zurückgetreten ist. In Betracht kommt § 31 I Nr. 3 StGB.

a) Dann muss T die Tat verhindert haben. Indem T die Kripo rechtzeitig einschaltet, vereitelt sie die Tatausführung. Damit hat sie die Tat verhindert.

b) Dies geschah freiwillig, wenn sie sich aufgrund autonomer Motive zum Rücktritt entschließt[34]. T verhinderte die Tat, weil sie Gewissensbisse überkommen. Die Tat war ihr also weiterhin

26 BGH MDR/D 1975, 366; BGH NStZ 1984, 548; BGH NJW 1985, 814. Roxin, AT II, § 25 Rdn. 224.

27 Hier liegt daher kein Fall der sogenannten sukzessiven Mittäterschaft vor, da O nicht erst nachträglich (maßgeblicher Zeitpunkt ist der Versuchsbeginn) in einen »fremden« Tatplan eintritt.

28 Soweit mit Bloy, Die Beteiligungsform als Zurechnungstypus im Strafrecht, 1985, S. 370; Jakobs, AT, 21/51; Roxin, AT II, § 25 Rdn. 211 ff.; Stratenwerth, AT, § 12, Rdn. 93, die Erheblichkeit des Tatbeitrages verlangt, so ist hier die Mittäterschaft wohl zu verneinen. Das Gelingen der Deliktsverwirklichung hängt nämlich von der späteren Flucht mit dem Auto des O ab. Als Beteiligungsform verbleibt dann nur die Beihilfe, die im konkreten Fall jedoch mangels vorsätzlicher rechtswidriger Haupttat als versuchte Beihilfe straflos bliebe. Vgl. Otto, AT, § 22 Rdn. 90 m. w. N.

29 Vgl. nur Kindhäuser, LPK § 211 Rdn. 17 m. w. N.

30 BGH NStZ 1991, 233.

31 Vgl. BGH GA 1971, 113.

32 Otto, BT, § 4 Rdn. 25.

33 Jescheck JZ 1957, 387. Otto, BT, § 4 Rdn. 23.

34 Otto, AT, § 19 Rdn. 38.

möglich und war auch nicht mit Nachteilen verbunden, die sie vernünftigerweise nicht mehr auf sich genommen hätte. Damit war ihr Handeln durch autonome Motive bestimmt. T verhinderte die Tat freiwillig.

4. **Zwischenergebnis:** T ist gemäß § 31 Abs. 1 Nr. 3 StGB strafbefreiend vom Versuch der Beteiligung, § 30 Abs. 2, 3. Variante in Verbindung mit § 212 Abs. 1 StGB, zurückgetreten.

II. Strafbarkeit des V

§ 30 Abs. 2, 3. Variante in Verbindung mit § 212 Abs. 1 StGB, Verabredung eines Verbrechens

V könnte sich durch die Planung des Totschlags mit T und O einer Verabredung eines Verbrechens gemäß § 30 Abs. 2, 3. Variante in Verbindung mit § 212 Abs. 1 StGB schuldig gemacht haben.

1. Die Verabredung eines Verbrechens liegt vor (s. o.).

2. Da V die Tat weder verhindert noch sich um eine Verhinderung bemüht hat, kommt ein Rücktritt in seiner Person nicht in Betracht.

3. **Zwischenergebnis:** V ist strafbar wegen § 30 Abs. 2, 3. Variante in Verbindung mit § 212 Abs. 1 StGB, Verabredung zum Verbrechen.

III. Strafbarkeit des O

§ 30 Abs. 2, 3. Variante in Verbindung mit § 212 Abs. 1 StGB, Verabredung eines Verbrechens

O könnte sich durch die Planung des Totschlags mit T und V einer Verabredung eines Verbrechens gemäß § 30 Abs. 2, 3. Variante in Verbindung mit § 212 Abs. 1 StGB schuldig gemacht haben.

1. Die Verabredung eines Verbrechens liegt vor (s. o.).

2. Da O die Tat weder verhindert noch sich um die Verhinderung bemüht hat, kommt ein Rücktritt in seiner Person nicht in Betracht.

3. **Zwischenergebnis:** O ist strafbar wegen § 30 Abs. 2, 3. Variante in Verbindung mit § 212 Abs. 1 StGB, Verabredung zum Verbrechen.

C. Gesamtergebnis

V und O haben sich der Verabredung eines Verbrechens, § 30 Abs. 2, 3. Variante in Verbindung mit § 212 Abs. 1 StGB, schuldig gemacht. T bleibt straffrei.

Zwischenprüfungsklausur

Strafrecht

Semesterabschluss- und Zwischenprüfungsklausur

Von Prof. Dr. Klaus Geppert, Berlin

Bei der nachfolgenden Aufgabe (Bearbeitungszeit: vier volle Zeitstunden) handelt es sich um die Semesterabschlussklausur, die im Wintersemester 2003/2004 im Rahmen meines »Grundkurses Strafrecht II« (vorgesehen für das zweite Fachsemester) gestellt wurde. Sie entspricht in ihren Anforderungen einer Zwischenprüfungsklausur für Zweitsemester. Die Aufgabe besteht aus einem Teil A, in dem reine Wissensfragen ganz bewusst mit Verständnisfragen gemischt wurden, und einem Teil B, in dem die Bearbeiter einen kleinen Fall zu lösen hatten. Ihrem Stoff nach waren beide Teile im vorangegangenen Grundkurs ausführlich behandelt worden, der Fall in Teil B verständlicherweise in etwas anderem Gewande. Bei diesem Grundkurs (vier Semesterwochenstunden) handelt es sich nach der Studienordnung meines Fachbereiches (Freie Universität Berlin) um die für das zweite Fachsemester vorgesehene Pflichtlehrveranstaltung der strafrechtlichen Grundausbildung, die thematisch am Grundkurs I des ersten Semesters anknüpft und von hier aus zum einen die allgemeinen Lehren des Strafrechts (insbesondere Versuch, Täterschaft und Teilnahme, Unterlassungsdelikte und Fahrlässigkeit) beendet, zum andern den Besonderen Teil mit den Eigentumsdelikten (Diebstahl/Unterschlagung sowie Raubdelikte) fortsetzt und schließlich auch mit der strafrechtlichen Konkurrenzlehre vertraut machen will. Beide Teile der Klausur wurden zunächst individuell benotet und gingen gleichgewichtig in die Gesamtnote ein, die dann aber allein auf dem »Schein« erschien; auf eine jeweils zu erreichende Minimalnote habe ich verzichtet. Für die Benotung des Teils A waren bestimmte Punktzahlen bzw. -rahmen vorgegeben, die zum einen den Korrekturassistenten bei der Notenfindung helfen und zugleich auch den Bearbeitern einen Hinweis auf Wert und Bedeutung der von ihnen erwarteten Antwort geben sollten. In einem Bearbeiterhinweis hatte ich ausdrücklich darauf hingewiesen, dass nur in Teil B eine gewissermaßen »schulmäßige« Falllösung erwartet wird, sich hingegen die Fragen des Teils A teilweise mit ein oder zwei Sätzen beantworten lassen und die Präzision der Antwort hier wichtiger ist deren Umfang[1].

Teil A (Wissens- und Verständnisfragen)

1. Frage: **Ist der Versuch einer Brandstiftung (§ 306 StGB), bei der ausweislich von Abs. 2 jedenfalls »in minderschweren Fällen« lediglich »Freiheitsstrafe von sechs Monaten bis zu fünf Jahren« angedroht ist, strafbar?** (1 Punkt)

Die Frage ist eindeutig zu bejahen; denn da es sich auch bei der Brandstiftung nach § 306 StGB in seiner neuesten Fassung um ein »Verbrechen« handelt (§ 12 I StGB: »im Mindestmaß mit Freiheitsstrafe von einem Jahr oder darüber bedroht«), ist der Versuch wie bei jedem Verbrechen stets strafbar (vgl. § 23 I StGB). »Schärfungen oder Milderungen ... für besonders schwere oder minderschwere Fälle«, wie sie in § 306 II aufgeführt sind, bleiben nach § 12 III StGB außer Betracht.

2. Frage: **Ist die Unterscheidung zwischen tauglichem und untauglichem Versuch, mit der sich viele Generationen von Studierenden abquälen mussten, heute noch von Bedeutung?** (1–2 Punkte)

Nein, jedenfalls grundsätzlich nicht; denn mit der Entscheidung des Gesetzgebers für die subjektive Versuchstheorie (Strafgrund des Versuchs ist danach die – nach außen manifest gewordene – Betätigung eines rechtsgutsverletzenden Willens[2]) ist die Unterscheidung zwischen tauglichem Versuch (A schießt mit Tötungsvorsatz auf B, verfehlt ihn aber) und untauglichem Ver-

1 Die Klausur ist schlecht ausgefallen (Durchfallquote: 34,63% bei insgesamt 233 abgegebenen Arbeiten). Misserfolg war vor allem bei den Bearbeitern festzustellen, die die Lehrveranstaltung, die hier durch eine studienbegleitende Leistungskontrolle evaluiert werden sollte, nicht regelmäßig besucht haben.

2 Zum Strafgrund des Versuchs sowohl aus subjektiver wie aus objektiver Sicht s. vor allem Jescheck/Weigend, Strafrecht Allgemeiner Teil (5. Aufl. 1996), S. 512 ff und Roxin, Strafrecht Allgemeiner Teil Band II (2003), Rdn. 9 ff zu § 29 (S. 335 ff).

such (die Pistole, mit der A auf den B schießt, ist nicht geladen, was A aber nicht weiß) grundsätzlich unbeachtlich. Dies folgt im Übrigen auch durch Umkehrschluss aus § 23 III StGB, wonach eine Strafmilderungsmöglichkeit ausnahmsweise, doch nur dann gewährt wird, wenn der untaugliche Versuch »aus grobem Unverstand« zustandekam.

3. Frage: **Die beiden Angeklagten hatten einen bewaffneten Raubüberfall (§§ 249, 250 II Nr. 1, 25 II StGB) in einer Sparkasse beschlossen. Um sicher zu gehen, dass sie dabei nicht durch eine im Innern der Bank installierte Überwachungskamera photographiert würden, überklebten sie tags zuvor heimlich deren Kameralinsen. Durch Zufall entdeckte der Filialleiter diese Manipulation jedoch noch rechtzeitig und benachrichtigte die Polizei, die sich alsbald in einem Nebenraum postierte, um den oder die Täter bei Betreten der Bank festzunehmen. Die Angeklagten gaben ihr Vorhaben jedoch noch im letzten Augenblick auf, weil sie die in einer Nebenstraße geparkten Fahrzeuge der Polizei entdeckt und noch kurz vor Betreten der Sparkasse Lunte gerochen hatten.**

a) Haben sich die beiden Angeklagten wegen bewaffneten Raubversuchs (§§ 249, 250 II Nr. 1, 22, 25 II StGB) strafbar gemacht? (1–3 Punkte)

b) Wenn nein: Haben sich die beiden sonstwie raubmäßig strafbar gemacht? (1–2 Punkte)

Jeweils kurze Antwort genügt; ein »schulmäßiges« Fallgutachten wird nicht erwartet.

a) Der kleine Fall (nochmals: der nicht im Gutachtenstil gelöst werden musste!) ist nachgebildet einer neuen BGH-Entscheidung (NStZ 2004, 38 f.) und dient didaktisch der Abgrenzung zwischen der noch straflosen Vorbereitung und dem bereits strafbaren Versuch eines schweren Raubes. Die Bearbeiter mussten erkennen, dass es gemäß § 22 StGB darauf ankommt, ob die Täter nach ihrer »Vorstellung von der Tat zur Verwirklichung des Tatbestandes *unmittelbar angesetzt*« haben. Die Frage wurde vom BGH eindeutig und zu Recht verneint: Notenmäßige Pluspunkte konnten sich die Bearbeiter verdienen, wenn sie zur Beantwortung der Frage auf die hinlänglich bekannten und in der Vorlesung ausführlich vorgestellten verschiedenen Theorien (Zwischenakts-, Sphären-, Gefährdungs- oder Krisentheorie[3]) hinwiesen und diese am konkreten Fall fruchtbar machten. Wörtlich dazu der BGH in NStZ 2004, 38:

> »Eine Straftat versucht, wer nach seiner Vorstellung von der Tat zur Verwirklichung des Tatbestandes unmittelbar ansetzt. Dafür ist nicht erforderlich, dass der Täter bereits ein Tatbestandsmerkmal verwirklicht. Es genügt, dass er Handlungen vornimmt, die nach seinem Tatplan der Verwirklichung eines Tatbestandsmerkmals unmittelbar vorgelagert sind und im Fall des ungestörten Fortgangs ohne Zwischenakte in die Tatbestandshandlung unmittelbar einmünden. Das ist der Fall, wenn der Täter subjektiv die Schwelle zum ›jetzt geht's los!‹ überschreitet.«

Weil es insoweit schon tatbestandlich nicht zu einem Raubversuch gekommen ist, waren Ausführungen zu einem möglichen Rücktritt völlig fehl am Platz!

b) Hinsichtlich der zweiten Frage mussten die Bearbeiter erkennen, dass die beiden Täter jedenfalls das Verbrechen eines (bewaffneten) Raubes verabredet und sich damit nach § 30 II/3. Alt. i. V. mit §§ 249, 250 II Nr. 1 StGB strafbar gemacht haben. Des Weiteren mussten die Klausurschreiber erkennen, dass die beiden Täter von dieser Verbrechensverabredung nach § 31 I Nr. 3 StGB auch nicht mit strafbefreiender Wirkung zurückgetreten sind, haben sie ihren Plan doch nicht »freiwillig« (d. h. nicht aus autonomen Motiven, sondern nur auf Grund äußeren Drucks) aufgegeben.

4. Frage: **Bilden Sie im Bereich des Raubes mit Todesfolge (§ 251 StGB) jeweils einen kleinen Beispielsfall:**

a) für einen strafbaren erfolgsqualifizierten Versuch (1 Punkt) und

b) für den strafbaren Versuch einer Erfolgsqualifikation! (1 Punkt)

a) Die Konstellation eines *erfolgsqualifizierten Versuchs* ist dadurch charakterisiert, dass das Basisdelikt nur versucht (wichtig: doch strafbar) ist, der schwere Erfolg jedoch schon eingetreten ist und seinen Grund auch in der tatbestandstypischen Gefährlichkeit des Basisdeliktes hat[4]. Beispiel: Der Räuber hat bereits mit dem Würgen seines Opfers begonnen, doch auf die Wegnahme verzichten müssen, weil er von Passanten gestört wurde; leider hat aber allein schon die Gewaltanwendung, d. h. die dem Raub typische Basisgefährlichkeit zur tödlichen Folge des § 251 StGB geführt.

b) Vom *Versuch einer Erfolgsqualifikation* spricht man dort, wo das Basisdelikt in vollendeter oder auch nur versuchter (doch strafbarer) Form vorliegt, der schwere Erfolg jedoch nicht eingetreten, wohl aber vom entsprechenden Vorsatz erfasst ist[5]. Seit § 11 II StGB derartige Vorsatz-Fahrlässigkeits-Kombinationen der Vorsatztat gleichstellt und seit § 18 StGB, wo das erfolgsqualifizierte Delikt geregelt ist, davon spricht, dass den Täter oder Teilnehmer des erfolgsqualifizierten Delikts hinsichtlich der schweren Folge »wenigstens Fahrlässigkeit« (zu ergänzen: also erst recht auch Vorsatz) trifft, ist an der Strafbarkeit eines solchen Versuchs nach ganz h. M./ Rechtsprechung nicht zu zweifeln. Gleiches gilt folgerichtig auch beim Raub mit Todesfolge, weil auch § 251 StGB von »wenigstens leichtfertig« spricht. Beispiel: Der zum Raub entschlossene Täter, der bedingt vorsätzlich sogar den Tod seines Opfers in Kauf nimmt, wird beim Würgen seines Opfers gestört und flieht.

Die *5. Frage* gilt einigen Begriffen der Teilnahmelehre:

a) Was versteht man unter dem Einheitstäter? (1–2 Punkte)

b) Grundsatz der strengen Akzessorietät? (1 Punkt)

c) Grundsatz der limitierten Akzessorietät? (1 Punkt)

d) Aus welchem Zusammenhang kennen Sie die beiden Begriffe »täterbezogene« und »tatbezogene« Merkmale? Definieren und erläutern Sie beide Begriff ! (1–4 Punkte)

a) Bekanntlich unterscheidet das deutsche Kriminalstrafrecht bei der Beteiligung mehrerer an einer Straftat zwischen Täterschaft und Teilnahme (Anstiftung/Beihilfe). Der Begriff des »Einheitstäters« demgegenüber verzichtet auf eben diese Differenzierung und stuft – wie etwa das deutsche Ordnungswidrigkeitenrecht (§ 14 OWiG: »Beteiligen sich mehrere an einer Ordnungswidrigkeit, so handelt jeder von ihnen ordnungswidrig«) – demzufolge jede Person einheitlich als Täter ein, die einen kausalen oder auch nur mitkausalen Tatbeitrag zur Tatbestandsverwirklichung liefert. Die Intensität des jeweiligen Tatbeitrages kann nur im Rahmen der Sanktionsbemessung berücksichtigt werden.

b) Nach dem (bis zum Jahre 1943 gültigen) Grundsatz der strengen Akzessorietät war Teilnahme (Anstiftung/Beihilfe) nur an volldeliktischer, d. h. nur an tatbestandsmäßig -vorsätzlicher, rechtswidriger *und* schuldhafter Haupttat möglich.

c) Nach heutiger Gesetzeslage ist zwingend vom Grundsatz der limitierten Akzessorietät auszugehen. Wird demzufolge heute »jeder Beteiligte ohne Rücksicht auf die Schuld des anderen nach seiner Schuld bestraft« (§ 29 StGB), gibt es folgerichtig auch eine Teilnahme an (tatbestandsmäßig-vorsätzlicher und rechtswidriger, doch eben) nicht notwendig *schuldhafter* Haupttat.

d) Bei dieser Frage geht es um die Durchbrechung der Akzessorietät nach Maßgabe von § 28 StGB. Es geht hierbei um die

3 Grundlegend schon BGHSt 26, 201 ff.; dazu weithin auch Zustimmung im Schrifttum: vgl. für viele nur Wessels/Beulke, Strafrecht Allgemeiner Teil (33. Aufl. 2003), Rdn. 599 ff. und Roxin, a. a. O. (Fn. 2), Rdn. 121 ff. zu § 29 (S. 368 ff).

4 Zum »erfolgsqualifizierten Versuch« s. vor allem Sowada, JURA 1995, 644 ff.

5 Zur »versuchten Erfolgsqualifizierung« s. vor allem Roxin, a. a. O. (Fn. 2), Rdn. 319 ff. zu § 29 (S. 437 ff).

strafrechtliche Haftung von Teilnehmern für die Verursachung oder jedenfalls Mitverursachung fremden Unrechts. Eine solche Mithaftung kann dort unbillig sein, wo in der Person des Haupttäters Merkmale verwirklicht sind, die weniger die Tat (Stichwort: Erfolgsunrecht) als vielmehr die Person des Täters (Stichwort: personales Handlungsunrecht) bezeichnen. Solche personalen Elemente will das Gesetz nur *dem* Beteiligten anlasten, der sie in eigener Person verwirklicht. Demzufolge mussten die Bearbeiter erkennen, dass unter die »besonderen persönlichen Merkmale« i.S. von § 28 StGB nur »täterbezogene«, nicht aber auch »tatbezogene« Merkmale zu ziehen sind. Bei allem Streit um die Abgrenzung dieser beiden Begriffe (der am besten an den Mordmerkmalen des § 211 StGB verdeutlicht werden kann[6]) begreift man als »täterbezogen« (und damit den Anwendungsbereich des § 28 eröffnend) alle jene Eigenschaften, Verhältnisse und Umstände, die vorwiegend Person und Persönlichkeit des Täters, seine besondere Pflichtenstellung und seine Motive/Beweggründe betreffen (z.B. »Verdeckungs- oder Ermöglichungsabsicht« in § 211 oder »Amtsträgereigenschaft« bei den Amtsdelikten), während als »tatbezogen« (nochmals: und damit *nicht* zur Durchbrechung der Akzessorietät geeignet) jene Merkmale verstanden werden, die der sachlichen Kennzeichnung der Tat und der Modalitäten ihrer Ausführung dienen, kurz: die mehr rechtsgutbezogen sind (z.B. »heimtückisch« oder »mit gemeingefährlichen Mitteln« in § 211 oder auch »Zueignungsabsicht« in § 242 StGB).

Die 6. *Frage* gilt der Abgrenzung zwischen Täterschaft und Teilnahme: Welche Theorien dazu kennen Sie? (1–3 Punkte)

In diesem Zusammenhang mussten die Bearbeiter mindestens auf die beiden heute allein noch vertretbaren Abgrenzungstheorien – die *»eingeschränkte Animus-Theorie«* der Rechtsprechung und die *Lehre von der finalen Tatherrschaft* – eingehen. Nach der finalen Tatherrschaft ist »Täter«, wer das tatbestandsrelevante Kausalgeschehen (aktives Tun wie Unterlassen) zielgerichtet beherrscht, d.h. wer die Tatbestandsverwirklichung – wenn auch möglicherweise durch einen anderen (Umkehrschluss aus § 25 I/2. Alt. StGB) – nach seinem Willen lenken kann und will und demzufolge nach Lage des Falles als »Zentralfigur« und nicht als bloße »Randfigur« *(Roxin)* anzusehen ist. Die Rechtsprechung demgegenüber vertritt einen mehr subjektiven Lösungsansatz. Ausgehend vom Äquivalenzprinzip, wonach alle kausalen Bedingungen grundsätzlich gleichwertig sind, ist »Täter« demzufolge, wer die Tat »als eigene« will (wer also den »animus auctoris« hat), hingegen nur »Teilnehmer«, wer lediglich nur fremde Tat als Anstifter anregen oder als Gehilfe fördern will (wer also nur den »animus socii« hat). Zur Differenzierung und zwecks Beweiserleichterung für das eine oder das andere arbeitet die Rechtsprechung dabei mit Kriterien wie z.B. Umfang/Intensität, insbesondere Eigenhändigkeit der Tatbestandsverwirklichung, Tatherrschaft und Interesse am Taterfolg.

Heute nicht mehr vertretbar ist die *formal-objektive Theorie*, wonach Täter nur sein kann, wer den Tatbestand zumindest teilweise in eigener Person verwirklicht; ein derart »restriktiver« Täterbegriff ist mit der heutigen Gesetzeslage, nämlich mit § 25 I/2. Alt. StGB, schlicht nicht mehr zu vereinbaren. Kaum mehr zu vertreten ist im Übrigen auch die *»strenge Animus-Theorie«*, wie sie z.B. im »Badewannen-Fall« (RGSt 74, 84 ff.) oder im »Stachynski-Fall« (BGHSt 18, 87 ff.) vertreten wurde.

***7. Frage:* Definieren und grenzen Sie jeweils voneinander ab:**

a) Mittäterschaft? (1–2 Punkte)

b) Mittelbare Täterschaft? (1–2 Punkte)

a) Ausweislich von § 25 II StGB liegt *Mittäterschaft* vor, wenn »mehrere die Straftat gemeinschaftlich begehen«. Das setzt ein Dreifaches voraus: (1) zum einen rein objektiv eine arbeitsteilige Durchführung der Tat, was unproblematisch ist bei wirklicher Arbeitsteilung im eigentlichen Ausführungsstadium. Umstritten ist diese arbeitsteilige Durchführung für den Fall, dass ein potentieller Mittäter seinen Tatbeitrag nur im Vorbereitungsstadium erbringt[7], und umstritten ist eine mögliche Mittäterschaft auch für das Stadium zwischen Vollendung und Beendigung der Haupttat (Problem der sukzessiven Mittäterschaft/Beihilfe[8]). (2) Erforderlich ist des weiteren ein gemeinsamer Tatentschluss (subjektives Erfordernis), d.h. der Entschluss, die Tat wirklich gemeinsam und somit nach dem Motto »einer für alle, alle für einen« durchführen zu wollen; lediglich die bloße Billigung der Tat des anderen reicht dafür nicht aus. (3) Mittäter kann schließlich nur sein, wer auch Alleintäter sein könnte, d.h. wer auch die tatbestandlich erforderlichen (zusätzlichen) Täterqualitäten (z.B. Zueignungsabsicht etc.) aufweist.

b) *Mittelbarer Täter* ist, wer »die Straftat ... durch einen anderen begeht« (§ 25 I/2. Alt. StGB); zu beachten ist also, dass auch der mittelbare Täter nach allgemeinen Regeln zunächst und vor allem »Täter« sein muss. Dies ist weitgehend unproblematisch in Fällen, wo die Stellung des »Werkzeugs« (Vordermann/Tatmittler) durch ein *deliktisches* Minus gekennzeichnet ist (mittelbare Täterschaft z.B. bei tatbestandslos handelndem Werkzeug, bei vorsatz- oder absichtslosem Werkzeug, bei rechtmäßig oder bei schuldlos handelndem Werkzeug). Nach wie vor umstritten ist allerdings die Frage, ob insofern auch ein gewissermaßen *tatsächliches* Minus genügt, d.h. ob eine mittelbare Täterschaft auch bei volldeliktisch handelndem Werkzeug möglich ist (Streit um die Rechtsfigur des »Täters hinter dem Täter«[9]). Strenge Vertreter der finalen Tatherrschaftslehre befürworten ein uneingeschränkt strenges Verantwortungsprinzip und lehnen die Rechtsfigur des »Täters hinter dem Täter« apodiktisch ab[10], während andere Finalisten auch den »Täter hinter dem Täter« anerkennen wollen, an dessen »Herrschaft« aber strenge Anforderungen richten: mittelbare Täterschaft sei nur bei besonderen staatlichen Machtbefugnissen (DDR-Regierungskriminalität) oder bei sonstigen Macht- oder Befehlsstrukturen möglich (Organisationsherrschaft im unternehmerischen oder gar mafiosen Bereich)[11]. Letztlich zu gleichen Ergebnissen kommt auch die Rechtsprechung, die eine mittelbare Täterschaft im Falle eines volldeliktisch handelnden Werkzeugs ebenfalls nur bei entsprechender Organisations-, Befehls- oder Irrtumsherrschaft anerkennt (BGHSt 40, 218, 236 ff. zur Regierungskriminalität im Falle hoher SED-Funktionäre).

***8. Frage:* T ist fest entschlossen, dem X eine kräftige Tracht Prügel zu verpassen. A findet die Idee toll und gibt dem T zusätzlich den Rat, zur Durchführung der Tat doch sicherheitshalber einen Baseballschläger zu benutzen, was T auch tut. Wie hat sich A strafbar gemacht?** (1–2 Punkte)

Bei dieser Frage geht es um die Konstellation der sog. »Aufstiftung« (auch: Anstiftung zu übersteigertem Tatentschluss), bei der ein bereits zum Grunddelikt entschlossener Täter durch den Hintermann/Anstifter dazu gebracht wird, die Tat in einer unrechtsschwereren Form zu begehen. In einem Fall wie dem vorliegenden ist demzufolge umstritten, ob von einer Anstiftung zur

6 Dazu zur Wiederholung: GEPPERT/SCHNEIDER, JURA 1986, 106 ff.

7 S. dazu WESSELS/BEULKE, a.a.O. (Fn. 3), Rdn. 528 f. und ROXIN, a.a.O. (Fn. 2), Rdn. 198 ff. zu § 25 (S. 81 ff.); letzterer vertritt eine Minderheitenposition, derzufolge Mittäterschaft nur als *Ausführungs*mittäterschaft denkbar ist.

8 Die Rechtsprechung bejaht dies nicht nur für die sukzessive Beihilfe, sondern auch für die sukzessive Mittäterschaft (so schon RGSt 71, 193 ff. und BGHSt 6, 248 ff. und seither ständige Rechtsprechung); zur gegenteiligen Position im Schrifttum, die aus guten Gründen zunehmend an Boden gewinnt, s. vor allem LK-ROXIN, StGB (11. Aufl.), Rdn. 192 zu § 25 und GEPPERT, JURA 1999, 272 f.

9 Zum »Täter hinter dem Täter« s. weiterführend vor allem WESSELS/BEULKE, a.a.O. (Fn. 3), Rdn. 541 und ROXIN, a.a.O. (Fn. 2), Rdn. 94 ff. zu § 25 (S. 41 ff.).

10 So etwa SK/StGB-HOYER, Rdn. 36 zu § 25 und JESCHECK/WEIGEND, a.a.O. (Fn. 2), S. 664.

11 Vgl. LK-ROXIN, Rdn. 131 und LACKNER/KÜHL, StGB (24. Aufl. 2001), Rdn. 2 – je zu § 25 und mit weiteren Nachweisen.

gefährlichen Körperverletzung (§§ 224 I Nr. 2, 26 StGB) oder aber nur von einer (psychischen) Beihilfe dazu auszugehen ist:

(1) BGHSt 19, 339 ff. und die wohl h.M. im Schrifttum[12] bejahen eine Anstiftung zum unrechtsschwereren Delikt (hier: § 224 I Nr. 2 StGB), weil dieses gegenüber dem Grunddelikt (hier: § 223 StGB) nicht nur ein Mehr an Unrecht enthalte, sondern das Unrecht auch qualitativ ändere, d.h. zu einem arteigenen Unrechtstatbestand führe.

(2) Eine literarische Gegenposition[13] will dem Anstifter jedoch keine Anstiftung zur Übersteigerung anlasten, weil ihm damit auch die von ihm nicht verursachte Anstiftung zum Grunddelikt (diesbezüglich der Täter aber schon tatentschlossen war: »omni modo facturus«) angelastet würde. Bestraft wird der Hintermann dann aber wegen (psychischer) Beihilfe, versteht sich: zum unselbstständigen Qualifizierungstatbestand (hier: §§ 224 I Nr. 2, 27 StGB).

9. Frage: **Schwejk hat mit Blutwurst einen fremden Hund angelockt, um ihn am nächsten Tag gegen einen reichlichen – doch unter dem reinen Verkaufswert liegenden – »Finderlohn« dem glücklichen Eigentümer zurückzugeben. Strafbarer Diebstahl?** Kurzlösung genügt (1–3 Punkte)

Hinter dieser Frage, die der Entscheidung RGSt 55, 59 f. nachgebildet ist, steht der Streit um einen engeren oder einen eher (bedenklich) weiten »Zueignungs«-Begriff. Dabei ist man sich im Ausgangspunkt einig darüber, dass unter »Zueignung (sabsicht)« die auf Dauer gerichtete *Ent*eignung (wobei nach h.M./Rechtsprechung dolus eventualis ausreicht) und die mindestens vorübergehende *An*eignung zu verstehen ist. Folgt man der engen Substanztheorie und bezieht An- und Enteignung auf die entwendete Sache als solche[14], ist im Ausgangsfall Diebstahl mangels auf Dauer gerichteter Enteignung zu verneinen; denn Schwejk will den Hund dem Eigentümer unter Anerkennung seiner Eigentümerposition ja wieder zurückgeben. Deshalb ist eine »Zueignungsabsicht« auch von der modernen »Leugnungstheorie«[15] aus zu verneinen, weil Schwejk das fremde Eigentum bei der Zurückgabe des angeblich entlaufenen Hundes ja sehr wohl anerkennt[16]. Zur Bejahung der »Zueignungsabsicht« und damit auch zur Bejahung eines Diebstahls kommt man allenfalls, wenn man mit einer (m.E. zu) weiten »Sachwerttheorie«[17] aus in dem erstrebten Finderlohn den von Schwejk erstrebten Sachwert des Hundes sehen möchte. Dies wurde in der Klausur jedoch nur als (gerade noch) vertretbar anerkannt, wenn dieses Ergebnis gegen die gegenteilige h.M. abgesetzt wurde. Nach meiner Ansicht handelt es sich diesbezüglich um ein eindeutiges »lucrum ex negotio cum re«, das im Unterschied zum »lucrum ex re« (Sachwert im engen Sinn) gerade *nicht* unter den »Zueignungs«-Begriff fällt[18].

10. Frage: **Worin liegt die praktische Bedeutung einer benannten Strafzumessungsregel wie derjenigen des § 243 StGB und worin sehen Sie deren verfassungsrechtliche Problematik?** (1–3 Punkte)

Bei § 243 StGB handelt es sich um eine bloße Strafzumessungsregel, der als solcher eben gerade der den Richter bindende Tatbestandscharakter fehlt. Bei Vorliegen einer solchen benannten Strafzumessungsregel *kann* der Tatrichter, *muss* aber nicht verschärft bestrafen. Die Strafzumessungsrichtlinie stellt für den Tatrichter somit eine strafzumessungsmäßige Begründungserleichterung dar. Wenn er der Richtlinie nicht folgen will, muss er dies nicht, muss das Abweichen von der Regel dann aber begründen. Umgekehrt kann der Tatrichter aber auch dann verschärft bestrafen, wenn die Voraussetzungen der benannten Strafzumessungsregel an sich *nicht* gegeben sind, wohl aber ein »ähnlich« schwerer Fall vorliegt: Eben dies ist vor dem Hintergrund des strafrechtlichen Analogieverbotes (Art. 103 II GG: »nullum crimen sine lege«) verfassungsrechtlich überaus heikel!

11. Frage: **Erklären Sie den Begriff des »unechten« im Unterschied zum »echten Unternehmensdelikt« und erläutern sie das unechte Unternehmensdelikt am Beispiel des »Nachstellens« im Straftatbestand der Wilderei!** (1–2 Punkte)

In § 11 I Nr. 6 StGB ist das »echte Unternehmens«-Delikt charakterisiert als »Versuch (einer Tat) und deren Vollendung«. Gemeint ist damit, dass in den Fällen, in denen schon das Gesetz selbst von einem »Unternehmen« oder von »wer es unternimmt« spricht, schon der Versuch dieses Verhaltens als Vollendung gilt... mit der Folge, dass ein Rücktritt nach § 24 StGB ausgeschlossen (und allenfalls an einen Spezialfall »tätiger Reue« zu denken) ist. Von einem »unechten Unternehmens«-Delikt demgegenüber ist auszugehen, wenn das Gesetz zwar nicht den Begriff »Unternehmen«/»wer es unternimmt« vorsieht, wohl aber ein Tatbestandsmerkmal enthält, ausweislich dessen schon typisches Versuchsverhalten zur Vollendung führt. Bestes Beispiel dafür ist eben der Begriff des »Nachstellens« in § 292 StGB; darunter ist das »unmittelbare Ansetzen« (i.S. von § 22 StGB) zum tatbestandlichen »Fangen/Erlegen/Sichzueignen« zu verstehen.

12. Frage: **Was verstehen Sie unter dem strafrechtlichen Begriff der »Drohung«?** (1 Punkt)

Im Gegensatz zur bloßen Warnung (Beispiel aus BGHSt 16, 387: »Ihr gehört aufgehängt: Lasst nur die Russen kommen!«) versteht man unter »Drohung« das Inaussichtstellen eines künftigen Übels, bei dem der Drohende die Herbeiführung des Übels bzw. der Gefahr als jedenfalls von seinem Willen abhängig darstellt; der Drohende muss also behaupten oder jedenfalls so tun, als habe er auf den Eintritt des Übels tatsächlich Einfluss (Beispiel: »Wenn Du nicht gehorchst, sage ich das meinem großen Bruder, der Dich verprügeln wird«). Ob der Drohende seine Drohung tatsächlich wahrmachen will, ist dabei aber unerheblich (Schutzgedanke: Perspektive des Opfers!).

13. Frage: **Wann ist das, was die BILD-Zeitung einen »Handtaschenraub« nennt, materiellstrafrechtlich wirklich ein Raub i.S. von § 249 StGB?** (1–2 Punkte)

In dieser Frage geht es um eine praktische Anwendung des strafrechtlichen »Gewalt«-Begriffes und damit um die Frage, ob vorliegend die für den strafrechtlichen »Gewalt«-Begriff erforderliche körperliche Kraftentfaltung/Kraftanstrengung zur Überwindung eines körperlich geleisteten oder jedenfalls erwarteten Widerstandes vorhanden ist[19]:

Wenn es beim »Handtaschenraub« nur um den Überraschungseffekt geht und es letztlich kaum auf eine wirklich körperliche Kraftanstrengung ankommt, hat schon das Reichsgericht zu Recht einen Raub (Gewaltanwendung als funktionales Mittel zur Durchführung oder jedenfalls zur Erleichterung der Wegnahme) verneint (RGSt 46, 403 ff.). Dem scheint in jüngerer Zeit auch der Bundesgerichtshof wieder folgen zu wollen (GA 1968, 337 und

12 Je mit weiteren Nachweisen vor allem Roxin, a.a.O. (Fn. 2), Rdn. 104 ff. zu § 26 (in der dortigen Fn. 131 mit Hinweis z.B. auf Baumann/Weber/Mitsch, Krey, Maurach/Gössel, Otto, Wessels/Beulke u.v.a.).

13 Vgl. für viele vor allem Schönke/Schröder/Cramer/Heine, StGB (26. Aufl.), Rdn. 8, Lackner/Kühl, StGB (24. Aufl.), Rdn. 2a und SK/StGB-Hoyer, Rdn. 26 – je zu § 26 – sowie Geppert, **JURA** 1997, 305: alle mit weiteren Nachweisen.

14 So ursprünglich noch das Reichsgericht (RGSt 10, 369 ff. und RGSt 24, 22 ff.).

15 S. dazu schon Rudolphi, GA 1965, 33 ff. und Wessels, NJW 1965, 1153 ff.

16 In dieser Richtung später denn auch BGHSt 19, 387 ff: »Dienstmützen-Fall«.

17 Zur Sachwerttheorie (in einem eng verstandenen Sinn) s. grundlegend schon RGSt 40, 10 ff.

18 Zu dieser sinnvollen und hilfreichen Unterscheidung schon Bockelmann, ZStW 65 (1953), 573 ff. (575).

19 Nachgerade mustergültig insofern noch immer die Definition des Reichsgerichts in RGSt 56, 86 (88): »Das geltende deutsche Recht versteht, dem gewöhnlichen Sprachgebrauche folgend, ... unter Gewalt ausschließlich die durch Anwendung körperlicher Kraft erfolgte Beseitigung eines tatsächlich geleisteten oder bestimmt erwarteten und deshalb von vornherein durch Körperkraft zu unterdrückenden Widerstandes.«

StV 1986, 61): Nicht jede Wegnahme einer Handtasche durch blitzschnelles Zugreifen sei Raub; raubmäßige Gewalt sei nur dann zu bejahen, wenn der Täter wegen des tatsächlich geleisteten oder jedenfalls erwarteten Widerstandes *mehr* Kraft entfalte als für die eigentliche Wegnahme erforderlich ist.

14. Frage: **Was meint das Gesetz in § 316 a StGB mit »Ausnutzung der besonderen Verhältnisse des Straßenverkehrs«?** (1–3 Punkte)

Hier geht es um die Frage, wann der Täter bei seinem i.S. von § 316 a StGB tatbestandlichen Angriff auf Leib, Leben oder Entschlussfreiheit des Führers eines Kraftfahrzeugs oder eines Mitfahrers »die besonderen Verhältnisse des Straßenverkehrs ausnutzt«. In diesem den Schutzbereich des § 316 a StGB maßgeblich prägenden Tatbestandsmerkmal sind letztlich zwei Erfordernisse enthalten. So geht es zum einen um die ›besonderen Verhältnisse des fließenden Straßenverkehrs‹ und zum anderen darum, dass diese vom Täter in räuberischer Absicht ›ausgenutzt‹ werden müssen. Mit den ›besonderen Verhältnissen des Straßenverkehrs‹ meint das Gesetz die typischen Gefahren des fließenden Straßenverkehrs, zu denen für den Fahrer eines Kraftfahrzeugs namentlich die Beanspruchung durch die Lenkung des (in aller Regel: fahrenden!) Fahrzeugs und durch die Beobachtung des Verkehrsgeschehens und für die Mitfahrer diejenigen Gefahrenlagen gehören, die sich aus der erschwerten Flucht aus einem fahrendem Auto ergeben. Unter dem Aspekt der ›Ausnutzung‹ dieser besonderen Risiken, die die Abwehrchancen des in solcher Situation Angegriffenen deutlich verringern und ihn verständlicherweise schutzlos(er) machen, muss das Kraftfahrzeug in seiner Funktion als Verkehrsmittel (nochmals: fließender Verkehr!) in der Planung des Täters bewusst eine Rolle spielen. So hat nach teilweise widersprüchlicher Entwicklung der BGH schon Ende der 60er Jahre klargestellt, dass ein Angriff nicht mehr »in naher Beziehung zur Benutzung des Fahrzeugs als Verkehrsmittel« steht, wenn das Fahrzeug letztlich nur »als Beförderungsmittel zum Tatort« oder als Fluchtmittel vom Tatort weg oder quasi nur als Tatort benutzt wird (BGHSt 22, 114, 116).

Auf dieser Linie und im erklärten Bemühen, im Bereich des § 316 a unangemessene Ergebnisse zu vermeiden, die sich aus der weit in den Bereich der Vorbereitungshandlungen der Raubtaten verlegten Strafbarkeit ergeben konnen, hat der 4. Strafsenat des Bundesgerichtshofes in einer damals noch unveröffentlichten, doch inzwischen veröffentlichten neuen Entscheidung, auf die ich in einer der letzten Vorlesungsstunden hingewiesen hatte (Urt. v. 20. 11. 2003 – 4 StR 150/03 = DAR 2004, 160 = NStZ 2004, 207: dazu inzwischen *Geppert*, JK 5/03, StGB § 316 a/6) einmal mehr zu Recht eine zeitliche Verknüpfung dergestalt verlangt, dass das Opfer bei Verüben des Angriffs entweder Führer oder Mitfahrer eines Kraftfahrzeuges sein muss. Der BGH setzt dabei am Begriff des »Führers« eines Kraftfahrzeuges an, stellt aber klar, dass das Opfer diese Eigenschaft im Tatzeitpunkt, also zur Zeit des Angriffs und nicht etwa schon im Zeitpunkt des Raubentschlusses haben muss. Als »Führer eines Kraftfahrzeugs« gilt allenthalben, wer das Fahrzeug im Augenblick des Angriffs verantwortlich in Betrieb genommen hat, d.h. mit dessen Inbewegungsetzen bzw. Inbewegunghalten und im Zusammenhang damit mit der Bewältigung von Verkehrsvorgängen beschäftigt ist; anders als beim »Führen« eines Fahrzeugs (§ 316 StGB), wo es bekanntlich auf den Bewegungsvorgang als solchen ankommt (BGHSt 35, 390 ff.), ist im Rahmen von § 316 a nach dem Schutzzweck dieses Delikts somit nicht erforderlich, dass sich das Fahrzeug im Augenblick des Angriffs (schon oder noch) in Bewegung befindet[20]. Daraus folgt für den BGH, dass *nicht* als »Führer« eines Kraftfahrzeugs i.S. von § 316 a zu gelten hat, »wer sich *außerhalb des Fahrzeugs* befindet, sei es, dass er dieses noch nicht bestiegen, sei es, dass er es – wenn auch nach seiner Absicht nur vorübergehend – verlassen hat«. Hält sich das (potentielle) Tatopfer dagegen *im* Fahrzeug auf, ohne dass sich dieses in Bewegung befindet, so ist darauf abzustellen, ob es als Fahrer mit der Bewältigung von Betriebs- oder Verkehrsvorgängen befasst ist. Dies wird etwa bei einem sog. verkehrsbedingten Halt (z.B. Halt an einer Rotlicht zeigenden Ampel, an einer geschlossenen Bahnschranke, bei einem Stau u. dgl.) zu bejahen sein, da der Lenker eines Kraftfahrzeugs in dieser Situation seine Aufmerksamkeit weiter auch auf das Verkehrsgeschehen richten muss und deshalb leichter zum Angriffsobjekt eines Überfalls werden kann.

Die *15. Frage* gilt einigen konkurrenzrechtlichen Grundbegriffen:

a) Was verstehen Sie unter Kumulationsprinzip? (1 Punkt)

b) Erläutern Sie das Gesamtstrafenprinzip (1–2 Punkte) und

c) grenzen Sie es gegen das Einheitsstrafenprinzip ab! (1–2 Punkte)

a) Nach dem Kumulationsprinzip wird für jeden volldeliktisch verwirklichten Straftatbestand aus dessen jeweiligem Strafrahmen eine Strafe festgesetzt und diese mehrere Strafen werden dann rechnerisch einfach zusammengezählt, eben: kumuliert. Dieses (z.B. in den USA gebräuchliche) Prinzip führt verständlicherweise zu absurd hohen Strafergebnissen und ist bei uns – jedenfalls im Kriminalstrafrecht – nicht vorgesehen, doch immerhin dem deutschen Ordnungswidrigkeitenrecht nicht unbekannt (vgl. § 20 OWiG).

b) Ausweislich der §§ 52 ff. StGB hat sich das deutsche (Erwachsenen-)Strafrecht konkurrenzrechtlich für das sog. »Gesamtstrafenprinzip« entschieden. Danach wird zwischen *einer* und ggf. *mehreren* Handlungen unterschieden und dann für jede einzelne Handlung eine Einzel- oder Einsatzstrafe gebildet. Aus diesen Einzel- oder Einsatzstrafen wird dann in einem gesonderten Strafbemessungsvorgang die Gesamtstrafe gebildet; allein diese Gesamtstrafe erscheint im Urteilstenor und später im Strafregister. Die Einzel- oder Einsatzstrafen demgegenüber werden lediglich in den schriftlichen Urteilsgründen festgehalten, müssen dort aber begründet werden.

c) Im deutschen Jugendstrafrecht demgegenüber ist das Einheitsstrafenprinzip verwirklicht. Dies ergibt sich vor allem aus § 31 I JGG, wo gesetzlich festgeschrieben ist, dass der Richter, »auch wenn ein Jugendlicher mehrere Straftaten begangen hat, ... nur einheitlich Erziehungsmaßregeln, Zuchtmittel oder eine Jugendstrafe« festsetzt. Unabhängig davon, ob *mehrere* oder nur *eine* Handlung verwirklicht wurde, wird also nur *eine* Strafe festgesetzt. Der Gewinn dieser Konstruktion liegt zunächst einmal in einer erheblichen Vereinfachung des Strafbemessungsvorgangs; zudem wird das Einheitsstrafenprinzip dem Erziehungszweck des Jugendstrafrechts wohl gerechter als das Gesamtstrafenprinzip, das aber generalpräventive und nicht zuletzt strafprozessuale Vorteile (beschränkte Rechtskraft, Prozessökonomie) mit sich bringt und im Übrigen den Tatrichter im Hinblick auf jede einzelne Tat bei der Strafzumessung zu besonderer Sorgfalt zwingen soll[21].

16. und letzte Frage: **Im Bereich der Gesetzeskonkurrenz gibt es drei Unterformen. Nennen Sie diese und geben Sie für jede**

20 So schon GEPPERT, **JURA** 1995, 312.

21 Zur Begründung dafür, weshalb der deutsche Gesetzgeber sich 1975 im Bereich des Erwachsenenstrafrechts für das Gesamtstrafenprinzip entschieden hat, kann man in der Amtlichen Begründung zum StGB-Entwurf von 19162 (Bundestagsdrucksache IV/650, S. 190) nachlesen: Vor allem wäre bei Einführung des Einheitsstrafenprinzips »zu befürchten, dass die richterliche Strafzumessung bei Vorliegen mehrerer Straftaten an Sorgfalt und Genauigkeit einbüßt, wenn keine im Gesetz ausdrücklich bestimmte Pflicht mehr besteht, bei jeder einzelnen Tat die Größe des Unrechts und die Schwere der Schuld zu untersuchen und selbständig zu bewerten. Die Anknüpfung der Strafe nur an den Inbegriff mehrerer Straftaten verführt allzu leicht zu einer summarischen und an der Oberfläche haftenden Beurteilung der Taten und der Täterpersönlichkeit, die sich von den Grundsätzen eines folgerichtigen Schuldstrafrechts entfernt.«

Untergruppe jeweils (mindestens) ein Beispiel! (pro Untergruppe jeweils 1–3 Punkte)

a) Zu nennen ist hier zunächst die sog. *Spezialität*, bei der ein allgemeiner Tatbestand im spezielleren Tatbestand entweder schon begrifflich-tatbestandlich enthalten ist (Beispiele, die vorrangigen spezielleren Delikte jeweils nachgenannt: §§ 223/224, 242/244, 249/250 oder 212/211/216 u.v.a.) oder wo das allgemeine Delikt unter Verzicht auf tatbestandlichen Gleichlaut durch Verengung des entsprechenden Merkmals »spezialisiert« wird (Beispiel: die Kindesmisshandlung nach § 225 ist so gesehen spezieller als die einfache Körperverletzung des § 223 StGB). Charakteristisch für die Gesetzeskonkurrenz in Form der Spezialität ist die Idee der Subordination oder der Subtraktion.

b) Die *Subsidiarität* demgegenüber ist gekennzeichnet durch die begriffslogische Struktur der Interferenz (im Sinn von Überschneidung/Kreuzung). Nach dieser Idee der Interferenz ist von Subsidiarität überall dort auszugehen, wo die volldeliktisch verwirklichten mehreren Straftatbestände die gleiche oder jedenfalls eine ähnliche Schutzrichtung verfolgen, der Vergleich der jeweiligen Straftatbestände (nicht zuletzt durch Vergleich der jeweiligen Strafrahmen) jedoch ergibt, dass der eine (meist: unrechtsschwerere) Straftatbestand den anderen (eben: den meist unrechtsleichteren) Tatbestand verdrängt; unter diesen Voraussetzungen erscheint es unnötig, den verdrängten Tatbestand der Klarstellung des Unrechts wegen im Tenor des Urteils ausdrücklich zu erwähnen.

Ein Fall *ausdrücklicher* (auch: *gesetzlicher*) *Subsidiarität* liegt vor, wo das Gesetz selbst auf den gesetzeskonkurrierenden Vorrang anderer Gesetze hinweist. Meist sind die anderen Tatbestände, denen gegenüber der betreffende Straftatbestand als subsidiär zurücktreten soll, enumerativ aufgeführt (Beispiele für solche »speziellen« Subsidiaritätsklauseln: § 145 d, nachrangig hinter §§ 164, 258 oder 258 a; § 316, nachrangig hinter §§ 315 a oder 315 c; § 145, nachrangig hinter §§ 303 oder 304 StGB). Umstritten ist dies in jenen Fällen, in denen das Gesetz – wie z.B. bei §§ 125 I oder 246 I StGB – auf eine solche enumerative Aufzählung verzichtet (»allgemeine« Subsidiaritätsklauseln). Unter Berufung auf das verfassungsrechtliche Bestimmtheitsprinzip des Art. 103 II GG lässt der BGH in solchen Fällen jeden Straftatbestand mit schwererer Strafdrohung vorgehen[22], während das Schrifttum im Hinblick auf das Wesen der Subsidiarität (nochmals: Interferenz-Idee!) einen gesetzeskonkurrierenden Vorrang auch in diesen Fällen nur bejaht, wo das vorrangige schwerere Delikt grundsätzlich die gleiche oder jedenfalls eine ähnliche Schutzrichtung verfolgt[23].

Darüber hinaus ist von Subsidiarität auch dort auszugehen, wo ein klärender ausdrücklicher Gesetzeshinweis auf den Vorrang anderer Delikte an sich fehlt, sich dieser Vorrang aber daraus ergibt, dass eine tenorierungsmäßige Klarstellung zur Kennzeichnung des Unrechts nicht erforderlich erscheint. In der Vorlesung habe ich als Beispiel für diese *stillschweigende oder konkludente Subsidiarität* vier Fallgruppen genannt: (1) verschiedene Entwicklungsstufen ein und desselben deliktischen Angriffs (Beispiel: die bloße Mordverabredung – strafbar nach §§ 30 II i.V. mit 211 StGB – wird selbstverständlich durch den später verübten mittäterschaftlichen Mord subsidiär verdrängt). (2) Fallkonstellationen des Durchgangsstadium (Hauptbeispiel: vorsätzliche Körperverletzung wird durch vollendeten Totschlag gesetzeskonkurrierend verdrängt[24]). (3) Verletzungsdelikte verdrängen schutzrichtungsgleiche Gefährdungsdelikte und konkrete Gefährdungsdelikte wiederum verdrängen schutzrichtungsgleiche abstrakte Gefährdungsdelikte (z.B. §§ 212/221; §§ 212, 13/323 c). (4) Schließlich verdrängt die schwerere die unrechtsleichtere Teilnahmeform: Täterschaft geht vor Anstiftung, Anstiftung vor bloßer Beihilfe (unbestritten).

c) Die *Konsumtion* schließlich (die teilweise überhaupt nicht als selbstständige Untergruppe der Gesetzeskonkurrenz anerkannt, sondern der Subsidiarität zugeordnet wird) wird üblicherweise mit den Begriffen der »mitbestraften Vor-, Begleit- oder Nachtat« umschrieben. Sie wird dort gebraucht, wo mangels tatbestandlicher Kongruenz zwar kein Fall von Spezialität und mangels Delikten mit gleicher Schutzrichtung auch kein Fall von Subsidiarität vorliegt, wo aber ein bestimmtes Delikt trotz anderer Schutzrichtung jedenfalls (wenn auch nicht zwingend, so doch jedenfalls) in der Regel mitverwirklicht ist. In einem solchen Fall kann mit der Bestrafung aus dem vorrangigen Delikt das andere Delikt als mitabgegolten gewertet werden; es bedarf im Urteilstenor danach keiner besonderen Klarstellung. Beispiele: Eine Urkundsvernichtung ist ohne gleichzeitige Sachbeschädigung kaum vorstellbar; daher Vorrang von § 274 I Nr. 1 vor § 303 StGB. Gleiches gilt für das Verhältnis von § 306 a (schwere Brandstiftung) zu den §§ 303, 305 oder 306 StGB (Sachbeschädigung).

Teil B (Klausur)
»Eine feine Truppe«

August (A), Bertram (B) und Carl (C) kommen überein, sich durch Entwendung von Kraftfahrzeugen, die sich leicht nach Osteuropa verschieben lassen, fortan einen schönen Nebenverdienst zu verschaffen. A ist der Kopf der Truppe, der jeden Diebstahl bis ins Kleinste vorbereitet und auch für die Abnahme der Beute sorgt, sich ansonsten aber nicht die »Hände schmutzig machen« will. B und C sollen jeweils vor Ort die Tat durchführen.

Einen ersten Tipp bekommen sie von Kfz-Schlosser Klaus (K), der gegen einmaliges Entgelt und erklärtermaßen nur für dieses eine Mal, doch in Kenntnis ihrer Pläne die Tür der Werkstatt, in der ein nagelneuer MERCEDES steht, unverschlossen offenstehen lässt. B und C sollen die Entwendung des Fahrzeugs nach Werkstattschluss durchführen, K sicherheitshalber Schmiere stehen. Am vorgesehenen Abend erwischt den C jedoch eine schwere Magen-Darm-Grippe, die seinen Einsatz an diesem Tag unmöglich macht. C meldet sich bei A und B krank, ermuntert aber beide, die Tat ausnahmsweise auch ohne ihn durchzuführen, was dann auch geschieht. A ist zur Tatzeit aus Alibigründen mit Freunden im Kino, hätte aber – wie ausdrücklich abgesprochen- von B jederzeit über Handy angerufen und um Rat gefragt werden können. Durch einen Zufall kommt die Polizei dieser feinen Truppe schon nach der allerersten Tat auf die Schliche.

Wie haben sich A, B, C und K strafbar gemacht? Ausführungen zu § 123 StGB (Hausfriedensbruch) werden nicht erwartet.

Vorweg zu Aufbau und Benotung: Da alle vier Tatbeteiligte ersichtlich unterschiedliche Tatbeiträge geliefert haben und nur drei von ihnen Bandenmitglieder sind, empfiehlt sich dringend eine getrennte Prüfung der vier Beteiligten. Zu beginnen ist selbstverständlich mit der Person des B, weil dieser die Tat durchführt. Im Übrigen diente die Klausur dem Nachweis, ob die Bearbeiter die Grundsatzentscheidung des Großen Strafsenates (*BGHSt* 46, 321 ff.), die im Grundkurs ausführlich erläutert wurde, fallbezogen anwenden können und auch sonst schon hinreichend mit der Fallbearbeitung vertraut sind. Eine exakte Subsumtion wurde erwartet. Neben Problemen des »Bandendiebstahls« geht es materiellrechtlich maßgeblich um Teilnahmefragen.

22 So etwa BGHSt 43, 237 ff. zu § 125 StGB und BGHSt 47, 243 ff. zu § 246 I StGB.

23 S. dazu vor allem Rudolphi, JZ 1998, 471 ff. (gegen BGHSt 43, 237 ff.) und Geppert, JK, StGB § 246/13 (gegen BGHSt 47, 243 ff.); gegen die letztgenannte Entscheidung auch Duttge/Sotelsek, NJW 2002, 3756 ff.; Hoyer, JR 2002, 517 ff. und Küpper, JZ 2002, 1114 ff.

24 So seit BGHSt 16, 122 ff. unbestritten anerkannt. Demgegenüber bleibt es aber bei Tateinheit zwischen nur *versuchter* vorsätzlicher Tötung und *vollendeter* Körperverletzung; hier muss klargestellt werden, dass es tatsächlich zu einem körperverletzenden Erfolg gekommen ist: so auf langes Drängen der Literatur nunmehr auch BGHSt 44, 196 ff.

A. *Strafbarkeit von B*

I. §§ 242 (243 I Nr. 3), 25 II StGB (gewerbsmäßiger Diebstahl) sind in der Person des B zweifelsohne verwirklicht:

1. B hat auf Grund gemeinschaftlichen Tatentschlusses und arbeitsteilig mit anderen (hier: arbeitsteilig jedenfalls mit A) und daher mittäterschaftlich den »fremden« Pkw einem anderen »weggenommen« (fremden Gewahrsam gebrochen und neuen, nicht notwendig eigenen begründet). Auch am Vorsatz und an rechtswidriger Selbstzueignungsabsicht ist vorliegend nicht zu zweifeln (**§§ 242, 25 II StGB**).

2. Weil B sich (1) aus einer wiederholten oder jedenfalls als wiederholt geplanten Begehung von Diebstählen (2) auf unbestimmte Zeit (3) eine fortlaufende Einnahmequelle von einiger Dauer und nicht ganz unerheblichem Umfang verschaffen wollte[25], hat er auch »gewerbsmäßig i. S. von **§ 243 I Nr. 3** gehandelt (täterbezogenes »besonders persönliches Merkmal« i. S. von **§ 28 II**). Nach h. M./Rechtsprechung genügt hierfür schon ein einmaliger Vorfall, sofern sich die subjektiven Voraussetzungen der »Gewerbsmäßigkeit« schon bei der ersten Tat feststellen lassen[26].

Merke: Es handelt sich dabei nur um eine benannte Strafzumessungsregel und nicht etwa um einen eigenen Qualifizierungs*tatbestand*!

3. Rechtfertigungs- und Schuldausschließungsgründe sind (hier und im Folgenden) nicht ersichtlich.

II. Zu prüfen bleibt eine Qualifizierung nach **§§ 244 I Nr. 2, 244 a I, 25 II StGB (schwerer Bandendiebstahl):**

1. Der **Bandendiebstahl (§ 244 Abs. 1 Nr. 2)** erfordert ein Doppeltes:

a) B muss zunächst einmal »*Mitglied einer Bande* (sein), die sich zur fortgesetzten Begehung von Raub oder Diebstahl verbunden hat«. Im Anschluss an die bisher schon lange h. M. im Schrifttum[27] versteht nunmehr auch der Große Strafsenat (*BGHSt* 46, 321 ff.) unter einer »Bande« (1) den »Zusammenschluss von mindestens drei Personen . . ., die sich mit dem Willen verbunden haben, (2) künftig für eine gewisse Dauer mehrere selbstständige, im Einzelfall noch ungewisse Straftaten des im Gesetz genannten Deliktstyps zu begehen. (3) Ein ›gefestigter Bandenwille‹ oder ein ›Tätigwerden in einem übergeordneten Bandeninteresse‹ ist nicht erforderlich« (so der erste Leitsatz in *BGHSt* 46, 321). Auch hierbei handelt es sich um ein täterbezogenes »besonderes persönliches Merkmal« i. S. von § 28 Abs. 2, das auch für den B gilt, weil es in seiner Person verwirklicht ist.

Merke: Grob falsch wäre es, den krankheitsbedingten Ausfall des C zum Anlass zu nehmen, das Vorliegen einer »Dreier«-Bande zu verneinen!

b) Erforderlich ist darüber hinaus aber auch die Verwirklichung des Diebstahls »*unter Mitwirkung eines anderen Bandenmitglieds*«. Mit diesem zusätzlichen Qualifikationsmerkmal ist nicht die »täterbezogene« quasi Dauer-*Banden*-Gefährlichkeit, sondern die in der einzelnen Tat zum Ausdruck kommende *Ausführungs*gefährlichkeit gemeint, die demzufolge eindeutig »tatbezogen« ist und sich somit dem Anwendungsbereich des § 28 entzieht. Was unter dieser bandenmäßigen Ausführungsgefahr jedoch genau zu verstehen ist, ist auch nach der Entscheidung des Großen Strafsenates heftig umstritten und vorliegend im Übrigen fallrelevant:

(1) Die bislang wohl noch immer *herrschende Meinung im Schrifttum* sieht den Grund für dieses zusätzliche Qualifizierungsmerkmal in der besonderen Aktions- und Ausführungsgefahr, der das Opfer ausgesetzt ist, wenn es sich vor Ort (mindestens) zwei Bandenmitgliedern gegenübersieht. Von hier aus ist es erforderlich, dass wenigstens zwei Bandenmitglieder örtlich und zeitlich zusammen die Wegnahme durchführen[28].

Zum Fall: Wer dieser Ansicht folgt, wird vorliegend angesichts des Ausfalls des C einen Bandendiebstahl verneinen müssen; denn B hat den Diebstahl insoweit eben nicht »unter (gemeint: vor Ort erfolgter) Mitwirkung eines anderen Bandenmitglieds« durchgeführt. Ausgesprochen »pfiffig« und mit dieser Begründung durchaus vertretbar wäre es jedoch, in der handy-mäßigen Präsenz des großen Bandenchefs A die tatbestandliche erforderliche »Mitwirkung eines anderen Bandenmitglieds« zu sehen.

(2) Für den *Großen Strafsenat* demgegenüber reicht es aus, »wenn ein Bandenmitglied und ein anderes Bandenmitglied beim Diebstahl in irgendeiner Weise zusammenwirken. Die Wegnahmehandlung selbst kann auch (gemeint: sogar!) durch einen banden*fremden* Täter ausgeführt werden« (so der zweite Leitsatz in *BGHSt* 46, 321 ff.). Diese Ausweitung begründet der BGH mit der aus der bandenmäßigen Tatbegehung erhöhten Gefährdung des Eigentums: Die so verstandene Organisationsgefährlichkeit der Bande (wichtig: auch für den BGH ein »tatbezogenes« Kriterium, für das § 28 nicht einschlägig wird!) setze nicht zwingend die Anwesenheit von mindestens zwei Bandenmitgliedern am Tatort voraus; eine Täter-Opfer-Konfrontation sei dem (auch: Banden-)Diebstahl fremd[29].

Zum Fall: Wer dieser Ansicht folgt, kann § 244 I Nr. 2 vorliegend bejahen. Obgleich mich dieser Standpunkt (dem im Examen zu folgen ich den Studierenden – trotz eigener entgegenstehender Ansicht – in der Vorlesung allerdings empfohlen habe!) keineswegs überzeugt (nochmals: mit dieser Auslegung verliert dieses zusätzliche – tatbezogene! – Qualifikationsmerkmal der »Aktions- oder Ausführungsgefahr« neben der – täterbezogenen! – Bandengefährlichkeit letztlich jede Bedeutung), folgt die weitere Musterlösung eben dieser Ansicht!

2. Weil B den Bandendiebstahl (§ 244 I Nr. 2) »unter den in § 243 I S. 2 genannten Voraussetzungen, nämlich: »gewerbsmäßig« begangen hat, ist er sogar wegen **schweren Bandendiebstahls (§ 244 a I/1. Alt.)** zu bestrafen. Damit ist die Tat zum »Verbrechen« geworden (wichtig bezüglich einer möglichen »Verbrechensverabredung«!).

III. Hinweise zu einem gleichzeitigen **Hausfriedensbruch (§ 123 StGB)** wurden von den Bearbeitern nicht erwartet.

IV. Einige Bearbeiter haben auch **§ 129 StGB (Bildung einer kriminellen Vereinigung)** geprüft und sogar bejaht, was ich bei vorgegebenem Sachverhalt für verfehlt halte (allerdings kaum notenrelevant):

Mit krimineller Vereinigung werden nur solche Zusammenschlüsse von Personen gemeint, die – insofern anders als »Banden«! – organisatorisch verfestigt sind, bei Unterordnung des Willens des Einzelnen unter einen Gesamtwillen einen gemeinsamen Zweck verfolgen und sich demzufolge untereinander als einheitlichen Verband fühlen[30].

V. Ergebnis/Konkurrenzen: Der schwere Bandendiebstahl (§ 244 a StGB) geht den §§ 242 und 244 I Nr. 2 gesetzeskonkurrierend vor (Spezialität).

B. *Strafbarkeit des Bandenchefs A*

Vorweg zu Aufbau und Darstellung: Die maßgeblichen Probleme um den »Bandendiebstahl« müssten bereits bezüglich der Person des B erörtert worden sein. Daher kann sich eine elegante Bearbeitung nachfolgend darauf beschränken, die (meist teilnahmerechtlichen) Besonderheiten hervorzuheben, und darf ansonsten auf die früheren Ausführungen verweisen!

25 Ständige Rechtsprechung: vgl. BGH NStZ 1992, 87.

26 LK-Russ, 11. Aufl., Rdn. 21 zu § 243; a. A. SK/StGB-Samson, Rdn. 23 zu § 243: vertretbar, sofern gegen die h. M./Rechtsprechung abgesetzt.

27 Vgl. Schild, GA 1982, 55 ff.

28 Vgl. Sch./Schröder/Eser, StGB (26. Aufl.), Rdn. 26 f. zu § 244, Wessels/Hillenkamp, BT Bd. 2 (26. Aufl.), Rdn. 272 ff. sowie Rengier, Besonderer Teil Bd. I (6. Aufl.), Rdn. 48 ff. zu § 4.

29 Zustimmung z. B. bei Tröndle/Fischer, StGB (51. Aufl.), Rdn. 21 c und bei LPK-Kindhäuser, Rdn. 34 – je zu § 244.

30 BGHSt 10, 16: ständige Rechtsprechung.

I. So bleibt für den Bandenchef A, der seine Tatbeiträge lediglich im Vorbereitungsstadium geleistet hat, zunächst und vor allem zu prüfen, ob ihm der von B verübte **gewerbsmäßige Diebstahl** überhaupt mittäterschaftlich zuzurechnen ist (**§§ 242, 243 I Nr. 3, 25 II StGB**). Dies ist bekanntlich heftig umstritten:

1. Eine *literarische Minderansicht* verlangt für die Mittäterschaft jeweils einen (arbeitsteiligen) Tatbeitrag im eigentlichen *Ausführungs*stadium (gemeint: zwischen Versuch und Vollendung); denn wer nur im Vorbereitungsstadium mitwirke, nicht aber bei der eigentlichen Ausführung der Tat, dem fehle das für die Tatherrschaft unverzichtbare »Indenhändenhalten« des tatbestandlichen Geschehensablaufes[31].

Zum Fall: Wer dieser Ansicht folgt (durchaus vertretbar, sofern begründet und gegen die h. M./Rechtsprechung abgesetzt), wird eine mittäterschaftliche Haftung des A verneinen und für den Bandenchef eine Lösung allein über Anstiftung/Beihilfe (eher unbefriedigend) oder über mittelbare Täterschaft (wo ist die Herrschaft des A über seine Bandenmitglieder?) suchen müssen.

2. Die weitaus *herrschende Meinung* demgegenüber lässt für die Mittäterschaft auch einen Tatbeitrag im Vorbereitungsstadium genügen, wenn das »Beteiligungsminus« bei der realen Tatausführung durch das besondere Gewicht der vorbereitenden Deliktsplanung oder durch die besondere Stellung der betreffenden Person innerhalb der Gesamtorganisation hinreichend ausgeglichen wird[32]. ... was vorliegend für den A nach dessen Stellung und nach dem Gewicht des von ihm Geleisteten eindeutig zu bejahen ist.

3. Gleiches gilt für die *eingeschränkte Animus-Theorie der Rechtsprechung*. Auch diese fordert für die Mittäterschaft keinen eigenhändigen Tatbeitrag im *Ausführungs*stadium, sondern lässt auch »eine geistige Mitwirkung, auch eine Vorbereitungshandlung in der Weise (genügen), dass der Mittäter dem ausführenden Genossen durch einen vor der Ausführung gegebenen Rat zur Seite steht oder in irgendeinem Zeitpunkt dessen Willen zur Verwirklichung des Tatbestandes stärkt, wenn er nur zur Zeit dieser geistigen Einwirkung den ganzen Erfolg der Straftat als eigenen mitverursachen will«[33]. ... was vorliegend für A, der im Übrigen in eigener Person auch das täterbezogene Merkmal (§ 28 II) der »Gewerbsmäßigkeit« verwirklicht, sicherlich wiederum zu bejahen ist.

Zum Fall: Nach h. M./Rechtsprechung ist Bandenchef A mittäterschaftlich für den gewerbsmäßigen Diebstahl mitverantwortlich.

II. Zu fragen bleibt, ob dem Bandenchef A mittäterschaftlich auch ein **schwerer Bandendiebstahl (§§ 244 I Nr. 2, 244 a und 25 II StGB)** anzulasten ist. In dieser Frage gehen die Meinungen nach wie vor auseinander (selbstverständlich sind beide Lösungen – sofern jeweils begründet – vertretbar):

1. Wer der Entscheidung des Großen Strafsenates (BGHSt 46, 321 ff.) folgt, wird dies bejahen können. Denn A hat in eigener Person »gewerbsmäßig« und als »Mitglied einer Bande« – jeweils: täterbezogene Merkmale! – die Tat sehr wohl auch »unter Mitwirkung eines anderen Bandenmitglied« mitverübt. Denn mit diesem tatbezogenen (!) zusätzlichen Merkmal ist nicht die eigentliche Ausführungsgefahr (also: mindestens zwei Bandenmitglieder vor Ort!) gemeint, sondern die aus bandenmäßiger Begehung folgende erhöhte Organisationsgefahr; diese sei aber auch gegeben, wenn die eigentliche Entwendung nur durch *einen* (oder sogar einen banden*fremden*) Täter begangen werde.

2. Die Gegenansicht im Schrifttum, die das zusätzliche Merkmal »unter Mitwirkung eines anderen Bandenmitglieds« als Ausführungsgefahr in einem engen Sinn deutet und von hier aus die Anwesenheit von mindestens zwei Bandenmitglieder gewissermaßen »vor Ort« verlangt, wird einen schweren Bandendiebstahl verneinen müssen.

Nochmals: Ich halte es auch von dieser Minderansicht aus durchaus für vertretbar, einen schweren Bandendiebstahl vorliegend trotz Ortsabwesenheit des A zu bejahen, weil er nach dem gemeinsamen Tatplan über ein Handy vor Ort gewissermaßen mitpräsent war!

III. Zur Konkurrenz: Siehe oben.

C. Bezüglich der **Person des C** ist zu bedenken, dass dieser bei Durchführung des Diebstahls wegen Krankheit nicht dabei war, jedoch seine Bandenmitgliedschaft keineswegs aufgegeben hat:

I. Aus diesem Grund kann ihm der **Diebstahl als solcher (§§ 242, 25 II StGB)** jedenfalls nicht mittäterschaftlich zugerechnet werden:

C war arbeitsteilig weder bei der eigentlichen Ausführung der Tat noch nach Lage der Dinge im Vorbereitungsstadium in einer Art und Weise beteiligt, die ihn angesichts der besonderen Bedeutung seines Tatbeitrages jedenfalls bei dieser ersten Tat als Mitinhaber der finalen Tatherrschaft (als Zentralfigur!) oder aber seinen Vorsatz als »animus auctoris« ausgewiesen hätte; er war bei dieser Tat wirklich nur Randfigur. Daher eindeutig: Bei Nichtmitwirkung eines Bandenmitglieds im Einzelfall kommt nur Teilnahme in Betracht[34].

II. Weil C sich trotz Krankheit nicht von der Tat distanziert, seine Kumpane vielmehr nachdrücklich zur Durchführung der Tat auch ohne ihn ermuntert hat, ist für seine Person jedoch von **psychischer Beihilfe** auszugehen:

1. jedenfalls **zu gewerbsmäßigem Diebstahl (§§ 242, 243 I Nr. 3, 27 StGB)**, weil er in seiner Person auch das täterbezogene Merkmal der »Gewerbsmäßigkeit« erfüllt.

2. Beihilfe **zu schwerem Bandendiebstahl (§§ 244 I Nr. 2, 244 a, 27 StGB)** ist ihm, der in eigener Person jedenfalls auch das täterbezogene Merkmal der »Bandenmitgliedschaft« verwirklicht, jedoch nur dann anzulasten, wenn man mit BGHSt 46, 321 ff. bezüglich des Qualifikationsmerkmals »unter Mitwirkung eines anderen Bandenmitglieds« nicht die zeitlich-räumliche Anwesenheit von mindestens zwei Bandenmitgliedern vor Ort verlangt.

III. Notenmäßige Pluspunkte verdienten diejenigen (ganz seltenen!) Bearbeiter, die erkannten, dass dem C auch die **Verabredung zu einem Verbrechen (§§ 30 II/3. Alt. i. V. mit 244 a StGB)** vorzuhalten ist; denn wenn der Bandendiebstahl jedenfalls unter den Voraussetzungen des § 244 a ein »Verbrechen« ist, hat sich C mit den anderen zwei Bandenmitgliedern auch i. S. von § 30 II »verabredet, ein Verbrechen zu begehen«.

IV. Konkurrenz: Die Beihilfe zum schweren Bandendiebstahl geht der bloßen Verabredung dazu gesetzeskonkurrierend vor (Subsidiarität).

D. Kürze ist somit auch hinsichtlich der **Person des Nicht-Bandenmitglieds K** erlaubt:

I. Selbstverständlich hat K sich im Hinblick auf seinen Tipp, das Offenlassen der Werkstatt und das Schmierestehen wegen **Beihilfe zum Diebstahl (§§ 242, 27 StGB)** zu verantworten,

II. *nicht* jedoch wegen **Beihilfe zu gewerbsmäßigem Diebstahl (§§ 242, 243 I Nr. 3, 27 StGB)** und selbstverständlich auch nicht wegen **Beihilfe zu schwerem Bandendiebstahl (§§ 244 I Nr. 2, 244 a, 27 StGB)**; denn in seiner eigenen Person erfüllt K weder das täterbezogene Merkmal der »Gewerbsmäßigkeit« noch dasjenige der «Bandenmitglieder«.

31 LK-Roxin (11. Aufl.) Rdn. 181 ff. und SK/StGB-Samson, Rdn. 122 – je zu § 25 und mit weiteren Nachweisen.

32 Vgl. Lackner/Kühl, StGB (24. Aufl.), Rdn. 11 zu § 25 sowie Beulke, JR 1980, 424 und Küpper, GA 1986, 444: alle mit weiteren Nachweisen.

33 BGHSt 16, 12 (14).

34 So für viele: LK-Russ, Rdn. 16 zu § 244.

Der bestrafte Plakatanschlag

Von Professor Dr. Bodo Pieroth, Münster

SACHVERHALT*

Unterstellt, in das Strafgesetzbuch ist § 359 StGB neu eingefügt worden, der wie folgt lautet:

»Mit Freiheitsstrafe bis zu sechs Monaten oder mit Geldstrafe wird bestraft, wer die zur Erhaltung der Sicherheit, Bequemlichkeit, Reinlichkeit und Ruhe auf den öffentlichen Wegen, Straßen, Plätzen oder Wasserstraßen erlassenen Polizeiverordnungen verletzt.«

In X ist auf ordnungsgemäßer landesgesetzlicher Grundlage eine Polizeiverordnung erlassen worden, nach der es verboten ist, Plakate, Flugblätter und Flugschriften an und auf öffentlichen Wegen, Straßen und Plätzen anzuschlagen, auszustellen, zu verbreiten oder sonst der Öffentlichkeit zugänglich zu machen. Das Verbot gilt danach aber nicht

1. für Plakate, Flugblätter und Flugschriften, die auf öffentlichen Wegen, Straßen und Plätzen von wirtschaftlichen Verbänden der Arbeitgeber und Arbeitnehmer zur Werbung für ihre Verbandszwecke der Öffentlichkeit zugänglich gemacht werden,
2. für Plakate, Flugblätter und Flugschriften, aus Anlass von Wahlen für die Zeit der Anberaumung der Wahl bis zum Ablauf des Tages der Wahl,
3. für Plakate, Flugblätter und Flugschriften, die lediglich der Werbung für wirtschaftliche oder gewerbliche Zwecke oder der Ankündigung von sportlichen, kulturellen oder Vergnügungsveranstaltungen dienen.

Der Journalist J hat Plakate drucken lassen und wird dabei angetroffen, wie er diese an Bauzäunen in X anbringt. Auf den Plakaten wird der Protest gegen den Bau eines neuen Autobahnzubringers und die damit verbundene Verschlechterung der Wohnsituation der Anwohner artikuliert. Daraufhin wird er gem. § 359 StGB i. V. m. der Polizeiverordnung vom Amtsgericht in X zur Zahlung einer Geldstrafe von 750 Euro verurteilt. Das Urteil wird nur damit begründet, dass bei J kein Ausnahmetatbestand i. S. d. Polizeiverordnung vorliege und damit der Tatbestand des § 359 StGB erfüllt sei.

Wäre eine von J zulässiger Weise gegen das Urteil erhobene Verfassungsbeschwerde, gestützt auf eine Verletzung der Art. 5 Abs. 1 und 103 Abs. 2 GG, begründet?

LÖSUNG

Die Verfassungsbeschwerde des J ist begründet, wenn das Urteil des Amtsgerichts in X ihn in seinem Grundrecht aus Art. 5 Abs. 1 oder in seinem grundrechtsgleichen Recht aus 103 Abs. 2 GG verletzt hat.

I. Kontrollmaßstab

Da der von J angegriffene Akt der öffentlichen Gewalt ein Gerichtsurteil ist, ist der Prüfungsumfang des Bundesverfassungsgerichts beschränkt. Da es nicht die Aufgabe des Bundesverfassungsgerichts ist, als »Superrevisionsinstanz« über allen Gerichten zu fungieren, ist seine Überprüfung gerichtlicher Entscheidungen auf die Verletzung spezifischen Verfassungsrechts beschränkt[1]. Eine derartige Verletzung spezifischen Verfassungsrechts liegt vor, wenn

– eine einschlägige Verfassungsnorm ganz übersehen worden ist oder

– eine einschlägige Verfassungsnorm grundsätzlich falsch angewendet worden ist und

– die gerichtliche Entscheidung auf dem Fehler beruht.

Im vorliegenden Fall sind offensichtlich Grundrechte einschlägig: Das Gerichtsurteil betrifft die Verbreitung einer Meinung und/oder eines Presseprodukts durch J und stützt sich auf möglicherweise unbestimmte gesetzliche Grundlagen. Die einschlägigen Verfassungsnormen der Art. 5 Abs. 1 und 103 Abs. 2 GG hat das Amtsgericht ganz übersehen, weil es sein Urteil nur mit Erwägungen zur einfach-rechtlichen und nicht zur Verfassungsrechtslage begründet hat. Danach ist eine Verletzung der Art. 5 Abs. 1 und 103 Abs. 2 GG unbeschränkt zu prüfen.

II. Verletzung des Art. 5 Abs. 1 S. 1 Hs. 1 GG (Meinungsfreiheit)

Die Meinungsfreiheit des J ist verletzt, wenn das Gerichtsurteil in den Schutzbereich des Art. 5 Abs. 1 S. 1 Hs. 1 GG eingreift und dieser Eingriff nicht verfassungsrechtlich gerechtfertigt werden kann.

1. Schutzbereich

Durch die Artikulation des Protests auf den Plakaten hat J seine Meinung in Wort und Schrift geäußert, und durch die Anbringung an den Bauzäunen hat er sie verbreitet. Der Schutzbereich des Art. 5 Abs. 1 S. 1 Hs. 1 GG ist daher einschlägig.

2. Eingriff

Zu den Eingriffen in die Meinungsfreiheit zählen in erster Linie Verbote, Meinungen zu äußern und zu verbreiten, sowie Sanktionen der Verbote[2]. Beide Eingriffsformen werden durch das Urteil des Amtsgerichts in X verwirklicht.

3. Verfassungsrechtliche Rechtfertigung

Der Eingriff in die Meinungsfreiheit des J ist gerechtfertigt, wenn die Rechtsgrundlagen, auf die sich das Gerichtsurteil stützt, kompetenz- und verfahrensgemäß zu Stande gekommen sind (so genannte formelle Verfassungsmäßigkeit), den Qualifikationsmerkmalen der Schrankenregelung des Art. 5 Abs. 2 GG genügen und nicht gegen die Schranken-Schranken verstoßen (so genannte materielle Verfassungsmäßigkeit).

a) Formelle Verfassungsmäßigkeit

Das Amtsgericht stützt sein Urteil sowohl auf § 359 StGB als auch auf die Polizeiverordnung. Da für keine der beiden Normen Verfahrensfehler erkennbar sind und für die Polizeiverordnung nach dem Sachverhalt eine ordnungsgemäße landesgesetzliche Grundlage besteht, ist nur zu überprüfen, ob der Bund für § 359

* Der Sachverhalt ist angelehnt an den Beschluss des Zweiten Senats des BVerfG vom 7. 5. 1968 (BVerfGE 23, 265). Dessen Begründung stützt sich allerdings ausschließlich auf einen Verstoß gegen Art. 103 Abs. 2 GG.

1 Vgl. BVerfGE 18, 85 (92 f.); 80, 81 (95); 95, 96 (128); Epping, Grundrechte, 2004, Rdn. 165; Pieroth/Schlink, Grundrechte. Staatsrecht II, 19. Aufl. 2003, Rdn. 1175 ff.; Schlaich/Korioth, Das BVerfG, 5. Aufl. 2001, Rdn. 271 ff.; vertiefend: Alexy/Kunig/Heun/Hermes, Verfassungsrecht und einfaches Recht – Verfassungsgerichtsbarkeit und Fachgerichtsbarkeit, VVDStRL Bd. 61 (2002), S. 7, 34, 80, 119.

2 Vgl. Schulze-Fielitz, in: Dreier, GG I, 2. Aufl. 2004, Art. 5 I, II Rdn. 124; Epping (Fn. 1), Rdn. 188; Pieroth/Schlink (Fn. 1), Rdn. 581; Sachs, Verfassungsrecht II. Grundrechte, 2. Aufl. 2003, B 5 Rdn. 16.

StGB die Gesetzgebungskompetenz besitzt. In Betracht kommt die konkurrierende Bundesgesetzgebungskompetenz für das Strafrecht (Art. 74 Abs. 1 Nr. 1 GG). Unter Strafrecht versteht man alle Rechtsnormen, die für eine rechtswidrige und schuldhafte Tat als Rechtsfolge eine Strafe, Buße oder Maßregel der Besserung und Sicherung festsetzen[3] und damit unzweifelhaft das im Strafgesetzbuch kodifizierte Kriminalstrafrecht. Selbst wenn man den kriminalstrafrechtlichen Charakter des § 359 StGB bezweifeln wollte, änderte sich nichts an der Bundesgesetzgebungskompetenz, da der Begriff des Strafrechts gemäß Art. 74 Abs. 1 Nr. 1 GG auch das Ordnungswidrigkeitenrecht umfasst[4]. Schließlich entfällt die Bundesgesetzgebungskompetenz nicht deshalb, weil § 359 StGB erst zusammen mit einer Polizeiverordnung die Strafbarkeit begründet. Derartige Blankettstrafgesetze darf der Bund erlassen, solange er nicht die Kompetenz der Länder zur inhaltlichen Ausgestaltung der Sachmaterie beeinträchtigt[5]; derartiges ist hier aber gerade nicht geschehen. Auch die Voraussetzungen des Art. 72 Abs. 2 GG für das Gebrauchmachen des Bundes von dem Kompetenztitel des Art. 74 Abs. 1 Nr. 1 GG liegen unproblematisch vor.

b) § 359 StGB i. V. m. der Polizeiverordnung als allgemeines Gesetz
Die Polizeiverordnung verbietet alle Meinungsäußerungen und -verbreitungen mittels Plakaten, Flugblättern und Flugschriften in der Öffentlichkeit, außer sie fallen unter die dort normierten Ausnahmetatbestände. Fraglich ist, ob es sich um ein allgemeines Gesetz handelt.

Nach der überwiegend vertretenen Sonderrechtslehre sind unter allgemeinen Gesetzen solche zu verstehen, die nicht eine Meinung als solche verbieten, die sich nicht gegen die Äußerung einer Meinung als solche richten und die kein Sonderrecht gegen den Prozess freier Meinungsbildung darstellen. Die Allgemeinheit des Gesetzes kann auch mit einem Begriff als Meinungsneutralität gekennzeichnet werden. Meinungsneutralität bedeutet, dass ein Gesetz nicht zu bestimmten Meinungsinhalten bekehren oder von bestimmten Meinungsinhalten abbringen darf (Verbot der Meinungsmissionierung) und nicht die Wertlosigkeit oder Schädlichkeit von Meinungsinhalten zu Tatbestandsvoraussetzungen von Eingriffen machen darf (Verbot der Meinungsdiskriminierung)[6].

Die Polizeiverordnung verbietet die Äußerung und Verbreitung aller derjenigen Meinungen mittels Plakaten, Flugblättern und Flugschriften in der Öffentlichkeit, die nicht von den Ausnahmetatbeständen der Polizeiverordnung erfasst sind. Verboten sind danach vor allem allgemein-politische Meinungsäußerungen und -verbreitungen. Das Verbot knüpft also an einen bestimmten Meinungsinhalt an und richtet sich gegen die Äußerung und Verbreitung gerade dieser Meinung als solcher. Die Polizeiverordnung ist nicht meinungsneutral im dargestellten Sinn und somit auch kein allgemeines Gesetz nach der Sonderrechtslehre zu Art. 5 Abs. 2 GG.

Allerdings bleibt das Bundesverfassungsgericht bei der Sonderrechtslehre nicht stehen, sondern verlangt zusätzlich im Sinn der so genannten Abwägungslehre, dass das Gesetz dem Schutz eines Gemeinschaftswerts dienen muss, der gegenüber der Betätigung der Meinungsfreiheit den Vorrang hat[7]. Als derartige Gemeinschaftswerte kämen hier die Sicherheit und Leichtigkeit des Verkehrs (wegen der Ablenkung der Verkehrsteilnehmer durch Plakate) oder die Sauberkeit der öffentlichen Straßen (wegen des Papiermülls) in Betracht. Aber diese Zwecke werden durch die Polizeiverordnung offensichtlich nicht verfolgt; denn sonst hätten Plakate, Flugblätter und Flugschriften *jeden* Inhalts in die Regelung einbezogen werden müssen, da die genannten Gefahren auch von den Plakaten, Flugblättern und Flugschriften ausgehen, die von der Polizeiverordnung privilegiert werden. Aus dem gleichen Grund kann die Polizeiverordnung auch nicht als gegen wildes Plakatieren gerichtet angesehen werden. Auch nach der Abwägungslehre bleibt es daher bei der Feststellung, dass die Polizeiverordnung kein allgemeines Gesetz im Sinn des Art. 5 Abs. 2 GG ist. Zugleich ist damit die aus der Verbindung von § 359 StGB und der Polizeiverordnung sich ergebende Strafnorm kein allgemeines Gesetz im Sinn des Art. 5 Abs. 2 GG.

c) Schranken-Schranken
Da der Eingriff in die Meinungsfreiheit des J schon deshalb nicht gerechtfertigt werden kann, weil kein allgemeines Gesetz vorliegt, kommt es auf die Schranken-Schranken der Verhältnismäßigkeit und der Wesensgehaltsgarantie nicht mehr an.

4. Zwischenergebnis
Die Meinungsfreiheit des J ist durch das Urteil des Amtsgerichts in X verletzt.

III. Verletzung des Art. 5 Abs. 1 S. 2 GG (Pressefreiheit)

Da die Meinungsäußerung und -verbreitung des J durch Plakate und damit durch Presseprodukte erfolgt, könnte auch die Pressefreiheit gemäß Art. 5 Abs. 1 S. 2 GG durch das Urteil des Amtsgerichts in X verletzt sein. Voraussetzung ist, dass die Pressefreiheit hier neben der Meinungsfreiheit zur Anwendung kommt (so genannte Idealkonkurrenz) und nicht die Meinungsfreiheit gegenüber der Pressefreiheit oder die Pressefreiheit gegenüber der Meinungsfreiheit spezieller ist[8]. Zwischen Meinungsfreiheit und Pressefreiheit besteht keine so genannte logische Spezialität, die dadurch gekennzeichnet ist, dass eine Norm alle Tatbestandsmerkmale einer anderen Norm und zusätzlich mindestens ein weiteres Tatbestandsmerkmal aufweist; denn die Pressefreiheit schützt nicht bloß die Meinungsäußerung und -verbreitung durch Presseprodukte, sondern darüber hinaus die institutionell-organisatorischen Rahmenbedingungen der Presse[9]. Bei einer derartigen unvollständigen Überdeckung zweier Schutzbereiche könnte aber eine der Normen einen stärkeren Sachbezug zum Fall haben (so genannte normative Spezialität). Ein stärkerer Sachbezug zur Pressefreiheit wäre etwa gegeben, wenn sich der staatliche Eingriff gegen den Druck der Plakate gerichtet hätte; an einen stärkeren Sachbezug der Meinungsfreiheit könnte man denken, wenn hier kein Journalist gehandelt hätte[10]. Das Anbringen der Plakate an Bauzäunen durch J ist demgegenüber in gleicher Weise die Verbreitung einer Meinung wie die eines Presseprodukts, so dass hier Idealkonkurrenz anzunehmen ist.

Da durch das Urteil des Amtsgerichts in gleicher Weise wie in die Meinungsfreiheit auch in die Pressefreiheit des J eingegriffen worden ist und dieser Eingriff durch Art. 5 Abs. 2 GG, der auch für die Pressefreiheit gilt, nicht gerechtfertigt ist, liegt auch eine

3 Vgl. BVerfGE 23, 113 (124 f.); Kunig, in: v. Münch/Kunig, GG III, 5. Aufl. 2003, Art. 74 Rdn. 12; Oeter, in: v. Mangoldt/Klein/Starck, GG II, 4. Aufl. 2000, Art. 74 Rdn. 14 f.; Pieroth, in: Jarass/Pieroth, GG, 7. Aufl. 2004, Art. 74 Rdn. 4; Stettner, in: Dreier, GG II, 1998, Art. 74 Rdn. 19.

4 BVerfGE 27, 18 (32 f.); 29, 11 (16); 31, 141 (144); BGHSt 38, 138 (142); vgl. Bothe, in: AK-GG II, 3. Aufl. 2001, Art. 74 Rdn. 3; Oeter (Fn. 3), Art. 74 Rdn. 16; Stettner (Fn. 3), Art. 74 Rdn. 19.

5 BVerfGE 23, 113 (124 f.); 26, 246 (257 f.); 31, 141 (144); 33, 206 (219); vgl. Maunz, in: Maunz/Dürig, GG IV, München, Stand: 42. Lfg. Februar 2003, Art. 74 Rdn. 66.

6 Vgl. Wendt, in: v. Münch/Kunig, GG I, 5. Aufl. 2000, Art. 5 Rdn. 69; Epping (Fn. 1), Rdn. 194; Manssen, Staatsrecht II. Grundrechte, 2. Aufl. 2002, Rdn. 355; Pieroth/Schlink (Fn. 1), Rdn. 593.

7 BVerfGE 7, 198 (209 f.); vgl. Epping (Fn. 1), Rdn. 193, 195; v. Münch, Staatsrecht II, 5. Aufl. 2002, Rdn. 405, 407.

8 Zu den Konkurrenzen vgl. v. Münch, in: v. Münch/Kunig, GG II, 5. Aufl. 2000, Vorb. Art. 1–19 Rdn. 42 f.; Pieroth/Schlink (Fn. 1), Rdn. 337 ff.; vertiefend: Hess, Grundrechtskonkurrenzen, 2000.

9 Vgl. BVerfGE 85, 1 (12 f.); 86, 122 (128); Schulze-Fielitz (Fn. 2) Art. 5 I, II Rdn. 97; Manssen (Fn. 6), Rdn. 326; Sachs (Fn. 2), B 5 Rdn. 31.

10 Vgl. auch BVerfGE 102, 347 (359 ff.).

Verletzung der Pressefreiheit des J durch das Urteil des Amtsgerichts in X vor.

IV. Verletzung des Art. 103 Abs. 2 GG (Bestimmtheitsgrundsatz)

Nach dem Bestimmtheitsgrundsatz des Art. 103 Abs. 2 GG soll der Einzelne von vornherein wissen können, was strafrechtlich verboten und mit welcher Strafe es sanktioniert ist, damit er in der Lage ist, sein Verhalten danach einzurichten[11]. Das gilt auch für Blankettstrafgesetze, deren Tatbestand auf den Verstoß gegen eine außerstrafrechtliche Norm Bezug nimmt. Diese sind zwar nicht schon als solche mit dem Bestimmtheitsgrundsatz unvereinbar, wohl aber ergibt sich für sie eine doppelte Anforderung: Einerseits müssen die Voraussetzungen der Strafbarkeit sowie Art und Maß der Strafe in der Blankettstrafnorm selbst hinreichend deutlich umschrieben werden, andererseits muss die in Bezug genommene außerstrafrechtliche Norm ausreichend bestimmt sein und in den Rahmen der Blankettnorm fallen. Anderenfalls würde ein Verhalten sanktioniert, dessen Strafbarkeit nicht auf Grund des Blankettstrafgesetzes vorhersehbar ist[12].

1. § 359 StGB

§ 359 StGB benennt Strafe und Strafmaß. Bedenken bestehen hinsichtlich der Voraussetzungen der Strafbarkeit. Die Begriffe der Sicherheit, Bequemlichkeit, Reinlichkeit und Ruhe auf den öffentlichen Wegen, Straßen, Plätzen oder Wasserstraßen sind zwar weit gefasst; auf derartige ausfüllungsbedürftige Begriffe und Generalklauseln kann die Rechtsordnung aber nicht verzichten. Hinzu kommt, dass diese weiten Begriffe ja noch durch Polizeiverordnungen konkretisiert werden. § 359 StGB allein verstößt also nicht gegen den Bestimmtheitsgrundsatz.

2. Polizeiverordnung

Die Polizeiverordnung ist zwar für sich bestimmt gefasst. Aber es ist fraglich, ob sie in den Rahmen der Blankettnorm fällt. Wie dargelegt verbietet die Polizeiverordnung allgemein-politische Meinungsäußerungen und -verbreitungen. Diese unterfallen aber gerade nicht den von § 359 StGB thematisierten Zwecken der Erhaltung der Sicherheit, Bequemlichkeit, Reinlichkeit und Ruhe auf bestimmten Verkehrsflächen. Insbesondere dient die Polizeiverordnung nicht der Sicherheit und der Reinlichkeit, weil die Ausnahmevorschriften der Polizeiverordnung mit diesen Zwecken offensichtlich nicht vereinbar sind. Da die Polizeiverordnung nicht den Rahmen der Blankettnorm ausfüllt, genügt § 359 StGB i. V. m. der Polizeiverordnung nicht dem Bestimmtheitsgrundsatz des Art. 103 Abs. 2 GG.

V. Ergebnis

Die Verfassungsbeschwerde des J gegen das Urteil des Amtsgerichts in X wäre begründet.

11 Vgl. BVerfGE 25, 269 (285); 78, 374 (381 f.); 87, 363 (391 f.); 92, 1 (12); Epping (Fn. 1), Rdn. 805; Ipsen, Staatsrecht II. Grundrechte, 5. Aufl. 2002, Rdn. 872.

12 Vgl. BVerfGE 23, 265 (270); Volkmann, ZRP 1995, 220.

Zwischenprüfungsklausur

Öffentliches Recht

Geschlossene Apotheken an verkaufsoffenen Sonntagen?

Von Wiss. Ang. Klaus Stohrer, Freiburg i. Br.

Rechtssatzverfassungsbeschwerde – Ladenschlussgesetz – Berufsfreiheit (Art. 12 Abs. 1 GG) – »Drei-Stufen-Theorie« – Übermaßverbot – Gleichheitsgebot (Art. 3 Abs. 1 GG)

SACHVERHALT

Nach einem ordnungsgemäß durchgeführten Gesetzgebungsverfahren traten vor einigen Monaten folgende Bestimmungen des Ladenschlussgesetzes (LadSchlG) in Kraft:

§ 14 Weitere Verkaufssonntage

(1) Abweichend von der Vorschrift des § 3 Abs. 1 Nr. 1 dürfen Verkaufsstellen aus Anlass von Märkten, Messen oder ähnlichen Veranstaltungen an jährlich höchstens vier Sonn- und Feiertagen geöffnet sein. ... Diese Tage werden von den Landesregierungen oder den von ihnen bestimmten Stellen durch Rechtsverordnung freigegeben.

(2) Bei der Freigabe kann die Offenhaltung auf bestimmte Bezirke und Handelszweige beschränkt werden. Der Zeitraum, während dessen die Verkaufsstellen geöffnet sein dürfen, ist anzugeben. Er darf fünf zusammenhängende Stunden nicht überschreiten, muss spätestens um achtzehn Uhr enden und soll außerhalb der Zeit des Hauptgottesdienstes liegen.

...

(4) Für Apotheken bleibt es bei den Vorschriften des § 4.

§ 4 Apotheken

(1) Abweichend von den Vorschriften des § 3 dürfen Apotheken an allen Tagen während des ganzen Tages geöffnet sein. An Werktagen während der allgemeinen Ladenschlusszeiten (§ 3) und an Sonn- und Feiertagen ist nur die Abgabe von Arznei-, Krankenpflege-, Säuglingspflege- und Säuglingsnährmitteln, hygienischen Artikeln sowie Desinfektionsmitteln gestattet.

(2) Die nach Landesrecht zuständige Verwaltungsbehörde hat für eine Gemeinde oder für benachbarte Gemeinden mit mehreren Apotheken anzuordnen, dass während der allgemeinen Ladenschlusszeiten (§ 3) abwechselnd ein Teil der Apotheken geschlossen sein muss. An den geschlossenen Apotheken ist an sichtbarer Stelle ein Aushang anzubringen, der die zur Zeit offenen Apotheken bekannt gibt. Dienstbereitschaft der Apotheken steht der Offenhaltung gleich.

In der Gesetzesbegründung ist ausgeführt, Zweck des Ladenschlussgesetzes sei in erster Linie der Arbeitsschutz der Angestellten im Einzelhandel; daneben trete die Sicherung der Wettbewerbsneutralität. Den Apotheken ist die Sicherstellung der ordnungsgemäßen Versorgung der Bevölkerung mit Arzneimitteln zugewiesen; neben Arzneimitteln dürfen Apotheken auch »apothekenübliche Waren« abgeben, bezüglich derer sie im allgemeinen Wettbewerb des Einzelhandels stehen. – § 3 LadSchlG bestimmt ein Verkaufsverbot für Sonn- und Feiertage (Abs. 1 Nr. 1) und legt die Ladenöffnungszeiten montags bis samstags auf 6 Uhr bis 20 Uhr (Abs. 1 Nr. 2) fest.

Apothekerin A möchte wie andere Einzelhändler an verkaufsoffenen Sonntagen teilnehmen, sieht sich darin jedoch durch § 14 Abs. 4 LadSchlG gehindert. A versteht nicht, wie diese gesetzliche Reglementierung mit ihrer Berufsfreiheit vereinbar sein soll. Apotheken müssten schließlich nach betriebswirtschaftlichen Gesichtspunkten effizient geführt werden, wozu eine angemessene Selbstdarstellung beitrage; gerade verkaufsoffene Sonntage böten eine ideale Gelegenheit, auf das jeweilige Sortiment und auf fachkundige Beratung hinzuweisen und damit werbend in Erscheinung zu treten. Wenn Verbandsfunktionäre, denen der Gesetzgeber offenbar gefolgt sei, immer wieder die angebliche Sonderstellung der Apotheken im Verhältnis zum allgemeinen Einzelhandel betonten (»Berufsbild des Apothekers verbietet Streben nach Gewinn«), werde ein längst überholter Standpunkt vergangener Zeiten vertreten, dem heutzutage keine Bedeutung mehr zukomme. Das Verkaufspersonal werde ohnehin durch Arbeitsschutzrecht und Tarifrecht geschützt.

A überlegt, ob sie § 14 Abs. 4 LadSchlG einfach ignorieren soll. Als ihr klar wird, dass sie in einem solchen Fall die Verhängung einer Geldbuße nach der Berufsordnung der Landesapothekenkammer riskiert, bittet A um eine rechtsgutachtliche Beantwortung der Frage, ob sie § 14 Abs. 4 LadSchlG mit Aussicht auf Erfolg beim BVerfG angreifen kann[1].

LÖSUNG

In Betracht kommt eine Verfassungsbeschwerde gegen § 14 Abs. 4 LadSchlG, für deren Entscheidung das BVerfG gem. Art. 93 I Nr. 4 a GG, § 13 Nr. 8 a BVerfGG zuständig ist. Die Verfassungsbeschwerde wird Erfolg haben, wenn sie zulässig und begründet ist.

A. Zulässigkeit der Verfassungsbeschwerde[2]

Die Zulässigkeit der Verfassungsbeschwerde bestimmt sich nach §§ 90 ff. BVerfGG[3].

I. Parteifähigkeit (§ 90 Abs. 1 BVerfGG)

Gem. § 90 Abs. 1 BVerfGG ist »jedermann« im Verfassungsbeschwerdeverfahren parteifähig, der Träger eines Grundrechts oder grundrechtsgleichen Rechts sein kann[4]. Für A als natürliche Person deutscher Staatsangehörigkeit[5] ist dies unproblematisch der Fall.

II. Beschwerdegegenstand (§ 90 Abs. 1 BVerfGG)

Die gesetzliche Vorschrift des § 14 Abs. 4 LadSchlG müsste tauglicher Gegenstand einer Verfassungsbeschwerde sein. Hierunter fallen gem. § 90 Abs. 1 BVerfGG alle Akte öffentlicher Gewalt. Dies sind – anders als etwa im Bereich von Art. 19 Abs. 4 GG[6] – nicht nur Maßnahmen der Exekutive, sondern auch solche der Legislative und der Judikative[7]; hinsichtlich Parlamentsgesetzen folgt dies bereits aus den Regelungen der §§ 93 Abs. 3, 94 Abs. 4 und 95 Abs. 3 S. 1 BVerfGG, die notwendig voraussetzen, dass eine Verfassungsbeschwerde gegen ein Gesetz zulässig ist[8]. § 14 Abs. 4 LadSchlG ist damit tauglicher Beschwerdegegenstand.

III. Beschwerdebefugnis (§ 90 Abs. 1 BVerfGG)

A ist gem. § 90 Abs. 1 BVerfGG beschwerdebefugt, wenn sie durch den Beschwerdegegenstand – hier: § 14 Abs. 4 LadSchlG – möglicherweise selbst, gegenwärtig und unmittelbar in einem Grundrecht oder grundrechtsgleichen Recht verletzt ist[9]. Vorliegend erscheint es nicht von vornherein ausgeschlossen, dass der Ausschluss von Apotheken von verkaufsoffenen Sonntagen die Berufsfreiheit (Art. 12 Abs. 1 GG), die Eigentumsfreiheit (Art. 14 Abs. 1 GG) oder den allgemeinen Gleichheitssatz (Art. 3 Abs. 1 GG) unzulässig beschränkt. Die damit mögliche Grundrechtsverletzung beträfe A als Apothekenbetreiberin selbst und in Anbetracht regelmäßig stattfindender verkaufsoffener Sonntage gegenwärtig[10]. Die Verletzung erfolgte auch unmittelbar durch § 14 Abs. 4 LadSchlG als dem Beschwerdegegenstand, da der Ausschluss der Apotheken im Gesetz selbst bestimmt ist und keines weiteren Vollzugsaktes bedarf; insbesondere ist die angesprochene Geldbuße kein Vollzugsakt des § 14 Abs. 4 LadSchlG, sondern die Sanktion für einen Verstoß gegen die Verbotsnorm mit unmittelbarer Geltung[11].

IV. Rechtswegerschöpfung (§ 90 II 1 GG)

Gegen ein Parlamentsgesetz steht Privatpersonen kein Rechtsweg zur Verfügung. Das Erfordernis der Rechtswegerschöpfung aus § 90 Abs. 2 S. 1 GG steht damit der Zulässigkeit der Verfassungsbeschwerde schon mangels eines eröffneten Rechtswegs nicht entgegen[12].

V. Subsidiarität

Eng mit der Rechtswegerschöpfung aus § 90 Abs. 2 S. 1 GG verwandt ist der Grundsatz der Subsidiarität der Verfassungsbeschwerde, den das BVerfG als eigenständige und ungeschriebene Zulässigkeitsvoraussetzung betrachtet[13]. Danach muss der Beschwerdeführer vor Erhebung der Verfassungsbeschwerde alle zur Verfügung stehenden und zumutbaren Möglichkeiten fachgerichtlichen Rechtsschutzes in Anspruch nehmen[14]. Vor diesem Hintergrund könnte A darauf zu verweisen zu sein, zunächst gegen § 14 Abs. 4 LadSchlG zu verstoßen und gegen eine nachfolgende Geldbuße fachgerichtlich vorzugehen. Dieser Weg ist A

1 Der Sachverhalt ist gebildet in Anlehnung an BVerfG, Urt. v. 16. 1. 2002 – 1 BvR 1236/99 – E 104, 357 = Ehlers, JK 7/02, GG Art. 12 I/61 = JA 2002, 639 (Oberrath) = JuS 2002, 611 (Sachs).

2 Prüfungsschemata für die Verfassungsbeschwerde finden sich beispielsweise bei Brauner/Stollmann/Weiss, Fälle und Lösungen zum Staatsrecht, 7. Aufl. 2003, S. 21 f.; Hillgruber/Goos, Verfassungsprozessrecht, 2004, Rdn. 263; Schlaich/Korioth, Das Bundesverfassungsgericht, 6. Aufl. 2004, Rdn. 205; Schoch, Übungen im Öffentlichen Recht I – Verfassungsrecht und Verfassungsprozessrecht, 2000, S. 104 ff. In der Klausur ist allerdings keineswegs auf alle Prüfungspunkte einzugehen, nur weil sie in einem Prüfungsschema auftauchen, sondern es ist Problembewusstsein zu demonstrieren. Für die Verfassungsbeschwerde mag als Faustregel gelten, dass Parteifähigkeit, Beschwerdegegenstand, Beschwerdebefugnis und Rechtswegerschöpfung stets – ggf. in der gebotenen Kürze – zu thematisieren sind, während weitere Punkte nur dann angesprochen werden müssen, wenn sie vom Sachverhalt aufgeworfen werden; ähnlich Pieroth/Schlink, Grundrechte Staatsrecht II, 19. Aufl. 2003, Rdn. 1121.

3 Vorschriften über die Verfassungsbeschwerde finden sich in Art. 93 Abs. 1 Nr. 4 a GG sowie in § 13 Nr. 8 a und §§ 90 ff. BVerfGG. Art. 93 Abs. 1 Nr. 4 a GG darf jedoch nicht als Norm missverstanden (und zitiert) werden, die selbst Zulässigkeitsvoraussetzungen der Verfassungsbeschwerde regelt. Vielmehr enthält die Vorschrift die verfassungsrechtliche Gewährleistung der Verfassungsbeschwerde und weist dem BVerfG die Zuständigkeit zur Entscheidung hierüber zu. Die eigentlichen Zulässigkeitsvoraussetzungen sind demgegenüber nur im BVerfGG als dem einschlägigen, auf Grund von Art. 94 Abs. 2 GG erlassenen Prozessrecht geregelt; s. auch Erichsen, JURA 1991, 585.

4 Vgl. Fleury, Verfassungsprozessrecht, 5. Aufl. 2003, Rdn. 248 ff.; Pieroth/Schlink (Fn. 2), Rdn. 1122; Schlaich/Korioth (Fn. 2), Rdn. 206; Weber, JuS 1992, 122 (123).

5 Mangels entgegenstehender Angaben im Sachverhalt darf die deutsche Staatsangehörigkeit unterstellt werden.

6 S. nur Jarass/Pieroth, GG, 7. Aufl. 2004, Art. 19 Rdn. 29 ff.

7 Erichsen, JURA 1991, 585 (588); Fleury (Fn. 4), Rdn. 277; Schlaich/Korioth (Fn. 2), Rdn. 213.

8 S. auch Hillgruber/Goos (Fn. 2), Rdn. 133; Schoch (Fn. 2), S. 111.

9 Fleury (Fn. 4), Rdn. 297; Pieroth/Schlink (Fn. 2), Rdn. 1128 ff.

10 Eine Maßnahme ist bereits dann gegenwärtig, wenn eine Wiederholung zu besorgen ist, s. BVerfGE 52, 42 (51 f.); 56, 99 (106).

11 Vgl. Gusy, Die Verfassungsbeschwerde, 1988, Rdn. 121; s. auch Erichsen, JURA 1991, 638 (640).

12 S. nur Schlaich/Korioth (Fn. 2), Rdn. 252; Weber, JuS 1992, 122 (126).

13 Vgl. BVerfGE 74, 69 (74 f.); 77, 84 (100 f.); s. auch Gersdorf, JURA 1994, 398 (400); Schlaich/Korioth (Fn. 2), Rdn. 253.

14 Vgl. BVerfGE 69, 122 (125); 92, 245 (256); BVerfG, NVwZ 2000, 1407 (1408) = Ehlers, JK 01, BVerfGG § 90 II/7; s. auch Gersdorf, JURA 1994, 398 (406 ff.); Schwerdtfeger, Öffentliches Recht in der Fallbearbeitung, 11. Aufl. 2003, Rdn. 506; Sodan, DÖV 2002, 925 (927 ff.).

jedoch nicht zumutbar; vor der Anrufung des Bundesverfassungsgerichts muss das Risiko einer straf- oder ordnungswidrigkeitenrechtlichen Ahndung nicht in Kauf genommen werden[15]. Der Grundsatz der Subsidiarität steht der Zulässigkeit der Verfassungsbeschwerde damit vorliegend nicht entgegen.

VI. Frist (§ 93 Abs. 3 BVerfGG)

Die Verfassungsbeschwerde gegen ein Gesetz ist gem. § 93 Abs. 3 BVerfGG nur innerhalb eines Jahres seit dem Inkrafttreten des Gesetzes zulässig. Diese Frist ist in Bezug auf den – vor »einigen Monaten« in Kraft getretenen – § 14 Abs. 4 LadSchlG noch nicht verstrichen.

VII. Zwischenergebnis

Die Verfassungsbeschwerde ist zulässig.

B. Begründetheit

Die Verfassungsbeschwerde ist begründet, wenn die A durch die Regelung des § 14 Abs. 4 LadSchlG tatsächlich in einem ihrer Grundrechte verletzt wird. In Betracht kommt eine Verletzung der Grundrechte aus Art. 12 Abs. 1, Art. 14 Abs. 1 und Art. 3 Abs. 1 GG.

I. Berufsfreiheit (Art. 12 Abs. 1 GG)

In ihrer Berufsfreiheit aus Art. 12 Abs. 1 GG ist die A verletzt, wenn das Recht, die Apotheke dem Publikumsverkehr zu öffnen, vom Schutzbereich umfasst ist, der Ausschluss der Apotheken von verkaufsoffenen Sonntagen als Eingriff zu qualifizieren ist und der Eingriff nicht verfassungsrechtlich gerechtfertigt werden kann.

1. Schutzbereich

Voraussetzung für die Eröffnung des Schutzbereichs von Art. 12 Abs. 1 GG ist zunächst, dass A einen »Beruf« im Sinne dieses Grundrechts ausübt. Hierfür ist eine Tätigkeit erforderlich, die auf Dauer angelegt ist und der Schaffung und Erhaltung einer Lebensgrundlage dient[16]. Umstritten ist, ob es mit diesen Merkmalen sein Bewenden hat[17] oder ob zusätzlich erforderlich ist, dass die Tätigkeit nicht generell verboten[18] oder nicht sozialschädlich[19] ist oder nicht dem Menschenbild des Grundgesetzes widerspricht[20]. Diese Streitfrage kann vorliegend jedoch offen bleiben; die Tätigkeit als Apothekerin ist eine auf Dauer angelegte Tätigkeit, die der Schaffung und Erhaltung der Lebensgrundlage dient und weder generell verboten noch sozialschädlich ist noch dem Menschenbild des Grundgesetzes widerspricht, so dass A nach allen hierzu vertretenen Auffassungen einen Beruf im Sinne von Art. 12 Abs. 1 GG ausübt.

Weiter müsste die konkret in Rede stehende Tätigkeit, nämlich die Öffnung der Apotheke für den Publikumsverkehr an verkaufsoffenen Sonntagen, von Art. 12 Abs. 1 GG geschützt sein. Obwohl Art. 12 Abs. 1 S. 1 GG einerseits und Art. 12 Abs. 1 S. 2 GG andererseits eine Unterscheidung innerhalb des Schutzbereichs zwischen Berufswahl und Berufsausübung nahe legen, gewährleistet das Grundrecht einen *einheitlichen Schutzbereich*[21]. Mit der Berufswahl beginnt nämlich die Berufsausübung und in der Berufsausübung wird die Berufswahl immer wieder neu bestätigt, so dass eine entsprechende Differenzierung auf der Ebene des Schutzbereichs kaum leistbar wäre[22]. Das Grundrecht der Berufsfreiheit schützt damit umfassend sowohl die Wahl als auch die Ausübung des Berufs. Hierzu gehört auch das Recht, eine Apotheke dem Publikumsverkehr zu öffnen[23]. Damit berührt der Ausschluss der Apotheken von verkaufsoffenen Sonntagen den Schutzbereich von Art. 12 Abs. 1 GG.

2. Eingriff

§ 14 Abs. 4 LadSchlG müsste des Weiteren einen Eingriff in den Schutzbereich, also eine hoheitliche Verkürzung des grundrechtlich geschützten Verhaltens darstellen[24]. Das ist der Fall, wenn § 14 Abs. 4 LadSchlG das von Art. 12 Abs. 1 GG geschützte Öffnungsrecht der Apotheken einschränkt.

Gemäß § 4 Abs. 1 S. 1 LadSchlG dürfen Apotheken grundsätzlich immer geöffnet sein und unterliegen den allgemeinen Ladenschlusszeiten des § 3 LadSchlG nur insoweit, als während diesen gem. § 4 Abs. 1 S. 2 LadSchlG nur die Abgabe bestimmter apothekentypischer Waren zulässig ist. Dieses allgemeine Öffnungsrecht der Apotheken wird allerdings durch § 4 Abs. 2 LadSchlG wieder beschränkt, nach dem die zuständige Verwaltungsbehörde anzuordnen hat, dass während der allgemeinen Ladenschlusszeiten immer nur ein Teil der Apotheken geöffnet haben darf und die anderen Apotheken geschlossen sein müssen. Diese Regelung läuft in der Praxis darauf hinaus, dass die allgemeinen Ladenschlusszeiten auch für Apotheken grundsätzlich gelten und nur durch abwechselnde »Notdienste« einzelner Apotheken durchbrochen werden[25]. Indem § 14 Abs. 4 LadSchlG bestimmt, dass es für Apotheken auch an verkaufsoffenen Sonntagen bei der Regelung des § 4 LadSchlG bleibt, dürfen auch an verkaufsoffenen Sonntagen nur die nach § 4 Abs. 2 LadSchlG dienstbereiten Apotheken geöffnet haben und nur die in § 4 Abs. 1 S. 2 LadSchlG genannten Waren abgeben. Hierdurch werden die Öffnungszeiten für Apotheken noch über das für den allgemeinen Handel geltende Maß hinaus eingeschränkt, dem an verkaufsoffenen Sonntagen ein generelles Öffnungsrecht zusteht[26]. § 14 Abs. 4 LadSchlG bedeutet damit eine zusätzliche Beschränkung der grundrechtlich geschützten Öffnung von Apotheken für den Publikumsverkehr und greift folglich in den Schutzbereich von Art. 12 Abs. 1 GG ein[27].

3. Verfassungsmäßigkeit des Eingriffs

Der Eingriff ist verfassungsgemäß, wenn er sich innerhalb der für die Berufsfreiheit geltenden Schranken hält. Der *Regelungsvorbehalt* des Art. 12 Abs. 1 S. 2 GG wird insoweit als einfacher Gesetzesvorbehalt verstanden, der den gesamten Schutzbereich

15 BVerfGE 81, 70 (82 f.); Epping, Grundrechte, 2004, Rdn. 154; Gersdorf, JURA 1994, 398 (411); Hillgruber/Goos (Fn. 2), Rdn. 203.

16 BVerfGE 7, 377 (397); 54, 301 (313); BVerfG, NJW 1998, 1627; Jarass/Pieroth (Fn. 6), Art. 12 Rdn. 4; Kimms, JuS 2001, 664 (665); Kluth, JURA 2001, 371 (372).

17 Kimms, JuS 2001, 664 (665); Sachs, Verfassungsrecht II, 2. Aufl. 2003, B 12 Rdn. 9; Wieland, in: Dreier, GG, Band I, 2. Aufl. 2004, Art. 12 Rdn. 57.

18 BVerfGE 7, 377 (397); 81, 70 (85); Pieroth/Schlink (Fn. 2), Rdn. 810; Scholz, in: Maunz/Dürig, GG, Stand: 42. EL 2003, Art. 12 Rdn. 28.

19 BVerwGE 22, 286 (289); Gubelt, in: v. Münch/Kunig, GG, Band 1, 5. Aufl. 2000, Art. 12 Rdn. 9; Ipsen, Staatsrecht II, 7. Aufl. 2004, Rdn. 598; Manssen, Staatsrecht II, 3. Aufl. 2004, Rdn. 603.

20 So Tettinger, in: Sachs, GG, 3. Aufl. 2003, Art. 12 Rdn. 38.

21 BVerfGE 7, 377 (402); Epping (Fn. 15), Rdn. 306; Kimms, JuS 2001, 664; Tettinger, in: Sachs, GG (Fn. 20), Art. 12 Rdn. 8.

22 Gubelt, in: v. Münch/Kunig (Fn. 15), Art. 12 Rdn. 40; Pieroth/Schlink (Fn. 2), Rdn. 808.

23 Vgl. BVerfGE 13, 237 (239 f.); 104, 357 (364); Terhechte, JuS 2002, 551 (552).

24 Vgl. Pieroth/Schlink (Fn. 2), Rdn. 240; Sachs, Verfassungsrecht II (Fn. 17), A 8 Rdn. 1.

25 Vgl. Stober, Ladenschlussgesetz, 4. Aufl. 2000, § 4 Rdn. 22.

26 S. auch BVerfGE 104, 357 (364) = Ehlers, JK 7/02, GG Art. 12 I/61.

27 Nicht erforderlich ist es, bereits an dieser Stelle die Frage nach der Eingriffsstufe (objektive Berufswahlregelung, subjektive Berufswahlregelung oder Berufsausübungsregelung) zu stellen (so aber beispielsweise Kimms, JuS 2001, 664 [667]). Ob ein Eingriff in den Schutzbereich vorliegt, ist unabhängig von der Qualität des Eingriffs, die erst für die Anforderungen an dessen Verfassungsmäßigkeit eine Rolle spielt und demzufolge erst dort zu thematisieren ist. Zur Verortung der »Drei Stufen-Theorie« im Fallaufbau s. auch Fn. 37 m. w. Nachw.

von Art. 12 Abs. 1 GG erfasst[28]. Wie auf der Ebene des Schutzbereichs das Recht, Beruf, Arbeitsplatz und Ausbildungsstätte frei zu wählen (Art. 12 Abs. 1 S. 1 GG), und die Berufsausübung (S. 2) zu einem *einheitlichen* Grundrecht zusammengefasst werden, weil sie in der Lebenswirklichkeit unauflöslich verbunden sind, so wird auf der Ebene der Prüfung der Verfassungsmäßigkeit eines Eingriffs in den Schutzbereich der – dem Wortlaut nach nur auf die Berufsausübung bezogene – Regelungsvorbehalt auch auf die Berufswahl erstreckt[29].

§ 14 Abs. 4 LadSchlG müsste als verfassungskonforme gesetzliche Ausfüllung der Schranke des Art. 12 Abs. 1 GG zu qualifizieren sein. Das ist zu bejahen, wenn § 14 Abs. 4 LadSchlG sowohl formell als auch materiell verfassungsgemäß ist[30].

a) Formelle Verfassungsmäßigkeit

Die *Gesetzgebungskompetenz* des Bundes für den Regelungsbereich des Ladenschlusses folgt aus Art. 74 Abs. 1 Nr. 11 (Recht der Wirtschaft) i. V. m. Art. 72 Abs. 2 GG.

Das *Gesetzgebungsverfahren* wurde laut Sachverhalt ordnungsgemäß durchgeführt.

b) Materielle Verfassungsmäßigkeit

Der als einfacher Gesetzesvorbehalt zu verstehende Regelungsvorbehalt des Art. 12 Abs. 1 S. 2 GG ist dann materiell verfassungskonform ausgefüllt, wenn die Grenzen der Einschränkbarkeit (»Schranken-Schranken«) gewahrt sind. Das Zitiergebot aus Art. 19 Abs. 1 S. 2 GG ist auf Art. 12 Abs. 1 GG nicht anwendbar[31]. Problematisch ist daher allein, ob die Anforderungen des Übermaßverbotes gewahrt sind[32]. Dazu müsste § 14 Abs. 4 LadSchlG einen verfassungslegitimen Zweck verfolgen und zur Zielerreichung geeignet, erforderlich und angemessen sein[33].

aa) Verfassungslegitimer Zweck

§ 14 Abs. 4 LadSchlG müsste zunächst einen Zweck verfolgen, der mit der Verfassung in Einklang steht[34]. Der Gesetzgeber verfolgt mit der Regelung in § 14 Abs. 4 LadSchlG verschiedene Ziele[35]. *Erstens* soll mit den besonderen Regelungen über die Öffnungszeiten für Apotheken die Arzneimittelversorgung der Bevölkerung sichergestellt werden. Dies geschieht zwar vorrangig durch die Bestimmungen über die ständige Dienstbereitschaft der Apotheken in § 4 LadSchlG. Aber auch die angeordneten Schließungszeiten (§ 4 Abs. 2 LadSchlG) außerhalb der allgemein zulässigen Ladenöffnungszeiten dienen der umfassenden Arzneimittelversorgung, weil dadurch eine Überforderung der – durch Nacht- und Sonntagsdienste belasteten – Apotheker und ihres Personals vermieden werden soll[36]. Unter diesem Gesichtspunkt dient § 14 Abs. 4 LadSchlG *zweitens* zugleich dem Arbeitsschutz, indem den Apothekern und ihrem Personal – abgesehen von einer Sonntagsöffnung nach § 4 Abs. 2 LadSchlG – ein arbeitsfreier Sonntag gewährleistet wird. *Drittens* wird das Ziel der Wettbewerbssicherung verfolgt, wobei verschiedene Wettbewerbsverhältnisse in Betracht kommen: Hinsichtlich der apothekenpflichtigen Arzneimitteln stehen die Apotheken nur untereinander im Wettbewerb, während sie mit Blick auf die apothekenüblichen Waren (auch) im allgemeinen Wettbewerb mit dem Einzelhandel stehen. *Viertens* wird der Schutz eines besonderen Berufsbildes des Apothekers in der Öffentlichkeit genannt, mit dem eine Zurschaustellung eines Strebens nach Gewinn und Umsatz durch die Sonntagsöffnung unvereinbar sei.

Ob diese Ziele verfassungslegitim sind, ist im Rahmen der Prüfung von Art. 12 GG unter Anwendung der so genannten *»Drei-Stufen-Theorie«* zu ermitteln, nach der die insoweit bestehenden inhaltlichen Anforderungen eine besondere Ausprägung erfahren haben[37]. Danach ist zu differenzieren, ob eine objektive Berufswahlregelung, eine subjektive Berufswahlregelung oder eine Berufsausübungsregelung vorliegt. Objektive Berufswahlregelungen machen die Aufnahme eines Berufs von Voraussetzungen abhängig, die außerhalb der Sphäre des Bewerbers liegen. Sie sind nur zulässig »zur Abwehr nachweisbarer oder höchstwahrscheinlicher schwerer Gefahren für überragend wichtige Gemeinschaftsgüter«. Subjektive Berufswahlregelungen regeln, unter welchen in der Person des Bewerbers liegenden Voraussetzungen eine Berufsaufnahme zulässig ist. Sie sind zulässig »nur zum Schutz besonders wichtiger Gemeinschaftsgüter«. Berufsausübungsregelungen schließlich betreffen nur Modalitäten der beruflichen Tätigkeit. Ihre Zulässigkeit setzt »vernünftige Erwägungen des Gemeinwohls« voraus[38].

Die Ausnahme der Apotheken von verkaufsoffenen Sonntagen stellt weder objektive noch subjektive Anforderungen an die Aufnahme eines Berufs, sondern betrifft nur Modalitäten der Berufsausübung, nämlich den Zeitraum, in dem die Apotheke für den Publikumsverkehr geöffnet sein darf. Damit liegt eine *Berufsausübungsregelung* vor.

Demzufolge müssten die Eingriffszwecke *»vernünftigen Erwägungen des Gemeinwohls«* dienen. Das ist der Fall, wenn die Zielsetzungen der Versorgung der Bevölkerung mit Medikamenten, des Arbeitsschutzes, des Wettbewerbschutzes sowie des Schutzes des Berufsbildes des Apothekers nicht im Widerspruch zu der Verfassung stehen[39]. Hinsichtlich der ersten drei Motive des Gesetzgebers ist dies unproblematisch zu bejahen. Der Arzneimittelversorgung der Bevölkerung und der Arbeitsschutz haben in Gestalt der staatlichen Schutzpflicht aus Art. 2 Abs. 2 S. 1 GG sogar Verfassungsrang, aber auch die Wettbewerbssicherung ist ein mit dem Grundgesetz jedenfalls im Einklang stehendes Ziel[40]. Fraglich ist demgegenüber, ob auch das Ziel, das Berufsbild des

28 Kimms, JuS 2001, 664 (669); Manssen (Fn. 19), Rdn. 627; sogar ausdrücklich von »Gesetzesvorbehalt« spricht BVerfGE 54, 224 (234) = v. Mutius, **JK** 81, GG Art. 12 I/2; 54, 237 (246).

29 Näher Epping (Fn. 15), Rdn. 324; Kluth, **JURA** 2001, 371 (375); Pieroth/Schlink (Fn. 2), Rdn. 808.

30 Zur Verfassungsmäßigkeit des gesetzlich angeordneten Ladenschlusses insgesamt s. neuerding BVerfG, Urt. v. 9. 6. 2004 – 1 BvR 636/02.

31 BVerfGE 13, 97 (122); 28, 36 (46); 64, 72 (80) = v. Mutius, **JK** 84, GG Art. 19 I 2/1.

32 Die übrigen »Schranken-Schranken« der Grundrechte (näher Kokott, in: Merten/Papier, Handbuch der Grundrechte in Deutschland und Europa, Band 1, 2004, § 22 Rdn. 70 ff.; Pieroth/Schlink [Fn. 2], Rdn. 274 ff.) sind nur zu problematisieren, wenn die Fallgestaltung – was selten ist – konkreten Anlass dazu bietet.

33 Zum Übermaßverbot allgemein Kluth, JA 1999, 606 ff.; Michael, JuS 2001, 654 ff.

34 Nicht erforderlich ist demgegenüber, dass der Zweck seinerseits Verfassungsrang hat. Dies ist nur bei der Einschränkung vorbehaltloser Grundrechte zu verlangen, die allein zum Schutz kollidierenden Verfassungsrechts einschränkbar sind.

35 Insoweit gilt es in der Klausur vorrangig, den Sachverhalt und die einschlägigen gesetzlichen Vorschriften nach den Zielen des Gesetzgebers zu durchforsten. Hier finden sich oft wertvolle Hinweise, die die Argumentation erleichtern und die Vollständigkeit der vom Aufgabensteller erwarteten Klausurbearbeitung sicherstellen. Erst wenn Sachverhalt und Rechtsnormen hinsichtlich der Ziele des Gesetzgebers schweigen, können (und müssen) insoweit eigene Erwägungen angestellt werden.

36 Vgl. BVerfGE 104, 357 (365) = Ehlers, **JK** 7/02, GG Art. 12 I/61.

37 S. auch Epping (Fn. 15), Rdn. 332; Schoch (Fn. 2), S. 130, sowie die Fallbearbeitungen von Degenhart, Klausurenkurs im Staatsrecht, 2002, Rdn. 213 ff.; Kellner, **JURA** 2002, 775 (776 f.); Kremer, **JURA** 2004, 135 (138). Nach anderer Ansicht ist die Drei-Stufen-Lehre demgegenüber bei der Eingriffsprüfung (Nachw. in Fn. 27) oder im Bereich der Erforderlichkeit und/oder Angemessenheit (so etwa Pieroth/Schlink [Fn. 2], Rdn. 850, 855) zu erörtern.

38 Zum Ganzen BVerfGE 7, 377 (405 ff.); Epping (Fn. 15), Rdn. 331 ff.; Kimms, JuS 2001, 664 (669 f.); Kluth, **JURA** 2001, 371 (375 f.); zu »Aufweichungen« der »Drei-Stufen-Theorie« in besonderen Fällen vgl. Tettinger, in: Sachs, GG (Fn. 20), Art. 12 Rdn. 109 ff.

39 Bei Berufsausübungsregeln findet also der Sache nach eine »ganz normale« Verhältnismäßigkeitsprüfung statt, die in der Klausur lediglich mit kurzen Ausführungen zur »Drei-Stufen-Theorie« anzureichern ist; s. auch Epping (Fn. 15), Rdn. 341.

40 Vgl. auch BVerfGE 32, 311 (316); 94, 372 (390 f.) = Kunig, **JK** 97, GG Art. 12 I/42.

Apothekers zu schützen, eine »vernünftige Erwägung des Gemeinwohls« sein kann. Als Selbstzweck wäre dies durchaus problematisch, weil unter dem Gesichtspunkt einer durch Art. 12 Abs. 1 GG geschützten freien wirtschaftlichen Betätigung viel dafür spricht, dass der Schutz heute als antiquiert empfundener Berufsbilder durch Beschränkungen der in diesem Beruf Tätigen ein von vornherein unzulässiges Ziel des Gesetzgebers ist[41]. Allerdings ist vorliegend zu berücksichtigen, dass der Schutz des Berufsbildes des Apothekers keinen reinen Selbstzweck darstellt, sondern dass dadurch die Vertrauenswürdigkeit des Apothekenwesens gestärkt werden soll, um die Bevölkerung vor einem übermäßigen oder missbräuchlichen Konsum vom Medikamenten zu schützen[42]. Vor dieser Perspektive dient der Schutz des Berufsbildes des Apothekers der Gesundheit der Bevölkerung und findet seine Grundlage in der Schutzpflicht des Staates aus Art. 2 Abs. 2 S. 1 GG. Damit ist auch insoweit die Verfolgung eines verfassungslegitimen Zieles zu bejahen.

bb) Geeignetheit

Der Ausschluss der Apotheken von verkaufsoffenen Sonntagen müsste ein geeignetes Mittel sein, um die genannten gesetzgeberischen Ziele zu fördern.

Hinsichtlich der *Arzneimittelversorgung* der Bevölkerung ist dies zweifelhaft. Die Geeignetheit könnte insoweit allenfalls unter Hinweis auf den regelmäßig eingeräumten erheblichen Einschätzungsspielraum des Gesetzgebers[43] und mit der Überlegung bejaht werden, dass die Apotheker und ihr Personal durch die zwangsweise Schließung an allen Sonntagen außerhalb des Dienstes nach § 4 Abs. 2 LadSchlG entlastet werden und so die Gefahr minimiert wird, dass die Sicherheit des Arzneimittelverkehrs durch übermüdetes Personal gefährdet sein kann. Jedoch ist es schwer nachvollziehbar, dass gerade die Öffnung an maximal vier Sonntagen im Jahr für jeweils fünf Stunden als solche oder im Zusammenhang mit der übrigen Dienstbereitschaft für den Apotheker und sein Personal derart belastend sein kann, dass dadurch die Arzneimittelversorgung der Bevölkerung gefährdet würde[44]. Daher sprechen die besseren Gründe dafür, insoweit bereits die Geeignetheit von § 14 Abs. 4 LadSchlG zu verneinen.

Zur Förderung des *Arbeitsschutzes* ist § 14 Abs. 4 LadSchlG demgegenüber geeignet. Das Ziel, dem Apothekenpersonal grundsätzlich ein zusammenhängendes Wochenende inklusive einem arbeitsfreien Sonntag zu gewährleisten, wird durch das generelle Verbot der Sonntagsöffnung außerhalb der Dienste nach § 4 Abs. 2 LadSchlG gefördert und die Verteilung der Arbeitszeit dadurch günstig beeinflusst[45].

In Hinsicht auf die *Wettbewerbssicherung* ist das Verbot nur geeignet, die Wettbewerbsbeziehungen vor Verfälschungen durch ungleiche Öffnungszeiten zu schützen, die zwischen Apotheken innerhalb des Gebietes, in dem ein verkaufsoffener Sonntag stattfindet, und Verkaufsstellen außerhalb dieses Gebietes bestehen. Innerhalb des Gebietes, in dem ein verkaufsoffener Sonntag stattfindet, fördert der Ausschluss von Apotheken den Wettbewerb zwischen Apotheken und dem übrigen Einzelhandel mit Blick auf die apothekenüblichen Waren nicht, sondern verfälscht ihn sogar, da den dort ansässigen sonstigen Einzelhändlern Verkaufschancen eingeräumt werden, die für die Apotheken nicht bestehen. Insoweit ist der Ausschluss der Apotheken von verkaufsoffenen Sonntagen also nicht geeignet, das Ziel der Wettbewerbssicherung zu verfolgen.

Bezüglich des Schutzes eines besonderen *Berufsbildes* der Apotheker kann diesen allenfalls deswegen eine besondere Stellung eingeräumt werden, weil sie aufgrund ihrer besonderen Ausbildung Gewähr dafür tragen, dass die Kunden genau die Medikamente erhalten, die ihnen von Ärzten verschrieben wurden. Mit Blick auf nicht verschreibungspflichtige Medikamente sollen die Apotheker auf einen vernünftigen Konsum hinwirken. Diesen Besonderheiten kann durch verminderte Öffnungszeiten nicht Rechnung getragen werden. Insbesondere ist nichts dafür ersichtlich, dass § 14 Abs. 4 LadSchlG dazu geeignet wäre, Apotheker davor zu schützen, dass ihnen ein übersteigertes Streben nach Gewinn vorgeworfen werden könnte, und darunter der Schutz der Bevölkerung vor Medikamentenmissbrauch leiden könnte[46]. Damit ist der Ausschluss der Apotheker von verkaufsoffenen Sonntagen auch insoweit kein geeignetes Mittel, um das angestrebte Ziel zu erreichen.

Im Ergebnis ist im vorliegenden Fall das Mittel des generellen Verbots der Sonntagsöffnung nicht hinsichtlich aller Ziele geeignet. Dies führt jedoch nicht zu einem Verstoß gegen das Übermaßverbot; es genügt, wenn *eines* von mehreren gesetzgeberischen Zielen durch die erlassene Norm tatsächlich gefördert wird[47]. Weil dies jedoch im Hinblick auf den Arbeitsschutz und die Sicherung des Wettbewerbs zwischen den Apotheken innerhalb und außerhalb eines verkaufsoffenen Bereichs zu bejahen ist, ist § 14 Abs. 4 LadSchlG als (insoweit) geeignetes Mittel einzuordnen.

cc) Erforderlichkeit

Der Ausschluss der Apotheken von der Möglichkeit, verkaufsoffene Sonntage durchzuführen, müsste erforderlich sein, um die danach »verbliebenen« Ziele des Arbeitsschutzes und des Schutzes des Wettbewerbs mit Blick auf Verkaufsstellen außerhalb des betroffenen Gebiets zu gewährleisten. Erforderlich ist ein Mittel, wenn es kein gleich geeignetes, aber milderes Mittel zur Zweckerreichung gibt[48].

Hinsichtlich des *Arbeitsschutzes* ist die Erforderlichkeit des Ausschlusses der Apotheken vom verkaufsoffenen Sonntag fraglich. Insoweit könnte man argumentieren, dass eine Überlastung des Personals durch übermäßige Wochenendarbeit bereits durch die spezielleren Vorgaben der Arbeitszeitordnung und die tariflichen Arbeitszeitbestimmungen verhindert wird und die generellen Ladenschlussregelungen für die Bestimmung von Dauer, Verteilung und Vergütung der Arbeitszeit kein gleichermaßen geeignetes Mittel sind. Darüber hinaus könnte man das generelle Verbot der Teilnahme an verkaufsoffenen Sonntagen für die Apotheker auch als belastender als die Einhaltung von Arbeitszeitbestimmungen einstufen, weil den Apotheken kein Raum für betriebliche Dispositionen verbleibt. Danach wäre § 14 Abs. 4 LadSchlG nicht erforderlich, um den Arbeitsschutz sicherzustellen[49]. Dem lässt sich jedoch entgegenhalten, dass das Ladenschlussgesetz eine zwingende Regelung darstellt, die eine Öffnung an Sonn- und Feiertagen ausnahmslos und ohne Rücksicht auf die gesamte Arbeitsbelastung der Apotheker und ihrer Angestellten verbietet. Daher gewährt § 14 Abs. 4 LadSchlG einen weitergehenden Schutz als die Arbeitszeitordnung und tarifliche Arbeitszeitbestimmungen, die demzufolge nicht gleichermaßen geeignete Mittel wie das generelle Sonntagsöffnungsverbot sind.

41 Vgl. zur Bedeutung des »Berufsbilds« des Apothekers auch Ring, NJW 1997, 768 ff.; Terhechte, JuS 1992, 551 f.

42 Ring, NJW 1997, 768 (773); vgl. auch BVerfGE 94, 372 (391) = Kunig, **JK** 97, GG Art. 12 I/42.

43 Vgl. BVerfGE 49, 89 (130 ff.); 81, 70 (90) = Kunig, **JK** 90, GG Art. 12 I/23; Michael, JuS 2001, 654 (656).

44 In diese Richtung auch BVerfGE 104, 357 (365 f.) = Ehlers, **JK** 7/02, GG Art. 12 I/61, allerdings – wenig überzeugend – unter dem Topos »verfassungslegitimes Ziel«.

45 So auch BVerfGE 104, 357 (366) = Ehlers, **JK** 7/02, GG Art. 12 I/61.

46 Vgl. BVerfGE 104, 357 (367) = Ehlers, **JK** 7/02, GG Art. 12 I/61.

47 Eine Bedeutung hat die fehlende Eignung hinsichtlich mancher Ziele dennoch, weil der entsprechende Gesichtspunkt zur Rechtfertigung des Eingriffs bei der Prüfung der Erforderlichkeit und Angemessenheit des Mittels nicht mehr herangezogen werden kann.

48 Michael, JuS 2001, 654 (656 f.); Sachs, Verfassungsrecht II (Fn. 17), A 10 Rdn. 37.

49 In diese Richtung Stober, JZ 1996, 541 (543); vgl. auch Terhechte, JuS 2002, 551 (553).

Danach kann die Erforderlichkeit von § 14 Abs. 4 LadSchlG nicht verneint werden[50].

Hinsichtlich des Zwecks des *Wettbewerbsschutzes* zwischen den Apotheken innerhalb und außerhalb des verkaufsoffenen Gebietes ist ebenfalls kein gleichermaßen geeignetes und milderes Mittel ersichtlich, als die Apotheken von verkaufsoffenen Sonntagen auszunehmen. Andernfalls erhielten die Apotheken innerhalb des verkaufsoffenen Gebietes einen Wettbewerbsvorteil durch die Möglichkeit, an den betreffenden Sonntagen zu öffnen. Insoweit ist die Erforderlichkeit also unproblematisch zu bejahen.

dd) Angemessenheit (Verhältnismäßigkeit im engeren Sinn)

Der Ausschluss der Apotheken von verkaufsoffenen Sonntagen ist angemessen, wenn die Gesichtspunkte des Arbeitsschutzes und des Schutzes der betroffenen Wettbewerbsbeziehungen zwischen den Apotheken derart gewichtig sind, dass die Ausnahme gerade der Apotheken vom verkaufsoffenen Sonntag den betreffenden Apothekern zumutbar ist[51].

Insoweit ist zunächst festzustellen, dass beide Gesichtspunkte nicht als sonderlich gewichtig eingestuft werden können. Der zusätzliche Arbeitsschutz durch § 14 Abs. 4 LadSchlG gegenüber dem durch Arbeitszeit- und Tarifrecht gesicherten ist minimal, nachdem verkaufsoffene Sonntage höchstens vier Mal im Jahr stattfinden und die tarifliche Gesamtarbeitszeit dadurch nicht berührt wird[52]; auch ein gewichtiger Wettbewerbsnachteil der Apotheken außerhalb des verkaufsoffenen Bereichs gegenüber den darin liegenden ist nicht dadurch zu besorgen, dass diese an maximal vier Sonntagen im Jahr für je maximal fünf Stunden geöffnet haben dürfen[53]. Hinzu kommt, dass § 14 Abs. 4 LadSchlG nicht nur die Wettbewerbsbeziehungen zwischen den Apotheken innerhalb und außerhalb des verkaufsoffenen Bereichs schützt, sondern zugleich innerhalb des verkaufsoffenen Bereichs den Wettbewerb zwischen den Apotheken und dem sonstigen Einzelhandel verfälscht, so dass der wettbewerbsfördernde Aspekt bei einer Gesamtbetrachtung weitgehend wieder beseitigt wird[54].

Dem stehen erhebliche Interessen der Apotheker an einer Teilnahme an verkaufsoffenen Sonntagen gegenüber. Diese ist Ausdruck einer besonderen Leistungsbereitschaft und Kundenorientierung der Apotheke, mit denen um das Vertrauen in der Bevölkerung geworben werden kann; zudem besteht durch einen Ausschluss der Apotheken von verkaufsoffenen Sonntagen die Gefahr, dass in der Bevölkerung Vorurteile geweckt oder bestätigt werden, nach denen die Apotheker angesichts ihrer hohen Verdienstspannen Kundenfreundlichkeit nicht nötig hätten[55].

Zudem darf zur Rechtfertigung des § 14 Abs. 4 LadSchlG nicht isoliert auf den Arbeitsschutz des Apothekenpersonals und die Wettbewerbsbeziehungen zwischen den Apotheken innerhalb und außerhalb des verkaufsoffenen Bezirkes abgestellt werden, sondern es ist zu prüfen, ob die *spezifische* Ausnahme der Apotheken von der generell zulässigen Ladenöffnung an den betreffenden Sonntagen angemessen ist[56]. Dies kann jedoch nur der Fall sein, wenn den Apothekern eine Sonderrolle im Vergleich zum übrigen Einzelhandel zukommt, die eine spezifische Ausnahme von der Sonntagsöffnung rechtfertigen könnte. Wie bereits ausgeführt, besteht eine Sonderrolle der Apotheken aber nur insofern, als eine zuverlässige und sachgerechte Versorgung der Bevölkerung mit apothekenpflichtigen Arzneimitteln sicherzustellen ist. Dieser Gesichtspunkt greift aber – wie gesehen – im Hinblick auf erweiterte Ladenöffnungszeiten nicht ein[57] und kann einen Ausschluss der Apotheken von verkaufsoffenen Sonntagen daher ebenfalls nicht rechtfertigen.

Damit ist § 14 Abs. 4 LadSchlG unangemessen und verstößt gegen das Übermaßverbot[58].

4. Zwischenergebnis

§ 14 Abs. 4 LadSchlG ist materiell verfassungswidrig und kann den Eingriff in Art. 12 Abs. 1 GG nicht rechtfertigen. Die Vorschrift verstößt damit gegen das Grundrecht der Berufsfreiheit aus Art. 12 Abs. 1 GG.

II. Eigentumsfreiheit (Art. 14 Abs. 1 GG)

§ 14 Abs. 4 LadSchlG könnte zudem die Eigentumsfreiheit verletzen. Hierzu müsste zunächst der Schutzbereich von Art. 14 Abs. 1 S. 1 Alt. 1 GG eröffnet sein. Dieser erfasst das Eigentum im verfassungsrechtlichen Sinne, d. h. alle vermögenswerten Rechte, die dem Inhaber von der Rechtsordnung privatnützig und ausschließlich zugeordnet sind[59]. Nicht hierunter fallen bloße Erwerbschancen, die in der Zukunft liegen[60]. Die Eigentumsfreiheit schützt damit das Erworbene, also das Ergebnis beruflicher Tätigkeit, nicht aber den Vorgang des Erwerbs, der alleine von Art. 12 Abs. 1 GG geschützt ist[61]. In Gestalt der zulässigen Ladenöffnungszeiten geht es vorliegend jedoch alleine um die berufliche Betätigung in der Zukunft und die Möglichkeit, dadurch bestehende Erwerbschancen wahrzunehmen. Damit ist bereits der Schutzbereich von Art. 14 Abs. 1 S. 1 Alt. 1 GG nicht eröffnet. Die Eigentumsfreiheit ist folglich nicht verletzt.

III. Gleichheitsgebot (Art. 3 Abs. 1 GG)

Der allgemeine Gleichheitssatz aus Art. 3 Abs. 1 GG ist verletzt, wenn eine Ungleichbehandlung vorliegt, die nicht verfassungsgemäß ist[62].

1. Ungleichbehandlung

Apotheken werden gegenüber dem sonstigen Einzelhandel ungleich behandelt, indem sie von der Möglichkeit ausgenommen sind, verkaufsoffene Sonntage durchzuführen. Damit liegt eine rechtfertigungsbedürftige Ungleichbehandlung vor.

2. Verfassungsmäßigkeit der Ungleichbehandlung

Die Ungleichbehandlung ist verfassungsgemäß, wenn Gründe von solcher Art und solchem Gewicht bestehen, dass sie die ungleichen Rechtsfolgen aufwiegen können[63]. Derartige Gründe

50 In der Klausur spielt es für die Bewertung keine Rolle, zu welchem Ergebnis der Bearbeiter gelangt. Entscheidend ist vielmehr (wie immer), dass die Problematik erkannt, aufgeworfen und argumentativ angemessen bewältigt wird.

51 Vgl. Kimmt, JuS 2001, 664 (670); Michael, JuS 2001, 656 (657 ff.).

52 S. bereits oben B. I. 3. b) cc).

53 BVerfGE 104, 357 (365) = Ehlers, **JK** 7/02, GG Art. 12 I/61.

54 S. o. B. I. 3. b) bb).

55 BVerfGE 104, 357 (369) = Ehlers, **JK** 7/02, GG Art. 12 I/61.

56 Insoweit enthält das Freiheitsrecht des Art. 12 Abs. 1 GG die gleiche Zielrichtung wie ein Gleichheitsrecht; zu diesem Gesichtspunkt auch Scholz, in: Maunz/Dürig (Fn. 18), Art. 12 Rdn. 145 f.

57 Vgl. o. B. I. 3. b) bb).

58 So im Ergebnis auch BVerfGE 104, 357 (368 ff.) = Ehlers, **JK** 7/02, GG Art. 12 I/61.

59 BVerfGE 83, 201 (209) = Erichsen, **JK** 91, GG Art. 14 III/8; Ipsen (Fn. 19), Rdn. 680; Wendt, in: Sachs, GG (Fn. 20), Art. 14 Rdn. 23.

60 Bryde, in: v. Münch/Kunig (Fn. 19), Art. 14 Rdn. 21; Ipsen (Fn. 19), Rdn. 683.

61 Zu dieser »Faustregel« BVerfGE 30, 292 (335); Epping (Fn. 15), Rdn. 372; Jarass/Pieroth (Fn. 6), Art. 12 Rdn. 3; Wieland, in: Dreier (Fn. 17), Art. 14 Rdn. 183.

62 Zum zweistufigen Aufbau bei der Prüfung von Gleichheitsrechten näher Brüning, JA 2001, 611; Koenig, JuS 1995, 313 (314 ff.); Pieroth/Schlink (Fn. 2), Rdn. 430; Scherzberg/Mayer, JA 2004, 137 (138).

63 Vgl. BVerfGE 92, 277 (318); 99, 165 (177); s. auch Schoch (Fn. 2), S. 126 f. Näher zur Rechtfertigung von Ungleichbehandlungen nach dem »Willkürverbot« und der »neuen Formel« Brüning, JA 2001, 611 (612 ff.); Bryde/Kleindiek, **JURA** 1999, 36 (37 ff.); Odendahl, JA 2000, 170 ff.; Sachs, JuS 1997, 124 ff.; Scherzberg/Mayer, JA 2004, 137 (138 ff.). In einer Klausur, in der Art. 3 Abs. 1 GG nur als »Annex« zur Prüfung eines Freiheitsrechts abzuhandeln ist, kann auf eine Problematisierung des Rechtfertigungsmaßstabes in der Regel verzichtet werden, wenn und weil

lassen sich vorliegend nicht finden; der Gesetzgeber ist – wie ausgeführt – unzulässigerweise von einer Sonderstellung der Apotheken im Vergleich zum übrigen Einzelhandel ausgegangen, der jedoch jedenfalls im Hinblick auf die Ladenöffnungszeiten nicht besteht. Damit kann die Ungleichbehandlung aus denselben Gründen wie der Eingriff in Art. 12 Abs. 1 GG nicht gerechtfertigt werden. § 14 Abs. 4 LadSchlG verstößt folglich auch gegen Art. 3 Abs. 1 GG.

IV. Zwischenergebnis

§ 14 Abs. 4 LadSchlG verletzt die A in ihren Grundrechten aus Art. 12 Abs. 1 und Art. 3 Abs. 1 GG. Die Verfassungsbeschwerde ist damit begründet.

C. Gesamtergebnis

Die Verfassungsbeschwerde ist zulässig und begründet. Das BVerfG wird die Norm gemäß § 95 Abs. 3 S. 1 BVerfGG für nichtig erklären.

bereits das (strenge) Übermaßverbot bei der Behandlung des Freiheitsrechts geprüft worden ist. In der Sache kann ohnehin meist auf die Rechtfertigungsprüfung des Freiheitsrechts verwiesen werden. Wird ein Freiheitsrecht unverhältnismäßig eingeschränkt, besteht auch kein sachlicher Grund für die damit verbundene Ungleichbehandlung; vgl. etwa die Fallbearbeitung von SCHOCH (Fn. 2), S. 127, mit entsprechender Erläuterung auf S. 133.

Zwischenprüfungsklausur

Öffentliches Recht

Schwarzgeld im Landtagswahlkampf

Von Wiss. Ass. Dominik Kupfer, Freiburg i. Br.

Abstrakte Normenkontrolle – Wahlprüfungsverfahren der Länder – Homogenitätsklausel (Art. 28 Abs. 1 GG) – Demokratieprinzip – Bestimmtheitsgebot – Rechtsprechungsvorbehalt (Art. 92 GG)

SACHVERHALT

Nach der letzten Wahl zum Landtag des Landes L, der über insgesamt 110 Sitze verfügt, entfielen auf die A-Partei 50 Sitze, auf die B-Partei 46 Sitze, auf die C-Partei 8 Sitze und auf die D-Partei 6 Sitze. Etliche Wahlberechtigte legten gegen die Gültigkeit der Landtagswahl Einspruch beim Wahlprüfungsgericht ein, das beim Landtag gebildet ist. Hintergrund der Wahlprüfungsbeschwerden ist die Mitfinanzierung des Landtagswahlkampfs der A-Partei aus Mitteln eines Stiftungsvermögens in Liechtenstein. Dieses Auslandsvermögen der A-Partei in Höhe von 8 Millionen € war in den jährlichen Rechenschaftsberichten entgegen den Publikationsvorschriften des Parteiengesetzes nicht deklariert worden.

Der Vorsitzende des Wahlprüfungsgerichts erklärte in einer Pressemitteilung, sein Gericht halte den Einsatz des »verschleierten Stiftungsvermögens« zur Mitfinanzierung des Wahlkampfs für sittenwidrig. Es bestünden Anhaltspunkte dafür, dass durch diese sittenwidrigen Handlungen das Ergebnis der Landtagswahl mandatsrelevant beeinflusst worden sein könnte.

Nun beantragt die Landesregierung von L beim BVerfG, Art. 78 Abs. 2 und 3 LV sowie §§ 1, 2 und 17 LWahlPrüfG für unvereinbar mit dem Grundgesetz und nichtig zu erklären. Diese Vorschriften bestimmen:

Art. 78 LV. (1) Die Gültigkeit der Wahlen prüft ein beim Landtag gebildetes Wahlprüfungsgericht.

(2) Im Falle der Erheblichkeit für den Ausgang der Wahl machen eine Wahl ungültig: Unregelmäßigkeiten im Wahlverfahren und strafbare oder gegen die guten Sitten verstoßende Handlungen, die das Wahlergebnis beeinflussen.

(3) Das Wahlprüfungsgericht besteht aus den beiden höchsten Richtern des Landes und drei vom Landtag für seine Wahlperiode gewählten Abgeordneten.

(4) Das Nähere wird durch Gesetz geregelt.

§ 1 LWahlPrüfG. Das Wahlprüfungsgericht beim Landtag besteht aus dem Präsidenten des Verwaltungsgerichtshofs, dem Oberlandesgerichtspräsidenten und drei gewählten Mitgliedern.

§ 2 LWahlPrüfG. Die zu wählenden Mitglieder werden vom Landtag aus dem Kreise der Abgeordneten im Wege der Verhältniswahl ... für die Dauer der Wahlperiode gewählt.

§ 17 LWahlPrüfG. Das Urteil wird mit seiner Verkündung rechtskräftig.

Gegen Art. 78 Abs. 2 LV wendet sich die Landesregierung, soweit der Wahlungültigkeitstatbestand »sittenwidrige Handlungen, die das Wahlergebnis beeinflussen«, erfasst. Diese Regelung verstoße gegen die – auch im Landesrecht zu beachtenden – grundgesetzlichen Prinzipien der Demokratie und des Rechtsstaats. Da die Legitimation der Volksvertretung in Frage gestellt werde, dürfe eine Wahlungültigkeit nur auf solchen Verstößen gegen die Grundsätze einer demokratischen Wahl beruhen, die in unmittelbarem Zusammenhang mit der konkreten Wahl begangen worden seien. Rechtsstaatlich fehle es an der notwendigen Bestimmtheit, so dass politisch motivierte Entscheidungen, die den Willen des Volkes nicht respektieren, nicht auszuschließen seien. Die Vorschriften über die Zusammensetzung des Wahlprüfungsgerichts (Art. 78 Abs. 3 LV, §§ 1, 2 LWahlPrüfG) und über die Urteilswirkungen (§ 17 LWahlPrüfG) seien deshalb mit dem Grundgesetz nicht zu vereinbaren, weil eine Entscheidung gegen das in der Wahl zum Ausdruck kommende vornehmste demokratische Bürgerrecht nur durch ein unabhängiges staatliches Gericht getroffen werden dürfe; das Wahlprüfungsgericht erfülle nicht die an ein Gericht zu stellenden verfassungsrechtlichen Anforderungen.

Die Oppositionsfraktionen im Landtag von L halten den Antrag der Landesregierung beim BVerfG schon für unzulässig; es komme ja wohl nicht in Frage, dass die Landesregierung die eigene Landesverfassung angreifen könne. Jedenfalls sei der Antrag unbegründet; der Begriff der »guten Sitten« sei der Rechtsordnung durchaus bekannt und damit rechtlich handhabbar, und die Organisation des Wahlprüfungsgerichts sei auf Grund der Autonomie des Landes bei der Staatsorganisation grundgesetzlich von vornherein nicht zu beanstanden.

Hat der Antrag der Landesregierung beim BVerfG Aussicht auf Erfolg?*

* Der Fall ist gebildet in Anlehnung an BVerfGE 103, 111. Vgl. auch die nachfolgende Entscheidung des HessStGH, NVwZ 2002, 468 ff.

LÖSUNG

Die Landesregierung von L beantragt beim BVerfG, Art. 78 Abs. 2 und 3 LV sowie §§ 1, 2 und 17 LWahlPrüfG für unvereinbar mit dem Grundgesetz und nichtig zu erklären. In Betracht kommt die Durchführung eines abstrakten Normenkontrollverfahrens[1] gemäß Art. 93 Abs. 1 Nr. 2 GG, § 13 Nr. 6 und §§ 76 ff. BVerfGG. Der Antrag der Landesregierung hat Aussicht auf Erfolg, wenn er zulässig und begründet ist.

A. Zulässigkeit der abstrakten Normenkontrolle

I. Zuständigkeit des BVerfG

Art. 93 Abs. 1 Nr. 2 GG und § 13 Nr. 6 BVerfGG weisen dem BVerfG die Zuständigkeit zu, bei Meinungsverschiedenheiten oder Zweifeln insbesondere über die sachliche Vereinbarkeit von Landesrecht mit dem Grundgesetz zu entscheiden. Die Landesregierung von L hält Art. 78 Abs. 2 und 3 LV sowie §§ 1, 2 und 17 LWahlPrüfG für unvereinbar mit dem Grundgesetz. Damit ist die Vereinbarkeit von Landesrecht[2] mit der Bundesverfassung thematisiert und das BVerfG als Garant des GG angesprochen[3].

II. Antrag

§ 76 Abs. 1 BVerfGG setzt einen Antrag für die Einleitung des Verfahrens voraus. Dabei unterscheidet das BVerfGG in § 76 Abs. 1 zwischen einem Antrag auf Normverwerfung (Nr. 1) und auf Normbestätigung (Nr. 2). Nach § 23 Abs. 1 BVerfGG muss der Antrag schriftlich eingereicht werden und eine Begründung enthalten[4]. Indem die Landesregierung von L beantragt hat, Art. 78 Abs. 2 und 3 LV sowie §§ 1, 2 und 17 LWahlPrüfG für unvereinbar mit dem Grundgesetz und nichtig zu erklären und dies auch näher begründet hat, hat sie einen entsprechenden Normverwerfungsantrag an das BVerfG gerichtet[5].

III. Antragsberechtigung

Die Antragsberechtigung ist in Art. 93 Abs. 1 Nr. 2 GG abschließend geregelt[6]. In Übereinstimmung mit der verfassungsrechtlichen Bestimmung sind in § 76 Abs. 1 BVerfGG die Antragsberechtigten benannt: die Bundesregierung, eine Landesregierung oder ein Drittel der Mitglieder des Bundestages. Hier hat die Landesregierung von L den Normverwerfungsantrag gestellt.

IV. Statthafter Antragsgegenstand

Nach Art. 93 Abs. 1 Nr. 2 GG, § 76 Abs. 1 vor Nr. 1 BVerfGG kann Gegenstand der abstrakten Normenkontrolle Bundes- oder Landesrecht sein. Erfasst sind alle Normen dieser Rechtsordnungen, also verfassungsrechtliche Bestimmungen[7] ebenso wie einfache Gesetze, Satzungen und Rechtsverordnungen[8]. Art. 78 LV ist damit ebenso statthafter Antragsgegenstand wie die Normen des LWahlPrüfG[9].

V. Antragsbefugnis

§ 76 Abs. 1 BVerfGG benennt die Voraussetzungen, unter denen die Durchführung eines Verfahrens der abstrakten Normenkontrolle beantragt werden kann, und unterscheidet dabei hinsichtlich der sachlichen Voraussetzungen der Antragsbefugnis entsprechend dem Antragsziel danach, ob eine Normverwerfung (Nr. 1) oder eine Normbestätigung (Nr. 2) beantragt ist. Danach ist ein Normverwerfungsantrag nur zulässig, wenn der Antragsteller den Antragsgegenstand »für nichtig hält« – das heißt, wenn er überzeugt ist, dass der Antragsgegenstand mit dem Grundgesetz unvereinbar ist[10]. Demgegenüber setzt Art. 93 Abs. 1 Nr. 2 GG für die Zulässigkeit des Antrags lediglich voraus, dass hinsichtlich des Antragsgegenstandes »Meinungsverschiedenheiten oder Zweifel« über dessen Vereinbarkeit mit dem Grundgesetz bestehen. Es spricht viel dafür, dass sich entgegen § 76 Abs. 1 Nr. 1 BVerfGG diese Zweifel nicht zur Überzeugung des Antragstellers verdichtet haben müssen, der Antragsgegenstand sei wegen Unvereinbarkeit mit dem Grundgesetz nichtig. Wegen des Vorrangs der Verfassung kann nicht davon ausgegangen werden, dass § 76 Abs. 1 Nr. 1 BVerfGG als unterverfassungsrechtliche Norm die in Art. 93 Abs. 1 Nr. 2 GG geregelte Antragsbefugnis wirksam einzuschränken vermag. Anderes ergibt sich auch nicht aus Art. 94 Abs. 2 GG. Art. 94 Abs. 2 S. 1 GG ermächtigt den Bundesgesetzgeber lediglich zur Regelung der Verfassung des BVerfG und des Verfahrens vor dem BVerfG, nicht aber zur materiellen Einengung der Antragsvoraussetzungen[11]. Lediglich für Verfassungsbeschwerden ermöglicht es Art. 94 Abs. 2 S. 2 GG dem Gesetzgeber, den durch das BVerfG auf der Grundlage des Art. 93 GG zu gewährleistenden Rechtsschutz von weiteren beziehungsweise erheblich strengeren Zulässigkeitsvoraussetzungen abhängig zu machen. Die Streitfrage kann vorliegend freilich offen bleiben. Indem die Landesregierung von L in der Regelung des Art. 78 Abs. 2 LV einen Verstoß gegen die grundgesetzlichen Prinzipien

1 Die abstrakte Normenkontrolle dient der Durchsetzung und Effektuierung des Vorrangs der Verfassung in besonderer Weise, indem das BVerfG hier unabhängig von einem konkreten Anlassfall über die Verfassungsmäßigkeit eines Gesetzes befindet; Wahl, JuS 2001, 1041 und 1047. Das Verfahren der abstrakten Normenkontrolle ist nicht kontradiktorisch – es kennt keinen Antragsgegner und keine Parteien. Es dient allein dem Schutz der Bundesverfassung.

2 Was alles zum Landesrecht zählt, ist eine Frage des statthaften Antragsgegenstandes.

3 BVerfGE 96, 133 (138); E. Klein, in: Benda/Klein, Verfassungsprozessrecht, 2. Aufl. 2001, Rdn. 707.

4 Fristen bestehen nicht.

5 Da es im Verfahren der abstrakten Normenkontrolle nicht um den subjektiven Schutz des Antragstellers, sondern um den Schutz der Bundesverfassung geht (vgl. Fn. 1) und das BVerfG dementsprechend als Hüter der Verfassung fungiert, ist die Bedeutung des Antrags auf eine Anstoßfunktion reduziert, die dem Gericht den Zugriff auf den Fall eröffnet (E. Klein, in: Benda/Klein [Fn. 3], Rdn. 754; Schlaich/Korioth, Das Bundesverfassungsgericht, 6. Aufl. 2004, Rdn. 123). Nimmt der Antragsteller seinen Antrag zurück, ist das BVerfG nach h. M. für den Fall, dass Gründe des öffentlichen Interesses für die Fortführung des Verfahrens gegeben sind, nicht daran gehindert, in der Sache zu entscheiden (vgl. BVerfGE 1, 396 [414]; 8, 183 [184]; 25, 308 [309]; 76, 99 f.; 77, 345; 79, 255; 87, 152 [153]).

6 BVerfGE 21, 52 (53); Schoch, Übungen im Öffentlichen Recht I Verfassungsrecht und Verfassungsprozessrecht, 2000, S. 249; Freytag, **JURA** 2002, 130 (136). Der Wegfall des selektierenden Merkmals der subjektiven Rechtsverteidigung verlangt eine strenge Beschränkung bei der Benennung der zum Schutz der Verfassung berufenen Organe beziehungsweise Organteile; E. Klein, in: Benda/Klein (Fn. 3), Rdn. 709.

7 Und zwar auch des Bundesrechts; vgl. BVerfGE 30, 1 (15 f.). Verfassungsändernde Bundesgesetze sind in formeller Hinsicht an den Vorschriften über die Gesetzgebungskompetenz und das Gesetzgebungsverfahren sowie in materieller Hinsicht am Maßstab des Art. 79 Abs. 3 GG zu prüfen. Dazu Fallbearbeitung von Schmidt-Radefeldt, SächsVBl. 2002, 23 und 44 ff.

8 Robbers, Verfassungsprozessuale Probleme in der öffentlich-rechtlichen Arbeit, 1996, S. 50.

9 Darauf, ob Art. 78 LV älter als das Grundgesetz ist, kommt es nicht an. Anders als im Fall der konkreten Normenkontrolle nach Art. 100 Abs. 1 GG kennt die abstrakte Normenkontrolle keine Beschränkung auf nachkonstitutionelles Recht; BVerfGE 24, 174 (179 f.); 103, 111 (124). Dies erklärt sich daraus, dass im Verfahren der abstrakten Normenkontrolle ausschließlich das BVerfG entscheidet, während sich die Frage einer inzidenten Normenkontrolle grundsätzlich jedem Richter stellen kann, der über einen konkreten Einzelfall zu befinden hat. Damit greift der im Rahmen des Art. 100 Abs. 1 GG intendierte Schutzzweck, den auf dem Boden des Grundgesetzes demokratisch legitimierten Gesetzgeber davor zu bewahren, dass seine Gesetze von jedem Gericht dem Verdikt der Verfassungswidrigkeit ausgesetzt werden können, mit Blick auf die abstrakte Normenkontrolle von vornherein nicht ein.

10 Vgl. BVerfGE 96, 133 (137).

11 E. Klein, in: Benda/Klein (Fn. 3), Rdn. 730.

der Demokratie und des Rechtsstaats zu erkennen meint und die Vorschriften über die Zusammensetzung des Wahlprüfungsgerichts sowie über die Urteilswirkung in Widerspruch zu Art. 92 GG sieht, hält sie Art. 78 Abs. 2 und 3 LV, §§ 1, 2 und 17 LWahlPrüfG für mit dem Grundgesetz unvereinbar und damit nichtig. Im Ergebnis ist die Landesregierung von L nach allen hierzu vertretenen Auffassungen antragsbefugt[12].

VI. Klarstellungsinteresse

Das Verfahren der abstrakten Normenkontrolle dient allein dem Schutz der Verfassung und damit der objektiven Rechtswahrung[13]. Für die Zulässigkeit des Antrags ist ein subjektivrechtlich geprägtes Rechtsschutzbedürfnis nicht erforderlich[14]. Allerdings verlangt das BVerfG ein besonderes objektives Interesse an der verfassungsrechtlichen Prüfung der Rechtsnorm[15]. Dieses Klarstellungsinteresse ist durch die von der Landesregierung dargelegten Zweifel über die Gültigkeit der Normen bereits indiziert[16]. Fraglich ist jedoch, ob das objektive Klarstellungsinteresse deshalb zu verneinen ist, weil die Landesregierung mit Blick auf die angegriffenen Normen des Landesrechts selbst eine Gesetzesänderung initiieren könnte. Das ist aus zwei Gründen zu verneinen. Zum einen wäre die Unsicherheit über die tatsächliche Vereinbarkeit der betreffenden Gesetzeslage mit dem Grundgesetz auch dann nicht beseitigt, wenn es der Landesregierung gelingen sollte, eine entsprechende Änderung der landesrechtlichen Gesetzeslage anzustoßen. Die maßgeblichen Rechtsfragen blieben ungeklärt. Zum anderen würde die besondere Rolle, die das Grundgesetz den als antragsberechtigt hervorgehobenen Organen zuweist, ausgehöhlt. Insbesondere ist es nicht sichergestellt, dass die die Landesregierung tragenden Fraktionen im Landtag auch über eine verfassungsändernde Mehrheit verfügen[17].

VII. Zwischenergebnis

Der Antrag ist zulässig.

B. Begründetheit der abstrakten Normenkontrolle

Der Antrag ist begründet, soweit das BVerfG zu der Überzeugung kommt, dass eine angegriffene Norm mit dem Grundgesetz oder mit sonstigem Bundesrecht unvereinbar ist (§ 78 S. 1 BVerfGG).

I. Verfassungsmäßigkeit von Art. 78 Abs. 2 LV

Art. 78 Abs. 2 LV ist nur verfassungsgemäß, wenn die Vorschrift mit den hier maßgeblichen Vorgaben des Grundgesetzes vereinbar ist. Zweifelhaft ist, ob Art. 78 Abs. 2 LV mit den bundesverfassungsrechtlichen Anforderungen des Demokratieprinzips und des Bestimmtheitsgebots übereinstimmt, die nach Art. 28 Abs. 1 GG auch für das Landesverfassungsrecht gelten.

1. Prüfungsmaßstab: Art. 28 Abs. 1 S. 1 und 2 GG

Als bundesverfassungsrechtlicher Prüfungsmaßstab für Art. 78 Abs. 2 LV kommt nur das so genannte *Homogenitätsgebot* des Art. 28 Abs. 1 GG in Betracht[18]. Danach muss die verfassungsmäßige Ordnung in den Ländern den Grundsätzen des republikanischen, demokratischen und sozialen Rechtsstaats im Sinne des Grundgesetzes entsprechen (Art. 28 Abs. 1 S. 1 GG). Die Länder müssen eine Volksvertretung haben, die aus allgemeinen, unmittelbaren, freien, gleichen und geheimen Wahlen hervorgegangen ist (Art. 28 Abs. 1 S. 2 GG).

Das bundes- und gliedstaatliche Verfassungsgefüge verlangt danach ein *Mindestmaß an Übereinstimmung*. Gefordert ist das Minimum an struktureller Homogenität zwischen Gesamtstaat und Gliedstaaten, das für das Funktionieren eines Bundesstaates unerlässlich ist – nicht aber Konformität oder gar Uniformität. Das Homogenitätserfordernis ist auf die in Art. 28 Abs. 1 GG in Bezug genommenen Staatsstruktur- und Staatszielbestimmungen und innerhalb dieser wiederum auf die Grundsätze beschränkt. Dabei sind die konkreten Ausgestaltungen, die diese Grundsätze im Grundgesetz gefunden haben, für die Landesverfassungen nicht verbindlich[19]. Innerhalb dieses Rahmens[20] kommt den Ländern *Verfassungsautonomie* zu. Demzufolge steht jedem Bundesland ein weiter Gestaltungsspielraum für die Regelung seiner Staatsorganisation zu.

Zu den im vorliegenden Fall gemäß Art. 28 Abs. 1 S. 1 GG für die Länder Bindungswirkung entfaltenden leitenden Prinzipien zählen zum einen die Grundsätze des Demokratieprinzips, die ihrerseits durch die im nachfolgenden S. 2 in Bezug genommenen *Wahlrechtsgrundsätze* konkretisiert werden. Zum anderen ist der aus dem Rechtsstaatsgebot folgende Grundsatz der hinreichenden *Bestimmtheit* von Rechtsnormen zu beachten.

2. Vereinbarkeit von Art. 78 Abs. 2 LV mit dem Demokratieprinzip

Problematisch ist, inwieweit Art. 78 Abs. 2 LV gegen das Demokratieprinzip verstoßen könnte. Nach Art. 28 Abs. 1 S. 1 GG sind die Länder an das Demokratieprinzip gebunden. In der Demokratie, das heißt der freien Selbstbestimmung aller Bürger[21], darf Staatsgewalt nur vom Volk ausgehen (Art. 20 Abs. 2 S. 1 GG). Die personellen Träger der obersten politischen Staatsorgane bedürfen deshalb der regelmäßigen demokratischen Legitimation durch Wahlen (Art. 20 Abs. 2 S. 2 Hs. 1 GG). Für den Wahlakt selbst trifft Art. 28 Abs. 1 S. 2 GG eine spezielle Aussage, indem er inhaltlich die in Art. 38 Abs. 1 S. 1 GG normierten Wahlrechtsgrundsätze in Bezug nimmt.

Bund und Länder haben für die Einhaltung dieser Grundsätze zunächst dadurch Sorge zu tragen[22], dass sie jeweils überhaupt die

12 Sollte in einer Klausur die Entscheidung des dargestellten Streits geboten sein, so schließt sich, wenn man der hier favorisierten Auffassung folgt, daran die Frage an, wie mit dem – gemessen an Art. 93 Abs. 1 Nr. 2 GG – »zu engen« § 76 Abs. 1 Nr. 1 BVerfGG zu verfahren ist. Die Vorschrift könnte entweder nichtig oder doch immerhin teilnichtig sein (so etwa Schlaich/Korioth [Fn. 5], Rdn. 130); sie könnte aber auch im Wege verfassungskonformer Auslegung derart extensiv interpretiert werden, dass Meinungsverschiedenheiten oder Zweifel genügen, um die Antragsbefugnis zu begründen (E. Klein, in: Benda/Klein [Fn. 3], Rdn. 730).

13 Vgl. bereits oben Fn. 1.

14 Deshalb kann eine Landesregierung grundsätzlich auch das Recht eines anderen Landes zur Prüfung stellen; vgl. BVerfGE 83, 37 (49). Es besteht grundsätzlich kein Raum für eine Verwirkung des Antragsrechts aufgrund widersprüchlichen Verhaltens. So verliert eine Landesregierung ihr Antragsrecht selbst dann nicht, wenn sie dem nunmehr angegriffenen Gesetz im Bundesrat zuvor ausdrücklich zugestimmt hat; BVerfGE 101, 158 (213).

15 M. Nachw. aus der Rechtsprechung BVerfGE 96, 133 (137).

16 BVerfGE 103, 111 (124).

17 Vgl. Art. 64 Abs. 2 LV BW; Art. 75 Abs. 2 S. 1 BayLV; Art. 100 S. 1 LV Bln; Art. 79 S. 2 BbgLV; Art. 125 Abs. 3 BremLV; Art. 51 Abs. 2 HmbLV; Art. 56 Abs. 2 LV MV; Art. 46 Abs. 3 S. 1 NdsLV; Art. 69 Abs. 2 LV NW; Art. 129 Abs. 1 LV RP; Art. 101 Abs. 1 S. 2 SaarlLV; Art. 74 Abs. 2 SächsLV; Art. 78 Abs. 2 LV LSA; Art. 40 Abs. 2 LV SH; Art. 83 Abs. 2 S. 1 ThürLV. Art. 123 Abs. 2 HessLV lässt für eine Verfassungsänderung zwar die Zustimmung der Hälfte der gesetzlichen Mitglieder des Landtages genügen, verlangt aber zusätzlich, dass das Volk mit der Mehrheit der Abstimmenden einer Verfassungsänderung zustimmt.

18 Art. 31 GG ist gegenüber Art. 28 Abs. 1 S. 1 und S. 2 GG subsidiär; BVerfGE 36, 342 (362). Wird der Rahmen des Art. 28 Abs. 1 GG vom Landesverfassungsrecht überschritten, folgt die Nichtigkeit des Landesverfassungsrechts unmittelbar aus Art. 28 Abs. 1 GG, ohne dass es eines Rückgriffs auf Art. 31 GG bedürfte (Dreier, in: ders., GG, Band II, 1998, Art. 31 Rdn. 30; a.A. Walter Schmidt, JuS 2001, 545 [549]).

19 Zum Ganzen BVerfGE 90, 60 (84 f.).

20 Der sich wegen des Korrespondenzverhältnisses zwischen Art. 20, 28 und 79 GG mit dem für den Bund geltenden und in Art. 79 Abs. 3 GG festgeschriebenen Rahmen deckt; Dreier, in: ders. (Fn. 18), Art. 28 Rdn. 57.

21 BVerfGE 44, 125 (142).

22 BVerfGE 99, 1 (11) = Erichsen, **JK** 99, GG Art. 3 I/29.

Möglichkeit einer *Wahlprüfung* vorsehen[23]. Dieser Anforderung genügt die Rechtslage in L. Art. 78 Abs. 1 LV sieht vor, dass ein beim Landtag gebildetes Wahlprüfungsgericht die Gültigkeit der Wahlen prüft.

Fraglich sind vielmehr die Anforderungen an die *Ausgestaltung des materiellen Wahlprüfungsrechts.* Hier stehen die Grundsätze der Freiheit und der Gleichheit der Wahl im Vordergrund. Die *Freiheit der Wahl* schützt die freie Auswahl unter den Kandidaten. Dies betrifft im Vorfeld einer Wahl die Vorschlagsberechtigung; im Rahmen der Wahl selbst ist die eigentliche Wahlentscheidung vor Einwirkungen geschützt[24]. Die Entscheidung über das »Ob« und das »Wie« der Stimmabgabe sollen die Wähler in einem freien, offenen Prozess der Meinungsbildung treffen können[25]. Der Schutz der Freiheit der Wahlentscheidung kann sich gegen den Staat und gegen private Dritte richten. Sowohl das parteiergreifende Einwirken staatlicher Stellen auf die Bildung des Wählerwillens im Vorfeld einer Wahl, als auch massive, unter erheblichem Zwang oder Druck ausgeübte Einflüsse privater Dritter, einschließlich der Parteien und einzelner Kandidaten, auf die Wählerwillensbildung sollen von vornherein außer Betracht bleiben[26]. *Gleichheit der Wahl* bedeutet die Ausübung des aktiven und passiven Wahlrechts in formal möglichst gleicher Weise[27]. Hinsichtlich des aktiven Wahlrechts verlangt der Grundsatz den gleichen Zählwert[28] und grundsätzlich auch den gleichen Erfolgswert[29] der Stimmen[30]. Hinsichtlich des passiven Wahlrechts gewährleistet der Grundsatz der Gleichheit der Wahl die Chancengleichheit der Bewerber[31]. Dies gilt – entgegen der Auffassung der Landesregierung von L – nicht nur für den eigentlichen Wahlvorgang selbst, sondern auch für den Wahlkampf[32].

Die Beachtung der Grundsätze der Freiheit und der Gleichheit der Wahl findet im Wahlprüfungsverfahren ihre Grenze im Erfordernis des *Bestandsschutzes einer gewählten Volksvertretung*, das seine verfassungsrechtliche Grundlage ebenfalls im Demokratiegebot hat[33]. In der repräsentativen Demokratie spiegelt die Zusammensetzung der Volksvertretung den Willen des Wahlvolkes im Zeitpunkt der Wahl wider; zum Schutz dieses in der Wahl zu Tage getretenen Willens muss die Volksvertretung so weit wie möglich vor einer Zerschlagung geschützt werden.
Auf der einen Seite sind dem Demokratieprinzip die Grundsätze der Freiheit und der Gleichheit der Wahl zu entnehmen. Auf der anderen Seite verlangt das Demokratieprinzip den Bestandsschutz einer gewählten Volksvertretung. Zwischen beiden Ausprägungen des demokratischen Prinzips besteht bei der gesetzlichen Ausgestaltung des materiellen Wahlprüfungsrechts ein *Zielkonflikt*[34]. Dieses Spannungsverhältnis ist im Sinne praktischer Konkordanz[35] dahingehend aufzulösen, dass zwar nicht jede Verletzung eines Wahlrechtsgrundsatzes Auswirkungen auf die Gültigkeit der betreffenden Wahl haben kann, eine einmal gewählte Volksvertretung aber auch nicht in jedem Fall in ihrem Bestand unangetastet bleibt. Wenn schwere Verstöße gegen die Wahlrechtsgrundsätze vorliegen, so dass nicht mehr davon ausgegangen werden kann, dass die Zusammensetzung des Parlaments den tatsächlichen Willen des Wahlvolkes reflektiert, muss die Wahl für ungültig erklärt werden. Andererseits können Wahlbeeinflussungen einfacher Art und geringen Gewichts nicht schlechthin zum Wahlungültigkeitsgrund erhoben werden, weil andernfalls der Bestand der Volksvertretung stets unsicher wäre. Insgesamt gilt: Je stärker die Auswirkungen einer wahlprüfungsrechtlichen Entscheidung in den Bestand einer gewählten Volksvertretung eingreifen, desto schwerer muss der Wahlfehler wiegen, auf den der Eingriff gestützt wird. Nur so wird das Parlament durch die Wahlprüfung in der Erfüllung seiner Aufgaben, insbesondere der Gesetzgebung und der Kontrolle der – von ihm erst hervorzubringenden – Regierung nicht übermäßig gefährdet[36].

Fraglich ist, ob sich der Verfassungsgeber in L bei der Fassung des Art. 78 Abs. 2 LV innerhalb der Schranken gehalten hat, denen die Länder bei der Ausgestaltung ihres materiellen Wahlprüfungsrechts aufgrund des Homogenitätsgebots gemäß Art. 28 Abs. 1 S. 1 und 2 GG unterliegen. Dazu ist zu ermitteln, unter welchen Voraussetzungen die Norm die Ungültigkeit einer Wahl bestimmt. Hierzu ist eine Auslegung von Art. 78 Abs. 2 LV erforderlich[37].

a) Grammatische Auslegung
Nach Art. 78 Abs. 2 LV machen für den Ausgang einer Wahl erhebliche Unregelmäßigkeiten im Wahlverfahren sowie strafbare oder gegen die guten Sitten verstoßende Handlungen, die das Wahlergebnis beeinflussen, die Wahl ungültig. Bei der Bestimmung des Begriffs »gegen die guten Sitten verstoßende Handlungen« könnte auf Sozialnormen und damit außerrechtliche Vorstellungen zurückzugreifen sein – etwa auf die Formel vom »Anstandsgefühl aller billig und gerecht Denkenden«, die zur Konkretisierung des in § 138 Abs. 1 BGB verwendeten Begriffs der guten Sitten geprägt wurde. Vom Wortlaut her zwingend ist diese Auslegung jedoch nicht; es kommt auch ein restriktiveres Verständnis des Begriffs »gute Sitten« in Betracht.

b) Systematische Auslegung
Für eine einschränkende Auslegung des Tatbestandsmerkmals der sittenwidrigen Handlung könnte der Regelungszusammenhang der Vorschrift sprechen. Art. 78 Abs. 2 LV stellt Unregelmäßigkeiten im Wahlverfahren, das heißt Verletzungen von Wahlvorschriften, die die Wahlvorbereitung, den Wahlakt und die Feststellung des Wahlergebnisses betreffen, und strafbare Handlungen, die das Wahlergebnis beeinflussen (§§ 107 ff. StGB), der sittenwidrigen Wahlbeeinflussung gleich. Daraus ist zu schließen, dass diese Alternative nach Art und Gewicht den anderen Alternativen entsprechen muss, also eine restriktive Auslegung des Begriffs »gute Sitten« geboten ist. Zudem setzt Art. 78 Abs. 2 LV für die Ungültigerklärung einer Wahl voraus, dass die den Wahlvorgang störende Handlung auch das Wahlergebnis tatsächlich beeinflusst hat. Strukturell wird damit ein Ursachenzusammenhang zwischen Wahlfehler und Wahlergebnis vorausgesetzt. Diesem Erfordernis einer so genannten Mandatsrelevanz[38] auf Kausalitätsebene entspricht es, bereits auf der

23 BVerfGE 85, 148 (158) = Kunig, **JK** 92, GG Art. 3 I/15; BVerfGE 99, 1 (18) = Erichsen, **JK** 99, GG Art. 3 I/29.
24 Kunig, **JURA** 1994, 554 (557).
25 BVerfGE 44, 125 (139).
26 BVerfGE 103, 111 (135).
27 BVerfGE 85, 148 (157) = Kunig, **JK** 92, GG Art. 3 I/15.
28 Jeder Wähler hat die gleiche Stimmenzahl – »one man, one vote«. Verboten ist eine unterschiedliche Gewichtung der Stimmen etwa nach dem Geschlecht oder der Steuerkraft der Wähler; vgl. Kunig, **JURA** 1994, 554 (557).
29 Jede Stimme wird bei der Umsetzung der Stimmen in die Zuteilung von Parlamentssitzen berücksichtigt; Pieroth, in: Jarass/Pieroth, GG, 7. Aufl. 2004, Art. 38 Rdn. 6.
30 BVerfGE 82, 322 (337).
31 BVerfGE 82, 322 (337); 95, 408 (417); Magiera, in: Sachs, GG, 3. Aufl. 2003, Art. 38 Rdn. 90.
32 BVerfGE 78, 350 (358).
33 BVerfGE 103, 111 (135).
34 Hermes, JZ 2001, 873 (874).
35 Hesse, Grundzüge des Verfassungsrechts der Bundesrepublik Deutschland, 20. Aufl. 1999, Rdn. 72; Degenhart, Staatsrecht I Staatsorganisationsrecht, 19. Aufl. 2003, Rdn. 7.
36 Zum Ganzen BVerfGE 103, 111 (134 f.).
37 Die sogenannte »klassische Methodenlehre« hat vier Auslegungsansätze entwickelt: die grammatische (möglicher Wortsinn als äußerste Grenze), die systematische (Analyse der Stellung der betreffenden Regelung im Normgefüge), die historisch-genetische und die teleologische (Frage nach dem Sinn und Zweck einer Norm) Interpretation. Indem die historisch-genetische Auslegung nach der Entstehung einer Rechtsnorm und ihrer weiteren Entwicklung fragt, kommt sie in Übung und Examen naturgemäß nur bei der Hausarbeit in Betracht. Zum Ganzen Schoch (Fn. 6), S. 53 ff.
38 HessStGH, NVwZ 2002, 468 (470).

Handlungsebene an die Sittenwidrigkeit der Beeinflussung hohe Anforderungen zu stellen.

c) Teleologische Auslegung

Sinn und Zweck des Art. 78 Abs. 2 LV ist es, das Spannungsverhältnis zwischen den Grundsätzen der Freiheit und der Gleichheit der Wahl auf der einen Seite und dem Bestandsschutz einer gewählten Volksvertretung auf der anderen Seite im Sinne praktischer Konkordanz aufzulösen. Die Vorschrift will die richtige, dem Wählerwillen entsprechende Zusammensetzung des Parlaments gewährleisten und damit der Wahrung der Wahlrechtsgrundsätze als konstituierenden Elementen einer demokratischen Wahl dienen. Gleichzeitig soll das Parlament durch die Wahlprüfung in seiner Funktion als gesetzgebendes und die Regierung kontrollierendes Organ nicht übermäßig beeinträchtigt werden. Dieser Zweck spricht dafür, dass die Sittenwidrigkeit in Art. 78 Abs. 2 LV als Voraussetzung für die Ungültigkeit einer Wahl nur bei Wahlfehlern von solchem Gewicht angenommen werden kann, dass ein Fortbestand der gewählten Volksvertretung unerträglich erschiene[39]. Vor diesem Hintergrund kann die Sittenwidrigkeit einer Handlung nicht unter Rückgriff auf die außerrechtliche Vorstellung vom »Anstandsgefühl aller billig und gerecht Denkenden« bestimmt werden. Geboten ist vielmehr eine spezifisch wahlprüfungsrechtliche Interpretation. Unter Berücksichtigung der regelmäßig im Wahlkampf anzutreffenden Schärfe und Polemik bei Angriffen auf den politischen Gegner und der gängigen Zuspitzung unterschiedlicher politischer Standpunkte muss eruiert werden, was von der Rechtsgemeinschaft als eine unlautere und damit wahlfehlerbegründende Einwirkung auf die Wählerwillensbildung angesehen wird. Dabei hat es eine Rolle zu spielen, ob der Beeinflussung der Wählerwillensbildung – insbesondere mit Mitteln des Wahlwettbewerbs – hätte entgegengewirkt werden können[40]. Eine sittenwidrige Wahlbeeinflussung im Sinne von Art. 78 Abs. 2 LV liegt nur vor, wenn in nach diesen Maßstäben erheblicher Weise gegen die Grundsätze der Freiheit und der Gleichheit der Wahl verstoßen wurde.

d) Zwischenergebnis

Indem Art. 78 Abs. 2 LV dahingehend eng ausgelegt werden kann, dass der Wahlfehlertatbestand der sittenwidrigen Wahlbeeinflussung erst dann erfüllt ist, wenn in erheblicher Weise gegen die Grundsätze der Freiheit und der Gleichheit der Wahl verstoßen wurde, sind sowohl das Interesse am Bestand der gewählten Volksvertretung wie auch die Erfordernisse dieser Wahlrechtsgrundsätze gewahrt. Die Vorschrift ist mit den von den Ländern aufgrund Art. 28 Abs. 1 GG zu wahrenden Grundsätzen des Demokratieprinzips vereinbar.

3. Bestimmtheitsgebot

Das Gebot hinreichender Bestimmtheit von Rechtsvorschriften ist als Ausprägung des Gebots der Rechtssicherheit ein Element des Rechtsstaatsgebots[41]. Das Bestimmtheitsgebot erlegt den Ländern die Verpflichtung auf, »gesetzliche Tatbestände so zu fassen, dass die Betroffenen die Rechtslage erkennen und ihr Verhalten daran ausrichten können«[42]. Welcher Grad an Bestimmtheit geboten ist, lässt sich nicht generell und abstrakt festlegen, sondern wird maßgeblich von der Eigenart des Regelungsgegenstandes und dem Zweck der betreffenden Norm bestimmt. Die Auslegungsbedürftigkeit allein macht eine Norm jedoch nicht unbestimmt[43]. Gemessen an diesen Vorgaben ist der Verweis in Art. 78 Abs. 2 LV auf die »guten Sitten« nicht zu beanstanden. Der Begriffsinhalt ist – wie gesehen – mit Hilfe der juristischen Auslegungsregeln bestimmbar und bezogen auf einen konkreten Sachverhalt anwendbar. Einer weitergehenden normativen Konkretisierung bedarf es schon mit Blick auf die unüberschaubare Vielfalt möglicher Quellen, Erscheinungsformen und Zielrichtungen wahlbeeinflussender Verhaltensweisen nicht.

4. Zwischenergebnis

Art. 78 Abs. 2 LV hält sich innerhalb der Schranken, die den Ländern bei der Ausgestaltung ihres materiellen Wahlprüfungsrechts durch das Homogenitätsgebot gemäß Art. 28 Abs. 1 S. 1 und 2 GG gezogen sind. Die Vorschrift ist mit dem Grundgesetz vereinbar. Der Antrag ist insoweit unbegründet.

II. Verfassungsmäßigkeit der Zusammensetzung des Wahlprüfungsgerichts und der Urteilswirkungen

Das durch Art. 78 Abs. 3 LV, §§ 1, 2 und 17 LWahlPrüfG ausgestaltete formelle Wahlprüfungsrecht ist verfassungsgemäß, wenn es in Einklang mit den grundgesetzlichen Vorgaben steht. Hier könnten die Zusammensetzung des Wahlprüfungsgerichts und die Urteilswirkungen in Widerspruch zu Art. 92 GG stehen.

1. Prüfungsmaßstab: Art. 92 GG

Art. 78 Abs. 1 und Abs. 3 LV weisen die Wahlprüfungsentscheidung einem »Wahlprüfungsgericht« zu. § 17 LWahlPrüfG bestimmt, dass das »Urteil« des Wahlprüfungsgerichts mit seiner Verkündung »rechtskräftig« wird. Verfassungsrechtlicher Prüfungsmaßstab könnte Art. 92 GG sein, der aufgrund seines Wortlauts auch unmittelbar für die Länder gilt. Danach ist die rechtsprechende Gewalt den Richtern anvertraut. Ihre Ausübung ist den Gerichten vorbehalten. Der Gesetzgeber darf eine Angelegenheit, die Rechtsprechung in diesem Sinne ist, nicht anderen Stellen als Gerichten zuweisen.

a) Begriff der Rechtsprechung

Das Grundgesetz definiert den Begriff der Rechtsprechung beziehungsweise der rechtsprechenden Gewalt in Art. 92 GG nicht, sondern setzt ihn voraus und baut auf ihm auf[44]. Allein daraus, dass die Erledigung einer Aufgabe Richtern zugewiesen ist, kann nicht auf die Ausübung rechtsprechender Gewalt geschlossen werden. Abzustellen ist vielmehr auf verfassungsrechtliche Vorgaben sowie auf traditionelle oder durch den Gesetzgeber vorgenommene Qualifizierungen[45]. Die grundgesetzlichen Rechtsweggarantien[46] oder die grundgesetzlichen Richtervorbe-

39 BVerfGE 103, 111 (134).

40 Kersten, DVBl. 2001, 768 (770): »Vorrang des Wahlkampfs vor der gerichtlichen ex-post-Wahlprüfung.«

41 Dieses Gebot bezieht sich auf die gesamte geschriebene Rechtsordnung, was in der Konsequenz der Geltung des Rechtsstaatsprinzips als einem in Art. 20 Abs. 3 GG zum Ausdruck kommenden allgemeinen Rechtsgrundsatz liegt.

42 BVerfGE 103, 111 (135).

43 BVerfGE 89, 69 (84 f.).

44 Der Begriff der Rechtsprechung findet auch in Art. 1 Abs. 3, Art. 20 Abs. 2 S. 2 und Abs. 3 GG Verwendung. Da dort auf die rechtsprechende Gewalt als Staatsfunktion Bezug genommen wird, kann jenes weite Verständnis nicht auf den organisationsrechtlichen Art. 92 GG übertragen werden. Im Rahmen des Art. 1 Abs. 3 GG werden der Rechtsprechung beispielsweise auch Akte der Justizverwaltung zugerechnet, die nach allgemeiner Auffassung nicht Element der rechtsprechenden Gewalt im Sinne des Art. 92 GG sind; Schulze-Fielitz, in: Dreier, GG, Band III, 2000, Art. 92 Rdn. 24.

45 BVerfGE 103, 111 (136 f.).

46 Sie verbürgen, dass in den dort bestimmten Angelegenheiten letztverbindlich Gerichte entscheiden, wenn sie gegen vorgängige Akte der Exekutive angerufen werden; Schulze-Fielitz, in: Dreier (Fn. 44), Art. 92 Rdn. 28. Zum Beispiel Art. 14 Abs. 3 S. 4, Art. 19 Abs. 4 S. 1 und 2 oder Art. 34 S. 3 GG. Nach ständiger Rechtsprechung des BVerfG (E 66, 232 [234]; 99, 1 [18 f.] = Erichsen, JK 99, GG Art. 3 I/29) ist die Korrektur etwaiger Wahlfehler einschließlich solcher, die Verletzungen subjektiver Rechte enthalten, durch die Einrichtung eines speziellen Wahlprüfungsverfahrens (auf Bundesebene gemäß Art. 41 Abs. 1 GG) dem Rechtsweg des Art. 19 Abs. 4 GG entzogen. Dabei handele es sich um eine

halte[47] sind Fälle, in denen bestimmte hoheitsrechtliche Befugnisse bereits durch die Verfassung selbst Richtern zugewiesen werden. Traditionelle Kernbereiche der Rechtsprechung bilden insbesondere die Entscheidung bürgerlicher Rechtsstreitigkeiten vermögensrechtlicher Art und die Strafgerichtsbarkeit[48]. Außerhalb der Kernbereiche materieller Rechtsprechung kommt dem Gesetzgeber eine dahingehende relative Befugnis zu, für einen Sachbereich eine Ausgestaltung zu bestimmen, die bei funktioneller Betrachtung nur der rechtsprechenden Gewalt zukommen kann. Von dieser Befugnis hat der Gesetzgeber Gebrauch gemacht, wenn er ein gerichtsförmiges Verfahren hoheitlicher Streitbeilegung vorsieht und den dort zu treffenden Entscheidungen eine Rechtswirkung verleiht, die nur unabhängige Gerichte herbeiführen können. Zu den prägenden Begriffsmerkmalen der Rechtsprechung in diesem Sinne gehört das Element der Entscheidung, der letztverbindlichen, der Rechtskraft fähigen Feststellung und des Ausspruchs dessen, was im konkreten Fall rechtens ist[49]. Kennzeichen der Rechtsprechung ist die letztverbindliche Klärung der Rechtslage in einem Streitfall im Rahmen besonders geregelter Verfahren. Liegt danach die Ausübung rechtsprechender Gewalt vor, ist diese nach Art. 92 GG den Richtern vorbehalten.

b) Wahlprüfung als Ausübung rechtsprechender Gewalt

Die materielle Wahlprüfung ist nicht de constitutione lata der Rechtsprechung zugewiesen; sie stellt auch keinen traditionellen Kernbereich der Rechtsprechung dar[50]. Maßgeblich ist, ob das Wahlprüfungsverfahren in L – bei funktioneller Betrachtung – durch den Landesgesetzgeber eine Ausgestaltung erfahren hat, nach der es als Rechtsprechung zu qualifizieren ist. Die Bezeichnung als »Wahlprüfungsgericht« und der Umstand, dass dieses durch »Urteil« über die Gültigkeit von Wahlen entscheidet, sind zwar für sich genommen gewichtige Anhaltspunkte, hinreichend sind sie jedoch nicht. Entscheidend für die Annahme rechtsprechender Gewalt spricht allerdings die Vorschrift des § 17 LWahlPrüfG. Danach wird das Urteil des Wahlprüfungsgerichts »mit seiner Verkündung rechtskräftig«. Die Verbindung der Begriffe »Urteil« und »rechtskräftig« ist eindeutig[51]: Der Entscheidung wird eine Rechtswirkung zugemessen, die nur von unabhängigen staatlichen Gerichten herbeigeführt werden kann, nämlich eine letztverbindliche Entscheidung darüber zu treffen, was im konkreten Fall rechtens ist. Rechtskraft ist ein Institut, das gerichtlichen Entscheidungen vorbehalten ist. Damit hat der Gesetzgeber von L das Wahlprüfungsverfahren bei funktioneller Betrachtung als Rechtsprechung im Sinne des Art. 92 GG ausgestaltet.

c) Zwischenergebnis

Art. 92 GG ist der verfassungsrechtliche Prüfungsmaßstab an dem das durch Art. 78 Abs. 3 LV, §§ 1, 2 und 17 LWahlPrüfG ausgestaltete formelle Wahlprüfungsrecht zu messen ist.

2. Vereinbarkeit von Art. 78 Abs. 3 LV, §§ 1, 2 und 17 LWahlPrüfG mit Art. 92 GG

Nach Art. 92 Hs. 1 GG ist die rechtsprechende Gewalt den Richtern anvertraut. Der Gesetzgeber darf eine Angelegenheit, die Rechtsprechung in diesem Sinne ist, nicht anderen Stellen als Gerichten zuweisen. Damit hat die vom Landesrecht vorgesehene Zusammensetzung des Wahlprüfungsgerichts den besonderen Anforderungen dieser Vorschrift an die Besetzung eines Gerichts zu genügen. Die gemäß Art. 78 Abs. 3 LV, §§ 1 und 2 LWahlPrüfG zu bestimmenden Mitglieder des Wahlprüfungsgerichts müssten als Richter im Sinne des Art. 92 GG qualifiziert werden können. Dies setzt voraus, dass sie im Hinblick auf den Entscheidungsgegenstand neutrale, unparteiliche und in der Sache nicht beteiligte Dritte sind[52]. Während die Präsidenten des Verwaltungsgerichtshofs und des Oberlandesgerichts diese Voraussetzungen erfüllen, ist das bei den drei aus dem Kreis der Abgeordneten zu wählenden Mitglieder des Wahlprüfungsgerichts nicht der Fall. Ihnen fehlt die für das Richteramt erforderliche Neutralität und Distanz zum Gegenstand des wahlprüfungsgerichtlichen Verfahrens. Das Wahlprüfungsgericht entscheidet nach Art. 78 Abs. 1 LV in Verbindung mit § 17 LWahlPrüfG mit verbindlicher Wirkung über die Gültigkeit der Wahl zum Landtag. Indem die Landtagsabgeordneten als Mitglieder des Wahlprüfungsgerichts über die Bestellung und Zusammensetzung des Gremiums entscheiden, dem sie selbst angehören, sind sie der Natur der Sache nach selbst Partei. Da aber niemand in eigener Sache Richter sein kann[53], liegt ein Verstoß gegen Art. 92 GG vor.

3. Reichweite der Verfassungswidrigkeit

Somit sind Art. 78 Abs. 3 LV, §§ 1, 2 und 17 LWahlPrüfG insoweit mit dem Grundgesetz unvereinbar, als der Landesgesetzgeber das Wahlprüfungsverfahren bei funktioneller Betrachtung als Rechtsprechung im Sinne des Art. 92 GG ausgestaltet und dennoch eine Besetzung des Wahlprüfungsgerichts auch mit Landtagsabgeordneten vorgesehen hat. Dem festgestellten Verfassungsverstoß kann dadurch abgeholfen werden, dass entweder die Mitgliedschaft der Landtagsabgeordneten im Wahlprüfungsgericht oder die Vorschrift, die für die Qualifikation des Wahlprüfungsverfahrens als Rechtsprechung im Sinne des Art. 92 GG entscheidend war, vom BVerfG für mit dem Grundgesetz unvereinbar und nichtig erklärt wird. Handelte es sich bei der Prüfung einer Wahl durch das Wahlprüfungsgericht nicht mehr um die Ausübung von Rechtsprechung, dann stünde die Zusammensetzung des Wahlprüfungsgerichts auch nicht mehr in Widerspruch zu Art. 92 GG – das Gremium selbst könnte unangetastet bleiben. Da den Ländern im Rahmen des Homogenitätsgebots nach Art. 28 Abs. 1 GG Verfassungsautonomie zukommt[54], müssen ihre staatsorganisatorischen Entscheidungen möglichst unangetastet bleiben und Eingriffe in den Verfassungsraum der Länder auf das geringste Maß beschränkt werden. Demgemäß wird das BVerfG § 17 WahlPrüfG für mit dem Grundgesetz unvereinbar und nichtig erklären[55] – die Zusammensetzung des Wahlprüfungsgerichts selbst wird es unbeanstandet lassen[56].

sich aus der besonderen Natur des Wahlverfahrens ergebende Sonderregelung.

47 Anders als im Fall einer Rechtsweggarantie verlangen Richtervorbehalte, dass nur Gerichte über die Zulässigkeit bestimmter staatlicher Maßnahmen entscheiden; Schulze-Fielitz, in: Dreier (Fn. 44), Art. 92 Rdn. 29. Beispiele für Richtervorbehalte sind etwa Art. 13 Abs. 2, 3, 4 S. 1 oder Art. 21 Abs. 2 S. 2 GG.

48 Vgl. BVerfGE 22, 49 (77 f.); Detterbeck, in: Sachs (Fn. 31), Art. 92 Rdn. 9.

49 BVerfGE 103, 111 (137).

50 Im Gegenteil: Die Wahlprüfung befand sich unter der Weimarer Reichsverfassung in einer Position zwischen unabhängiger Rechtsprechung und parlamentarischer Selbstkontrolle. Den staatlichen Gerichten wollte man aufgrund der historischen Erfahrungen mit der monarchischen Staatsorganisation die Wahlprüfung nicht überlassen. Jedoch wurde eine Annäherung an das gerichtsförmige Verfahren unter Beibehaltung des parlamentarischen Einflusses angestrebt; m. Nachw. BVerfGE 103, 111 (138 f.).

51 Insbesondere kann sie nicht im Sinne »bloßer« verwaltungsrechtlicher Bestandskraft gedeutet werden.

52 BVerfGE 103, 111 (140); Detterbeck, in: Sachs (Fn. 31), Art. 92 Rdn. 21 a; Wolfgang Meyer, in: von Münch/Kunig, GG, Band 3, 4./5. Aufl. 2003, Art. 92 Rdn. 7 und 15.

53 BVerfGE 3, 377 (381).

54 Dazu näher oben B. I. 1.

55 Die Rechtskraft des Ausspruchs des Wahlprüfungsgerichts wird so durch eine »nur« verwaltungsrechtliche Bestandskraft ersetzt.

56 Die Normenkontrollentscheidung wird im BGBl. veröffentlicht (§ 31 Abs. 2 S. 3 BVerfGG). Sie erlangt allgemein verbindliche Wirkung im Wege der »Gesetzeskraft« (§ 31 Abs. 2 S. 1 BVerfGG).

III. Ergebnis

Der Antrag der Landesregierung von L beim BVerfG hat insoweit Aussicht auf Erfolg, als er sich gegen § 17 LWahlPrüfG richtet. Im Übrigen hat er keine Aussicht auf Erfolg, da er zwar zulässig, aber unbegründet ist.

Zwischenprüfungsklausur

Aufhebung eines Zuwendungsbescheids oder: »Doppelt gemoppelt hält nicht unbedingt besser«

Von Dr. Dörte Diemert, Münster*

Rücknahme – begünstigender Verwaltungsakt – Vertrauensschutz – Erwirken eines Verwaltungsakts durch unrichtige Angaben

SACHVERHALT[1]

V ist Veranstalter von Kulturabenden und plant im Juli 2003 einen Vortrags- und Diskussionsabend mit mehreren internationalen Nachwuchsautoren. Das Kulturprogramm der Stadt M sieht vor, dass solche Veranstaltungen durch nicht zurückzuzahlende Zuschüsse finanziell gefördert werden können.

Aus diesem Grund begibt sich V am Montag, 12. 5. 2003, zum Kulturamt der Stadt M und füllt dort gegen Mittag ein entsprechendes Antragsformular aus. Er kreuzt hierin u. a. an, dass er keine anderweitige finanzielle Förderung für die Veranstaltung erhält. Zu diesem Zeitpunkt ist V nicht bekannt, dass das Land NRW mit Bescheid vom 9. 5. 2003 (in den Postlauf gegeben am gleichen Tag) einen Zuschuss zu den Kosten der Veranstaltung bewilligt hat. Diesen Bescheid hat der Postbote am 12. 5. 2003, während V noch auf dem Weg zur Stadtverwaltung war, in den Briefkasten des V geworfen. V hatte schon Monate zuvor eine Förderung der Veranstaltung durch das Land beantragt. Wegen der langen Verfahrensdauer und der bestehenden Finanznot des Landes rechnete er aber nicht mehr mit einer Bewilligung seines Antrags. Wieder zu Hause angekommen, findet V den Bewilligungsbescheid des Landes NRW vor und freut sich. Er unternimmt weiter nichts, da er die Einzelheiten des Antrags und insbesondere das »kleine Kreuz im Antrag« schon vergessen hat.

Aufgrund des Antrags an die Stadt M, den der Sachbearbeiter S bearbeitet hat, wird der Zuschuss am 23. 5. 2003 bewilligt und an V ausgezahlt.

Zum Nachweis, dass die Veranstaltung durchgeführt wurde, sendet V dem Sachbearbeiter S zwei Monate später ein Programm des Abends, in dessen Vorwort V dem Land NRW und der Stadt M für die großzügige Förderung dankt. Dies fällt S bei seiner interessierten Lektüre auf.

Am 28. 10. 2003 schreibt der zuständige S deshalb nach vorheriger Anhörung des V, dass er den Bewilligungsbescheid über den Zuschuss aufhebe. Dabei weist er zutreffend darauf hin, dass der Bescheid rechtswidrig sei, da finanzielle Zuschüsse nach den Fördervorschriften nur zulässig seien, soweit keine anderweitige finanzielle Förderung der kulturellen Veranstaltung erfolge. Hierauf sei der V auch im Antragsformular hingewiesen worden. Das Schreiben enthält eine ordnungsgemäße Rechtsbehelfsbelehrung.

V ist entsetzt. Er hat auf den Bestand des Bewilligungsbescheids vertraut und den Zuschuss für die Gestaltung des Literaturabends verwendet. Er meint, ihn treffe hinsichtlich der falschen Angaben im Förderungsantrag kein Verschulden, da er – was zutrifft – zum Zeitpunkt der Antragstellung keine Kenntnis vom Zuschuss des Landes gehabt habe und zum damaligen Zeitpunkt auch nicht mit der Bewilligung haben rechnen können.

V möchte nun von Ihnen wissen, ob der Bescheid vom 28. 10. 2003 rechtmäßig ist!

LÖSUNG

Der Bescheid vom 28. 10. 2003 ist rechtmäßig, wenn er auf eine hinreichende Ermächtigungsgrundlage gestützt ist und den formellen und materiellen Rechtmäßigkeitsanforderungen genügt.

I. Ermächtigungsgrundlage

Nach dem Grundsatz des Gesetzesvorbehalts ist eine Ermächtigungsgrundlage u. a. immer dann erforderlich, wenn das Handeln der Verwaltung einen Eingriff in die Rechte des Betroffenen darstellt[2]. Dies ist bei der Aufhebung des begünstigenden Bewilligungsbescheids der Fall. Als Ermächtigungsgrundlage für den Bescheid vom 28. 10. 2003 kommen insoweit §§ 48, 49 VwVfG NRW in Betracht. Während § 49 VwVfG NRW den Widerruf rechtmäßiger Verwaltungsakte regelt, betrifft § 48 VwVfG NRW die Rücknahme rechtswidriger Verwaltungsakte[3]. Der aufgehobene Bewilligungsbescheid vom 23. 5. 2003 ist laut Sachverhalt rechtswidrig. Einschlägig ist deshalb § 48 VwVfG.

II. Formelle Rechtmäßigkeit

Die Anforderungen an die formelle Zuständigkeit liegen vor. Von der Zuständigkeit ist laut Sachverhalt auszugehen. Eine gem. § 28 I VwVfG NRW erforderliche Anhörung des V ist erfolgt. Die in § 37 II–V VwVfG NRW näher geregelten Anforderungen an die Form sind gewahrt und der Aufhebungsbescheid enthält auch

* Dr. Diemert ist Leiterin des Freiherr-vom-Stein-Instituts, Wiss. Forschungsstelle des Landkreistages Nordrhein-Westfalen an der Universität Münster.

1 Es handelt sich um den leicht modifizierten Sachverhalt einer Klausur, der im Rahmen einer Vorlesung zum Allgemeinen Verwaltungsrecht an der Rechtswissenschaftlichen Fakultät der Universität Münster zur Bearbeitung gestellt worden ist. Die Klausur ist für Studierende des dritten Semesters konzipiert. Die Lösung wurde aus didaktischen Gründen ausführlich gefasst und in den Fußnoten um methodische Hinweise ergänzt.

2 Ossenbühl, in: Erichsen/Ehlers (Hg), Allgemeines Verwaltungsrecht, 12. Aufl., § 9 Rdn. 5; Hendler, Allgemeines Verwaltungsrecht, 3. Aufl., Rdn. 64.

3 In Ausnahmefällen kann nach der überwiegenden Auffassung in Rspr. und Lit. auch bei rechtswidrigen VAen § 49 VwVfG herangezogen werden. Dies wird damit begründet, dass ein rechtswidriger VA keinen Schutz verdiene, wenn sogar ein rechtmäßiger VA nach § 49 VwVfG widerrufen werden könne, vgl. BVerwG NVwZ 1987, 489; Stelkens/Bonk/Sachs, VwVfG, 6. Aufl., § 49 Rdn. 6; Knack, VwVfG, 7. Aufl., § 49 Rdn. 18. Ein solcher Ausnahmefall, wie von einigen Bearbeitern angenommen, sollte jedoch erst nach Prüfung des § 48 VwVfG erörtert werden.

eine Begründung, die den Erfordernissen des § 39 I VwVfG NRW genügt.

III. Materielle Rechtmäßigkeit

Fraglich ist, ob der Aufhebungsbescheid auch materiell rechtmäßig ist.

1. Rechtswidriger Verwaltungsakt

Der Bescheid vom 28. 10. 2003 ist zunächst auf die Rücknahme eines rechtswidrigen Verwaltungsakts gerichtet[4].

2. Einschränkungen nach § 48 I 2, II–IV

Der Rücknahme stehen möglicherweise aber die Einschränkungen der § 48 I 2, II–IV VwVfG NRW entgegen.

a) Begünstigender Verwaltungsakt, § 48 I 2 VwVfG NRW

Diese kommen gem. § 48 I 2 VwVfG NRW bei begünstigenden Verwaltungsakten zur Anwendung. Ein solcher liegt vor, wenn der Verwaltungsakt einen rechtlich erheblichen Vorteil begründet oder bestätigt. Der Bewilligungsbescheid vom 23. 5. 2003 gewährt dem V einen finanziellen Zuschuss und begründet folglich einen rechtlich erheblichen Vorteil. Die Einschränkungen der Absätze II–IV finden daher Beachtung.

b) Vertrauensschutz gem. § 48 II VwVfG

Der Rücknahme des Bewilligungsbescheids vom 23. 5. 2003 könnte weiter § 48 II 1 VwVfG entgegenstehen. Diese Norm gewährt in bestimmten Fällen Vertrauensschutz. Das setzt zunächst voraus, dass ein Verwaltungsakt in Rede steht, der eine einmalige oder laufende Geld- oder teilbare Sachleistung gewährt oder hierfür Voraussetzung ist, dass der Betroffene auf den Bestand des Verwaltungsaktes vertraut hat und dass sein Vertrauen schutzwürdig ist.

aa) Gewährung von Geld- oder Sachleistungen

Eine Geldleistung im Sinne von Absatz II sind in Geld bezifferte oder jedenfalls ohne weiteres in Geld bezifferbare Leistungen[5]. Dazu zählen insbesondere Subventionen[6]. Zu letzteren gehören auch die sog. verlorenen Zuschüsse, d. h. solche Geldleistungen, die nicht zurückzuzahlen sind[7]. Der Bewilligungsbescheid vom 23. 5. 2003 betrifft einen verlorenen Zuschuss und damit eine Geldleistung. Eine Gewährung liegt weiter vor, wenn der VA das Vermögen des Begünstigten unmittelbar vergrößert[8]. Auch dies ist hier der Fall.

bb) Vertrauen

Der V müsste weiter auf den Bestand des Bewilligungsbescheids vertraut haben. V hat auf den Bestand vertraut und deshalb auch die finanzielle Förderung für den Kulturabend verwendet[9].

cc) Schutzwürdigkeit

Fraglich ist, ob das Vertrauen des V auch schutzwürdig ist. Bei der Beurteilung der Schutzwürdigkeit kommt es grundsätzlich[10] auf eine wertende Abwägung der Gesichtspunkte, die für die Aufrechterhaltung des VA sprechen, gegen das öffentliche Interesse an der Herstellung des an sich nach den maßgeblichen Rechtsvorschriften gebotenen Rechtszustands an[11]. Dabei ist gem. § 48 II 2 VwVfG NRW die Schutzwürdigkeit in der Regel zu bejahen, wenn der Begünstigte gewährte Leistungen verbraucht oder eine Vermögensdisposition getroffen hat, die er nicht mehr oder nur unter unzumutbaren Nachteilen rückgängig machen kann. Hier hat V das Geld für die Durchführung des kulturellen Abends verwendet und damit vollumfänglich verbraucht. Allerdings könnte es dem V gem. § 48 II 3 VwVfG NRW verwehrt sein, sich auf sein Vertrauen zu berufen. Nach dieser Norm entfällt der Vertrauensschutz nämlich dann, wenn einer der in Nr. 1–3 geregelten Fälle vorliegt[12].

Die Schutzwürdigkeit könnte hier zunächst nach § 48 II 3 Nr. 1 VwVfG NRW zu verneinen sein. Dann müsste der V den Verwaltungsakt durch **arglistige Täuschung, Drohung oder Bestechung** erwirkt haben. Hier kommt allein eine arglistige Täuschung in Betracht. Arglist ist die vorsätzliche Irreführung[13], d. h. sie verlangt das Bewusstsein der Unrichtigkeit. Teilweise wird insoweit auch für ausreichend gehalten, dass der Begünstigte die Unrichtigkeit für möglich hielt und in Kauf nahm[14]. Als V den Antrag im Kulturamt ausfüllte, hatte er noch keine Kenntnis von der anderweitigen Förderung. Die Unrichtigkeit der Angaben war ihm deshalb nicht bewusst. Er rechnete auch nicht mehr mit der Förderung durch das Land, weshalb er auch nicht von der möglichen Unrichtigkeit der Angaben ausging. Eine arglistige Täuschung durch das Ausfüllen der Formulare liegt damit nicht vor. Auch sofern man eine arglistige Täuschung durch Unterlassen einer Änderungsanzeige gegenüber der Behörde für möglich hielte, scheitert diese jedenfalls daran, dass V sich bei Kenntnisnahme von der Landesförderung nicht mehr an die Einzelheiten des städtischen Antrags erinnerte und damit jedenfalls nicht vorsätzlich handelte. Eine arglistige Täuschung scheidet folglich aus.

Der Schutzwürdigkeit des Vertrauens könnte weiter § 48 II 3 Nr. 2 VwVfG NRW entgegenstehen. Dann müsste V den Bewilligungsbescheid der Stadt **durch Angaben erwirkt** haben, die **in wesentlicher Beziehung unrichtig oder unvollständig** waren. Die von V gemachte Angabe, dass er keine anderweitige Förderung erhält, war objektiv unrichtig. Fraglich ist, ob die Unrichtigkeit auch wesentlich ist. Das setzt voraus, dass die Angaben entscheidungserheblich waren[15], d. h. die Behörde den Verwaltungsakt bei Kenntnis der wahren Umstände nicht so, wie er ergangen ist, erlassen hätte. Hätte der S von der landesseitigen Förderung gewusst, so hätte er den städtischen Zuschuss nicht bewilligt. Die Daten waren folglich entscheidungserheblich.

Voraussetzung für den Ausschluss nach Nr. 2 ist schließlich, dass V den Bewilligungsbescheid durch die falschen Angaben erwirkt hat. Ein Erwirken setzt zunächst ein zweck- und zielgerichtetes Handeln voraus[16], d. h. der Antragssteller muss die Angaben mit der Intention machen, die Behörde zur Bewilligung zu veranlassen. V machte die Angaben mit dem Ziel, eine finanzielle Förderung der Stadt M zu erlangen, d. h. er handelte zweck- und zielgerichtet. Allerdings hatte V zum Zeitpunkt der Angaben keine Kenntnis von dem Förderungsbescheid des Landes, da

4 S. oben unter I. (Ermächtigungsgrundlage).
5 KOPP/RAMSAUER, VwVfG, 8. Aufl., § 48 Rdn. 75.
6 KOPP/RAMSAUER, VwVfG, 8. Aufl., § 48 Rdn. 75.
7 MAURER, Allgemeines Verwaltungsrecht, 14. Aufl., § 17 Rdn. 6, 9.
8 SCHÄFER, in: Obermayer VwVfG, 3. Aufl., § 48 Rdn. 32.
9 Ob im Rahmen des § 48 I 1 VwVfG NRW erforderlich ist, dass der Begünstigte sein Vertrauen auch betätigt, also z. B. im Vertrauen auf den Bestand des VA bereits Dispositionen getroffen hat, ist umstritten, vgl. KOPP, VwVfG NRW, § 48 Rdn. 84 m. w. N., bedurfte hier aber keiner Erörterung.
10 Eine Ausnahme bildet insoweit § 48 II 3 VwVfG, der im Folgenden auch zu prüfen war.
11 BVerwGE 92, 81, 83.
12 § 48 II 2, 3 VwVfG NRW enthalten keine abschließende Aufzählung der Fallgruppen, bei denen sich der Betroffene auf schutzwürdiges Vertrauen berufen kann und umgekehrt. Sie führen allerdings typische Fälle auf und geben damit Anhaltspunkte für die im Übrigen nach § 48 II 1 VwVfG NRW vorzunehmende Abwägung.
13 Stelkens/Bonk/SACHS, VwVfG, 6. Aufl., § 48 Rdn. 157.
14 OVG Bautzen SächsVBl 1994, 269, 270; 1996, 216, 217.
15 KOPP/RAMSAUER VwVfG, 8. Aufl., § 48 Rdn. 101 a, 103; etwas anders insoweit Stelkens/Bonk/SACHS, VwVfG, 6. Aufl., § 48 Rdn. 159, der bei Angaben, die zu den tragenden Sachverhaltsgründen des VA insgesamt zählen, die Wesentlichkeit bejahen will.
16 VGH München NVwZ 2001, 931, 932, BayVBl 1987, 696.

dieser ihm erst kurz zuvor zugegangen war. Zu beantworten ist deshalb die Frage, ob neben der objektiven Unrichtigkeit der Angaben und des ziel- und zweckgerichteten Handelns auch eine Vorwerfbarkeit im Sinne eines Verschuldens, d.h. Vorsatz oder Fahrlässigkeit, zu fordern ist. Dies wird teilweise mit Blick auf Nr. 1 und Nr. 3, die beide Verschulden voraussetzen, und unter Hinweis darauf, dass der Begriff des »Erwirkens« das Erfordernis vorsätzlichen und damit schuldhaften Handelns nahe lege, gefordert[17]. Hiergegen wird von der ganz überwiegenden Auffassung jedoch zutreffend eingewandt, dass der Wegfall des Vertrauensschutzes keine Sanktion für doloses Verhalten darstellt, sondern für die Beurteilung der Schutzwürdigkeit allein entscheidend ist, ob die Ursache für die fehlerhafte Angabe in der Sphäre des Betroffenen lag[18]. Denn es liegt grundsätzlich im Verantwortungsbereich des Betroffenen, richtige und vollständige Angaben zu machen[19]. Demnach steht der Umstand, dass V zum Zeitpunkt seiner Angaben die Unrichtigkeit nicht kannte und auch nicht kennen musste, dem Ausschluss nach § 48 II 3 Nr. 2 VwVfG NRW nicht entgegen[20].

Folglich ist es dem V gem. § 48 II 3 VwVfG NRW verwehrt, sich auf sein Vertrauen zu berufen.

3. Rücknahmefrist (§ 48 IV VwVfG NRW)

Gem. § 48 IV 1 VwVfG NRW muss die Rücknahme weiter innerhalb eines Jahres, nachdem die Behörde Kenntnis von den die Rücknahme des Verwaltungsakts rechtfertigenden Tatsachen erlangt hat, erfolgen. Der zuständige Sachbearbeiter S hat zwei Monate nach Durchführung der Veranstaltung, d.h. Ende Juli 2003, von der Tatsache der Landesförderung Kenntnis erlangt. Unabhängig davon, ob man die hier statuierte Frist als eine Bearbeitungs- oder eine Entscheidungsfrist ansieht[21], erfolgt die am 28. 10. 2003 ausgesprochene Rücknahme daher innerhalb der Jahresfrist des § 48 IV 1 VwVfG NRW. Auch die Frage, ob § 48 IV VwVfG NRW einschränkend dahin gehend auszulegen ist, dass die für die Rücknahme zuständige Stelle innerhalb einer Behörde die Kenntnis erlangen muss[22] oder ob – dem Wortlaut der Norm entsprechend – die Kenntnis irgendeines Beamten der Behörde ausreicht, bedarf hier folglich keiner Entscheidung. Die Anforderungen des § 48 IV 1 VwVfG NRW sind mithin gewahrt.

4. Ermessen

Nach § 48 I 1 VwVfG NRW steht die Entscheidung über die Rücknahme eines Verwaltungsaktes im Ermessen der Behörde. Dieses müsste der S gem. § 40 VwVfG NRW entsprechend dem Zweck der Ermächtigung ausgeübt haben und die gesetzlichen Grenzen des Ermessens eingehalten haben. Ermessensfehler i. S. d. § 40 VwVfG NRW sind nicht ersichtlich.

IV. Zwischenergebnis

Die mit dem Bescheid vom 28. 10. 2003 ausgesprochene Rücknahme des Bewilligungsbescheids vom 23. 5. 2003 war folglich formell und materiell rechtmäßig.

17 BayVGH BayVBl 1987, 696.
18 BVerwG NwVZ 1987, 44, 45; OVG Koblenz NJW 1992, 1781, 1783; VGH München NVwZ 2001, 931, 932.
19 Stelkens/Bonk/Sachs, VwVfG, 6. Aufl., § 48 Rdn. 161; Schäfer, in: Obermayer, VwVfG, 3. Aufl., § 48 Rdn. 65.
20 Viele Bearbeiter haben diese Problematik nicht erkannt. Mit entsprechender Argumentation konnte hier auch vertreten werden, dass »Erwirken« schuldhaftes Handeln verlange. In diesem Fall hätte weiter erörtert werden können, ob V, indem er trotz späterer Kenntnis von der Doppelförderung keine entsprechende Mitteilung an S machte, schuldhaft eine Mitwirkungspflicht verletzte und deshalb nicht schutzwürdig ist. Ob § 48 II 3 Nr. 2 VwVfG NRW auch in Fällen eines späteren pflichtwidrigen Unterlassens greift, ist nicht abschließend geklärt; verneinend insoweit OVG Lüneburg NVwZ-RR 1995, 40, 41.
21 Zu diesem Streit, der hier nicht erörtert werden musste, s. Stelkens/Bonk/Sachs, VwVfG, 6. Aufl., § 48 Rdn. 231 ff.; Schäfer, in: Obermayer VwVfG, 3. Aufl., § 48 Rdn. 95 ff. Ebenso wenig bedurfte es einer Erörterung der Anwendbarkeit des § 48 IV VwVfG NRW auf Rechtsanwendungsfehler, s. dazu Stelkens/Bonk/Sachs, VwVfG, 6. Aufl., § 48 Rdn. 224 ff., da es hier um die Kenntnis von Tatsachen – hier der Förderung des Landes –, nicht um eine fehlerhafte Rechtsanwendung geht.
22 Großer Senat des BVerwG BVerwGE 70, 356, 364; VGH Kassel NVwZ-RR 1994, 483, 484; Schäfer, in: Obermayer VwVfG, 3. Aufl., § 48 Rdn. 103; a. A. OVG Berlin DVBl. 1983, 354, 355; Pieroth NVwZ 1984, 681, 684 f.; Schoch NVwZ 1985, 880, 884 f.

Hausarbeit

Öffentliches Recht

Das entwendete Verkehrsschild

Von Wiss. Mit. Dr. Martin Kellner, Frankfurt am Main

Allgemeines Verwaltungsrecht – Bekanntgabe von Verkehrszeichen – Ordnungsrecht – Kostentragung bei Ersatzvornahme – Abschleppproblematik

SACHVERHALT[1]

Im Zentrum der hessischen Großstadt G ist die Dresdner Straße, eine Geschäftsstraße, gelegen. Da die tagsüber stark befahrene Straße relativ eng und unübersichtlich ist, sind Halteverbotsschilder aufgestellt (Zeichen 286 gem. § 41 I StVO). Spaßvogel S, der sich schon seit längerem über die in G weit verbreiteten Halteverbote ärgert, möchte den Ordnungsbehörden einen Streich spielen. Am 1. April 2004 entfernt er in G früh morgens unerkannt mehrere Halteverbotsschilder, unter anderen auch die in der Dresdner Straße angebrachten.

Am Vormittag des 1. April durchfährt die ortsfremde X die Innenstadt von G und nutzt die Gelegenheit dazu, in der Dresdner Straße einige Besorgungen zu machen. Zu dieser Zeit herrscht dort noch mäßiger Verkehr. Als X nach zwei Stunden ihre Einkäufe beendet hat, findet sie ihren VW-Golf nicht mehr vor. Sie bringt rasch in Erfahrung, dass der Wagen auf behördliche Veranlassung abtransportiert und bei einem Abschleppunternehmen untergebracht worden ist, von welchem X ihren Wagen schließlich auch zurückerhält.

Zwei Wochen darauf geht bei X ein Kostenbescheid des Oberbürgermeisters von G ein, mit dem sie aufgefordert wird, für den Abtransport ihres PKW 157,50 € zu zahlen. X ist der Ansicht, dass sie die Abschleppkosten nicht tragen müsse, und legt daher noch am selben Tage Widerspruch ein. Sie trägt vor, dass sie kein

1 Der Fall wurde an der Johann Wolfgang Goethe-Universität Frankfurt am Main als Hausarbeit ausgegeben.

Verkehrsschild an der Dresdner Straße gesehen habe und von einem Halteverbot nichts wisse.

Am 2. Juni 2004 wird der X der Widerspruchsbescheid zugestellt. Hierin wird mitgeteilt, dass in der Dresdner Straße ein Halteverbot gelte, welches X missachtet habe. Die Widerspruchsbehörde weist darauf hin, dass das Fahrzeug der X den Verkehr auf der stark befahrenen Straße behindert habe und der Abtransport des Wagens rechtens gewesen sei.

X ist mit diesem Bescheid nicht einverstanden und erwägt eine Klage vor dem Verwaltungsgericht. Wäre die Klage begründet?

LÖSUNG

Die Klage der X wäre begründet, wenn der Leistungsbescheid rechtswidrig und X hierdurch in ihren Rechten verletzt ist, § 113 I 1 VwGO.

A. Ermächtigungsgrundlage

I. Abgrenzung Ersatzvornahme – Sicherstellung

Die Ermächtigungsgrundlage für den Leistungsbescheid bestimmt sich danach, ob es sich bei dem Abtransport des Fahrzeuges um eine Sicherstellung i. S. d. § 40 HSOG[2] oder um eine Ersatzvornahme nach § 49 I HSOG[3] handelt. Im ersten Fall wäre die Ermächtigung für den Kostenbescheid in § 43 III 1 HSOG[4], im zweiten Fall in § 49 I 1 HSOG[5] zu suchen.

1. Sicherstellung

Es wird vertreten, dass das Abschleppen eines Fahrzeuges eine Sicherstellung gem. § 40 HSOG ist. Innerhalb dieser Ansicht wird teilweise im Abtransport stets eine Sicherstellung gesehen[6]. Nach einer anderen Ansicht sind die Bestimmungen zur Sicherstellung nur dann einschlägig, wenn das Fahrzeug zu einer polizeilichen oder privaten Verwahrstelle transportiert wird. Wird das Fahrzeug hingegen an einen öffentlichen Platz, etwa einen öffentlichen Parkplatz, verbracht, kommt eine Sicherstellung nicht in Betracht[7]. Unter Zugrundelegung dieser Auffassungen läge mit dem Abtransport des Fahrzeuges der X eine Sicherstellung nach § 40 HSOG vor. Sinn und Zweck einer Sicherstellung ist es jedoch, durch amtlichen Gewahrsam an der sichergestellten Sache eine Gefahr abzuwehren, die von der Sache für die öffentliche Sicherheit oder Ordnung droht. Dieser Zweck kann nach Entfernen des Kfz von dem verkehrswidrigen Halteplatz nicht mehr erreicht werden, denn ist das Fahrzeug aus der Halteverbot entfernt, so ist die Gefahr bereits beseitigt[8]. Daher ist das Abschleppen eines Fahrzeuges regelmäßig nicht als Sicherstellung zu qualifizieren.

2. Ersatzvornahme

Der Abtransport des Fahrzeuges der X könnte eine Ersatzvornahme durch die Behörde nach § 49 I HSOG darstellen. Bei der Ersatzvornahme handelt es sich um die behördliche Ausführung eines Verwaltungsaktes. Geeigneter Grundverwaltungsakt könnte hier ein Wegfahrgebot sein, das konkludent durch die Halteverbotschilder ausgesprochen wurde, die zunächst in der Dresdner Straße angebracht waren.

Dazu müsste es sich bei den Verkehrszeichen um einen Verwaltungsakt im Sinne des § 35 LVwVfG handeln. Die Verkehrszeichen sind Maßnahmen der Straßenverkehrsbehörde auf dem Gebiet der StVO, welche zum Öffentlichen Recht gehört. Verbots- und Gebotszeichen begründen Verhaltenspflichten der Verkehrsteilnehmer und enthalten deshalb Regelungen mit Außenwirkung. Der Regelungsgehalt des Halteverbotes liegt nicht nur in dem Verbot, ein Fahrzeug abzustellen, sondern überdies in einem an den Fahrer gerichteten Gebot, sein im Geltungsbereich des Halteverbots aufgestelltes Fahrzeug wieder zu entfernen[9].

Fraglich ist indes, ob Verkehrszeichen einen Einzelfall im Sinne des § 35 S. 1 LVwVfG regeln. Da sich die Verkehrszeichen mit ihren Ver- bzw. Geboten an alle Personen richten, die in ihrem Geltungsbereich am Straßenverkehr teilnehmen, könnten sie einen abstrakt-generellen Regelungsgehalt und damit Normqualität haben. Der unbestimmte, generelle Adressatenkreis spricht dafür, Verkehrszeichen als Gesetze im materiellen Sinne und zwar genauer als Rechtsverordnungen zu klassifizieren[10]. Dem ist entgegenzuhalten, dass die durch Verkehrsschilder geregelte Benutzung der Straße einen konkreten Sachverhalt betrifft. Die Regelungswirkung von Verkehrsschildern ist folglich nicht als abstrakt-generell, sondern als konkret-generell einzustufen[11]. Bei Verkehrsschildern handelt es sich daher um Allgemeinverfügungen i. S. d. § 35 S. 2 LVwVfG.

3. Zwischenergebnis

Als Ermächtigungsgrundlage für den Leistungsbescheid kommt somit § 49 I 1 HSOG in Betracht.

II. Verwaltungsaktbefugnis

Fraglich ist, ob diese Bestimmung der Ordnungsbehörde auch die Befugnis einräumt, mittels der Handlungsform Verwaltungsakt (§ 35 S. 1 LVwVfG) ihre Forderung bei dem Bürger geltend zu machen. Verneinte man dies, müsste die Behörde ihren materiellen Anspruch im Wege der Klage vor den Verwaltungsgerichten einfordern.

1. Kein Ermächtigungserfordernis

Nach einer Ansicht bedarf eine Behörde keiner besonderen Ermächtigung, um in der Form des Verwaltungsaktes tätig zu werden. Der Grundsatz des Vorbehalts des Gesetzes sei lediglich auf den Inhalt des Verwaltungshandelns zu beziehen, nicht aber auf die Handlungsform. Die Verwaltung sei daher grundsätzlich

2 Entsprechend: Art. 25 BayPAG; § 38 BerlASOG; § 25 BbgPolG; § 23 BremPolG; § 14 HbgSOG; § 61 MVSOG; § 26 NdsGefAG; § 43 NRWPolG; § 22 RhPfPOG; § 21 SaarlPolG; § 26 SächsPolG; § 45 LSASOG; § 210 SchlHLVwG; § 27 ThürPAG.

3 Entsprechend: § 25 BWVwVG; Art. 55 I 1 BayPAG; § 10 BerlVwVG; § 55 I BbgPolG, § 19 I BbgVwVG; § 15 BremVwVG; § 14 lit. a HbgVwVG; § 89 I MVSOG; § 66 I NdsGefAG; § 52 I 1 NRWPolG, § 59 I NRWVwVG; § 52 I RhPfPOG; § 46 I SaarlPolG; § 24 I SächsVwVG; § 55 I 1 LSASOG; § 238 I SchlHLVwG; § 53 I ThürPAG.

4 Entsprechend: Art. 28 III BayPAG; § 41 III BerlASOG; § 28 III BbgPolG; § 26 III BremPolG; § 14 III 2 HbgSOG; § 29 III NdsGefAG; § 46 III NRWPolG; § 25 III RhPfPOG; § 24 III SaarlPolG; § 48 III LSASOG; § 27 ThürPAG.

5 Entsprechend: § 49 I BWPolG i. V. m. § 25 BWVwVG; Art. 55 I 2 BayPAG, Art. 32 S. 1 BayVwZVG; § 10 BerlVwVG; § 55 I BbgPolG, § 19 I BbgVwVG; § 15 BremVwVG; § 19 I 1 HbgVwVG; § 89 I MVSOG; § 66 I NdsGefAG; § 52 I 1 NRWPolG, § 59 I NRWVwVG; § 52 I RhPfPOG; § 46 I 2 SaarlPolG; § 24 I SächsVwVG; § 55 I 1 LSASOG; § 238 I SchlHLVwG; § 53 I ThürPAG, § 50 ThürVwZVG.

6 Geiger, BayVBl. 1983, 10 (11); Schwabe, NJW 1983, 369 (373).

7 Götz, Allg. Polizei- und Ordnungsrecht, 13. Aufl. (2001), Rdn. 291; Gusy, Polizeirecht, 5. Aufl. (2003), Rdn. 241; Pieroth/Schlink/Kniesel, Polizei- und Ordnungsrecht, 2. Aufl. (2004), § 19 Rdn. 4; Schoch, in: Schmidt-Aßmann (Hrsg.), Bes. Verwaltungsrecht, 12. Aufl. (2003), Rdn. 240.

8 Hilse, in: Lisken/Denninger (Hrsg.), Hdb. des Polizeirechts, 3. Aufl. (2001), G Rdn. 121 f.; Knemeyer, Polizei- und Ordnungsrecht, 9. Aufl. (2004), Rdn. 251 f.; Michaelis, **JURA** 2003, 298 (299 f.).

9 BVerwGE 102, 316 (319); Buchholz 310 § 86 I VwGO Rdn. 255; Götz (Fn. 7), Rdn. 380; Michaelis, **JURA** 2003, 298 (300); Schenke, Polizei- und Ordnungsrecht, 3. Aufl. (2004), Rdn. 714.

10 BayVGH, NJW 1978, 1988; Drews/Wacke/Vogel/Martens, Gefahrenabwehr, 9. Aufl. (1986), S. 364 ff., 368.

11 Etwa BVerwGE 27, 181 (183); Henneke, in: Knack (Hrsg.), VwVfG, 7. Aufl. (2000), § 35 VwVfG Rdn. 128, § 41 VwVfG Rdn. 28; Kahl, **JURA** 2001, 505 (511); Kopp/Ramsauer, VwVfG, 8. Aufl. (2003), § 35 Rdn. 107 f.; Wolff/Bachof/Stober, Verwaltungsrecht, Bd. 2, 6. Aufl. (2000), § 45 Rdn. 90; Erichsen, in: Erichsen/Ehlers (Hrsg.), Allg. Verwaltungsrecht, 12. Aufl. (2002), § 13 Rdn. 53.

befugt, öffentlich-rechtlich begründete Pflichten und Rechte des Bürgers durch Verwaltungsakt zu konkretisieren[12].

2. Lehre von der Verwaltungsaktbefugnis

Einer anderen Auffassung zufolge setzt der Erlass eines Verwaltungsaktes – wie jede hoheitliche Belastung des Bürgers – eine gesetzlichen Ermächtigung voraus. Das Erfordernis einer besonderen Verwaltungsaktbefugnis wird damit begründet, dass bereits der dem Verwaltungsakt per definitionem eigene Regelungsgehalt einen Eingriffswert enthalte, der wegen des Vorbehaltes des Gesetzes eine Ermächtigung bedürfe. Die Verwaltung schaffe sich überdies mit dem Verwaltungsakt selbst einen Vollstreckungstitel und auferlege dem Bürger, der gegen den Verwaltungsakt vorgehen will, die Widerspruchs- und Prozesslast[13]. Die Verwaltungsaktbefugnis müsse jedoch nicht ausdrücklich eingeräumt sein, sondern könne sich auch implizit aus dem Zweck materiellrechtlicher Vorschriften ergeben[14].

Aus § 49 I 1 HSOG resultiert zunächst einmal nur der materielle Ersatzanspruch der Körperschaft, deren Behörde eine Amtshandlung für den Bürger durchgeführt hat; über die Art und Weise der Geltendmachung des Anspruchs sagt die Bestimmung nichts aus[15]. Dennoch kann eine Verwaltungsaktbefugnis im Kostenrecht auf zwei verschiedene Argumentationswege gewonnen werden. Eine ältere Argumentation stellt darauf ab, dass das ordnungsbehördliche Kostenrecht und das zugehörige Vollstreckungsrecht klassische Fälle subordinationsrechtlicher Verwaltungsrechtsverhältnisse begründen. Im Subordinationsverhältnis verfüge die Behörde gewohnheitsrechtlich über die Befugnis, durch Verwaltungsakt zu handeln[16]. Zu dem gleichen Ergebnis kommt die Auffassung, die den Bestimmungen des Kostenrechts eine Verwaltungsaktbefugnis durch Auslegung entnimmt. Die gesetzliche Ermächtigung nach § 49 II 1 HSOG, vom Betroffenen die voraussichtlichen Kosten einer Ersatzvornahme im Voraus durch Verwaltungsakt einzufordern und im Verwaltungsvollstreckungsverfahren beizutreiben, lasse darauf schließen, dass die Kosten auch nach Abschluss der Ersatzvornahme durch Verwaltungsakt geltend gemacht werden können[17].

3. Ergebnis

Sowohl die Ansicht, die keine besondere Verwaltungsaktbefugnis verlangt, als auch die gegenteilige Auffassung kommt zu dem Ergebnis, dass die Ordnungsbehörde der Stadt G ihren Kostenerstattungsanspruch durch Verwaltungsakt bei X einfordern durfte. Mithin handelt es sich bei § 49 I 1 HSOG um eine geeignete Ermächtigungsgrundlage für den Leistungsbescheid.

III. Ergebnis

Richtige Ermächtigungsgrundlage für den Leistungsbescheid ist § 49 I 1 HSOG.

B. Rechtmäßigkeit des Leistungsbescheides

Der Bescheid müsste formell und materiell rechtmäßig sein.

I. Formelle Rechtmäßigkeit

1. Zuständigkeit

Zunächst müsste der Oberbürgermeister von G für den Erlass des Leistungsbescheides zuständig gewesen sein. Zuständig ist nach § 49 I 1 HSOG die Vollzugsbehörde. Das ist die Behörde, die den ordnungsbehördlichen Verwaltungsakt erlassen hat (§ 47 III 1 HSOG[18]). Als vollzogener Verwaltungsakt kommt das Halteverbotzeichen in Betracht. Dieses hat der Oberbürgermeister von G aufgestellt, welcher somit sachlich zuständig war, den Kostenbescheid zu erteilen. Seine örtliche Zuständigkeit folgt aus § 100 I HSOG.

2. Anhörung

Da der Leistungsbescheid einen die X belastenden Verwaltungsakt darstellt, hätte X vor dessen Erlass angehört werden müssen, § 28 I LVwVfG. Die Anhörung der X war insbesondere nicht nach § 28 II Nr. 5 LVwVfG entbehrlich, da es sich bei dem Kostenbescheid nicht um eine Maßnahme der Verwaltungsvollstreckung handelt; vielmehr setzt die Kostenerhebung einen abgeschlossenen Vollstreckungsvorgang voraus. Der Verfahrensfehler könnte aber nach § 45 I Nr. 3 LVwVfG geheilt worden sein. Die fehlende Anhörung macht den Verwaltungsakt nicht gem. § 44 LVwVfG nichtig. X brachte im Widerspruchsverfahren ihre Einwände gegen den Kostenbescheid vor und die Behörde hat sich hiermit auseinandergesetzt, so dass die Anhörung tatsächlich nachgeholt wurde. Diese Nachholung war im Widerspruchsverfahren auch noch in zeitlicher Hinsicht möglich, § 45 II LVwVfG. Der Anhörungsmangel wurde somit geheilt.

3. Zwischenergebnis

Der an X gerichtete Leistungsbescheid ist formell rechtmäßig.

II. Materielle Rechtmäßigkeit

Der Leistungsbescheid müsste nach § 49 I 1 HSOG materiell rechtmäßig sein. Der Bescheid ist rechtmäßig, wenn X Kostenschuldnerin aufgrund einer Ersatzvornahme und die Kostenerhebung bei X rechtmäßig gewesen ist.

1. Kostenschuld

Eine materielle Kostenschuld ist bei X entstanden, wenn ihr VW-Golf im Wege einer rechtmäßigen Ersatzvornahme abtransportiert wurde.

a) Ermächtigungsgrundlage

Eine geeignete Ermächtigungsgrundlage für das Abschleppen des Fahrzeugs der X als Ersatzvornahme liegt in § 49 I HSOG.

b) Formelle Rechtmäßigkeit

Der Oberbürgermeister von G ist für die Ersatzvornahme als Vollzugsbehörde im Sinne des § 47 III 1 HSOG zuständig.

Fraglich ist, ob X vor der Abschleppmaßnahme hätte angehört werden müssen. Das Erfordernis einer Anhörung vor einer Ersatzvornahme ist umstritten. Während nach einer Ansicht eine Ersatzvornahme einen Realakt darstellt, vor dessen Umsetzung keine Anhörung erforderlich sei[19], vertreten andere die Auffassung, dass es sich bei ihr um einen belastenden Verwaltungsakt

12 Vgl. BVerwGE 28, 1 (9); MAURER, Allg. Verwaltungsrecht, 14. Aufl. (2002), § 10 Rdn. 5; ähnlich BULL, Allg. Verwaltungsrecht, 6. Aufl. (2000), Rdn. 514.

13 BAUER, NVwZ 1987, 112 f.; HILL, DVBl. 1989, 321 (323 f.); OSTERLOH, JuS 1983, 280 (283); WOLFF/BACHOF/STOBER (Fn. 11), § 45 Rdn. 13 ff.

14 BATTIS, Allg. Verwaltungsrecht, 3. Aufl. (2002), S. 156 f.; ERICHSEN, in: Erichsen/Ehlers (Hrsg.) (Fn. 11), § 15 Rdn. 4; KOPP/RAMSAUER (Fn. 11), § 35 VwVfG Rdn. 11; SACHS, in: Stelkens/Bonk/Sachs (Hrsg.), VwVfG, 6. Aufl. (2001), § 44 VwVfG Rdn. 59; WOLFF/BACHOF/STOBER (Fn. 11), § 45 Rdn. 14.

15 Dagegen geben eine Verwaltungsaktbefugnis explizit vor: § 24 III SächsVwVG; § 50 III 1 ThürVwZVG.

16 BVerwGE 19, 243 (245 f.); VGH Kassel, DÖV 1991, 699; ähnlich GUSY (Fn. 7), Rdn. 373.

17 Vgl. GÖTZ (Fn. 7), Rdn. 455; PIEROTH/SCHLINK/KNIESEL (Fn. 7), § 21 Rdn. 24; SAILER, in: Lisken/Denninger (Hrsg.) (Fn. 8), M Rdn. 37; SCHENKE in: Steiner (Hrsg.), Bes. Verwaltungsrecht, 7. Aufl. (2003), Rdn. 294. I. Erg. genauso BULL (Fn. 12), § 10 Rdn. 515.

18 Entsprechend: § 4 I BWVwVG; Art. 30 I 1 BayVwZVG; § 7 I BerlVwVG; § 16 I BbgVwVG; § 12 I BremVwVG; § 82 MVSOG; § 64 III 1 NdsGefAG; § 56 I NRWVwVG; § 4 II RhPfVwVG; § 44 III SaarlPolG; § 4 I Nr. 2 SächsVwVG; § 53 III 1 LSASOG; § 231 SchlHLVwG; § 21 ThürVwZVG.

19 GUSY (Fn. 7), Rdn. 452; KAHL, JURA 2001, 505 (508 f.); KOPP/RAMSAUER (Fn. 11), § 35 VwVfG Rdn. 67; SCHENKE (Fn. 9), Rdn. 553; SCHOCH

handele[20], vor dessen Erlass dem Adressaten grundsätzlich nach § 28 I LVwVfG die Möglichkeit zu geben sei, sich zu der Angelegenheit zu äußern. Doch könnte die Anhörung auch nach der letztgenannten Auffassung entbehrlich gewesen sein, da es sich bei dem Abtransport des Fahrzeuges um eine Ersatzvornahme und somit um eine Vollstreckungsmaßnahme handelte, § 28 II Nr. 5 LVwVfG. Als Rechtsfolge räumt § 28 II LVwVfG Ermessen ein. Da X nicht unmittelbar erreichbar war und das auswärtige Kennzeichen vermuten ließ, dass eine Halterermittlung einige Zeit in Anspruch nehmen würde, war das Absehen von der Anhörung nicht ermessensfehlerhaft. Selbst wenn man von dem grundsätzlichen Erfordernis einer Anhörung ausgeht, liegt somit in der unterlassenen Anhörung der X kein Verfahrensfehler.

c) Materielle Rechtmäßigkeit

Die Ersatzvornahme müsste auch in materieller Hinsicht rechtmäßig gewesen sein. Die Voraussetzungen des Verwaltungszwanges richten sich danach, ob es sich um eine Vollstreckungsmaßnahme im gestreckten Verfahren (§ 47 I HSOG[21]) oder im Sofortvollzug (§ 47 II HSOG[22]) handelt. Das gestreckte Verfahren setzt in Abgrenzung zum Sofortvollzug einen vollstreckbaren Grundverwaltungsakt als Vollstreckungstitel voraus.

aa) Wirksamkeit des Grundverwaltungsaktes

Die Verkehrszeichen könnten Grundverwaltungsakte im gestreckten Verfahren sein. Als Allgemeinverfügung müssten sie zunächst gegenüber X wirksam geworden sein. Nach § 43 I LVwVfG wird ein Verwaltungsakt wirksam, wenn er dem Adressaten bekannt gegeben wird; die Bekanntgabe richtet sich nach § 41 LVwVfG.

(1) Theorie der individuellen Bekanntgabe

Die Theorie der individuellen Bekanntgabe differenziert zwischen der »äußeren« und der »inneren« Wirksamkeit eines Verwaltungsaktes[23]. Die Bekanntgabe des Verkehrsschildes durch sein Aufstellen verleihe dem Verkehrszeichen äußere Wirksamkeit. Innere Wirksamkeit gegenüber dem einzelnen Verkehrsteilnehmer solle dagegen erst eintreten, wenn er in den Wirkungskreis des Verkehrsschildes gelange[24]. Als X ihr Fahrzeug in der Dresdner Straße abstellte, waren die Verkehrsschilder bereits von dem S abmontiert, so dass X die Verkehrszeichen tatsächlich nicht wahrnehmen konnte. Fraglich ist, wie sich dies auf die Bekanntgabe der Verkehrszeichen auswirkte.

Nach einer engen Auffassung, die sich auf § 41 I 1 LVwVfG beruft, kann von der inneren Bekanntgabe eines Verkehrszeichens nur dann die Rede sein, wenn dem betroffenen Kraftfahrer das Verkehrsschild tatsächlich individuell bekannt gegeben wurde[25]. Demnach wäre das Verkehrszeichen nicht gegenüber X bekannt gegeben worden. Teilweise wird aber auch vertreten, dass es für die Bekanntgabe gegenüber dem Einzelnen bereits ausreicht, wenn der Adressat in den Wirkungsbereich des Verkehrszeichens gelangt und die Gelegenheit erhält, durch Betrachten des Verkehrszeichens von der darin verkörperten behördlichen Anordnung Kenntnis zu nehmen[26]. Hieraus wird gefolgert, dass es für die Verbindlichkeit von Verkehrszeichen notwendig, aber auch hinreichend sei, wenn sich das Verkehrszeichen bei Eintreffen des Verkehrsteilnehmers in einem Zustand befinde, der es ermögliche, den Inhalt des Zeichens und des durch ihn verlautbarten Verwaltungsaktes wahrzunehmen. Hierbei könne es keine Bedeutung haben, ob ein dem Verkehrszeichen seine Erkennbarkeit nehmender Mangel seinen Grund in Umständen habe, die im Verantwortungsbereich der für seine Aufstellung zuständigen Verwaltungsbehörde liegen, oder ob er unabhängig von Einflussmöglichkeiten dieser Behörde eingetreten sei[27]. Insbesondere könne ein Verkehrszeichen auch durch Unbefugte in seiner Erkennbarkeit so stark beeinträchtigt werden, dass es unwirksam werde[28]. Da hier das Verkehrsschild durch S entfernt wurde, wäre eine Bekanntgabe und eine Wirksamkeit des Grundverwaltungsaktes gegenüber X abzulehnen.

(2) Theorie der universellen Bekanntgabe

Nach einer weiteren Auffassung äußern Verkehrszeichen bereits Rechtswirkung gegenüber jedem künftig von der Regelung betroffenen Verkehrsteilnehmer, wenn sie so aufgestellt oder angebracht sind, dass sie ein durchschnittlicher Kraftfahrer bei Einhaltung der von § 1 StVO eingeforderten Sorgfalt schon mit einem raschen und beiläufigen Blick erfassen kann. Die Bekanntgabe eines Verkehrszeichens erfolge nach den bundesrechtlichen Vorschriften der StVO durch das Anbringen (vgl. §§ 39 II, 45 IV StVO) und stelle eine besondere Form der öffentlichen Bekanntgabe dar. Möglich sei es, die Bekanntgabe als öffentliche Bekanntgabe nach § 41 III LVwVfG einzustufen, oder in den Bestimmungen der StVO eine von § 41 IV LVwVfG abweichende Sonderregelung zu erkennen[29]. Da das Verkehrszeichen bereits mit dem Anbringen des Schildes gegenüber den Betroffenen bekannt gegeben werde, komme es auf die Unterscheidung zwischen innerer und äußerer Wirksamkeit nicht an[30]. Gleichgültig sei, ob der Verkehrsteilnehmer das Verkehrszeichen tatsächlich wahrnehme oder nicht; irrelevant sei es ferner, ob der Adressat überhaupt objektiv die Möglichkeit habe, das Verkehrsschild zu Kenntnis zu nehmen. Ein Verkehrsschild sei auch dann gegenüber den Betroffenen weiterhin wirksam, wenn es durch einen Unbefugten abmontiert worden sei. Bei der Beseitigung des Verkehrsschildes durch einen Unbefugten handele es sich lediglich um einen »scheinbaren Verwaltungsakt«, der keinerlei Rechtswirkungen entfalte[31].

Zu klären bleibt danach aber noch, wie weit der Kreis der Betroffenen bei der öffentlichen Bekanntgabe zu ziehen ist und ob X die zurückliegende Bekanntmachung der Verkehrsschilder gegen sich gelten lassen müsste. So wird vertreten, dass der Wirkungsbereich der öffentlichen Bekanntgabe bei Allgemein-

(Fn. 7), Rdn. 286; Stelkens/Stelkens, in: Stelkens/Bonk/Sachs (Hrsg.) (Fn. 14), § 35 VwVfG Rdn. 17 c, 65 f.

20 Drews/Wacke/Vogel/Martens (Fn. 10), S. 530 f.

21 Entsprechend: §§ 2, 18 BWVwVG; Art. 53 I BayPAG, Art. 18 I, 19 I BayVwZVG; § 6 I BerlVwVG; § 53 I BbgPolG, § 15 I BbgVwVG; § 11 I BremVwVG; §§ 14, 18 I HbgVwVG; §§ 79 I, 80 I MVSOG; § 64 I NdsGefAG; § 50 I NRWPolG, § 55 I NRWVwVG; § 50 I RhPfPOG; § 44 I SaarlPolG; § 2 S. 1 SächsVwVG; § 53 I LSASOG; §§ 228 I, 229 I SchlHLVwG; § 51 I ThürPAG, §§ 18 I, 19 I ThürVwZVG.

22 Entsprechend: Art. 53 II BayPAG, Art. 35 BayVwZVG; § 6 II BerlVwVG; § 53 II BbgPolG, § 15 II BbgVwVG; § 11 II 1 BremVwVG; § 81 I MVSOG; § 64 II 1 NdsGefAG; § 50 II NRWPolG, § 55 II NRWVwVG; § 50 II RhPfPOG; § 44 II SaarlPolG; § 53 II LSASOG; § 230 I SchlHLVwG; § 51 II ThürPAG.

23 Zu dieser Unterscheidung etwa Battis (Fn. 14), S. 162; Erichsen, in: Erichsen/Ehlers (Hrsg.) (Fn. 11), § 13 Rdn. 1; Kopp/Ramsauer (Fn. 11), § 41 VwVfG Rdn. 18; Michaelis, JURA 2003, 298 (300 f.); Schoch, JuS 1995, 307 (313).

24 Koch/Niebaum, JuS 1997, 312 (315); auf dieser Linie auch Jagow, in: Janiszewski/Jagow/Burmann (Hrsg.), Straßenverkehrsrecht, 18. Aufl. (2004), § 39 StVO Rdn. 8; Hansen/Meyer, NJW 1998, 284 ff.

25 OVG Hamburg, NJW 1992, 1909; Koch/Niebaum, JuS 1997, 312 (315).

26 BayObLG, NJW 1984, 2110; OVG Münster, NJW 1998, 331; VG Leipzig, Urt. v. 2. 8. 1996, 1 K 571/94, Juris-Dok. Nr. 113949600; Hentschel, Straßenverkehrsrecht, 37. Aufl. (2003), § 41 StVO Rdn. 247; Jagow, in: Janiszewski/Jagow/Burmann (Hrsg.) (Fn. 24), § 39 StVO Rdn. 15; mit Rückgriff auf die *zivilrechtliche* Zugangsdefinition Bitter/Konow, NJW 2001, 1386 (1392).

27 BayObLG, NJW 1984, 2110; Hentschel (Fn. 26), § 39 StVO Rdn. 32; ähnlich VGH Mannheim, VBlBW 1991, 434.

28 OVG Münster, NJW 1998, 331; VG Leipzig, Urt. v. 2. 8. 1996, 1 K 571/94, Juris-Dok. Nr. 113949600.

29 Offengelassen auch von BVerwGE 102, 316 (318).

30 Hendler, JZ 1997, 782 f.; Perrey, BayVBl. 2000, 609 (610); Stelkens/Stelkens, in: Stelkens/Bonk/Sachs (Hrsg.) (Fn. 14), § 41 VwVfG Rdn. 77, 72 b f.

31 Stelkens/Stelkens, in: Stelkens/Bonk/Sachs (Hrsg.) (Fn. 14), § 35 VwVfG Rdn. 246.

verfügungen räumlich oder mit Blick auf die betroffenen Personen einzuschränken sei[32]. Allgemeinverfügungen zeichnen sich aber gerade dadurch aus, dass die Adressaten im Zeitpunkt ihres Erlasses noch nicht abschließend festliegen müssen. Vielmehr ist die Gruppe der Betroffenen häufig lediglich bestimmbar und sie stellt sich erst später situationsbedingt heraus, wenn sich abzeichnet, wer die in der Allgemeinverfügung beschriebenen konkreten Merkmale erfüllt. Diese Besonderheit führt dazu, dass hinsichtlich des räumlichen oder personellen Bereichs der öffentlichen Bekanntgabe keine Einschränkungen möglich sind[33]. Somit ist nach der hier als Theorie der universellen Bekanntgabe bezeichneten Ansicht von einer wirksamen öffentlichen Bekanntgabe auszugehen, die X auch gegen sich gelten lassen muss.

(3) Theorie der adressatenlosen Verwaltungsakten

Nach einer anderen Lehre handelt es sich bei Verkehrsschildern um benutzungsregelnde Allgemeinverfügungen nach § 35 S. 2 3. Alt. LVwVfG, die adressatenlos ergehen[34]. Die Besonderheit adressatenloser Verwaltungsakte liegt darin, dass sie nicht Personen, sondern Sachen als »Adressaten« haben. Personale Auswirkungen entfalten sie nur mittelbar insoweit, als die Personen, die mit der Sache in Berührung kommen, die sich aus der sachenrechtlichen Regelung ergebenden Konsequenzen hinnehmen müssten[35]. Solche Verwaltungsakte seien daher nicht individuell gegenüber den Betroffenen, sondern nach § 41 III 2 LVwVfG öffentlich bekannt zu geben, da eine individuelle Bekanntmachung »untunlich« sei[36]. Ebenso, wie die Widmung einer Straße dem jeweiligen Verkehrsteilnehmer nicht erst kurz vor ihrer Benutzung bekannt gemacht werde, werden auch Verkehrszeichen bereits mit dem Aufstellen bekannt gegeben; wann der Verkehrsteilnehmer tatsächlich von ihnen erstmals Kenntnis nehme bzw. nehmen könne, sei unbeachtlich[37]. Die Wirksamkeit eines Verkehrszeichens werde daher auch nicht aufgehoben, wenn es durch das unbefugte Eingreifen Dritter nicht mehr für die Verkehrsteilnehmer sichtbar ist[38]. Demnach wirkte es sich im Fall der X auch nicht aus, dass die Verkehrsschilder durch einen Unbefugten abgenommen wurden. Nach der Theorie von den adressatenlosen Verwaltungsakten wäre das Halteverbot ebenfalls aufgrund einer öffentlichen Bekanntgabe gegenüber X wirksam.

(4) Stellungnahme

Der Theorie der individuellen Bekanntgabe ist entgegenzuhalten, dass sie Vorgang und Wirkung einer Bekanntgabe im Rechtssinne nicht zutreffend wertet. Die öffentliche Bekanntmachung nach § 41 III, IV LVwVfG zeichnet aus, dass sie keine individuelle Bekanntgabe gegenüber einem Adressaten erfordert. Dies wird insbesondere bei dem in § 41 IV LVwVfG vorgesehenen Verfahren deutlich. Hier soll die ortsübliche Bekanntgabe nicht dazu dienen, den Verwaltungsakt in Richtung auf den Betroffenen zu entlassen. Die Bekanntgabeform zieht ihre Rechtsfolgen auch nicht erst dann nach sich, wenn der Betroffene aufgrund der ortsüblichen Bekanntmachung Kenntnis erlangt. Vielmehr wird die Bekanntgabe nach Ablauf von zwei Wochen ab dem Bekanntmachungsakt gegenüber jedermann fingiert[39].

Die Konstruktion der öffentlichen Bekanntgabe von Verkehrszeichen entspricht dem Grundprinzip des Straßenverkehrsrechts, zur Sicherung der Güter der Sicherheit und Leichtigkeit des Verkehrs eine eindeutige und für alle Verkehrsteilnehmer einheitliche Verkehrsregelung zu gewährleisten. Im vorliegenden Fall führte etwa die Annahme einer Bekanntgabe des Verkehrszeichens lediglich gegenüber Personen, die zu einem früheren Zeitpunkt die Halteverbotschilder wahrgenommen haben, und deren Verneinung gegen über anderen Personen, die wie die X den Straßenraum zum ersten Mal aufsuchen, zu einer Aufspaltung der Wirkungen des Verkehrsschildes. Die Güter der Sicherheit und Leichtigkeit des Verkehrs lassen indes eine unterschiedliche Regelung gegenüber verschiedenen Gruppen von Verkehrsteilnehmern nicht zu. Dagegen sichert die Unmaßgeblichkeit einer potentiellen Wahrnehmungsmöglichkeit, dass auch bei Einwirkungen Dritter bzw. Einflüssen höherer Gewalt auf das Verkehrszeichen sein allgemeiner Geltungsanspruch unberührt bleibt[40].

Daher ist mit der Theorie der universellen Bekanntgabe und der Lehre von den adressatenlosen Verwaltungsakten von einer Bekanntgabe des Verkehrszeichens gegenüber X auszugehen; das Halteverbot ist gegenüber X nach § 43 I LVwVfG wirksam geworden.

bb) Vollstreckbarkeit des Grundverwaltungsaktes

Das Verkehrszeichen als Grundverfügung müsste nach § 47 I HSOG materiell und formell vollstreckbar gewesen sein. Ein Verwaltungsakt ist materiell vollstreckbar, wenn er auf die Vornahme einer Handlung, Duldung oder Unterlassung gerichtet ist; das Verkehrsschild zielt als Wegfahrgebot auf ein Handeln. Formelle Vollstreckbarkeit liegt vor, wenn der Grundverwaltungsakt unanfechtbar ist oder ein Rechtsbehelf keine aufschiebende Wirkung hat. Ein Widerspruch gegen das Halteverbot in der Dresdner Straße hätte keine aufschiebende Wirkung, da Verkehrszeichen den Handzeichen von Polizeibeamten wegen ihrer funktionellen Vergleichbarkeit gleichgestellt und gem. § 80 II 1 Nr. 2 VwGO analog sofort vollziehbar sind[41].

cc) Ordnungsgemäßes Vollsteckungsverfahren

Weiterhin müsste das Vollsteckungsverfahren ordnungsgemäß durchgeführt worden sein. Dazu ist zunächst zu klären, welches das richtige Zwangsmittel zur Durchsetzung des Grundverwaltungsaktes ist. Das durch das Verkehrsschild verkörperte Wegfahrgebot gibt die Verpflichtung auf, eine Handlung vorzunehmen. Da es sich bei dem Abtransport des Fahrzeuges um eine vertretbare Handlung handelt, die durch eine andere Person vorgenommen werden kann, ist richtiges Zwangsmittel seiner Durchsetzung die Ersatzvornahme nach § 49 I HSOG.

Nach § 53 I HSOG[42] sind Zwangsmittel anzudrohen; von einer Androhung kann abgesehen werden, wenn die Umstände sie nicht zulassen, insbesondere wenn die sofortige Anwendung des Zwangsmittels zur Abwehr einer Gefahr notwendig ist. Von der Androhung gegenüber X konnte abgesehen werden, sofern der Abtransport seines Fahrzeuges zur Abwehr einer Gefahr notwendig war. Unter Gefahr ist die Gefahr für die öffentliche Sicherheit oder Ordnung zu verstehen (§ 11 HSOG[43]), wobei die öffentliche Sicherheit u.a. auch die Unverletzlichkeit der objek-

32 Kopp/Ramsauer (Fn. 11), § 43 VwVfG Rdn. 49.

33 Stelkens/Stelkens, in: Stelkens/Bonk/Sachs (Hrsg.) (Fn. 14), § 41 VwVfG Rdn. 72 b.

34 Vgl. Henneke, in: Knack (Hrsg.) (Fn. 11), § 35 VwVfG Rdn. 128, § 41 VwVfG Rdn. 28; Kopp/Ramsauer (Fn. 11), § 35 VwVfG Rdn. 106 f.; Manssen, DVBl. 1997, 633 (635 f.); Wolff/Bachof/Stober (Fn. 11), § 45 Rdn. 90.

35 Kahl, **JURA** 2001, 505 (511); Maurer (Fn. 12), § 9 Rdn. 57; Wolff/Bachof/Stober (Fn. 11), § 46 Rdn. 89, 30.

36 Kopp/Ramsauer (Fn. 11), § 41 VwVfG Rdn. 48; Liebetanz, in: Obermayer (Hrsg.), VwVfG, 3. Aufl. (1999), § 41 VwVfG Rdn. 51 f.; Niehues, DVBl. 1982, 312 (320); Wolff/Bachof/Stober (Fn. 11) § 45 Rdn. 89.

37 Henneke, in: Knack (Hrsg.) (Fn. 11), § 41 VwVfG Rdn. 28.

38 Manssen, NZV 1992, 465 (467).

39 Dazu Stelkens/Stelkens, in: Stelkens/Bonk/Sachs (Hrsg.) (Fn. 14), § 41 VwVfG Rdn. 72 a.

40 Vgl. OVG Münster, DVBl. 1996, 575.

41 Vgl. BVerwG, NJW 1978, 656; NVwZ 1988, 623, 624; Kopp/Schenke, VwGO, 13. Aufl. (2003), § 80 VwGO Rdn. 64; krit. Schmidt, in: Eyermann, VwGO, 11. Aufl. (2000), § 80 VwGO Rdn. 26.

42 Entsprechend: § 20 BWVwVG; Art. 59 BayPAG, Art. 36 BayVwZVG; § 13 BerlVwVfG; § 59 BbgPolG, § 23 BbgVwVG; § 17 BremVwVfG; § 18 II HbgVwVG; § 87 MVSOG; § 70 NdsGefAG; § 56 NRWPolG, § 63 NRWVwVG; § 56 RhPfPOG; § 50 SaarlPolG; § 20 SächsVwVG; § 59 LSASOG; § 236 SchlHLVwG; § 57 ThürPAG, § 37 ThürVwZVG.

43 Entsprechende Generalklauseln: § 3 i.V.m. § 1 BWPolG; Art. 11 I BayPAG, Art. 7 II BayLStVG; § 17 I BerlASOG; § 10 I BbgPolG, § 13 I BbgOBG; § 10 I BremPolG; § 3 I HbgSOG; § 13 MVSOG; § 11 NdsGefAG; § 8 I NRWPolG, § 14 I NRWOBG; § 9 I RhPfPOG; § 8 I SaarlPolG; § 3 I

tiven Rechtsordnung erfasst[44]. In dem halteverbotwidrigen Abstellen des Fahrzeuges liegt ein Verstoß gegen § 12 I Nr. 6 b StVO. Ferner untersagt § 12 I Nr. 1 StVO, an engen und unübersichtlichen Straßenstellen zu halten. Die durch das abgestellte Fahrzeug hervorgerufene Behinderung des Verkehrsflusses verletzte weiterhin die Grundregel des § 1 StVO, sich im Straßenverkehr so zu verhalten, dass andere nicht mehr als nach den Umständen vermeidbar belästigt werden[45]. Eine Störung der öffentlichen Sicherheit lag mithin vor. Da es aufgrund des auswärtigen Kennzeichens des VW-Golf nicht erfolgversprechend erschien, den Fahrer mit der gebotenen Eile im Wege einer Halterermittlung zu erreichen, weist das Absehen von der Androhung keinen Ermessensfehler (§ 5 I HSOG)[46] auf.

dd) Ermessen

Nach § 49 I 1 HSOG »können« die Ordnungsbehörden eine Ersatzvornahme ausführen. Zu prüfen ist daher, ob das Abschleppen des Fahrzeuges ermessensfehlerfrei war. Ein Ermessenfehler kommt unter dem Gesichtspunkt der Verhältnismäßigkeit (§ 4 HSOG[47]) in Betracht. Für sich rechtfertigt ein Verstoß gegen die Vorschriften der StVO regelmäßig nicht die Durchführung einer Abschleppmaßnahme[48]. Doch führte das verkehrswidrige Parken der X zu einer Behinderung des Verkehrs auf der engen und stark befahrenen Straße, so dass bereits eine erhebliche Störung der öffentlichen Sicherheit vorlag. Die Ordnungsbehörde war auch nicht verpflichtet, die X als Halterin zu ermitteln und zur Entfernung ihres Fahrzeuges aufzufordern. Hier ist wiederum auf die ungewissen Erfolgsaussichten einer Halterermittlung mit der Gefahr nicht absehbarer weiterer Verzögerungen zu verweisen. Dies gilt – wie bereits dargestellt – um so mehr, als es sich bei dem VW-Golf der X um ein Fahrzeug mit einem auswärtigen Kennzeichen handelte und eine Halteranfrage bei der Straßenverkehrsbehörde kein rasches Ergebnis versprach. Die Ersatzvornahme war somit ermessensfehlerfrei.

d) Zwischenergebnis

Der Abtransport des Fahrzeuges der X war als Ersatzvornahme formell und materiell rechtmäßig.

2. Rechtmäßigkeit der Kostenerhebung

Schließlich stellt sich die Frage, ob die Erhebung der Kosten bei X nach Abschluss der Vollstreckungsmaßnahme von § 49 I 1 HSOG gedeckt war.

a) Richtiger Kostenschuldner

X ist richtige Kostenschuldnerin, wenn sie als Störerin verantwortlich war. X war gem. § 6 HSOG[49] Verhaltensstörerin, da sie ihr Fahrzeug an der Dresdner Straße abgestellt hatte. Als Inhaberin der tatsächlichen Gewalt über das Fahrzeug und als dessen Eigentümerin war sie ferner Zustandsstörerin nach § 7 HSOG[50].

b) Rechtmäßige Kostenerhebung

Weiterhin ist zu fragen, ob die Kostenerhebung bei X verhältnismäßig war. Streitig ist, ob bezüglich der Kostendurchsetzung überhaupt ein Ermessen der Ordnungsbehörde besteht, oder ob sie insoweit gebunden ist.

aa) Gebundene Entscheidung

Nach einer Ansicht besteht kein Ermessensspielraum der Vollzugsbehörde bezüglich der Kostenerhebung. Diese Ansicht beruft sich auf den Wortlaut der Kostenvorschrift, der eine gebundene Entscheidung der Verwaltung vorsehe und insbesondere nicht auf Verschuldens- oder Billigkeitsgesichtspunkte abstelle[51]. Demnach stand dem Oberbürgermeister von G kein Ermessen hinsichtlich der Heranziehung der X zu.

bb) Ermessensspielraum

Nach einer anderen Auffassung geben die Kostenvorschriften zwar die materielle Kostentragungspflicht der betroffenen Personen vor, dies besage aber noch nichts darüber, ob die Kosten auch tatsächlich durch die Behörde erhoben werden. Vielmehr liege die Erhebung der Kosten im pflichtgemäßen Ermessen der Vollzugsbehörde[52]. Fraglich ist demnach, ob im Fall der X das Kostenrisiko aufgrund der besonderen Umstände des Einzelfalls der Allgemeinheit und nicht der X zuzurechnen ist. Hierfür spricht, dass der X das Halteverbotschild nicht erkennbar war, als sie ihr Fahrzeug in der Dresdner Straße abstellte. Zu bedenken ist jedoch, dass das Abstellen des Fahrzeuges auch gegen § 12 I Nr. 1 StVO verstieß, wonach das Halten an engen und unübersichtlichen Straßenstellen untersagt ist und das Fahrzeug der X den Verkehr entgegen § 1 StVO behinderte. Zwar war zu der Zeit, als X ihren Wagen abstellte, der Verkehr noch mäßig. Dies ändert jedoch nichts daran, dass X ihren Golf an einer engen Stelle parkte, worin bereits ein Verstoß gegen verkehrsrechtliche Vorschriften lag. Die Kostenerhebung erweist sich daher als verhältnismäßig.

cc) Zwischenergebnis

Da beide Ansichten zu demselben Ergebnis kommen, ist ein Streitentscheid nicht erforderlich. Die Kostenerhebung bei X war rechtmäßig.

III. Ergebnis

Mithin ist der Kostenbescheid rechtmäßig.

C. Ergebnis

Eine Klage der X wäre unbegründet.

i. V. m. § 1 SächsPolG; § 13 LSASOG; § 174 SchlHLVwG; § 12 I ThürPAG, § 5 I ThürOBG.

44 Etwa Denninger, in: Lisken/Denninger (Hrsg.) (Fn. 8), E Rdn. 7; Drews/Wacke/Vogel/Martens (Fn. 10), S. 236 f.; Pieroth/Schlink/Kniesel (Fn. 7), § 8 Rdn. 10 f.; Schenke (Fn. 9), Rdn. 58; Schoch (Fn. 7), Rdn. 67; ders., JURA 2003, 177 (178).

45 Vgl. Götz (Fn. 7), Rdn. 143; Hentschel (Fn. 26), § 1 StVO Rdn. 40; Hess, in: Janiszewski/Jagow/Burmann (Hrsg.) (Fn. 24), § 1 StVO Rdn. 79.

46 Entsprechend: § 3 BWPolG; Art. 5 I BayPAG; § 12 I BerlASOG; § 5 I BbgPolG, § 15 BbgOBG; § 4 I BremPolG; § 3 I HbgSOG; §§ 13, 14 I MVSOG; § 5 I NdsGefAG; § 3 I NRWPolG, § 16 NRWOBG; § 3 RhPfPOG; § 3 I SaarlPolG; § 3 II SächsPolG; § 6 I LSASOG; § 174 SchlHLVwG; § 5 I ThürPAG, § 7 I ThürOBG.

47 Entsprechend: § 5 BWPolG; Art. 4 BayPAG, Art. 8 BayLStVG; § 11 BerlASOG; § 3 BbgPolG, § 14 BbgOBG; § 3 BremPolG; § 4 HbgSOG; § 15 MVSOG; § 4 NdsGefAG; § 2 NRWPolG, § 15 NRWOBG; § 2 RhPfPOG; § 2 SaarlPolG; § 3 II–IV SächsPolG; § 5 LSASOG; § 73 SchlHLVwG; § 4 ThürPAG, § 6 ThürOBG.

48 BVerwGE 90, 189 (193); Götz (Fn. 7), Rdn. 344; Hentschel (Fn. 26), § 12 StVO Rdn. 65; Hess, in: Janiszewski/Jagow/Burmann (Hrsg.) (Fn. 24), § 12 StVO Rdn. 94.

49 Entsprechend: § 6 BWPolG; Art. 7 BayPAG, Art. 9 I BayLStVG; § 13 BerlASOG; § 5 BbgPolG, § 16 BbgOBG; § 5 BremPolG; § 8 HbgSOG; § 69 MVSOG; § 6 NdsGefAG; § 4 NRWPolG, § 17 NRWOBG; § 4 RhPfPOG; § 4 SaarlPolG; § 4 SächsPolG; § 7 LSASOG; § 218 SchlHLVwG; § 7 ThürPAG, § 10 ThürOBG.

50 Entsprechend: § 7 BWPolG; Art. 8 BayPAG, Art. 9 II BayLStVG; § 14 BerlASOG; § 6 BbgPolG, § 17 BbgOBG; § 6 BremPolG; § 9 HbgSOG; § 70 MVSOG; § 7 NdsGefAG; § 5 NRWPolG, § 18 NRWOBG; § 5 RhPfPOG; § 5 SaarlPolG; § 5 SächsPolG; § 8 LSASOG; § 219 SchlHLVwG; § 8 ThürPAG, § 11 ThürOBG.

51 OVG Münster, DVBl. 1996, 575 (576); Perrey, BayVBl. 2000, 609 (617); Schenke (Fn. 9), Rdn. 698, 703; Stelkens/Stelkens, in: Stelkens/Bonk/Sachs (Hrsg.) (Fn. 14), § 35 VwVfG Rdn. 245.

52 BVerwGE 102, 316 (320); VGH Kassel, NVwZ-RR 1995, 29 (30); VGH Mannheim, DÖV 1991, 163 (164 f.); Mehde, NJW 1999, 767 (769); Michaelis, JURA 2003, 298 (303); Sailer, in: Lisken/Denninger (Fn. 8), M Rdn. 91.

Abschlussklausur

Grundzüge der Rechts- und Staatsphilosophie

Von Professor Dr. Joachim Bohnert / stud. iur. Leila Saleh, Berlin

SACHVERHALT

»Die Konkurrenz ist der vollkommenste Ausdruck des in der modernen bürgerlichen Gesellschaft herrschenden Kriegs aller gegen alle. Dieser Krieg, ein Krieg um das Leben, um die Existenz, um alles, also auch im notfalle ein Krieg auf Leben und Tod, besteht nicht nur zwischen den verschiedenen Klassen der Gesellschaft, sondern auch zwischen den einzelnen Mitgliedern dieser Klassen; jeder ist dem Andern im Wege, und jeder sucht daher auch alle, die ihm im Wege sind, zu verdrängen und sich an ihre Stelle zu setzen.«

Auf der Rückseite des Heftes Januar 2003 der Zeitschrift »Der Streit« der Kritischen Juristinnen / AL JURA am Fachbereich Rechtswissenschaft der FU Berlin findet sich der obenstehende Text.

1. An welche Position eines der drei in der Vorlesung behandelten Philosophen knüpft der Text an?
2. Was sind die Grundlagen der Lehren dieses Philosophen?
3. Was heißt dort »Krieg aller gegen alle« und wie kann er beendet werden?
4. Was unterscheidet dessen Lehre vom zitierten Zeitschriftentext?

Die nachstehende Abschlussklausur wurde im Wintersemester 2002/03 im Grundkurs »Grundzüge der Rechts- und Staatsphilosophie« an der FU Berlin geschrieben. Der Grundkurs wird jedes Semester angeboten. Im Sommersemester werden die herkömmlichen systematischen Themen der Rechts- und Staatsphilosophie erörtert, im Wintersemester wechselnd exemplarische Philosophen vorgestellt. Die Vorlesung im WS 2002/03 erörterte unter dem Titel »Rationalistische Rechtsphilosophie« die Autoren Descartes, Hobbes und Spinoza und legte Wert auf die Verknüpfung der erkenntnistheoretischen Grundlagen (prima philosophia) mit deren normativen Folgerungen, die im Falle des Descartes allerdings durch den Ausblick auf seine Wirkungen in der Diskussion um die Menschenrechte und des Subjektiven Rechts interpoliert werden musste; denn Descartes hat keine Rechtsphilosophie geschrieben.

An der Abschlussklausur nahmen 101 Studierende teil, das Resultat trennte stärker als üblich die gelingenden von den misslingenden Arbeiten. In der Spitzengruppe wurden beachtliche Leistungen vorgelegt.

Frage 1:

Der zitierte Text knüpft wörtlich (Krieg aller gegen alle / bellum omnium contra omnes) und inhaltlich (Konkurrenz der Subjekte, Selbsterhaltung) an Thomas Hobbes (1588–1679) an. Die partielle Übernahme von dessen Sozialphilosophie – unter gänzlich anderem Vorzeichen – durch Spinoza wurde von keiner Arbeit thematisiert.

Frage 2:

Die Lehren des Hobbes waren in der Vorlesung nach seinem Hauptwerk und nicht nach der wesentlich populäreren Schrift *Leviathan* (1660), die seinen rechtsphilosophischen Ruhm begründete, vorgestellt worden. Das philosophische Hauptwerk umfasst drei Bände, die, inhaltlich aufeinander aufbauend, zeitlich in anderer Reihenfolge erschienen sind, nämlich *De Corpore* (1655), *De Homine* (1658), *De Cive* (1642).

Alles Vorkommende sind Körper. Die Körper sind absolute Grundlage und Gegenstand der Philosophie[1]. Körper sind geformte Erscheinungsweisen. Man könnte von Korporalismus reden. Einen abstrakten Materialismus lehnte Hobbes ab.

Die Körper sind erkennbar vorhanden oder entstehen aus anderen Körpern. Jeder Körper ist teilbar; unteilbare Körper gibt es nicht, auch nicht als kleinste[2]. Durch Zusammenfügung mit anderen Körpern oder Teilung vorhandener entstehen neue Körper. Ohne diese Vorgänge bleibt ein Körper hinsichtlich seiner Größe immer konstant[3]. Was nicht in der Erscheinungsweise als Körper auftritt und erkannt werden kann, gehört nicht zur Philosophie, also nicht zum Erkennbaren.

Der Körper gibt es zwei: Naturkörper und Staatskörper. Mit den erstgenannten befasst sich die Naturphilosophie, mit den zweitgenannten die Staatsphilosophie. Die Naturkörper sind im wesentlichen vorgefunden, die Staatskörper vom Menschen willentlich gemacht.

Manche Körper reden. Sie stellen für ihre Zwecke Wörter her. Die Wörter sind Zeichen für Gedanken[4], die nicht mit den Dingen selber, den Körpern, verwechselt werden dürfen. Werden Einzeldinge mit einem Wort assoziativ verknüpft, heißt dieses Wort *Name*. Es gibt Namen ohne Gegenstand, entweder als Gattungsbegriffe über eine Mehrheit von Einzelgegenständen, oder als abstrakte Namen, etwa das *Universale*, für die es kein in der Welt vorhandenes Ding gibt[5]. Allenfalls handelt es sich um Namen über Namen[6]. Die Metaphysiker haben zu Unrecht die Gegenstände dieser Namen als etwas Vorhandenes angenommen. Bei dem Wort »Welt« steht uns nichts vor dem Geist[7].

Man kann nicht zutreffend denken, ohne die Körper in Betracht zu ziehen[8]; dennoch sind Wahrheit und Falschheit ganz auf der Seite des Denkens und Sprechens. Wahrheit ist keine Beschaffenheit der Körper sondern des Redens[9].

Erkenntnis ist Sinneswahrnehmung und Wissenschaft. Die Sinneswahrnehmung richtet sich auf das Dass von Vorhandenem, die Wissenschaft auf dessen Ursachen und Wirkungen. Eine dritte Erkenntnismöglichkeit gibt es nicht[10]. Die Wissenschaft ist analytisch hinsichtlich der Suche nach den Ursachen des Vorhandenen und synthetisch hinsichtlich der Voraussagen. Ursache und Wirkung sind untrennbar; es gibt weder Ursachen ohne Wirkungen noch Wirkungen ohne Ursachen[11].

Die Körper sind vorhanden und sie sind als vorhandene in Bewegung. Für die Bewegung ist keine andere Ursache anzunehmen als wiederum die Bewegung[12]. Bewegung ist Veränderung. Die Veränderung einer Körperbewegung geschieht ausschließlich durch Einwirkung (Hemmung) anderer Körper[13]. Bei den Naturdingen verschieben sich die Körper in ihrer Position zueinander und erzeugen den *Raum*. Raum ist das Erscheinungsbild eines Dings, sofern es besteht[14]. Einen Zwischen-Raum, als Leere, gibt es nicht. Leere ist lediglich die Möglichkeit eines Körpers.

Aus der gedanklichen Vergleichung der Raum-Zustände entsteht die Vorstellung von *Zeit*. Zeit ist das Erscheinungsbild einer Bewegung, sofern wir uns an der Bewegung ein Vorher und Nachher, bzw. eine Aufeinanderfolge vorstellen[15]. Zeit ist daher

1 HOBBES, De Corpore (Philosophische Bibliothek, Meiner 1997), S. 23.
2 S. 107.
3 S. 119.
4 S. 27, 66.
5 S. 32.
6 S. 70.
7 S. 107.
8 S. 47.
9 S. 49, 51.
10 S. 75/76.
11 S. 127.
12 S. 79.
13 S. 130.
14 S. 101.
15 S. 103.

nicht in oder an den Dingen, sondern nur im Denken anzutreffen[16].

Bei den menschlichen Dingen nimmt Hobbes die Möglichkeit von Gemütsbewegungen an[17]. Mit ihnen befasst sich die Moralphilosophie.

Aus dem Nebeneinander (Raum) und Nacheinander (Zeit) entsteht das rein gedankliche Zählen. Zählen heißt aufreihen von Einzelnem. Hobbes sagt[18]: Zählen ist Einsen.

Dem entsprechend steht auch für den Menschen dessen Körperlichkeit als Prinzip im Vordergrund. Es gelten auch für ihn, als einem Naturding, die Regeln der Einheit dieses Körpers, der Stetigkeit dieses Körpers, der Teilbarkeit und Zusammenfügbarkeit des Körpers zu anderen Körpern. Wie die anderen Naturdinge ist auch der menschliche Körper mit einer innewohnenden Kraft durchwirkt, sich so wie er ist zu erhalten. Diese Kraft enthält die Strebung der Selbstbewahrung.

Gleichzeitig ist der Menschenkörper in Bewegung und in dieser Bewegung gegen andere Körper gestellt. In der Abgrenzung zu ihnen geschieht die Selbstbestimmung sowie die Gefährdung, geteilt zu werden und dadurch einen oder mehrere neue Körper, etwa zwei tote, zu bilden.

Zu den Bedingungen des Naturkörpers treten im Menschen dessen Fähigkeiten zu Sprache und Wissenschaft hinzu, allerdings beide in unmittelbarer Beziehung auf die körperliche Grundlage.

Sprache gründet auf erste lautliche Benennungen der Dinge[19]. Darauf hin auf eine Art implizite Vereinbarung[20]. Jedenfalls ist Sprache weder von der Natur (welche ausschließlich in der Vorhandenheit der Körper ist) noch von Gott.

Die Sprache hat für den Menschenzweck (der Erhaltung seiner körperlichen Integrität) große Vorteile. Sie ermöglicht uns, ohne dass wir jeweils neue sinnliche Wahrnehmungen anstellen müssen, das Wissen anderer weiter zu reichen und versetzt uns, als ihre größte Wohltat[21], in den Stand, zu befehlen und Befehle vernehmen zu können. Der Befehl hat nämlich den Vorteil, durch die Verbindung mehrerer Willen die einzelnen Wesen aus ihrer Vereinzelung herauszuführen.

Und damit ist eines der zentralen Themen des Philosophen erreicht. Der Mensch ist »vernunftbegabter, belebter Körper«[22]. Körperlich vereinzelt ist er dauernder – aktueller oder latenter – Gefahr (durch andere Körper) ausgesetzt. Auch dem Menschen geht es um Körperintegrität, gleichzeitig aber auch um Expansion, gleichsam um seine vermehrte Körperintensität. Wie die Tiere benutzt der Mensch seine natürlichen Waffen, aber über die Tiere hinaus vermehrt er diese durch Klugheit, was ihn noch wilder als die Tiere macht, und der Mensch, den »sogar der künftige Hunger hungrig macht«, ist »raublustiger und grausamer als Wölfe, Bären und Schlangen, deren Raubgier nicht länger dauert als ihr Hunger«[23].

Das Sprachvermögen unterstützt seine natürliche Aggressivität, führt allerdings auch zu menschlichen Irrtümern, denen die Tiere nicht unterliegen, und zur Vermeidung solcher Irrtümer entwickelt der Mensch die Wissenschaft (s. o.). Der wissenschaftliche Sinn ist Teil der natürlichen Vernunft *(Rationalismus)* und als Vermögen allen Menschen angeboren[24]. Die Wissenschaft betrachtet sowohl die gegenwärtigen Verhältnisse der Körper untereinander, als auch mittels der Untersuchung von Ursache und Wirkung die Verknüpfung von deren unterschiedlicher Bewegung. Und auf Grund der Beobachtungsresultate trifft die Wissenschaft synthetische Vorhersagen.

Die Wissenschaft richtet sich auf die Gegenstände der Natur (Naturkörper) ebenso wie auf die Politik und Ethik (Staatskörper)[25], auf letztere vor allem und mit größerer Erkenntnismöglichkeit; weil wir selbst den Staatskörper – wie die Sprache – selber erzeugt haben, mithin sowohl dessen Erscheinungsweise als auch dessen Gründe durchschauen.

Zweck alles Tuns ist Selbsterhaltung[26] und der Genuss eines gesicherten Daseins.

Frage 3:

Die Vorstellung, dass zwischen den Menschen ein Krieg aller gegen alle herrsche (bellum omnium contra omnes)[27], ergibt sich konsequent aus der Grundlegung alles Erscheinenden in bewegten Körpern. Jeder Körper, sofern er durch andere Körper nicht gestört wird, ist bewegt und will unbeirrt in seiner Richtung bleiben. Aus sich heraus hat er keine andere Tendenz. Das gilt grundsätzlich auch für jenen Körper, welcher der Mensch ist. In seiner Natur liegt es auch, seine Richtung, mithin seinen Willen, beizubehalten, gegen andere durchzusetzen und gleichzeitig von anderen Strebungen nicht zerteilt zu werden.

In unzulässiger Verkürzung wird häufig allein das destruktive Element der Selbstbehauptung hervorgehoben. Für Hobbes ist es ambivalent. Ein ungestörter, bewegter Menschenkörper auf seiner Bahn ist vollkommen. Das vollkommen in seiner (Selbst-) Bestimmung Befindliche ist göttlich; denn es hat keine Vollkommenheit über sich. Außerdem ist es vollkommen im Recht. Hobbes spricht vom Naturrecht des Menschen, sich zu bewahren[28]. Gleichwohl ist dieses Göttliche nicht allein. Es gefährdet jeweils die anderen, die nicht minder göttlich oder vollkommen sind in deren expansivem Streben.

Und darum schreibt Hobbes: »Nun sind sicher beide Sätze wahr: Der Mensch ist ein Gott für den Menschen, und: Der Mensch ist ein Wolf für den Menschen«[29]. Berühmt ist nur der zweite Satz (homo homini lupus) geworden; er ist unvollständig ohne den anderen Satz von der Göttlichkeit.

Der Krieg aller gegen alle muss beendet werden; übrigens nicht aus dem pazifistischen Grund, dass Kriege verwerflich wären. Verwerflichkeit setzt einen normativen Bezug voraus, den es im einfachen Verhältnis der Körper gegeneinander gar nicht geben kann; denn es gibt nichts Übergreifendes. Der Krieg ist unter den genannten Voraussetzungen der selbständigen Strebungen moralisch indifferent und lediglich schädlich. Die Abwendung des Krieges könnte zunächst wie ein *hypothetischer Imperativ* gedeutet werden: Sofern sich das Individuum erhalten möchte, sind Kriege zu vermeiden. Allerdings gilt die Notwendigkeit der Selbsterhaltung als ein kategorisches Naturrecht. Infolgedessen handelt jeder zu Recht[30], der sich durch Feindseligkeiten gegen andere wehrt, sich erhält und durchsetzt.

Bleibt es dabei, hat jeder gegen jeden Recht und jeder hat Angst und jeder will aus diesem Zustand herauskommen[31].

Hobbes nennt diesen Zustand des Krieges aller gegen alle den *Naturzustand.* Jeder hat ein Recht auf alles, der Nutzen ist der Maßstab des Rechts und jeder ist darüber sein eigener Richter. Im Naturzustand sind alle Menschen gleich; zwar nicht in jeglicher Hinsicht, wohl aber darin, dass jeder jeden töten kann[32], sogar der körperlich Schwächste den Stärksten. »Die einander Gleiches tun können, sind gleich«[33].

Mit einem Wort: Der Naturzustand ist kein rechtloser, ganz im Gegenteil. Alle Subjekte bringen ihr Ur-Recht auf Selbsterhaltung

16 S. 102.
17 S. 83.
18 S. 104 (wie Platon).
19 De Homine (Philosophische Bibliothek, Meiner 1959), S. 15.
20 A. a. O., S. 15.
21 S. 17.
22 De Corpore, S. 18.
23 De Homine, S. 17.
24 De Corpore, S. 15.
25 De Homine, S. 20.
26 S. 24.
27 De Cive (Philosophische Bibliothek, Meiner 1959), S. 68, 83.
28 De Cive, Widmung an den Grafen von Devonshire, S. 59.
29 A. a. O.
30 S. 68, 81.
31 S. 69/70.
32 S. 80.
33 A. a. O.

zusammen mit ihrem Menschsein in die Welt und haben alle Rechte auf alles. Das Recht ist immer vollständig und immer schon vollständig da. Jeder ist im Naturzustand alles und lebt im Widerspruch, dass alle anderen ebenso alles sind und alles dürfen und haben wollen. Nur der Mensch hat mittels der Sprache (s.o.) und seiner Wissenschaft (s.o.) das Vernunftvermögen, synthetisch-prognostisch sich einen *gesicherten Zustand* zu ersinnen: »Das natürliche Gesetz ist also ... das Gebot der rechten Vernunft, in betreff dessen, was zu einer möglichst langen Erhaltung des Lebens und der Glieder zu tun und zu lassen ist«[34].

Der Mensch ist mithin von Natur aus kein geselliges Wesen (zoon politicon), er liebt nicht per se die anderen Menschen; vielmehr sucht er die Gesellschaft um eines einzigen Zwecks willen: sich unbeschädigt zu erhalten.

Weil jeder alles Recht auf alles hat, kann durch Gesellschaft oder irgend etwas Anderes nicht etwa ein neues Recht hinzu kommen oder gar erfunden werden, sonst hätte jeder Einzelne vordem nicht alles Recht gehabt. Vielmehr kann der angestrebte Zustand nur durch Aufgabe eigener Rechtspositionen erlangt werden[35], durch einen *Verzicht*. Die verbreitete Vorstellung, man übertrage im Übergang vom Natur- in den Gesellschaftszustand eigene Rechte an andere, ist für Hobbes darum nicht gültig, denn würde etwas übergeben, würde der andere etwas erhalten, was er vordem nicht gehabt hatte. In Wahrheit hatte der andere vordem alle Recht auf alles; ihm kann daher nichts vermehrt werden. Daher müssen in der Gesellschaft eigene Rechte erlöschen: Der Erklärende verzichtet auf sein Recht zum Widerstand[36].

Dieser Verzicht geschieht durch ein Versprechen und dieses Versprechen heißt Vertrag[37]. Der Vertrag ist freiwillig. Dass er aus Furcht geschlossen wird, macht ihn nicht nichtig oder anfechtbar. Er gilt grundsätzlich – inhaltlich und der Zeit nach – unbedingt und uneingeschränkt[38]. Wer aus dem Vertrag ausbricht, versetzt sich wieder in den vertragslosen Zustand, gewinnt sämtliche Rechte zurück und kann von allen anderen wiederum mit allen Mitteln bekriegt werden.

An dieser Stelle hat Hobbes ein konstruktives Problem zu überwinden. Der Einzelmensch hat im Naturzustand das eingeschriebene Recht der Selbsterhaltung und sämtliche Rechte auf alles (s.o.). Alle diese Rechte sind einseitige Rechte des Inhabers gegen sich selber und gegen die anderen. Verträge jedoch sind zwei- oder mehrseitig; sie kommen daher im Einzelnen nicht vor. Darum muss Hobbes[39] als zusätzliche, dem Menschen von Natur aus eingeschriebene Rechtsvorstellungen noch den Vertragsbegriff behaupten, einschließlich aller Voraussetzungen, dass überhaupt Verträge geschlossen werden können[40]. Das meint den Satz pacta sunt servanda ebenso wie die formellen Umstände des Vertragsrechts, die Möglichkeit wechselseitiger Willenserklärung, die Übereinstimmung derselben usw. Hobbes konstruiert hierfür ein Kompendium natürlicher Gesetze, insgesamt sind es dreiunddreißig, die er – glaubwürdig oder seinen Zensoren zu lieb – mit dem Segen Gottes versieht[41]. Immerhin handelt es sich um formelles Recht, welches im Naturzustand, trotz dessen Vollständigkeit der Rechte eines jeden Einzelnen, keine aktuelle Bedeutung hat.

Als Resultat des Vertrages entsteht der Staat. Zwischen Gesellschafts- und Staatsvertrag wird nicht unterschieden. Der Staat garantiert die Sicherheit seiner Teilnehmer durch Positionierung der Staatsgewalt und durch Unterwerfung der Einzelnen unter einen souveränen Willen, sei es den Willen eines anderen Einzelnen *(Monarch)*, sei es den Willen einer Körperschaft (z.B. des *Parlaments*). Der Souverän, gleichgültig wer Souverän ist, nimmt selber nicht am Vertrag teil; er bleibt übrig, steht zu allen anderen weiterhin im Zustand der Natur und hat sein ursprüngliches Recht auf alles sich bewahrt. Ihm gegenüber sind die Vertragsschließenden, wegen ihres Rechtsverzichts, der den einzigen Inhalt des Vertrages ausmacht (s.o.), rechtlos. Sie genießen vermehrte Sicherheit gegenüber den anderen Vertragspartnern, mit denen sie jetzt in rechtlich geordneten Verhältnissen, vom Souverän beschützt, leben. Es werden jetzt die Rechts- und Moralregeln begründet, welche die Gerechtigkeit ausmachen[42]. Denn die Gerechtigkeit kann – woher sollte sie rühren – keine andere sein als die Normativität der Regeln im bürgerlichen Zustand.

Der Souverän kennt als einzige Regel die Nützlichkeit für sich selbst, und Hobbes hofft darauf, dass ihm ein Staatswesen, in welchem die Bürger in Frieden und Wohlstand leben, nützlicher erscheint als eines, welches vor willkürlichen, grausamen oder Zufälligen Aktionen des Souveräns permanent zittert[43].

Frage 4:

Der theoretische Hintergrund des Zitats liegt zwar einigermaßen offen; nach seiner Ausdeutung war nicht gefragt. Die Lehre des Thomas Hobbes unterscheidet sich vom Zitat darin, dass Hobbes keine Klassen kennt, also auch keinen Klassenkampf. Für ihn gibt es den Einzelnen im Naturzustand und die Einzelnen im Vertragszustand, den er zwar wie das Zitat den bürgerlichen Zustand oder die bürgerliche Gesellschaft nennt[44]. Im genauen Gegensatz zum Zitat ist ihm jedoch die bürgerliche Gesellschaft die Garantie für die Abwesenheit des bellum omnium contra omnes, wogegen das Zitat diesen Kampf als internen Zustand derselben angibt.

Lösung von stud. jur. Leila Saleh, Freie Universität Berlin

(1) Der vorliegende Text bezieht sich in seiner Begrifflichkeit auf die Lehre des englischen Philosophen Thomas Hobbes, der davon ausging, dass sich die Individuen im vorstaatlichen Zustand in einem Krieg aller gegen alle befinden. Wie parallel zu Hobbes Vorstellungen auch in diesem Text anklingt, liegt der Grund hierfür im grenzenlosen Egoismus dieser Individuen. Einzig maßgeblich die Größe, nach der sich menschliches Verhalten richtet, ist der Selbsterhaltungstrieb, zu dessen Durchsetzung jedem jedes Mittel recht ist (und auch sein darf, da es kein Gesetz gibt, das bestimmte Handlungen verbietet).

(2) Um die rechts- und staatsphilosophischen Ansätze von Thomas Hobbes verstehen zu können, ist es notwendig, zunächst seine Auslegung der Welt und der Position des Menschen darin genauer zu betrachten. In seiner Schrift »De cive« (»Vom Bürger«) legt er sein Staatsmodell dar und geht dabei z.T. von gänzlich anderen Voraussetzungen aus als René Descartes, dessen Schrift »Meditationes de Prima Philosophia« (»Meditationen über die erste Philosophie«), die kurz zuvor erschienen war, er genau studiert hatte.

Im Unterschied zu Descartes ging Hobbes davon aus, dass in der Welt Individuen (Menschen) existieren, die in erster Linie körperlicher Natur sind. Gleichwohl besitzen sie auch natürliche Vernunft. Sie steht aber in einer Verbindung, in einem Zusammenhang mit der körperlichen Präsenz des Menschen. Dies ist

34 S. 86/87.
35 S. 87.
36 S. 88.
37 S. 90.
38 Zur Einschränkung der Lebenserhaltung vgl. S. 94.
39 De Cive, Kap. III.
40 Alle landläufigen Theorien über einen rechtlosen Naturzustand, der durch Vertragsschluss in einen rechtlichen überführt werden soll, müssen in den Naturzustand wenigstens die Vorstellung oder vorläufige Idee eines Vertrages hineinprojizieren. Denn der Vertrag, welcher die Grundlage des Rechtszustandes sein soll, ist selber schon Recht.
41 S. 114–123.
42 S. 73.
43 S. 128 ff. Im Verhältnis der souveränen Staaten untereinander herrscht wiederum der Naturzustand mit seinem Recht aller auf alles und dem bellum omnium contra omnes, der zwar nicht als permanenter Krieg, wohl aber als potentiell zu jedem Moment aufbrechender zu verstehen ist.
44 De Cive, S. 69.

eine klare Gegenposition zum cartesischen Verständnis der res cogitans als erster Gewissheit des an allem zweifelnden Subjekts, das von sich ausgehend schließlich über den Beweis eines gütigen Gottes zum Glauben an die Existenz der äußeren, körperlichen Dinge, also auch des eigenen Leibes, gelangt.

Für Hobbes gibt es rein rational sinnesunabhängige, gar intuitive Erkenntnis nicht. Er geht davon aus, dass alles Wissen durch Wahrnehmung vermittelt ist oder deduktiv aus Sätzen abgeleitet wurde, zu denen wir durch Wahrnehmungen gekommen sind.

Rationalistisch (und nicht tendenziell empiristisch, wie bei der oben dargelegten Annahme) argumentiert Hobbes dagegen, wenn er die Bedeutung der Methode, also der Vorgehensweise, hervorhebt. Nach dem Studium der euklidischen Mathematik war der Philosoph überzeugt, hier die Sprache gefunden zu haben, in der nicht nur Naturwissenschaft, sondern auch Philosophie zu betreiben sei. Dabei ist die von ihm entwickelte und geforderte Methode nicht ganz konsequent mit der cartesischen. (Der Ruf nach einer verlässlichen Methode und Gewissheit in der Naturwissenschaft war zum ersten Mal durch Decartes laut geworden.)

Grund für diese Abweichung ist die Bedeutung und Erklärung von Sprache bei Hobbes. Da bei ihm die Individuen vornehmlich als Körper nebeneinander bestehen, ohne dass es Raum oder sonstiges zwischen ihnen gäbe, stellt die Sprache die einzige Brücke zwischen ihnen dar. Dabei ist Sprache nichts anderes als Konvention. Die von Menschen vereinbarten Begriffe deuten zwar auf Gegenstände, haben aber nichts mit ihnen gemein und berühren sie nicht. Würden alle Mitglieder einer Sprachfamilie sich darauf einigen, dass Luft grün sei, so wäre dieser Satz wahr. Dieser Nominalismus bedeutet wiederum eine Gegenposition zum platonischen Realismus, der Descartes beeinflusst hat und davon ausgeht, dass die Begriffe von Gegenständen (bei Platon Ideen) mit ihnen zusammenhängen bzw. tatsächlich in der Welt existieren, so dass es möglich ist, mit Hilfe von Begriffen Einsicht in die »objektive Wahrheit« der Dinge und Erscheinungen zu gewinnen.

Daran glaubt Thomas Hobbes nicht. Aus seiner Position resultiert nicht nur die Abhängigkeit der Wahrheit von Sprachbegabung, sondern ganz konkret von den vereinbarenden Menschen.

U.a. auf dieser, ihrer eigenen Losgelöstheit von der objektiven Realität bewussten Sprache basiert auch die von Hobbes verwandte Methode: Wir gewinnen Einsichten und Erkenntnisse aus Wahrnehmungen. Dies erlaubt uns, Erscheinungen zu definieren. Es ist klar, dass die Richtigkeit solcher Definitionen abhängig sein muss von der vereinbarten Sprache.

Diese Vorgehensweise schließt jedoch nicht die Berechtigung von deduktiven Schlüssen aus so gewonnenen Sätzen aus. Hierin liegt ein Überschneidungspunkt mit Descartes.

Rationalistischem Denken folgt Hobbes auch, wenn er, wie Descartes, von einem »lumen naturale« (»natürliches Licht«), einer natürlichen menschlichen Vernunft ausgeht, die jedes Individuum besitzt, obgleich es nicht vornehmlich geistige Substanz, sondern Körper ist.

Zwischen den Körpern ist allerdings – und hier entfernt sich der Denker wieder von der philosophischen Tradition – nichts. Für Hobbes ist der Begriff »Körper« mit dem Begriff »Raum« gleichzusetzen. Körper nehmen danach Raum ein, so dass zwischen ihnen (als Raum) folglich kein Raum sein kann.

Auch normativ gibt es keine Größe, keinen Sollensmaßstab, der Interaktionen zwischen den Körpern (d.h. den »vernunftbegabten Körpern«, also Menschen) bestimmt oder sie zu bewerten taugt. Im vorstaatlichen Zustand gibt es allein Zweckerwägungen zwischen den Individuen, die ihr Verhalten leiten. Was der Selbsterhaltung am zuträglichsten ist, wird getan. Dieser Gedanke bildet die Grundlage des Utilitarismus, einer geistigen Bewegung im England des 19. Jahrhunderts.

Diese Ausführungen machen deutlich, dass Hobbes' Menschenbild in einem radikalen Widerspruch zur damaligen (und auch heutigen) christlichen Lehre steht. Während die christliche Theologie die Genesis dahingehend auslegt, dass der rein und gut erschaffene Mensch sich durch den Sündenfall befleckt und schließlich mit beiden – guten und schlechten – Anlagen ausgestattet ist, legt der englische Denker seiner Lehre einen im Naturzustand lediglich vom Trieb nach Selbsterhaltung, von Neid, Missgunst, Hass und Furcht getriebenen Menschen zugrunde.

Dies gab den Vertretern der unterschiedlichen christlichen Konfessionen Anlass, Hobbes als Atheist zu bezeichnen, als der er sich nicht verstanden wissen wollte, wiewohl sein System ohne Gott auskommt. (Auch letzteres hielten ihm die Kirchen vor.)

(3) Wie bereits angedeutet, führt das Nebeneinander gänzlich auf sich selbst und ihre Erhaltung fixierter Individuen zu einem unerträglichen Zustand, in dem alle Einzelnen einander ohne Rücksicht auf – nach Hobbes inexistente – Moral bekriegen. Grundmotiv des Bewusstseins in dieser Phase ist eine tiefsitzende Furcht, die Selbsterhaltung könne misslingen, man könne sterben. Nur die geringste Anzahl der Individuen würde in diesem grausamen Zustand eines natürlichen Todes sterben, woraus eben jene allumfassende Angst resultiert.

Aufgrund ihrer natürlichen Vernunftbegabung jedoch, sind die Menschen im Besitz natürlicher Gesetze. Das bedeutet nicht, dass es bindende Rechtsnormen gibt. Im Gegenteil ist der Naturzustand die Phase der Rechtlosigkeit gerade deshalb, weil jeder das Recht auf alles hat.

Nichtsdestotrotz findet sich im Individuum eine Ahnung von Recht in Form von Richtlinien, die alle aus der Maxime der Selbsterhaltung ableitbar und doch in gewissem Sinne ein Moralgesetz sind. Dieses natürliche Gesetz tritt im Wesentlichen in der Übergangsphase zwischen Naturzustand und Staat in Erscheinung, in der diejenigen, die sich durch einen Vertrag zu einem Staatskörper, einer Gesellschaft zusammenschließen möchten, langsam Vertrauen zueinander aufbauen müssen (denn ein Staatsvertrag muss auch bindend sein und kann nicht aus der gänzlichen Rechtlosigkeit hervorgehen).

Grundgedanke des natürlichen Gesetzes ist wiederum der Trieb, sich selbst zu erhalten und folglich die Bestrebung, den Naturzustand, die Angst, das Sterben und die Zerstörung zu überwinden. Als Ausweg erscheint der natürlichen Vernunft die Vereinbarung mit anderen Individuen, sich zu einem Staatskörper zusammenzuschließen und alle Rechte bis hin zum Widerstandsrecht abzutreten an einen Souverän (eine Einzelperson oder ein Parlament), der außerhalb des Vertrages im Naturzustand verbleibend, die Geschicke des Staates nach seiner Willkür lenkt und so für die Erhaltung aller sorgt.

Voraussetzung für den Abschluss eines solchen Vertrages ist die Gleichheit, also »Gleichberechtigung« der Zusammentretenden. Sie ist gegeben, weil alle in ihrer Verwundbarkeit und Furcht im Naturzustand gleich sind (auch der Stärkste kann von drei Schwachen oder einem klugen Schwächeren ermordet oder besiegt werden).

Weitere Voraussetzungen für den Vertragsschluss sind gewisse Verhaltensrichtlinien, die z.B. die Verbindlichkeit des Vertrages gewährleisten. Sie sind in den (eben aus der Vernunfteinsicht der Notwendigkeit des Staates resultierenden und als Ahnung und Moral-»Gesetz« im Menschen vorhandenen) natürlichen Gesetzen zu sehen. Im Einzelnen besagen sie etwa, man solle den anderen Paktierenden nicht in den Rücken fallen, sich einfügen, sich an das Zugesagte halten, nicht aus Rache grausam bestrafen, sondern lediglich einen etwaigen Vertragsbruch zu ahnden, dem Souverän bestimmte Rechte wie das Richteramt und den Oberbefehl über das Heer überlassen usw.

Damit gibt es innerhalb der Gruppe der Kontrahierenden bereits vor Vertragsschluss einen Verhaltenskodex, ganz unabhängig von dem, was schließlich Inhalt des Vertrages wird. Durch das so begründete Vertrauen wird der Vertrag erst möglich.

Ist schließlich der Staat entstanden, nimmt er die Einzelkörper gleichsam als Staatskörper in sich auf. Dieser Staatskörper hat einen unbegrenzt freien Willen. Die Individuen haben ihren Willen auf den Souverän übertragen, so dass dessen Wille an die Stelle der Einzelwillen tritt. Der Souverän kann jede Entscheidung nach Gutdünken treffen. Zwischen ihm und der Gesellschaft besteht weiterhin der Naturzustand (aber auch zwischen etwaigen verschiedenen Staaten). Hobbes zeichnet hier das Bild eines absolutistischen Herrschers mit beinahe (!) unbegrenzter Machtfülle. Die ihrerseits absolute Grenze der Macht des Souveräns ist allerdings im Zweck des Vertrages, der Schaffung von Sicherheit und der Erhaltung der Bürger zu sehen. Dient der Souverän diesem Ziel nicht, sind die Mitglieder der Gesellschaft an den Vertrag nicht länger gebunden.

Ob im Naturzustand des Hobbes nur ein logischer Schritt zu sehen ist, der dem Staat fiktiv vorausgehen muss, um dieses Staatsmodell zu erklären, oder ob Hobbes an eine solche historisch-tatsächliche Vorstufe glaubte, ist nicht ganz klar. Letzteres scheint allerdings wahrscheinlicher, zumal die Bürgerkriegswirren und chaotischen Zustände in Hobbes' Umgebung starken Eindruck bei ihm hinterlassen haben und er seine Idee vom Naturzustand hier bestätigt fand.

In der Tatsache, dass die Entstehung des Staates bei Hobbes lediglich vom Willen der Vertragspartner abhängt und diese Vorstellung mit Gottesgnadentum nichts gemein hat, lag ein weiterer Angriffspunkt und Anlass für kirchliche Attacken.

(4) Zunächst einmal geht der Zeitungstext davon aus, dass der Krieg aller gegen alle innerhalb einer bestehenden Gesellschaft, innerhalb eines Staates wütet. Hobbes hingegen sieht als Zweck der Staatsgründung gerade die Beendigung dieses Kriegszustandes, der nach seiner Vorstellung darum allein in der vorstaatlichen Phase herrscht.

Darüber hinaus aber stehen sich hier zwei unterschiedliche Staatsmodelle gegenüber. Auf der einen Seite spricht Hobbes vom absolutistischen Staat, der in Europa erstmals mit der Französischen Revolution in seinen Grundfesten erschüttert wird. Auf der anderen Seite geht der vorliegende Text von einer modernen Gesellschaft aus, von einem Staat mit mündigen Bürgern (»moderne bürgerliche Gesellschaft«).

Parteien im allgemeinen Krieg des Hobbes sind außerdem lediglich Individuen. Der Text hingegen geht auch von gesellschaftlichen Klassen als Teilnehmern des Krieges aller gegen alle aus.

Zu guter letzt geht der Text zwar mit denselben Begriffen um wie Hobbes und spricht von Kampf auf Leben und Tod. Im Kern geht es aber um die Übertragung der Vorstellung des Hobbes'schen Krieges aller gegen alle, seines grenzenlos egoistisch und grausam handelnden Menschen auf den Konkurrenzdruck der modernen Gesellschaft und den an ihren (eben unter Leistungsdruck stehenden) Mitgliedern zu beobachtenden Egoismus. An Schärfe und Bitterkeit, aber auch in seinen mörderischen Konsequenzen übertrifft der höllische Naturzustand, den Hobbes zeichnet, den, wenn auch unangenehmen, heutigen Leistungs- und Konkurrenzdruck wohl doch.

Die Arbeit wurde wie folgt bewertet und benotet:

Dies ist eine sehr erfreuliche Bearbeitung, an der – außer ihrer stellenweise schwer dechiffrierbaren Schrift – kaum etwas zu bemängeln ist.

***Aufgabe 1** löst die Bearbeiterin gut unter Einbeziehung des zitierten Textes.*

*In **Aufgabe 2** stellt sie die Grundlagen der Hobbes'schen Theorie ausführlich dar. Insbesondere ihre detaillierte Abgrenzung gegenüber Descartes überzeugt.*

*In **Aufgabe 3** behandelt sie sowohl den Naturzustand als auch den Übergang in die Gesellschaft überzeugend. Positiv fällt auf, dass sie auch die Funktion des Souveräns als Friedenswahrer berücksichtigt. Nicht ganz überzeugend ist ihre Beschreibung der »vertrauensvollen Annäherung« zwischen den Individuen vor dem Vertragabschluss. Dies erweckt den Eindruck einer Übergangsetappe, die Hobbes so nicht vorsieht. Der Vertrag wird ja auch nur unter der Bedingung geschlossen, dass der/die Anderen gleichzeitig nicht nur ihre Macht zugunsten des Souveräns aufgeben.*

***Aufgabe 4** überzeugt durch ihre Gegenüberstellung von Hobbes'schem Naturzustand und gesellschaftlichen Konkurrenzdruck.*

gut (15 Punkte)

Zwischenprüfungsklausur

Deutsche Rechtsgeschichte

Von Professor Dr. Hermann Nehlsen, München

Deutsche Rechtsgeschichte – Rechtskaisertum – Scholarenprivileg – Glossatoren – aequitas – lex regia

Die vorliegende Aufgabe wurde im Wintersemester 2002/2003 im Anschluss an die Vorlesung zur Deutschen Rechtsgeschichte als Zwischenprüfungsklausur gestellt. Als erster Teil der abzuleistenden Zwischenprüfung waren im Vorlauf für die Erstsemester zwei Vorbereitungstermine angeboten, um die Teilnehmer in Vertiefung des in der Vorlesung Erlernten mit dem interpretatorischen Textumgang vertrauter zu machen. Die Bearbeiter sollten in einer Kombination aus exegetischer Bearbeitung der gestellten Quellentexte und darauf aufbauender, aufsatzmäßiger Darstellung zur Bedeutung der Bologneser Rechtsschule für die Rezeption des römischen Rechts in Deutschland Stellung nehmen. Quantitativ war hierfür von einer jeweils etwa hälftigen Gewichtung in der Bearbeitung auszugehen. Von den angemeldeten 424 Teilnehmern haben 6,4% die Klausur nicht bestanden. Die Aufgabe bestand aus den beiden folgenden Quellen mit einem Vermerk zur Bearbeitung:

1. Kaiserliches Privileg für die Studenten von Bologna: Die Authentica Habita Kaiser Friedrich Barbarossas (1158)[1]

Imperator Fridericus. Habita super hoc diligenti episcoporum, abbatum, ducum et omnium iudicum et procerum sacri palacii

1 Vgl. L. Weinrich, Quellen zur deutschen Verfassungs-, Wirtschafts- und Sozialgeschichte bis 1250 [FSGA; 32], 1977, S. 258 f.

nostri examinatione, omnibus qui causa studiorum peregrinantur scolaribus, et maxime divinarum atque sacrarum legum professoribus hoc nostre pietatis beneficium indulgemus, ut ad loca, in quibus litterarum exercentur studia, tam ipsi quam eorum nuntii veniant et habitent in eis securi. Dignum namque existimamus, ut, cum bona facientes nostram laudem atque protectionem mereantur, omnes eos, quorum scientia mundus illuminatur, ad obediendum Deo et nobis, ministris eius, vita subiectorum informatur, quadam speciali dilectione ab omni iniuria defendamus. Quis eorum non misereatur? Amore scientie facti exules, de divitibus pauperes semetipsos exinaniunt, vitam suam omnibus periculis exponunt, et a vilissimis sepe hominibus – quod graviter ferendum est – corporales iniurias sine causa perferunt. Hac igitur generali lege et in eternum valitura decrevimus, ut nullus de cetero tam audax inveniatur, qui aliquam scolaribus iniuriam inferre presumat, nec ob alterius eiusdem provincie debitum, quod aliquando ex perversa consuetudine factum audivimus, aliquod dampnum eis inferat. Scituris huius sacre legis temeratoribus et illius temporis, si hoc vindicare neglexerint, locorum rectoribus, restitutionem rerum ablatarum ab omnibus exigendam in quadruplum, notaque infamie ipso iure irrogata, dignitate sua careant in perpetuum. Verum tamen, si eis litem super aliquo negotio quispiam movere voluerit, huius rei optione data scolaribus, eos coram domino aut magistro suo vel ipsius civitatis episcopo, quibus in hoc iurisdictionem dedimus, conveniat. Qui vero ad alium iudicem eos trahere temptaverit, causa, etiam si iustissima fuerit, pro tali conamine cadat. Hanc autem legem inter imperiales constitutiones sub titulo »Ne filius pro patre etc.« inseri iussimus.

Übersetzungsvorschlag:
Kaiser Friedrich. Nach eingehender Prüfung durch die Bischöfe, Äbte, Herzöge und alle Richter und Edlen Unseres kaiserlichen Hofes gewähren Wir allen Scholaren, die studienhalber in der Fremde weilen, und vor allem den Lehrern der göttlichen und kaiserlichen Gesetze aus Unserer Gnade die Vergünstigung, dass sie selbst wie auch ihre Boten an die Orte, wo das Studium der Wissenschaften betrieben wird, kommen und dort in Sicherheit wohnen sollen. Und zwar erachten Wir es für angemessen, dass Wir, da verdienstvollen Menschen Unser Lob und Schutz gebührt, alle diejenigen mit besonderer Fürsorge vor jeglichem Unrecht bewahren, durch deren Gelehrsamkeit die Welt erhellt und die Lebensführung der Untertanen auf den Gehorsam gegenüber Gott und Uns, seinen Dienern, ausgerichtet wird. Wer soll sich ihrer nicht erbarmen, die aus Liebe zur Wissenschaft heimatlos geworden sind: aus Reichen machen sie sich zu Armen, setzen ihr Leben allen Gefahren aus und erleiden, oft von den niedrigsten Menschen, – was schwer zu ertragen ist – grundlos körperliche Unbill! Durch dieses allgemeine und in Ewigkeit gültige Gesetz haben Wir daher festgesetzt, dass in Zukunft niemand so vermessen sein soll, den Scholaren ein Unrecht anzutun, und niemand ihnen wegen einer Schuld eines ihrer Landsleute, was bisweilen, wie Wir gehört haben, aus übler Gewohnheit geschehen ist, Schaden zufüge. Diejenigen, die diesem Gesetz zuwiderhandeln, und die derzeitigen Oberhäupter der Stadt, die solches Tun nicht ahnden, sollen wissen, dass von ihnen allen das Vierfache des Weggenommenen gefordert wird und sie, schon von Rechts wegen mit dem Makel der Infamie behaftet, für immer ihre Ehre verlieren sollen. Wenn aber jemand wegen irgendeiner Angelegenheit einen Rechtsstreit gegen die Scholaren führen will, soll er sie – bei freier Wahlmöglichkeit der Scholaren – vor ihrem Herrn oder Lehrer oder vor dem Bischof der Stadt verklagen, denen Wir die Gerichtsbarkeit in diesen Sachen verliehen haben. Wer sie aber vor einen anderen Richter zu ziehen sucht, dessen Sache soll, auch wenn sie noch so gerecht war, allein wegen dieses Unterfangens verloren sein. Dieses Gesetz aber haben Wir unter die kaiserlichen Konstitutionen mit dem Titel »Ne filius pro patre etc. « (Cod. 4, 13) einfügen lassen.

2. Der Kaiser und die Doktoren von Bologna: Anekdote aus der Bologneser Schultradition (um 1160)[2]

Cum dominus Fredericus imperator semel equitaret super quodam suo palefredo in medio dominorum Bulgari et Martini, exquisivit ab eis, utrum de iure esset dominus mundi. Et dominus Bulgarus respondit, quod non erat dominus, quantum ad proprietatem. Dominus vero Martinus respondit, quod erat dominus. Et tunc dominus imperator cum descendisset de palefredo, super quo sedebat, fecit eum presentari dicto domino Martino. Dominus autem Bulgarus hec audiens dixit hec elegantia verba: »Amisi equum, quia dixi equum, quod non fuit equum.«

Übersetzungsvorschlag:
Als der Herr Kaiser Friedrich einmal auf seinem Zelter mitten zwischen den Herren Bulgarus und Martinus ritt, befragte er sie, ob er nicht von Rechts wegen Herr der Welt sei. Und Herr Bulgarus antwortete, er sei nicht Herr bezüglich des Eigentums. Herr Martinus aber antwortete, er sei der Herr. Als dann der Herr Kaiser von dem Zelter abstieg, auf dem er gesessen hatte, ließ er ihn dem genannten Herrn Martinus schenken. Herr Bulgarus aber sprach, als er dies hörte, die folgenden geistvollen Worte: »Ich habe das Pferd verloren, weil ich das Gerechte gesagt habe, das nicht das Günstige gewesen ist.«

Bearbeitervermerk:
»Schildern Sie unter intensiver Interpretation der abgedruckten Quellen die Bedeutung der Rechtsschule von Bologna für die Rezeption des römischen Rechts in Deutschland.«

HINWEISE ZUR LÖSUNG

In der Vorlesung Deutsche Rechtsgeschichte und den beiden der Klausur vorgeschalteten Übungsstunden wurde den Teilnehmern ein mögliches Gliederungskonzept für einen exegetischen Textzugang an die Hand gegeben. Klargestellt war, dass es kein zwingendes »Schema« darstellt, sondern der gedanklichen und darstellerischen Strukturierung der Arbeit am Text dient:

1. **Inhaltszusammenfassender Einleitungssatz**
2. **Einordnung der Quelle**
3. **Inhaltswiedergabe**
4. **Interpretation zur Lösung der Aufgabenstellung des Bearbeitervermerks**
5. **Zusammenfassung**

I. Zur Authentica Habita

Kaiser Barbarossa erlässt die Authentica Habita, die als das älteste Universitätsgesetz Europas gilt. Nicht nur die Lehrer Bolognas, sondern auch die Studenten erfahren hierdurch besonderen Schutz. Wenigstens bis zum Frieden von Konstanz (1183) wird Bologna als die kaiserliche Rechtsschule betrachtet. Die kaiserliche Förderung ist leicht erklärlich:

»Die gelehrten Juristen erkannten in der Staufischen Idee eines ›Rechtskaisertums‹ den römischen Imperator als den Weltherrscher *(dominus mundi)* und Gesetzgeber *(conditor legum)* wieder. Die legistische Auffassung, dass in der Gestalt des Corpus iuris die Rechtsordnung des römischen Imperiums fortlebe und dass dieses von den Juristen gehobene, glossierte und kommentierte justinianische Recht geltendes Recht sei, fand durch die Politik eine überzeugende Bestätigung. Römisches Recht wurde zum Vorbild absoluter, universaler Herr-

2 Zit. nach Karl Kroeschell, Deutsche Rechtsgeschichte, Bd. 1, 11. Aufl. 1999, S. 240 Nr. 63 (dort auch Nachweise zu Edition und Überlieferung).

schaft und zum Instrument der Politik: *Unum ius – unum imperium*« (H. Schlosser)[3].

Das Corpus iuris des 6. Jahrhunderts, das man an den Rechtsschulen bearbeitete, gab das spätantike Rechtssystem einer absoluten Monarchie wieder, die von einer Kirche papalistischer Prägung unabhängig war. Es enthielt Grundsätze eines straff organisierten Beamtenstaates, mit denen man auch den Gefahren, die das lehnrechtliche System mit sich brachte, hervorragend entgegentreten konnte.

Nachdem das kaiserliche Interesse am römischen Recht, auch in Hinblick auf den unablässigen Konflikt mit dem Papst, damit offenkundig ist, stellte sich die Frage nach der Quelle, wie man Leute bekommen könnte, die damit operieren konnten; naheliegenderweise aktivierte Friedrich Barbarossa vorhandenes Potential, mit anderen Worten: Bologna. Um die Rechtsschule attraktiv zu machen, privilegierte Friedrich diejenigen, die dort studieren (oder lehren) wollten und erließ ein entsprechendes Gesetz, die (bekannte) *Authentica habita*, so genannt nach ihren Eingangsworten (»*Habita* super hoc diligenti ...«). Inhaltlich bedeutete sie für Studenten wie für die Lehrer des Rechts wichtige Vorrechte.

1. Schwierigkeiten bestehen beim sog. »Scholarenprivileg« der »Authenica habita« allerdings hinsichtlich der Datierung. In der Angabe ist das Jahr 1158 angegeben. Dies entspricht der wohl herrschenden Lehre; eine beachtliche Mindermeinung datiert allerdings auf 1155[4]. Hierzu wurden bei der klausurmäßigen Bearbeitung keine Ausführungen erwartet, erfolgten sie dennoch, wurde es positiv honoriert.

2. Inhalt der Privilegierung/Begriffsklärungen:

a) allgemeine **Inschutznahme**, die nicht nur den Aufenthalt, sondern bereits die (besonders gefährliche) (An-)Reise zwecks Studium umfasst.

b) Einen speziellen Aspekt dieser allgemeinen Inschutznahme beinhaltet das Verbot (und seine Qualifizierung als »*perversa consuetudo*«) der Haftung für fremde Schulden, also des sog. **Repressalienarrestes,** durch die privilegierten Scholaren (Scholaren = Studenten und Dozenten gleichermaßen).

Im engeren Sinn bedeutet »Repressalienarrest« die Arretierung einer Person oder die Beschlagnahme von Sachen eines auswärtigen Bürgers wegen Schulden eines seiner Mitbürger oder seiner Heimatstadt. Es handelt sich um eine im Mittelalter weithin anzutreffende, praktisch geübte (»*consuetudo*«) Erscheinung, gegen die man sich mit entsprechender Privilegierung zu schützen versuchte bzw. die man auch im Wege der Landfrieden zu verbieten versuchte. Auf die strittige Einordnung und die Frage nach der »dogmatischen« Konstruktion dieser erweiterten Haftung war nicht einzugehen[5], erwünscht aber die Beschreibung der konkreten Relevanz für die »multinationale« Studentenschaft:

einerseits das Interesse städtischer Gläubiger in Bologna, auch noch nach Abreise von Schuldnern sich an deren Landsleuten schadlos halten zu können; andererseits das Risiko für Studenten, unvermittelt für fremde Schulden in Anspruch genommen zu werden, sei es durch Verlust ihrer Habe, sei es gar durch körperliche Arretierung (und anschließender »Löse«geldzahlung aus der Heimat). Eine solche Privilegierung gegen derartige Vorgehensweisen liegt hier vor.

Rechtsfolge: Ersatz, aber nicht nur Restitution des unberechtigt beschlagnahmten Gutes, sondern in Leistung in 4-facher Höhe (= *Quadruplum*); hier besteht wieder ein unmittelbarer Zusammenhang mit einer römischrechtlichen Stelle, nämlich der Novelle 52 Justinians aus dem Jahr 537, in der allgemein der Repressalienarrest verboten worden war[6]. Als Rechtsfolge musste derjenige, der hiergegen verstieß, das Vierfache des (Pfändungs-) Wertes zurückerstatten.

c) **Privilegium fori:**

Der hierdurch gewährte besondere Gerichtsstand der Studenten bedeutete ihre Exemtion von der Gerichtsbarkeit der die Universität beherbergenden Stadt (Bologna). An sich würden die Scholaren dieser unterstehen – offenbar sah man sich mit Parteilichkeiten konfrontiert (nämlich zugunsten Bologneser Gläubigern), denen man mit einem solchen besonderen Gerichtsstandsprivileg begegnen wollte. Anscheinend handelt es sich um einen alternativen Gerichtsstand, jedenfalls aber ist die Zuerkennung einer Eigengerichtsbarkeit abzulesen und damit die Anerkennung eines eigenen »universitären« Rechtsbereiches, in den die Universitätsmitglieder fallen und damit der städtischen Gerichtsbarkeit entzogen sind.

d) **Einfügungsbefehl:**

Der Einfügungsbefehl impliziert eine Gleichstellung dieses staufischen Gesetzes mit den römischen Kaiserkonstitutionen und bietet damit ein unmittelbares Indiz für ein entsprechendes Selbstverständnis durch die augenfällige Anknüpfung und Qualifizierung als »Kaiserrecht«, das unabhängig vom Recht der Kirche und ihren Machtträgern Geltung beansprucht[7]. An dieser (oder anderer geeigneter) Stelle durfte man erwarten, dass Kenntnisse über das Corpus iuris Civilis Kaiser Iustinians[8] etwas ausgebreitet wurden, um zu erklären, was es mit dem Einfügungsbefehl auf sich hat und wie er zu verstehen ist. Jedenfalls bestätigt der Einfügungsbefehl noch einmal die Eingangsbeobachtung des nachhaltigen kaiserlichen Interesses am römischen Recht. Dies bestätigt auch die zweite Quelle:

II. Zur Anekdote um das Pferd

Bei dieser Quelle fand sich in der Angabe ebenfalls eine Datierung, auch das Problem der Quelleneinordnung war mit der Qualifizierung als »Anekdote« bereits gelöst. Einige Bearbeiter hatten, weil sie zu sehr an den als Hilfestellung besprochenen schemagestützten Möglichkeiten einer Quellenexegese hingen, trotzdem Einstiegsschwierigkeiten. Durchaus waren aber die genannten Juristen als zwei der *Quattuor doctores* (Martinus, Bulgarus, Hugo, Jacobus) zu identifizieren. Die Nennung der übrigen konnte man erwarten, als besonders erfreulich zu werten waren Hinweise auf spätere, schülervermittelte Traditionslinien

3 Grundzüge der Neueren Privatrechtsgeschichte, 9. Aufl. 2001, S. 48 ff. [49].

4 Die Äußerungen in der Literatur, ob die Authentica auf dem 1. oder dem 2. Reichstag zu Roncaglia (also 1155 oder 1158) erlassen bzw. 1155 erlassen und 1158 noch einmal wiederholt worden ist, verteilen sich etwa folgendermaßen:
W. Stelzer, Zum Scholarenprivileg Friedrich Barbarossa (Authenica »Habita«), in: DA 34 (1978), S. 123 ff., 146 ff., 152: 1155 (»kein Zusammenhang mit Roncaglia [1158]«, »Phantom der Datierung zu 1158«); J. Fried, Entstehung des Juristenstandes im 12. Jahrhundert, 1974, S. 255: zwei Gesetze, 1155 und 1158 (hier als heute allgemeine Meinung genannt – in dieser Absolutheit aber sehr fraglich); W. Ullmann, The medieval interpretation of Frederick I's Authentic »Habita«, in: Studi in memoria di Paolo Koschaker, »Europa e il Diritto Romano«, Bd. 1 (1953), S. 101–136, 101 ff.: nur 1158; Oppl/Mayr (Edd.), Regesta Imperii IV, 1 S. 90: zu 1155 Mai 13–15 (mit dem Argument, schon vor 1158 sie die Ausübung von Gerichtsrechten durch die Bologneser Professoren nachweisbar, so dass diese nicht erst als 1158 verliehen worden seien); H. Simonsfeld, Jahrbücher des Deutschen Reiches unter Friedrich I., Bd. 1, 1908, S. 314: Authentica Habita »des Jahres 1158 ..., welche in irgendeiner ähnlichen Form vermutlich schon damals (1155) erlassen worden« sei; I. Schmale-Ott (Hrsg.), Carmen de Gestis Frederici I Imperatoris in Lombardia [MGH i. u. s.; 62], S. 17 Anm. 3: 1158 »dürfte im wesentlichen nur eine Wiederholung ... sein«.

5 Als Gesamtbürgschaft aller Stadtbürger (so Hans Planitz) oder allgemeines genossenschaftliches Haftungsprinzip (so Otto v. Gierke).

6 Der Repressalienarrest wurde sowohl in der Vorlesung wie in den Vorbereitungsstunden angesprochen.

7 »Kaiserrecht« ist aber im Mittelalter nicht einfach mit dem römischen Recht gleichzusetzen, sondern bezieht sich eher auf die Geltungslegitimation, vgl. H. Krause, Kaiserrecht und Rezeption (Abh. d. Heidelberger Akad. d. Wiss., Phil.-hist. Klasse), Heidelberg 1952.

8 Wieder einmal erwies es sich als unausrottbarer Fallstrick, wenn anstatt von Justinian Bearbeiter in unabsichtlicher Verballhornung von einem Kaiser »Justizian« [!] sprachen.

(Martinus – Gosiani) (Bulgarus – Bassianus – Azo – Accursius) oder eine Qualifikation als »Glossatoren« (vor allem bei weiterer Nennung der »Postglossatoren/Kommentatoren« und der Erklärung, wie es überhaupt zur Bezeichnung »Glossatoren« kommt).

Eine Paraphrase, die die Doppelbödigkeit der Anekdote mit dem Wortspiel *»(a)equum«* – *»equum«* offenlegt, war hingegen zwingend zu erwarten. Besonders erfreulich war, wenn in der Bearbeitung hier sogar noch ein Bezug zu *Martinus* hergestellt wurde. Er liegt darin, dass dieser gerade als Vertreter eines freieren Umganges mit den römischen Quellen gilt, der sich darin zeigt, dass bei ihm der *aequitas* eine größere Bedeutung zukommt als bei den übrigen zeitgenössischen Glossatoren[9].

Zu vertiefen war damit als Summe beider Quellen und als Ausgangspunkt für die dann folgenden Ausführungen zur Rezeption das Verhältnis des Kaisers zu den Bologneser Juristen, das am Beispiel von Quelle 2 noch einmal besonders exemplifizierbar war.

Das Verhältnis des Kaisers zum römischen Recht bietet mehrere Aspekte der Thematisierung:

– so die Möglichkeit seiner Instrumentalisierung im politischen Interessenkonflikt, auch auf der Grundlage einer adäquaten und wissenschaftlichen Aufbereitung (gerade schon mit den *Quattuor doctores*); zunehmend praktisch eminent bedeutsam aber auch als autoritätsgetragene Erkenntnisquelle für »Recht«;

– als bewusste Aufnahme einer Traditionslinie zum römischen Kaisertum und als – im wörtlichen Sinn – »Mitnahmeeffekt« im Zuge der Legitimationskette von den spätrömischen Kaisern über die Karolinger (insbesondere Karl dem Großen) zu jetzt den Staufern (Stichwort: *translatio imperii*)[10].

Insbesondere unter 6 Gesichtspunkten lässt sich die Bedeutung der römischrechtlich fundierten, weltlichen Rechtswissenschaft (»Legisten«) für die Etablierung der (zunächst staufischen) Staatsprinzipien fassen[11], die sich im *Corpus Iuris Civilis* verankern ließen:

1. Die kaiserliche Gewalt (das *Imperium)* ist unmittelbar von Gott (ohne Vermittlung der Kirche und des Papstes) und steht neben dem Sacerdotium[12];
2. Der Kaiser ist der Herr der Welt und von Gott inspiriert[13];
3. Der Kaiser hat als römischer Princeps eine umfassende Gewalt aus der *Lex regia* (also kraft Volksübertragung, unabhängig von päpstlicher Approbation [Anerkennung/Billigung] und Krönung);
4. Der Kaiser hat als *Lex animata in terris* das Recht, Gesetze zu erlassen und auszulegen. Er ist selbst nicht dem positiven (also besonders dem aufgezeichneten) Recht unterworfen, aber es ziert ihn, es zu achten[14];
5. Das Imperium ist ewig; die Fiskalgüter sind unveräußerlich;
6. Die Person des Kaisers ist unverletzlich und durch Bestimmungen über das *Crimen laesae maiestatis* (insb. Hochverrat) geschützt.

Diese Punkte waren kein erwartbarer Maximalkatalog, die Bearbeiter sollten aber auf zwei zentrale Aspekte eingehen:

– die Gesetzgebungskompetenz. Sie bedeutet die Etablierung weltlichen Rechts, das zumindest gleichrangig neben dem kirchlichen Recht steht – an dieser oder anderer Stelle der Bearbeitung sollte ein Hinweis auch auf die bedeutende Stellung des gelehrten kirchlichen Rechts erfolgen, besonders manifest bei den sog. Juristenpäpsten, wie etwa Innozenz III. (ca. 1160–1216) oder Innozenz IV. (ca. 1195–1254), und den kirchlichen Gesetzgebungsaktivitäten wie etwa den Liber extra Papst Gregors IX. von 1234; sowie

– das Gottesgnadentum, das besonders im späteren Approbationsstreit zwischen Kirche und Kaisertum eine Rolle spielen sollte, weil es für die Frage des Über-, Unter- oder Gleichordnungsverhältnisses beider Gewalten und damit im Rahmen der sog. Zwei-Schwerter-Lehre wichtig ist.

III. Bedeutung der Rezeption

Hier waren die Bearbeiter relativ frei, auf einige wichtige Gesichtspunkte musste aber eingegangen werden. Dabei kam es weniger darauf an, dass die Bearbeiter einzelne Fakten lediglich reproduzierten, sondern darauf, dass sie ein komplexes Phänomen, wie es die Rezeption darstellt, hinreichend schlüssig darzustellen vermochten. Einzelne Anknüpfungspunkte konnten dabei sein:

– die Begrifflichkeit »Rezeption« (etwa im erweiterten Hinblick auf auch das kanonische Recht, das zusammen mit dem römischen Recht »die« gelehrten Rechte und damit den Fundus des *ius commune* bildet; auf die Unterscheidung zwischen »Früh«- und »Vollrezeption«; die Frage nach dem Gegenstand der Rezeption dahingehend, ob es primär um die Übernahme des römischen Rechts als materiell geltendes und angewandtes Recht geht oder eher um die Rezeption des wissenschaftlichen Umganges, also eher einem methodologischen Rezeptionsverständnis);

– rezeptionskritische Positionen (wie im Bauernkrieg oder der aufkeimenden Juristenkritik, sei es bei Hugo von Trimberg oder dem Occultus Erfordensis);

– Umsetzung des römischen Rechts auch in deutsche juristische Werke (zB Layenspiegel) als sog. »populäre Literatur« zum römischen Recht;

– Wege der Rezeption, etwa Erwähnung der Lotharingischen Legende, die Rolle des Reichskammergerichts, der gelehrten Räte in den Territorien oder der Universitätsgründungen im Reich seit dem 14. Jh (zB Prag 1348 – Wien 1365 – Heidelberg 1386 – Köln 1388).

IV. Abschließend sollte eine **Zusammenfassung** der Ergebnisse erfolgen.

Insgesamt ist die Bearbeitung der ersten Quelle bei den meisten Teilnehmern akzeptabel gelungen, wenn auch in sehr unterschiedlicher Ausführlichkeit. Der Datierungsstreit wurde von einigen durchaus erkannt, die Herleitung des Namens »Authentica« erfolgte in der Regel nicht. Der Gesichtspunkt der allgemeinen Inschutznahme wurde von allen Bearbeitern gesehen, meist auch fanden sich Ausführungen zum Problem des Repressalienarrestes und der eigenen Gerichtsbarkeit; die Würdigung des Einfügungsbefehls erfolgte hingegen eher selten, dafür konnten viele Bearbeiter zum Teil sehr umfangreiche Ausführungen zum CIC machen, die dann aber manches Mal nicht über das Herunterspulen auswendig gelernten Wissens hinausgingen. Der Hintergrund des Papst-Kaiser-Konfliktes wurde von nahezu allen Bearbeitern ausreichend thematisiert.

Die Interpretation des zweiten Textes bereitete demgegenüber weitaus größere Schwierigkeiten, da viele Bearbeiter damit zu kämpfen hatten, über eine bloße Paraphrase hinaus zu einer sinnvollen Analyse durchzudringen. Sein Wortspiel wurde kaum, dafür die (kritisierte) Tendenz der Indienststellung des römischen Rechts für kaiserliche Interessen dann aber doch durchgängig erkannt.

In Hinblick auf die Rezeption fand das Reichskammergericht überaus häufig Erwähnung, auch Unterscheidungen zwischen theoretischer und praktischer Rezeption fanden sich nicht selten,

9 Als Deutung durchaus noch vertretbar war, dass hier dann – neben der problematisierten Ebene des juristischen Ethos – noch eine versteckte Spitze gegen das *aequitas*-Verständnis bei Martinus liegen könnte (Bedeutungsvariante zwischen »billig/gerecht« und »günstig«).

10 Vgl. nur H. Lange, Römisches Recht im Mittelalter, Bd. 1 Die Glossatoren, München 1997, S. 30 ff.

11 Vgl. H. Coing, Römisches Recht in Deutschland (IRMAE Bd. V, 6), Mailand 1964, S. 32 ff.

12 Vgl. Nov. 73 pr.; 113, 1; C 1,1,8,1.

13 Vgl. z. B. D 14,2,9; Nov. 105,2,4; C 1,1,1 etc.

14 Vgl. z. B. Nov. 105,2,4: *»Lex animata«*; C 1,14,12,3; D 1,3,31: *»Princeps legibus solutus«*.

nur vereinzelt dagegen Hinweise auf die Erscheinung der Juristen- und Rezeptionskritik. Zu der immer erwünschten Zusammenfassung der Ergebnisse im Sinne der Aufgabenstellung konnten sich nur wenige Bearbeitungen – vielleicht auch aus Zeitnot – entschließen.

Zwischenprüfungsklausur

Rechtssoziologie[1]

Von Privatdozentin Dr. Ulrike Wanitzek, Bayreuth

Aufgaben

Frage 1

Was ist der Untersuchungsgegenstand der Rechtssoziologie, und wie kann er untergliedert werden? Wodurch unterscheidet sich die Rechtssoziologie in ihrem Untersuchungsgegenstand und ihrer Fragestellung von der Rechtsdogmatik?

Frage 2

Bei den Versuchen, den Begriff der ›sozialen Norm‹ herauszuarbeiten, wird auf ›Verhaltensmuster‹ und deren Unterformen Bezug genommen. Was wird unter ›Verhaltensmustern‹ verstanden, und wie werden sie eingeteilt? Wie wird dabei die ›soziale Norm‹ eingeordnet?

Frage 3

Wer sind die Beteiligten bei der Entstehung und Anwendung von Normen? Nennen und erläutern Sie sie kurz.

Frage 4

Handelt es sich Ihrer Meinung nach bei

a) Geldstrafe b) Finderlohn

um ›Sanktionen‹? Begründen Sie Ihre Meinung und erläutern Sie anhand der genannten Beispiele, was eine ›Sanktion‹ ist.

Frage 5

Wie kann man Rechtsnormen von anderen sozialen Normen abgrenzen? Nennen und erläutern Sie die wichtigsten Theorien, auf die für die Beantwortung dieser Frage zurückgegriffen wird, und nehmen Sie Stellung zu der Praktikabilität der Theorien.

Frage 6

Zwischen welchen sozialen Funktionen des Rechts kann man unterscheiden?

Frage 7

Für die Rechtssoziologie von großer Bedeutung waren und sind

a) Eugen Ehrlich b) Max Weber c) Theodor Geiger.

Welchen Phasen der Geschichte der Rechtssoziologie sind sie zuzurechnen? Umreißen Sie für jeden von ihnen ein zentrales Thema ihrer Arbeiten, das zu den Fragen 1–6 noch nicht behandelt wurde.

Frage 8

Was bedeutet ›Mobilisierung von Recht‹? Welche Bedingungen sind für die Mobilisierung des Rechts von Bedeutung?

Frage 9

Was versteht man unter ›alternativer Konfliktregelung‹? Welche Formen der alternativen Konfliktregelung gibt es, und nach welchen Kriterien kann man zwischen ihnen unterscheiden?

Frage 10

Was bedeutet das in der alternativen Konfliktregelung bekannte ›Harvard-Konzept‹, und für welche Formen der alternativen Konfliktregelung ist es vor allem von Bedeutung? Erläutern Sie dieses Konzept und die ihm zugrunde liegenden Prinzipien.

Frage 11

Wie schätzen Sie Sinn und Nutzen der alternativen Konfliktregelung ein? Begründen Sie Ihre Meinung.

Frage 12

Nennen und erläutern Sie drei in der empirischen Sozialforschung zur Anwendung kommende Forschungsmethoden und ihre unterschiedlichen Ausprägungen.

Hinweis zur Bearbeitung der Fragen 1, 3, 6 und 10:
Sie brauchen von diesen vier Fragen **nur zwei Fragen** beantworten. Es werden zu diesen Fragen **nur kurze** Antworten erwartet.

LÖSUNGSHINWEISE

Zu Frage 1[2]

Untersuchungsgegenstand der Rechtssoziologie ist die *Faktizität* des Rechts. Dabei geht es vor allem um die Wechselwirkungen und die wechselseitige Abhängigkeit zwischen Recht und Sozialleben.

Zu unterscheiden ist zwischen der *genetischen* Rechtssoziologie, die die Entstehung des Rechts aus dem Sozialleben untersucht und damit das Recht als Ergebnis gesellschaftlicher Prozesse in den Blick nimmt; und der *operationalen* Rechtssoziologie, die die Wirkung des Rechts im Sozialleben untersucht und damit das Recht als Regulator gesellschaftlichen Handelns betrachtet.

Zentraler Untersuchungsgegenstand der Rechtsdogmatik ist dem gegenüber die *Normativität* des Rechts. Während sich die Fragestellung der Rechtsdogmatik schwerpunktmäßig auf den normativen Sinngehalt rechtlicher Regelungen, und damit auf das ›Sollen‹, richtet, bezieht sich die Fragestellung der Rechtssoziologie auf die gesellschaftliche Wirklichkeit einschließlich der Folgewirkungen rechtlicher Regelungen und damit auf das ›Sein‹.

Diese Gegenüberstellung wird allerdings dadurch relativiert, dass es zahlreiche Überschneidungen gibt.

1 Die Aufgaben wurden als Zwischenprüfungsklausur im Grundlagenfach Rechtssoziologie im Rahmen der von der Verfasserin an der Rechts- und Wirtschaftswissenschaftlichen Fakultät der Universität Bayreuth für Erstsemester gehaltenen zweistündigen Vorlesung »Einführung in die Rechtssoziologie« gestellt. Für die Bearbeitung der Aufgaben standen zwei Zeitstunden zur Verfügung.

2 Raiser, Thomas, Das lebende Recht. Rechtssoziologie in Deutschland, 3. Aufl. 1999, S. 30 ff.; Rehbinder, Manfred, Rechtssoziologie, 5. Aufl. 2003, Rdn. 1 ff.; Zippelius, Reinhold, Grundbegriffe der Rechts- und Staatssoziologie, 2. Aufl. 1991, S. 1 f.; Dreier, Horst, Einleitung, in: Dreier, Horst (Hg.), Rechtssoziologie am Ende des 20. Jahrhunderts. Gedächtnissymposium für Edgar Michael Wenz, 2000, S. 1 ff.

Zu Frage 2[3]

Die ›soziale Norm‹ kann als ein Unterfall der *Verhaltensmuster* aufgefasst werden. ›Verhaltensmuster‹ sind Regelmäßigkeiten sozialen Verhaltens, d.h. in Theodor Geigers Worten: Auf eine Situation s folgt ein bestimmtes Gebaren g[4].

Verhaltensmuster lassen sich folgendermaßen untergliedern:

(1) *Verhaltensgleichförmigkeiten* sind übliche Verhaltensweisen, die z.B. aufgrund Zweckmäßigkeit, aber auch aufgrund sozialen Drucks praktiziert werden. Dabei hat der Sollenscharakter nur verhältnismäßig geringes Gewicht und es existiert kein Sanktionsmechanismus. Zu den Verhaltensgleichförmigkeiten gehört beispielsweise der ›Brauch‹.

(2) *Verhaltensforderungen* sind verbindliche Verhaltensweisen, geprägt vom Sollenscharakter. Sie können nach Meinung zahlreicher Autoren von den Verhaltensgleichförmigkeiten dadurch unterschieden werden, dass auf ein von der Verhaltensregelmäßigkeit abweichendes Verhalten eine Sanktion[5] erfolgt. Ob allerdings die Sanktion wirklich als Abgrenzungskriterium der Verhaltensforderung von der bloßen Verhaltensgleichförmigkeit dienen kann, ist zweifelhaft; nicht alle Normen (insbes. nicht alle Rechtsnormen) beinhalten Sanktionen[6].

(3) *Verhaltensbewertungen* sind positive oder negative Beurteilungen von Verhaltensweisen, die auf ethisch begründeten Werten beruhen. Sie selbst weisen keinen Sollenscharakter auf, bilden aber die Grundlage für Verhaltensforderungen.

Diese drei Unterformen der Verhaltensmuster überlagern sich in beträchtlichem Maße; die Grenzen zwischen ihnen sind fließend. Häufig bedingen sie einander; so setzt eine Verhaltensforderung gemeinhin eine Verhaltensbewertung voraus.

Wie hier die *›soziale Norm‹* einzuordnen ist, ist umstritten. Überwiegend wird sie i.S. einer Verhaltensforderung aufgefasst. Dies kann vorläufig als sinnvolle Arbeitsdefinition der ›sozialen Norm‹ dienen. Vertreten wird aber auch die Ausdehnung des Normbegriffs auf die Verhaltensgleichförmigkeiten (dann wird von ›Seinsnormen‹ gesprochen). Verhaltensbewertungen hingegen sind nicht selbst als soziale Normen einzuordnen, sondern als deren Basis (auch wenn begrifflich häufig von Bewertungs-›Normen‹ die Rede ist)[7].

Eine andere Herangehensweise findet sich bei Niklas Luhmann. Er differenziert zur Bestimmung des Normbegriffs zwischen bloß *kognitiven* Verhaltenserwartungen und *normativen* Verhaltenserwartungen. Kognitive Erwartungen werden im Enttäuschungsfall aufgegeben oder angepasst, während an normativen Erwartungen auch im Enttäuschungsfall festgehalten wird[8]. Luhmann braucht für seinen Normbegriff nicht den Rückgriff auf die Sanktionsbereitschaft; er stellt nicht auf das Durchsetzen von Erwartungen ab, sondern auf den Fortbestand von Erwartungen[9]. Nicht die Sanktionen, sondern die Sanktionserwartungen sind somit entscheidend[10]. Normen sind nach Luhmann kontrafaktisch stabilisierte Verhaltenserwartungen, d.h. die Geltung wird unabhängig von der faktischen Erfüllung oder Nichterfüllung der Norm erlebt[11].

Zu Frage 3[12]

Die Beteiligten einer sozialen Norm (i.S. der soeben genannten Arbeitsdefinition der sozialen Norm als Verhaltensforderung) sind:

a) der *Normadressat*, d.h. derjenige, an den die Verhaltensforderung gerichtet ist;

b) der *Normbenefiziar*, d.h. derjenige, dem die Einhaltung der Norm zugute kommt bzw. der bei Nichteinhaltung der Norm als Opfer oder Verletzter erscheint;

c) der *Normsetzer*, d.h. derjenige, der die Verhaltensforderung aufstellt;

d) der *Normsender*, d.h. derjenige, der für die Normgeltung eintritt;

e) der *Normhüter*, d.h. derjenige, der die Einhaltung der Norm überwacht.

Zu Frage 4[13]

›Sanktion‹ ist Reaktion auf Verhalten und soll normgerechtes Verhalten bewirken. Der Sanktionsbegriff ist umstritten, vor allem bezüglich der Frage, ob es nur negative oder auch positive Sanktionen gibt. In der Weite der soeben genannten Definition von ›Sanktion‹ wären beide Möglichkeiten enthalten (*weiter* Sanktionsbegriff)[14]. Wenn man nur negative Sanktionen mit dem Begriff erfassen will, sind ›Sanktionen‹ als Reaktionen auf Abweichungen von Verhaltensforderungen zu bezeichnen, durch die demonstriert wird, dass das abweichende Verhalten nicht hingenommen wird (*enger* Sanktionsbegriff)[15].

a) *Geldstrafe* stellt eine Reaktion auf ein von einer Verhaltensforderung abweichendes Verhalten dar und bringt zum Ausdruck, dass das abweichende Verhalten nicht hingenommen wird. Sie hat den Zweck, ein normgerechtes Verhalten zu bewirken. Daher handelt es sich um eine Sanktion.

b) *Finderlohn* ist eine Reaktion auf erwünschtes Verhalten. Man kann ihn als eine rechtliche Ausprägung von ›Lob‹ verstehen. Ob er eine Sanktion darstellt, hängt davon ab, ob man den Sanktionsbegriff auf die Reaktion auf *abweichendes* Verhalten beschränkt, oder auch auf die Reaktion auf *erwünschtes* Verhalten erstreckt. Im letzteren Fall wäre Finderlohn als Sanktion aufzufassen (genauer: als positive Sanktion), im ersteren Fall fiele er nicht unter den Sanktionsbegriff.

In der eigenen Stellungnahme könnte z.B. vertreten werden, dass *positive* Sanktionen wie Finderlohn nicht vom Sanktionsbegriff erfasst werden sollten, da es wenig sinnvoll ist, zwei so gegensätzliche Reaktionen auf Verhalten (wie eine positive und eine negative Reaktion) unter ein und denselben Begriff zu fassen. Aber auch die entgegengesetzte Ansicht ist vertretbar, etwa mit der Begründung, dass der Sanktionszweck – nämlich ein normgerechtes Verhalten zu bewirken – im Vordergrund steht und dieser bei beiden gleich ist.

Welche Auffassung vorzuziehen ist, hängt insbesondere davon ab, zu welchem *Zweck* die Begriffsklärung erfolgt und ob hierfür ein enger oder ein weiter Sanktionsbegriff zweckmäßiger ist. Im Strafrecht beispielsweise wird nur mit negativen Sanktionen gearbeitet, daher ist hier ein enger Sanktionsbegriff weit verbreitet. Im gesellschaftlichen Bereich hingegen spielt ›Lob‹ als Anreiz zu normgerechtem Verhalten eine große Rolle, daher könnte sich hier ein weiter Sanktionsbegriff als nützlich erweisen.

Zu Frage 5[16]

Die Frage der Abgrenzung zwischen Rechtsnormen und anderen

3 Raiser, Das lebende Recht, 3. Aufl. 1999, S. 184 ff.; Röhl, Klaus F., Rechtssoziologie. Ein Lehrbuch, 1987, S. 199 ff.; Spittler, Gerd, Norm und Sanktion. Untersuchungen zum Sanktionsmechanismus, 1967, S. 9 ff.

4 Geiger, Theodor, Vorstudien zu einer Soziologie des Rechts, 4. Aufl. 1987 (Orig.: 1947), S. 11.

5 Zur Sanktion s.u. zu Frage 4.

6 S. Röhl, Rechtssoziologie, 1987, S. 209 ff.

7 So ist beispielsweise die ›Bewertungsnorm‹ ›Das Töten eines Menschen ist schlecht‹ Grundlage für die Bestimmungsnorm ›Du sollst keinen Menschen töten‹.

8 Luhmann, Niklas, Rechtssoziologie, 3. Aufl. 1987, S. 42 f.

9 Luhmann, Rechtssoziologie, 3. Aufl. 1987, S. 42 f., 61.

10 Luhmann, Niklas, Das Recht der Gesellschaft, 1993, S. 134 f.

11 Luhmann, Rechtssoziologie, 3. Aufl. 1987, S. 42 f.

12 Raiser, Das lebende Recht, 3. Aufl. 1999, S. 189 f.; Röhl, Rechtssoziologie, 1987, S. 202 f.; Spittler, Norm und Sanktion, 1967, S. 14 ff.

13 Raiser, Das lebende Recht, 3. Aufl. 1999, S. 229 ff.; Röhl, Rechtssoziologie, 1987, S. 204 ff.; Spittler, Norm und Sanktion, 1967, S. 20 ff.

14 So z.B. Hillmann, Karl-Heinz, Wörterbuch der Soziologie, 4. Aufl. 1990, S. 753.

15 Spittler, Norm und Sanktion, 1967, S. 23.

16 Raiser, Das lebende Recht, 3. Aufl. 1999, S. 190 ff.; Rehbinder, Rechts-

sozialen Normen führt zur Frage des *soziologischen Rechtsbegriffs*. Hierzu wurden u.a. folgende Theorien entwickelt:

a) Die *Anerkennungstheorien* gehen auf Eugen Ehrlich zurück. Dieser lehnte es ab, Recht nur im Sinne von staatlichem Recht zu verstehen, weil Recht auch dort nachweisbar sei, wo es keinen Staat gebe. In seiner Anerkennungstheorie betrachtet Ehrlich Recht als das, was die Gesellschaftsmitglieder als Recht empfinden, beruhend auf der communis opinio necessitatis[17], also der gesellschaftlichen Auffassung darüber, was notwendig ist. Der Bruch einer Rechtsnorm löse Empörung aus, während die Verletzung anderer sozialer Normen lediglich Missbilligung, kritische Ablehnung oder Entrüstung hervorrufe.

Mögliche Stellungnahme: Das grundlegende Abstellen auf die gemeinsame Rechtsüberzeugung leuchtet ein, weil ein Recht ohne Rechtsüberzeugung kaum vorstellbar ist. Allerdings erscheint die Abgrenzung nach Gefühlstönen kaum praktikabel (vielleicht allenfalls in kleinen Gemeinschaften). Vor allem in den heutigen multikulturellen Gesellschaften würde sich zudem fragen, in welchen Kreisen die Empörung bestehen müsste und wie das Ausmaß zu bestimmen wäre.

Die Anerkennungstheorien können überdies dazu führen, dass alle sozialen Normen als Rechtsnormen eingeordnet werden; ein solcher Panjurismus würde keinen Klärungsbeitrag zum soziologischen Rechtsbegriff leisten.

b) Die auf Max Weber zurückzuführenden *Zwangstheorien* verstehen Recht als das, was durch physischen oder psychischen Zwang von einem Zwangsapparat (»Rechtsstab«) durchsetzbar ist[18]. Diese Theorien beruhen somit auf zwei Kriterien:

1. auf dem Zwang, und
2. auf der Existenz eines Zwangsapparats.

Mögliche Stellungnahme: Die Zwangstheorien verkennen allerdings, dass Recht primär von freiwilliger Anerkennung abhängt, nicht aber von nur erzwungenem Gehorsam, denn keine Zwangsgewalt kann Recht ohne jegliche Akzeptanz der Normen durch die Rechtsunterworfenen gewährleisten.

c) Die *Rechtsstabstheorien* (ebenfalls auf der Grundlage von Max Weber) besagen, dass Recht dann vorliege, wenn die Sanktionstätigkeit von der spontan handelnden Gruppenöffentlichkeit auf besondere Sanktionssubjekte, den »Rechtsstab«, übertragen wurde (Zwangstheorien sind aufgrund ihres Abstellens auf einen Zwangsapparat, s.o., meist zugleich auch Rechtsstabstheorien). Zum Rechtsstab gehören nicht nur die Gerichte, sondern alle Rechtsverfolgungsinstanzen, wie z.B. auch die Staatsanwaltschaft.

Mögliche Stellungnahme: Durch die Übertragung der Sanktionstätigkeit auf bestimmte Sanktionssubjekte gewinnen nach der Rechtsstabstheorie soziale Normen eine neue Qualität und werden zu Rechtsnormen[19]. Das ist ein überzeugendes materielles (nicht nur formales) Kriterium, auf dessen Grundlage auch ein nichtstaatliches Recht erfasst werden kann, denn der Rechtsstab muss nicht notwendig ein staatlicher Apparat sein. Ein Beispiel sind die Kirchen. Lenkt man den Blick auf andere Kulturen, so wären hier auch nicht-staatliche, nach Gewohnheitsrecht organisierte Gemeinschaften beispielsweise in Afrika zu nennen, die über einen eigenen Rechtsstab und ein eigenes Recht außerhalb des staatlichen Bereichs verfügen[20].

Zu Frage 6[21]

Recht kann im Hinblick auf seine soziale Funktion als soziales Herrschaftsinstrument gesehen werden, das den Zusammenhalt der Gesellschaft erhalten und fördern soll, u.a. indem es die bestehenden widerstreitenden Interessen ausgleicht[22]. Diese übergeordnete Funktion kann in mehrere Einzelfunktionen aufgeteilt werden[23]:

(1) Bei der Ordnungsfunktion des Rechts geht es um *Verhaltenssteuerung* durch Handlungsnormen, die sich an die Rechtsunterworfenen richten.

(2) Die Sanktionsfunktion des Rechts betrifft die *Konfliktbereinigung* durch Entscheidungsnormen, die sich an den Rechtsstab wenden.

Über diese Zweiteilung hinaus können weitere Funktionen genannt werden, wie z.B.

(3) die *Gestaltung der Lebensbedingungen* und

(4) die *Organisation und Legitimation sozialer Herrschaft* durch Handlungsnormen, die sich an den Apparat sozialer Herrschaft richten[24].

Zu Frage 7[25]

Eugen Ehrlich (1862–1922) und Max Weber (1864–1920) sind der Gründerphase der Rechtssoziologie zu Beginn des 20. Jahrhunderts zuzuordnen. Sie haben maßgeblich das theoretische Fundament der heutigen Rechtssoziologie gelegt. Theodor Geiger (1891–1952) gehört zu denjenigen deutschen Rechtssoziologen, die während der nationalsozialistischen Herrschaft, welche die Rechtssoziologie in Deutschland zum Erliegen brachte, im Exil weiter arbeiten mussten. Sein Werk wirkt stark in die Gegenwart hinein und hat für die heutige Rechtssoziologie einige der bedeutendsten Grundlagen geschaffen.

a) *Eugen Ehrlich* hat den Begriff des *»lebenden Rechts«* geprägt. Der Schwerpunkt der Rechtsentwicklung liegt nach seiner Auffassung weder in der Gesetzgebung noch in der Jurisprudenz oder Rechtsprechung, sondern in der Gesellschaft selbst[26]. Diese Auffassung beruhte auf Ehrlichs Beobachtungen in der Bukowina, damals Teil des österreichischen Kaiserreichs, in der Angehörige verschiedenster Völker und Religionen lebten. Ihre jeweiligen rechtlichen Gewohnheiten waren nur oberflächlich vom österreichischen Gesetzesrecht überlagert. Ehrlich betonte die relative Bedeutungslosigkeit des staatlichen Rechts und die entsprechend große Bedeutung des gesellschaftlichen oder lebenden Rechts. Dieses Normenmosaik und die heterogene Zusammensetzung der Bevölkerung inspirierte Ehrlich zu seiner Theorie des *Rechtspluralismus*, nach der neben dem staatlichen Recht auch anderes, nicht-staatliches Recht wirkt[27].

Seine Lehre vom lebenden Recht und Rechtspluralismus wird in jüngerer Zeit in neuen Zusammenhängen wieder aufgegriffen. Zum einen dient sie, auf der Grundlage eines pluralistischen Rechtsbegriffs, der Erfassung des von Gemeinschaften außerhalb

soziologie, 5. Aufl. 2003, Rdn. 43 ff.; RÖHL, Rechtssoziologie, 1987, S. 212 ff.

17 EHRLICH, EUGEN, Grundlegung der Soziologie des Rechts, 4. Aufl. 1989 (Orig. 1913), S. 146 f.

18 Weber, Max, Wirtschaft und Gesellschaft, 2. Aufl. 1925 (Orig. 1921), S. 17.

19 S. Röhl, Rechtssoziologie, 1987, S. 216 f.

20 Vgl. die Typologie bei von Trotha, Trutz, Was ist Recht? Von der gewalttätigen Selbsthilfe zur staatlichen Rechtsordnung, Zeitschrift für Rechtssoziologie, 2000, 327 ff.

21 Llewellyn, Karl N., The Normative, the Legal and the Law Jobs: The Problem of Juristic Method, Yale Law Journal 49 (1940), 1355 ff.; Raiser, Das lebende Recht, 3. Aufl. 1999, S. 198 ff.; Rehbinder, Rechtssoziologie, 5. Aufl. 2003, Rdn. 96 ff.

22 Rehbinder, Rechtssoziologie, 5. Aufl. 2003, Rdn. 96.

23 Auf der Grundlage von Llewellyns »law-jobs«, Llewellyn, Yale Law Journal 49 (1940), 1355 ff.

24 Je nach Auffassung kann man entweder (1) und (2) als Primärziele ansehen, denen (3) und (4) als Sekundärziele (oder als Reflex) hinzuzufügen sind; oder man kann umgekehrt (3) und (4) als die Primärziele auffassen, während (1) und (2) nur das Instrumentarium dafür zur Verfügung stellen.

25 CARBONNIER, JEAN, Rechtssoziologie, 1974 (Orig.: Sociologie juridique, 1972), S. 79 ff.; EHRLICH, EUGEN, Grundlegung der Soziologie des Rechts, 4. Aufl. 1989 (Orig. 1913); GEIGER, THEODOR, Vorstudien zu einer Soziologie des Rechts, 4. Aufl. 1987 (Orig. 1947); RAISER, Das lebende Recht, 3. Aufl. 1999, S. 94 ff.; ROTTLEUTHNER, HUBERT, Einführung in die Rechtssoziologie, 1987, S. 21 ff.; WEBER, MAX, Wirtschaft und Gesellschaft, 2. Aufl. 1925 (Orig. 1921).

26 EHRLICH, Grundlegung, 4. Aufl. 1989, Vorrede.

27 EHRLICH, Grundlegung, 4. Aufl. 1989.

staatlicher Institutionen befolgten Rechts; dies kann sich sowohl auf Einwanderergemeinschaften in Europa als auch auf gewohnheitsrechtliche Gemeinschaften z. B. in Afrika beziehen[28]. Zum anderen wird heute teilweise auf diese Lehre Bezug genommen, um die Zusammenhänge zwischen Globalisierung und Recht sowie neue Formen eines transnationalen Rechts zu analysieren[29]. Quantitativ gesehen handelt es sich hierbei für jemanden, der vor allem auf das deutsche bzw. europäische Recht blickt, angesichts der Dominanz des staatlichen Rechts um verhältnismäßig kleine Rechtsbereiche.

b) Nach *Max Weber* verlief die okzidentale Entwicklung des Rechts über mehrere Stufen der Rationalität. Er betrachtete die Entwicklung des Rechts, ebenso wie die einer staatlichen Bürokratie und der kapitalistischen Wirtschaft, als Teil und Indikator eines umfassenden *Rationalisierungsprozesses* in Europa. Die formale Rationalität des Rechts sah er dabei als anzustrebenden Endzustand. Der Fortschritt des Rechts vollzieht sich nach Weber somit in einer Rationalisierung und daher auch einer zunehmenden Spezialisierung und Bürokratisierung[30]. Damit unterscheidet sich Weber deutlich von Ehrlich, der nicht den Rationalismus, sondern die Spontaneität der Rechtsentwicklung betont.

Als Methode der »verstehenden Soziologie« hat Weber die »*Idealtypen*« entwickelt. Ein Idealtyp ist eine gedankliche Konstruktion, die im Hinblick auf einen bestimmten Ausschnitt der Wirklichkeit durch einseitige Steigerung eines oder mehrerer Gesichtspunkte gebildet wird[31]. Ein bekanntes Beispiel ist Webers idealtypische Differenzierung zwischen verschiedenen *Herrschaftstypen*. Je nachdem ob die Legitimitätsgeltung eines Herrschaftstyps einen rationalen, traditionalen oder charismatischen Charakter aufweist, unterscheidet Weber zwischen drei reinen Typen legitimer Herrschaft, nämlich

- der rationalen Herrschaft;
- der traditionalen Herrschaft und
- der charismatischen Herrschaft.

Der Idealtyp der *traditionalen* Herrschaft beruht auf der Vorstellung, dass Tradition Autorität verleiht[32]. Die *charismatische* Herrschaft beruht auf der Autorität eines charismatischen Führers[33]. Beide stellen irrationale Herrschaftstypen dar, im Gegensatz zu dem Idealtyp der *rationalen* Herrschaft in ›modernen‹ Gesellschaften[34]. Das Funktionieren der rationalen Herrschaft ist von der Arbeit technisch versierter Verwaltungsbeamter und logisch denkender Juristen geprägt[35].

Damit hat Weber die Grundlage der *Herrschaftssoziologie* gelegt[36].

c) *Theodor Geiger* bemühte sich darum, zentrale rechtliche Grundbegriffe wie Norm, Geltung, Verbindlichkeit u. a. dadurch theoretisch zu erfassen, dass er sie in ihren sozialen Wirklichkeitszusammenhängen untersuchte. Er erarbeitete eine erfahrungswissenschaftlich begründete allgemeine Rechtslehre[37]. So hat er sich ausführlich mit der Frage der *Verbindlichkeit der Rechtsnorm* auseinander gesetzt. Im Gegensatz zur formalen Geltung der Norm, aber auch zu einer metaphysischen Begründung der Normverbindlichkeit, welche er ablehnte, besteht die Verbindlichkeit der Norm in Geigers Sinn in ihrer Wirkungschance[38].

Eine Norm ist nach Geiger sowohl dann wirksam, wenn sie befolgt wird, als auch dann, wenn im Falle ihrer Nichtbefolgung eine Sanktionierung erfolgt. Hier werden also Verhaltensgeltung und Sanktionsgeltung zusammengefasst. Aus diesen beiden Alternativen zusammen ergibt sich die *Effektivitätsquote* der Norm. Die *Ineffektivitätsquote* ergibt sich entsprechend aus denjenigen Fällen, in denen auf abweichendes Verhalten keine Sanktion erfolgt. Das sind die Fälle der Nichtgeltung[39].

Aus dem Verhältnis beider Quoten zueinander ist die *Wirkungschance* der Norm und damit ihre Verbindlichkeit zu errechnen: Aus der bisherigen Wirkung der Norm ist auf die Wahrscheinlichkeit ihrer Wirkung in der Zukunft zu schließen. Diese kann zahlenmäßig in Prozenten angegeben werden. Dass die Verbindlichkeit einer Norm eine messbare Größe darstellt und einen in Zahlen ausdrückbaren höheren oder geringeren Grad besitzen kann[40], war eine große Neuerung zu Geigers Zeit.

Probleme dieser Vorgehensweise liegen u. a. darin, dass sie nicht fein genug ist, um Zwischenstufen der Wirksamkeit zu berücksichtigen, und dass die Möglichkeiten einer empirischen Erhebung der Befolgung oder Nichtbefolgung von Normen sehr begrenzt sind, insbes. im Bereich der Verhaltensgeltung[41].

Zu Frage 8[42]

Bei der Mobilisierung von Recht geht es um den Zugang der Rechtsunterworfenen zum Recht. Die bloße Existenz eines materiellen Rechts gewährleistet noch nicht, dass es den von ihm Begünstigten auch gleichermaßen verfügbar ist und diese es sich zunutze machen können. So kann der Zugang zum Recht in bestimmten Fällen durch Barrieren und Defizite erschwert werden[43].

Die Möglichkeit der Inanspruchnahme des Rechts und der rechtlichen Einrichtungen hängt von mehreren Bedingungen ab, die als Bedingungen der Mobilisierung von Recht in die folgenden Gruppen aufgeteilt werden:

(1) *Konfliktkonstellation:* Die Mobilisierung von Recht hängt zunächst von der Konstellation ab, in der ein Konflikt entsteht, insbesondere von der Beziehung der Konfliktparteien zueinander. Bei fortbestehenden persönlichen Sozialbeziehungen (z. B. Ehe; in bestimmten Fällen: Mietverhältnis) fällt der Gang zum Gericht oft schwerer als bei einmaligen oder anonymen Sozialbeziehungen (z. B. anlässlich eines Verkehrsunfalls).

(2) *Thematisierung von Recht:* Die Mobilisierung von Recht setzt des weiteren voraus, dass ein Problem als Rechtsproblem definiert wird. Hier wird zwischen drei Stadien der Konfliktentwicklung unterschieden, nämlich

28 S. z. B. die Beiträge in: Allott, Antony N./Woodman, Gordon R. (eds.), People's Law and State Law. The Bellagio Papers, 1985; und Journal of Legal Pluralism and Unofficial Law, 1969 ff.

29 S. z. B. Teubner, Gunther, ›Global Bukowina‹: Legal Pluralism in the World Society, in: Teubner, Gunther (ed.), Global Law Without a State, 1997, S. 3–28.

30 Weber, Wirtschaft und Gesellschaft, 2. Aufl. 1925, S. 468 ff.

31 Weber, Wirtschaft und Gesellschaft, 2. Aufl. 1925, S. 3 f., 124; Hillmann, Wörterbuch der Soziologie, 4. Aufl. 1990, S. 348; Röhl, Rechtssoziologie, 1987, S. 173 ff.

32 Dieser Herrschaftstyp beruht auf »dem Alltagsglauben an die Heiligkeit von jeher geltender Traditionen und die Legitimität der durch sie zur Ausübung der Herrschaft Berufenen«, Weber, Wirtschaft und Gesellschaft, 2. Aufl. 1925, S. 124.

33 D. h. auf »der außeralltäglichen Hingabe an die Heiligkeit oder die Heldenkraft oder die Vorbildlichkeit einer Person und der durch sie offenbarten oder geschaffenen Ordnungen«, Weber, Wirtschaft und Gesellschaft, 2. Aufl. 1925, S. 124.

34 Dieser beruht auf »dem Glauben an die Legalität gesatzter Ordnungen und des Anweisungsrechts der durch sie zur Ausübung der Herrschaft Berufenen«, Weber, Wirtschaft und Gesellschaft, 2. Aufl. 1925, S. 124.

35 Weber, Wirtschaft und Gesellschaft, 2. Aufl. 1925, S. 124 ff.

36 Weber, Wirtschaft und Gesellschaft, 2. Aufl. 1925, S. 122 ff., 603 ff.

37 Rehbinder, Manfred, Einleitung, in: Geiger, Theodor, Vorstudien zu einer Soziologie des Rechts, 4. Aufl. 1987, S. VII ff., XVII.

38 Geiger, Vorstudien, 4. Aufl. 1987, S. 174: »Dass eine Norm verbindlich ist, bedeutet: es besteht eine Wahrscheinlichkeit dafür, dass entweder ihr gemäß gehandelt wird, oder eine Reaktion auf Zuwiderhandlung folgt.«

39 Geiger, Vorstudien, 4. Aufl. 1987, S. 165 ff., 188 ff.

40 Geiger, Vorstudien, 4. Aufl. 1987, S. 169.

41 Röhl, Rechtssoziologie, 1987, S. 42, 245 f.; dies hat auch Geiger selbst erkannt, Geiger, Vorstudien, 4. Aufl. 1987, S. 169.

42 Blankenburg, Erhard, Mobilisierung des Rechts. Eine Einführung in die Rechtssoziologie, 1995, S. 39 ff.; Raiser, Das lebende Recht, 3. Aufl. 1999, S. 384 ff.; Röhl, Rechtssoziologie, 1987, S. 482 ff.; Rottleuthner, Einführung, 1987, S. 78 ff.

43 S. hierzu grundlegend Black, Donald, The Mobilization of Law, Journal of Legal Studies 1973, 125 ff.; Cappelletti, Mauro (gen. ed.), Access to Justice. A World Survey, 1978/79.

– der Benennung der vermeintlichen Rechtsverletzung (›*naming*‹),

– der Bezeichnung der dafür verantwortlich gemachten Person (›*blaming*‹), und

– dem Erheben einer Forderung gegen diese Person (›*claiming*‹).

(3) *Filterwirkung:* Außergerichtliche Angebote der Konfliktregelung (wie Beratung, Vermittlung, Schlichtung) können eine Filterwirkung für die Rechtsverfolgung im Rahmen der Justiz erzeugen, da die Rechtssuchenden zunächst diese Angebote wahrnehmen.

(4) *Defizite und Zugangsbarrieren:* Der Zugang zum Recht kann schließlich erschwert werden durch in der Person der Betroffenen wurzelnde Defizite (z.B. Sprachdefizite) sowie wirtschaftliche, gesellschaftliche und rechtliche Barrieren (z.B. Kosten der Rechtsverfolgung, soziale Verpönung des Rechtswegs, rechtlich schwer thematisierbare Bedürfnisse).

Zu Frage 9[44]

Unter »alternativer Konfliktregelung« (Alternative Dispute Resolution, ADR) versteht man die Regelung eines Konflikts, die nicht in einem förmlichen judikativen oder administrativen Verfahren erfolgt. Die Konfliktparteien regeln den Konflikt in einem nichtförmlichen Verfahren selbst oder unter Einschaltung eines Dritten.

Ausgangspunkt für die Entwicklung der alternativen Formen waren vor allem verschiedene Schwächen der Konfliktregelung durch die Justiz. Inspiration bezog man u.a. aus Formen der Konfliktregelung in nichtstaatlichen außereuropäischen Gesellschaften, die das Bewusstsein dafür schärften, dass Konfliktregelung nicht notwendigerweise durch *staatliche* Gerichte und Verwaltungsbehörden erfolgen muss[45].

Formen der alternativen Konfliktregelung sind insbesondere

– die Verhandlung (negotiation),

– die Beratung (consultation),

– die Vermittlung (mediation) und

– die Schlichtung (arbitration).

Kriterien, nach denen man zwischen ihnen unterscheiden kann, sind,

– ob ein Dritter bei der Konfliktregelung hinzugezogen wird, und wenn ja, welche Rolle er zum einen im Verfahren, und zum anderen bei der Entscheidung des Konflikts spielt;

– ob und in welchem Maße vorgegebene, formalisierte Verfahrens- und Entscheidungsregeln existieren und einzuhalten sind[46].

Einschaltung eines Dritten: Die *Verhandlung* erfolgt zwischen den Parteien ohne Einschaltung eines Dritten. An ihrem Ende steht die eigene Konfliktlösung durch die Parteien, beispielsweise in Gestalt eines Kompromisses. *Beratung*, *Vermittlung* und *Schlichtung* hingegen erfolgen unter Einschaltung eines Dritten.

Beteiligung des Dritten am Verfahren: Bei der *Beratung* wirkt der Dritte allerdings nicht unmittelbar auf das eigentliche Verfahren der Konfliktregelung ein; er berät lediglich eine oder auch beide Parteien, während die Parteien im Übrigen die Behandlung und Lösung des Konflikts selbst betreiben. Der Rat des Dritten kann z.B. in einer rechtlichen Würdigung des Konflikts oder in einer sachverständigen Auskunft liegen. Bei der *Vermittlung* und der *Schlichtung* dagegen ist der Dritte an dem Verfahren der Konfliktregelung unmittelbar beteiligt und trägt aktiv dazu bei, indem er z.B. hilft verhärtete Positionen zu überwinden, indem er die Verhandlungen voranbringt und Lösungsvorschläge unterbreitet.

Beteiligung des Dritten an der Entscheidung: Während es bei der *Vermittlung* die Parteien selbst sind, die über die Konfliktlösung entscheiden, fällt bei der *Schlichtung* der Dritte auch die Entscheidung, deren Verbindlichkeit für die Konfliktparteien allerdings von der Vereinbarung über die gewählte Schlichtungsform abhängt.

Formalisiertes Verfahren: Vorgaben hinsichtlich des Verfahrens und der Entscheidung sind bei der *Verhandlung* und *Beratung* kaum gegeben. Sie existieren in gewissem Maße bei der *Vermittlung* und verstärkt bei der *Schlichtung*. Insgesamt besteht bei den Formen der alternativen Konfliktregelung (stufenweise, wie dargestellt) eine größere Verfahrens- und Entscheidungsflexibilität als bei der richterlichen Entscheidung im Rahmen eines staatlichen Gerichtsverfahrens (adjudication), wofür strenge Verfahrensgesetze bestehen.

Zu Frage 10[47]

Das Harvard-Konzept, entwickelt im Harvard Negotiation Project, kommt vor allem bei der Verhandlung (negotiation) und Vermittlung (Mediation) zur Anwendung. Ziel ist eine für beide Konfliktparteien möglichst günstige Konfliktlösung (sog. ›win-win‹-Lösung). Um dies zu erreichen, ist es notwendig, zunächst eine kooperative Beziehung zwischen den Parteien und eine Vertrauensbasis zu schaffen. Zu diesem Zweck muss deutlich zwischen Personen und Problemen getrennt werden. Auf dieser Grundlage findet eine Interessenerforschung statt, d.h. es wird gemeinsam ermittelt, welche Interessen hinter den vertretenen Positionen und Ansprüchen stehen. Der Fokus der Verhandlung bzw. Vermittlung richtet sich nicht auf die Positionen, sondern auf die dahinter stehenden Interessen. Die Interessen werden gesammelt und diskutiert. Im Anschluss daran werden vorerst unbewertete Lösungsvorschläge gesammelt. Sie werden danach gefiltert, ob sie ein gemeinsames Interesse der Parteien verwirklichen, und entsprechend beurteilt. Dies muss unter Verwendung objektiv nachprüfbarer Kriterien erfolgen, da hiervon in hohem Maße die Akzeptanz der Konfliktlösung abhängig ist.

Zu Frage 11[48]

Die Stellungnahme könnte beispielsweise folgendermaßen aussehen:

Sinn und Nutzen der alternativen Konfliktregelung sind vor allem im Vergleich zu den förmlichen Verfahren von Justiz und Verwaltung mit ihren Vor- und Nachteilen zu beurteilen.

Nachteilig bei der Konfliktregelung durch die Gerichte kann sein, dass es zu einer starken Reduktion auf die rein rechtlich relevanten Aspekte des Konflikts kommt, was der Komplexität des Konflikts oft nicht gerecht wird. Die Gerichtsverfahren sind häufig unflexibel, lang und teuer; am Ende steht eine Entweder-Oder-Entscheidung, die an der Vergangenheit orientiert ist und keine Lösungsperspektive für die zukünftige Gestaltung der Beziehungen zwischen den Parteien anbietet. Dies kann vor allem

44 Röhl, Klaus F., Alternativen zum Recht und zur Justiz, in: Röhl, Klaus F. (Hg.), Rechtssoziologie, Gruppe 3 in: Ergänzbares Lexikon des Rechts, Loseblatt-Sammlung, 3/20, 1996, S. 1 ff.; Raiser, Das lebende Recht, 3. Aufl. 1999, S. 282 ff.; Hoffmann-Riem, Wolfgang, Mediation als moderner Weg zur Konfliktbewältigung, in: Brand, Jürgen/Strempel, Dieter (Hg.), Soziologie des Rechts. Festschrift für Erhard Blankenburg zum 60. Geburtstag, 1998, S. 649 ff.

45 Vgl. z.B. Llewellyn, Karl N./Hoebel, E. Adamson, The Cheyenne Way. Conflict and Case Law in Primitive Jurisprudence, 1941; Holtwick-Mainzer, Andrea, Der übermächtige Dritte. Eine rechtsvergleichende Untersuchung über den streitschlichtenden und streitentscheidenden Dritten, 1985.

46 Anhand dieser Kriterien können die alternativen Formen auch von der gerichtlichen Form der Konfliktregelung, der richterlichen Entscheidung (adjudication), abgegrenzt werden.

47 Fisher, Roger/Ury, William (with Patton, Bruce, editor), Getting to Yes. Negotiating Agreement without Giving in, 1983 (Orig. 1981; deutsche Übersetzung: dies., Das Harvard-Konzept. Sachgerecht verhandeln, erfolgreich verhandeln, 21. Aufl. 2002); Haft, Fritjof, Verhandlung und Mediation – Die Alternative zum Rechtsstreit, 2. Aufl. 2000, S. 243 ff.; Hehn, Marcus, Nicht gleich vor den Richter. Mediation und rechtsförmliche Konfliktregelung, 1996, S. 9 ff.

48 Vgl. z.B. Röhl, Alternativen, 1996, S. 6; Raiser, Das lebende Recht, 3. Aufl. 1999, S. 285 ff.

bei multiplexen Beziehungen[49] und Dauerbeziehungen zwischen den Konfliktparteien ein Problem sein. Ziel der alternativen Konfliktregelung ist es, durch ihre Interessenerforschung und kooperative Strategie die genannten Defizite des förmlichen Gerichtsverfahrens zu vermeiden.

Welches Verfahren der Konfliktregelung in einem konkreten Fall sinnvoll und nützlich ist, muss anhand der genannten Kriterien für den jeweiligen Einzelfall beurteilt werden, z. B. danach, wie wichtig eine künftige Kooperation für die Parteien ist. Gründe für die Wahl einer alternativen Konfliktregelung können die geringere Förmlichkeit des Verfahrens, die stärkere Flexibilität bei der Entscheidung, die größere Sachkunde der Berater, Vermittler bzw. Schlichter, die schnellere Streiterledigung und die Vermeidung von Publizität des Streitfalls sein. Nachteile können andererseits in der mangelnden Absicherung der Qualifikation, Unabhängigkeit und Unparteilichkeit des streitregelnden Dritten liegen sowie in einer geringeren Akzeptanz der alternativen Konfliktlösung. Ein in einem ordnungsgemäßen Gerichtsverfahren ergangenes Urteil wird oft besser akzeptiert als das Ergebnis einer alternativen Konfliktregelung.

Zu Frage 12[50]

In der empirischen Sozialforschung kommen zur Erhebung von Daten die Forschungsmethoden

- der Befragung,
- der Inhaltsanalyse und
- der Beobachtung

zur Anwendung. Man unterscheidet dabei zwischen quantitativen und qualitativen Verfahren.

– *Quantitative* Verfahren sind streng strukturiert und standardisiert, beispielsweise bei Befragungen bezüglich der Fragen und Antwortkategorien. Dies hat eine begrenzte Differenzierungsmöglichkeit bei der Erfassung der sozialen Wirklichkeit zur Folge (die komplexer ist als die Frage- und Antwortkategorien es vorsehen). Die Auswertung erfolgt durch statistische Verfahren. Durch die statistischen Verfahren können auch große Datenmengen mit verhältnismäßig geringem Aufwand ausgewertet werden[51].

– *Qualitative* Verfahren sind offener und flexibler und wollen auch die vielfältigen nicht-standardisierbaren Kontexte mit erfassen. Die Auswertung dieses facetten- und umfangreichen, aber nicht quantitativ erfassbaren und nur wenig strukturierten Datenmaterials ist sehr aufwendig.

Entsprechend dieser Unterscheidung kann die sozialwissenschaftliche *Befragung* entweder als *quantitatives* Verfahren, nämlich als standardisiertes Interview, oder als *qualitatives* Interview durchgeführt werden. Das standardisierte Interview kann auf der Grundlage eines Fragebogens schriftlich (z. B. postalisch versandt)[52] oder mündlich (telefonisch oder persönlich) durchgeführt werden. Das qualitative Interview ist dagegen nicht standardisiert und weniger strukturiert. In Betracht kommende Formen sind z. B. das Leitfadeninterview, das narrative Interview, oder die Gruppendiskussion[53].

Die sozialwissenschaftliche *Inhaltsanalyse* hat Mitteilungen verschiedener Art zum Gegenstand. Sie kann sich auf Texte, aber z. B. auch auf Bilder beziehen. Häufig erfolgt sie als Dokumentenanalyse; analysierte Dokumente können z. B. Akten, Urkunden, Fotos, Filme oder Beweiszeichen sein. Auch für die Inhaltsanalyse kommen sowohl quantitative als auch qualitative[54] Verfahren in Betracht, je nachdem ob Häufigkeiten eine große Bedeutung für die Untersuchung von Inhalt und Wirkungen der betreffenden Mitteilungen und die Interpretation der Daten beigemessen wird. Aktenanalysen sind eine in rechtssoziologischen Untersuchungen häufig eingesetzte Methode[55].

Die sozialwissenschaftliche *Beobachtung* zu empirischen Forschungszwecken kann als zielgerichtete Wahrnehmung von Objekten oder Vorgängen, gegebenenfalls unter Verwendung technischer Hilfsmittel umschrieben werden. Sie unterscheidet sich von der ›naiven‹ Beobachtung im Alltagsleben durch erhöhte Anforderungen der Kontrolle und Systematisierung, die u. a. der Einschränkung subjektiver Einflüsse dienen sollen[56]. Je nach Untersuchungsgegenstand, Forschungsziel und Beobachtungssituation kann die Beobachtung mehr oder weniger stark strukturiert durchgeführt werden. Die Beobachtung kann z. B. eingesetzt werden, um die Entscheidungsfindung in Gerichtsverfahren zu untersuchen[57].

Die Beobachtung kommt als teilnehmende oder als nicht teilnehmende, als offene oder als verdeckte Beobachtung in Betracht. Die teilnehmende Beobachtung unterscheidet sich von der nichtteilnehmenden Beobachtung dadurch, dass der Beobachter selbst eine soziale Rolle übernimmt. Die offene Beobachtung unterscheidet sich von der verdeckten Beobachtung dadurch, dass die Untersuchungsperson von der Beobachtung und deren Zielen weiß. Unter forschungsethischen Gesichtspunkten ist meist die offene Beobachtung angezeigt. Dabei kann allerdings das Problem verfälschter Ergebnisse auftreten, denn die Beobachtungssituation führt u. U. zu einem veränderten Verhalten.

Häufig erfolgt, um die Komplexität des Forschungsgegenstandes besser zu erfassen, eine Kombination mehrerer dieser Methoden, z. B. des Interviews mit der Aktenanalyse; sowie quantitativer mit qualitativen Vorgehensweisen.

49 Zum Begriff s. Gluckman, Max, The Judicial Process among the Barotse of Northern Rhodesia, 2. Aufl. 1967 (Orig. 1955).

50 Atteslander, Peter, Methoden der empirischen Sozialforschung, Berlin, 10. Aufl. 2003; Blankenburg, Erhard (Hg.), Empirische Rechtssoziologie, 1975; Hillmann, Wörterbuch der Soziologie, 4. Aufl. 1990, S. 77 f., 82 f., 370 f.; Jansen, Dorothea, Methoden der empirischen Rechtssoziologie, in: Röhl, Klaus F. (Hg.), Rechtssoziologie, Gruppe 3 in: Ergänzbares Lexikon des Rechts, Loseblatt-Sammlung, 3/130, 1998, S. 7 ff.; König, René (Hg.), Handbuch der empirischen Sozialforschung. Grundlegende Methoden und Techniken der empirischen Sozialforschung, 2 Bände, 1962, 1969; Rehbinder, Rechtssoziologie, 5. Aufl. 2003, Rdn. 62 ff.; Röhl, Rechtssoziologie, 1987, S. 105 ff.

51 Z. B. mit Hilfe des Statistikprogramms SPSS.

52 Hierbei kann das Problem geringer Rücklaufquoten auftreten.

53 Zum Einsatz des Interviews in rechtssoziologischen Untersuchungen s. z. B.: Bauer, Manfred, Soziologie und Erbrechtsreform. Die Reform des gesetzlichen Erb- und Pflichtteilsrechts im Spiegel von Demoskopie, Demographie und Rechtstatsachenforschung, 2003, S. 9 ff.; und die Beiträge in Blankenburg (Hg.), Empirische Rechtssoziologie, 1975, S. 97 ff.

54 Z. B. unter Verwendung standardisierter Auswertungsbögen.

55 S. z. B.: Rottleuthner-Lutter, Margret, Gründe von Ehescheidungen in der Bundesrepublik Deutschland. Eine Inhaltsanalyse von Gerichtsakten, Bundesanzeiger 1992 Nr. 137 a, S. 99 ff.; und die Beiträge in Blankenburg (Hg.), Empirische Rechtssoziologie, 1975, S. 97 ff.

56 Hillmann, Wörterbuch der Soziologie, 4. Aufl. 1990, S. 82.

57 S. z. B.: Lautmann, Rüdiger, Justiz – Die stille Gewalt. Teilnehmende Beobachtung und entscheidungssoziologische Analyse, 1972; und die Beiträge in Blankenburg (Hg.), Empirische Rechtssoziologie, 1975, S. 23 ff.

Juristische Methodenlehre[*]

Von Prof. Dr. Joachim Vogel, RiOLG, Tübingen/Stuttgart

Aufgabentext

Teil I: Theoretische Aufgaben

1. Begriffs-, Interessen-, Wertungsjurisprudenz: Skizzieren Sie diese wichtigen Entwicklungsstationen der modernen deutschen juristischen Methodenlehre.

2. Diskutieren Sie,

a) ob bzw. inwieweit es im geltenden deutschen Recht Richterrecht gibt und

b) ob bzw. inwieweit richterliche Rechtsfortbildung zulässig ist.

3. Erläutern Sie das Begriffspaar Rechtsregel – Rechtsprinzip.

4. Erläutern und diskutieren Sie das Rechtsanwendungsmodell des juristischen Syllogismus und der Subsumtion.

Teil II: Praktische Aufgaben

5. Erläutern Sie die Methodik der Auslegung anhand von BGHSt 29, 104[1].

6. Erläutern Sie die Methodik der Abwägung anhand folgenden Beispielsfalles[2]: Gegen 21 Uhr fuhr A in eine Diskothek, wo er seinen Freund B traf; das Wiedersehen feierten beide mit vielen alkoholischen Getränken. Gegen 1 Uhr morgens stolperte der stark betrunkene A, schlug mit dem Gesicht auf ein auf einem Tisch abgestelltes Glas und zog sich eine stark blutende Schnittwunde am rechten Auge zu; es bestand die Gefahr, dass A ohne ärztliche Behandlung auf diesem Auge erblinden würde. Mehrere Diskothekenbesucher weigerten sich, A in das 12 km entfernte Krankenhaus zu fahren; eine Bedienung weigerte sich, den Notarzt oder Krankenwagen zu rufen. Daraufhin entschloss sich der gleichfalls stark betrunkene (1,8 Promille Blutalkohol) B, A mit dessen Pkw ins Krankenhaus zu fahren. Dort wurde A erfolgreich behandelt. B meint, das von ihm begangene Vergehen der vorsätzlichen Trunkenheit im Verkehr (§ 316 Abs. 1 StGB) sei durch rechtfertigende Notstandshilfe (§ 34 StGB) gerechtfertigt.

LÖSUNGSHINWEISE

Teil I:

1. Gewiss verfügten auch das (späte) Naturrecht und die (frühe) historische Rechtsschule über eine juristische Methodenlehre von Rang[3], und bekanntlich hat *Savigny* erstmals den Kern der bis heute fortgeltenden Canones der Auslegung formuliert[4]. Wirkmächtiger Ausgangspunkt der modernen deutschen juristischen Methodenlehre war aber die (»formale«) *Begriffsjurisprudenz*, die (jedenfalls nach gängiger Lesart) Rechtswissenschaft und -praxis des 19. Jahrhunderts beherrschte und untrennbar mit dem Namen *Puchta* und seiner Lehre von der »Genealogie der Begriffe« verbunden ist[5]. Hiernach ist das Recht die Gesamtheit der Rechtssätze und -begriffe, die in einen logisch-systematischen Zusammenhang, eine »Begriffspyramide« gebracht werden müssen. Hieraus entstehen »Begriffsleitern«, und aus Oberbegriffen (-rechtssätzen) könnten logisch-systematisch und deduktiv Unterbegriffe (-rechtssätze) abgeleitet werden, auch solche, die zuvor nicht bekannt gewesen sind. Methodisch führt das zu einer stark begrifflichen, logisch-formalen Rechtsanwendung.

Gegen ein derart rationalistisches Methodenverständnis, den »juristischen Begriffshimmel«, den »Kultus des Logischen«, den »Irrwahn« des »Rechnens mit Begriffen« und die »Inversionsmethode« regte sich bereits in der zweiten Hälfte des 19. Jahrhunderts Widerstand, besonders wort- und wirkmächtig vorgetragen von *Jhering*, der den Zweck im Recht, das »praktische Motiv« in Gestalt der »Sicherung der Lebensbedingungen der Gesellschaft« in den Vordergrund stellte[6]. Fortgedacht und -geführt wurde dies zu Beginn des 20. Jahrhunderts in der von *Heck, Müller-Erzbach* und *Stoll* begründeten *Interessenjurisprudenz*[7]. In ihrer (älteren) »genetischen« Ausprägung besagt sie, dass Gesetze »Resultanten der in jeder Rechtsgemeinschaft ... miteinander ringenden ... Interessen materieller, nationaler, religiöser oder ethischer Richtung« seien – weshalb es methodisch entscheidend sei, die »realen Interessen, welche das Gesetz verursacht haben, historisch richtig zu erkennen und die erkannten Interessen in der Fallentscheidung zu berücksichtigen«[8]. Mithin genügt eine lediglich formal-logisch begründete Subsumtion unter starre Gesetzesbegriffe nicht, sondern die Rechtsanwendung muss sich den Lebensvorgängen und den ihnen zugrundeliegenden Interessen zuwenden – was die deutsche Rechtspraxis nach dem Urteil von *Larenz*[9] »revolutioniert« hat.

Freilich steht im Hintergrund der »genetischen« Interessenprudenz die Auffassung, der Gesetzgeber sei kausal determinierter Spielball von Interessen, und das rechtliche Sollen wird letztlich auf ein soziales Sein reduziert. Wer das nicht akzeptiert, muss die Interessenjurisprudenz um ein wertendes Element anreichern: »Wie er«, der Gesetzgeber, »diese verschiedenen Interessen ... bewertet, welchen er den Vorzug gibt, das schlägt sich in der von ihm getroffenen Regelung nieder ... Die so erkannten Wertungen des Gesetzgebers lassen dann Folgerungen zu sowohl für die Auslegung des Gesetzes wie unter Umständen für die Entscheidung in ihm nicht unmittelbar geregelter, aber wertungs-

* Juristische Methodenlehre gehört zu den klassischen Grundlagenfächern, s. z. B. § 3 Abs. 1 Satz 2 bad.-württbg. JAPrO 2002. Als Leistungsnachweis wird vielfach eine Hausarbeit oder eine Aufsichtsarbeit verlangt, s. z. B. § 9 Abs. 3 Satz 1 bad.-württbg. JAPrO 2002. Der erfolgreiche Besuch ist vielfach Teil der Zwischenprüfung und/oder Voraussetzung für die Zulassung zur Staatsprüfung, s. z.B. § 9 Abs. 2 Nr. 2 bad.-württbg. JAPrO 2002. Die nachstehende Aufsichtsarbeit beruht auf Aufgaben, die der Verf. in seinen Lehrveranstaltungen »Juristische Methodik« an der Albert-Ludwigs-Universität Freiburg (zuletzt im Wintersemester 1998/1999) gestellt hat. Die Bearbeitungszeit betrug 120 Minuten, wovon je 60 Minuten auf den theoretischen und den praktischen Teil entfallen sollten. Die Lösungshinweise geben nicht das wieder, was von den Bearbeiter/innen als Lösung erwartet wurde, sondern sollen den Leser/innen auch zur Wiederholung des (Kern-) Stoffs dienen.
Ausgewählte (Studien-) Literatur: Bydlinski, Juristische Methodenlehre und Rechtsbegriff, 1991; Engisch, Einführung in das juristische Denken, 9. Aufl. 1997 (hrsg. u. bearb. v. Würtenberger/Otto); Kramer, Juristische Methodenlehre, 1998; Larenz, Methodenlehre der Rechtswissenschaft, 6. Aufl. 1991; ders./Canaris, Methodenlehre der Rechtswissenschaft (Studienausgabe), 3. Aufl. 1995; F. Müller/Christensen, Juristische Methodik, 8. Aufl. Bd. I: Grundlagen, Öffentliches Recht, 2002, Bd. II: Europarecht, 2003; Pawlowski, Methodenlehre für Juristen, 3. Aufl. 1999; ders., Einführung in die Juristische Methodenlehre, 2. Aufl. 2000; Schmalz, Methodenlehre für das juristische Studium, 4. Aufl. 1998; Schwacke, Juristische Methodik, 4. Aufl. 2003; Vogel, Juristische Methodik, 1998; Wank, Die Auslegung von Gesetzen, 2. Aufl. 2001; Zippelius, Juristische Methodenlehre, 8. Aufl. 2003.

1 Aus Platzgründen wird hier auf den Abdruck des Urteils verzichtet. Die in den Lösungshinweisen zu 5. angegebenen Seitenzahlen beziehen sich auf den Abdruck in BGHSt a. a. O.

2 In Anlehnung an OLG Koblenz NJW 1988, 2316 mit krit. Anm. Mitsch, JuS 1989, 964.

3 Grundlegend Schröder, Recht als Wissenschaft, Bd. I: Geschichte der juristischen Methode vom Humanismus bis zur historischen Schule (1500–1850), 2001.

4 Näher Larenz (Fn. *), S. 11 ff., besonders 16 f.

5 Näher Larenz (Fn. *), S. 19 ff.; Pawlowski, Einführung (Fn. *), Rdn. 149 ff.

6 Näher Larenz (Fn. *), S. 43 ff.; Pawlowski, Einführung (Fn. *), Rdn. 156.

7 Näher Larenz (Fn. *), S. 49 ff.; Pawlowski, Einführung (Fn. *), Rdn. 157 ff.

8 Heck, AcP 112 (1914), 1 (60).

9 Larenz (Fn. *), S. 58.

mäßig gleich zu erachtender Fälle«[10]. Das ist die Auffassung der *Wertungsjurisprudenz*[11], deren Wurzeln u.a. im südwestdeutschen Neukantianismus und in der Werttheorie liegen. Nach dem Zweiten Weltkrieg ist sie (auch unter dem Einfluss des als objektive Wertordnung verstandenen Grundgesetzes) herrschend geworden und nach dem Urteil von *Larenz*[12] »heute nahezu unbestritten und besonders in der Rechtsprechung anerkannt«. Freilich muss sich die Wertungsjurisprudenz fragen lassen, wie Wertungen des Gesetzgebers ermittelt bzw. dem Gesetz Wertungen entnommen werden können und wie zu verfahren ist, wenn dies nicht gelingt oder zu fallweise nicht überzeugenden Ergebnissen führt. An dieser Stelle muss die Wertungsjurisprudenz durch eine allgemeinere *Theorie der juristischen Argumentation* ergänzt werden[13].

2. a) Im Ausgangspunkt ist das geltende deutsche Recht (kodifiziertes) Gesetzesrecht und – anders als historische und ausländische Rechtsordnungen (insbesondere diejenigen des common law-Rechtskreises) – kein Fallrecht (case law), in dem (ober-)gerichtliche Entscheidungen als Präjudizien (precedents) rechts- und allgemeinverbindlich sind. Deshalb gibt es nach überwiegender Auffassung im Grundsatz *kein rechts- und allgemeinverbindliches Richterrecht*, und die Rechtsprechung ist nicht Rechtsquelle, sondern bloß Rechtserkenntnisquelle[14]. Freilich werden auch Gegenpositionen vertreten wie diejenige von *Fikentscher*[15], dem zufolge das (lebende) Recht der Inbegriff von »Fallnormen« ist, die erst durch die Gerichte und erst im Hinblick auf die je zu entscheidenden Fälle gebildet werden. Positiv-rechtlich haben immerhin Normenkontrollentscheidungen des Bundesverfassungsgerichts Gesetzeskraft (§ 31 Abs. 2 Satz 1 BVerfGG), und die Nichtigkeitserklärung untergesetzlichen Rechts durch Oberverwaltungsgerichte ist allgemein verbindlich (§ 47 Abs. 5 Satz 2 VwGO). Auch kann eine langdauernde, von der Rechtsüberzeugung getragene Rechtsprechung zu Gewohnheitsrecht erstarken[16].

Der theoretische Ausgangspunkt, dass es im deutschen Recht kein Richterrecht im eigentlichen Sinne gibt, darf freilich nicht verdecken, dass (gefestigte) höchstrichterliche Rechtsprechung für die Rechtspraxis von größter Bedeutung ist – und zwar nicht bloß faktisch, weil sich die Rechtspraxis faktisch hieran orientiert, sondern auch mit normativen Konsequenzen[17]. In Bezug auf höchstrichterliche Rechtsprechung kann deshalb durchaus von einem rechtlichen »Beachtlichkeitsgebot« in dem Sinne gesprochen werden, dass sich Rechtsanwender mit ihr befassen und Abweichungen von ihr begründen müssen[18].

b) Wären Gesetzgeber und Gesetze perfekt, so wäre richterliche Rechtsfortbildung überflüssig. Aber »bei unzureichenden gesetzlichen Vorgaben« müssen die Gerichte das Recht »mit den anerkannten Methoden der Rechtsfindung aus den allgemeinen Rechtsgrundlagen ableiten«[19] und dürfen es auch fortbilden. Auch positiv-rechtlich ist es anerkannt, dass insbesondere die obersten Gerichtshöfe des Bundes die Aufgabe haben, Rechtsfragen von grundsätzlicher, über den Einzelfall hinausweisender Bedeutung zu entscheiden und so das Recht zu vereinheitlichen und fortzubilden (s. nur § 132 Abs. 4 GVG, § 543 Abs. 2 Satz 1 Nr. 2 ZPO). Diese Aufgabe ist besonders dringlich, wenn der Gesetzgeber untätig bleibt oder es mittels Generalklauseln oder unbestimmten Rechtsbegriffen im Ergebnis der Rechtsprechung überlässt, praktisch handhabbare Rechtsregeln aufzustellen.

Die Grenzen der zulässigen richterlichen Rechtsfortbildung werden in der Methodenlehre viel erörtert, gehören freilich zugleich zum Verfassungsrecht, das die Gerichte an »Gesetz und Recht« bindet (Art. 20 Abs. 3 GG). Im Grundsatz erlaubt ist die »gesetzesimmanente« oder »lückenfüllende« richterliche Rechtsfortbildung insbesondere im Wege der Analogie[20] oder teleologischen Reduktion, wenn das geschriebene Gesetzesrecht eine planwidrige Lücke aufweist, die nach Sinn und Zweck des Gesetzes und den in ihm zum Ausdruck gekommenen Wertungen gefüllt werden kann[21]. Problematisch ist demgegenüber die »gesetzesübersteigende« oder »contra legem« erfolgende Rechtsfortbildung gegen den eindeutigen Wortlaut und den Sinn und Zweck des Gesetzes, desgleichen die »gesetzesvertretende« richterliche Rechtsfortbildung, wenn der Gesetzgeber (schuldhaft) untätig bleibt wie bei der berühmten »Aufwertungsrechtsprechung« des Reichsgerichts (RGZ 107, 78) oder der gleichfalls berühmten Anerkennung des übergesetzlichen Notstandes bei Schwangerschaftsabbruch durch das Reichsgericht (RGSt 61, 242). Sie kommt nur in Betracht, wenn das Gesetz den veränderten tatsächlichen und rechtlichen Rahmenbedingungen nicht mehr gerecht wird, verfassungsrechtlich geschützte Rechtspositionen nicht verkürzt werden und höherrangiges (Verfassungs-)Recht für die Rechtsfortbildung spricht[22]. Nach diesen Maßstäben hat das Bundesverfassungsgericht z.B. die rechtsfortbildende Anerkennung von Immaterialschadensersatz bei Persönlichkeitsverletzungen durch Medien hingenommen[23], rechtsfortbildende Eingriffe in die Rangfolge der Konkursgläubiger nach früherem Konkursrecht zugunsten sozialplanberechtigter Arbeitnehmer hingegen verworfen[24].

3. Die Unterscheidung zwischen (Rechts-) Regeln (rules) und (Rechts-) Prinzipien (principles)[25] besagt: Regeln sind in einem »alles oder nichts-Modus« entweder anwendbar oder nicht. Sie ordnen bestimmte Rechtsfolgen an. Kollidieren mehrere Regeln miteinander (z.B. das Verbot, zu töten, und die Erlaubnis, ggf. tödliche Notwehr zu üben), muss eine von ihnen den Vorrang haben (im Beispielsfall der Rechtfertigungsgrund der Notwehr). Fälle, die nach Regeln entschieden werden können, sind (auch wenn sie im Tatsächlichen oder Rechtlichen kompliziert sein

10 Larenz (Fn. *), S. 119 f.

11 Zu deren verschiedenen Ansätzen Pawlowski, Einführung (Fn. *), Rdn. 176 ff.

12 (Fn. *), S. 120.

13 Grundlegend Alexy, Theorie der juristischen Argumentation, 2. Aufl. 1991.

14 Statt aller Larenz/Canaris (Fn. *), S. 252 ff.; s. weiterhin BVerfGE 84, 212 (227): Präjudizien sind »kein Gesetzesrecht und erzeugen keine damit vergleichbare Rechtsbindung ... Von ihnen abzuweichen, verstößt grundsätzlich nicht gegen Art. 20 Abs. 3 GG. Ihr Geltungsanspruch über den Einzelfall hinaus beruht allein auf der Überzeugungskraft ihrer Gründe sowie der Autorität und den Kompetenzen des Gerichts«.

15 Methoden des Rechts in vergleichender Darstellung, Bd. IV 1977, S. 202 ff.

16 S. nur Larenz/Canaris (Fn. *), S. 258 f. mit Beispielen (die teilweise durch die Schuldrechtsmodernisierung überholt sind, etwa bei der nunmehr gesetzlich anerkannten culpa in contrahendo, § 311 Abs. 2 BGB).

17 So zwingt eine (in Aussicht genommene) Abweichung von höchstrichterlichen Präjudizien vielfach zur Zulassung der Revision oder zur Vorlage an übergeordnete Gerichte oder Spruchkörper; es kann strafbare Rechtsbeugung (§ 339 StGB) sein, wenn ein Gericht vorsätzlich von unbestrittenen und unbestreitbaren Präjudizien abweicht; Staatsanwälte sind an eine (gefestigte) höchstrichterliche Rechtsprechung gebunden; Rechtsanwälte machen sich schadensersatzpflichtig, wenn sie in schuldhafter Unkenntnis höchstrichterlicher Rechtsprechung ihren Mandanten Schaden zufügen; s. zu alledem Vogel (Fn. *), S. 85 f. mit Nachw.

18 Vogel (Fn. *), S. 87 f.

19 BVerfGE 84, 212 (226 f.).

20 Im Strafrecht ist die Analogie allerdings wegen Art. 103 Abs. 2 GG ausgeschlossen, soweit sie sich zum Nachteil des Angeklagten auswirkt. Auch im Übrigen öffentlichen Recht ist die analoge Anwendung gesetzlicher Eingriffsermächtigungen zum Nachteil des Bürgers durch Art. 20 Abs. 1, 3 GG im Grundsatz ausgeschlossen.

21 Grundlegend hierzu Canaris, Die Feststellung von Lücken im Gesetz, 1983; s. weiterhin Larenz/Canaris (Fn. *), S. 191 ff.

22 Zusammenfassend Vogel (Fn. *), S. 87 f. mit Nachw. aus der Rspr. des BVerfG.

23 BVerfGE 34, 269.

24 BVerfGE 65, 182.

25 In ihrer modernen Gestalt (s. aber noch bei und mit Fn. 27) ist sie von Dworkin, Taking rights seriously, 1977, dt. Bürgerrechte ernstgenommen, 1984/1991 entwickelt und von Alexy, ARSP-Beiheft 25 (1985), S. 13 ff. sowie Theorie der Grundrechte, 1986, S. 71 ff. in die deutsche Diskussion übertragen worden; zusammenfassend Penski, JZ 1989, 105 ff. mit Nachw.

mögen) »leichte Fälle« (easy cases). Demgegenüber sind Prinzipien (z.B. das des fairen Verfahrens) offen, unbestimmt und konkretisierungsbedürftig. Sie sind nicht im »alles oder nichts-Modus« anwendbar und ordnen keine bestimmten Rechtsfolgen an, sondern enthalten »Optimierungsgebote«, d.h. sie schreiben vor, dass bestimmte (Gerechtigkeits-) Standards[26] in tatsächlich und rechtlich möglichst weitgehendem Umfang verwirklicht werden sollen. Prinzipien können abstrakt-generell und auch konkret-individuell mehr oder weniger Gewicht haben (dimension of weight). Kollidieren mehrere Prinzipien miteinander (z.B. Einzelfallgerechtigkeit und Rechtssicherheit), so ist eine Abwägung erforderlich. Fehlt es an (überzeugenden) Regeln, um einen Fall zu entscheiden, müssen Prinzipien herangezogen werden, und es liegt ein »schwieriger Fall« (hard case) vor.

Alles das ist nicht neu. Vielmehr ist in der juristischen Methodenlehre seit langem anerkannt, dass zwischen Rechtssätzen (Rechtsnormen) einerseits und Rechtsgrundsätzen (Rechtsprinzipien) andererseits zu unterscheiden ist[27]. Ein Rechtssatz besteht aus Tatbestand und Rechtsfolge und wird im Ausgangspunkt durch Subsumtion im Schema des juristischen Syllogismus angewendet[28]. Demgegenüber enthalten Rechtsgrundsätze wie der Grundsatz von Treu und Glauben (§ 242 BGB) oder das Rechtsstaatsprinzip (Art. 20 Abs. 1, 3 GG) regelmäßig nur wenige, in hohem Maße unbestimmte Voraussetzungen und häufig, wenngleich nicht zwingend (»rechtssatzförmige Prinzipien«), keine (bestimmten) Rechtsfolgen. Deshalb kann ein Sachverhalt nicht ohne weiteres unter einen Rechtsgrundsatz subsumiert werden, sondern der Rechtsgrundsatz muss zuvor konkretisiert werden, sei es durch Bildung von konkreteren Rechtsgrundsätzen (z.B. über die Verwirkung von Ansprüchen bei § 242 BGB oder über das Rückwirkungsverbot bei Art. 20 Abs. 1, 3 GG), sei es durch Bildung von Fallgruppen. Auch nach erfolgter Konkretisierung sind bei der Anwendung von Rechtsgrundsätzen alle Umstände des Einzelfalles zu berücksichtigen und können zu weiteren Konkretisierungen führen.

4. Die Struktur (Logik) der Anwendung des Rechts auf den Einzelfall wird traditionell als »Subsumtion« des Einzelfalles unter den Rechtssatz in Form eines logischen Schlusses, des »juristischen Syllogismus«, beschrieben[29]. Obersatz des Syllogismus ist die Rechtsnorm: »Wenn der Tatbestand (T) erfüllt ist, soll die Rechtsfolge (R) eintreten«, Untersatz die eigentliche Subsumtion: »Der Einzelfall bzw. Sachverhalt (S) ist ein Fall des Tatbestandes« und Schlusssatz die Schlussfolgerung: »Für den Einzelfall bzw. Sachverhalt soll die Rechtsfolge eintreten«. Bildlich:

$$T \rightarrow R$$
$$S = T$$
$$S \rightarrow R.$$

Auch die eigentliche Subsumtion im Untersatz ist syllogistisch strukturiert. Obersatz ist die Entfaltung des Tatbestandes: »Der Tatbestand ist vollständig durch die Merkmale $M_1 \ldots M_n$ gekennzeichnet«, Untersatz die Einzelfall- bzw. Sachverhaltsanalyse: »Der Einzelfall bzw. Sachverhalt weist die Merkmale $M_1 \ldots M_n$ auf«, Schlusssatz der Subsumtionsschluss: »Der Einzelfall bzw. Sachverhalt ist ein Fall des Tatbestands«. Bildlich:

$$T = M_1 \ldots M_n$$
$$S = M_1 \ldots M_n$$
$$S = T.$$

So verbreitet und anspruchs- sowie harmlos dieses Rechtsanwendungsmodell ist, so scharfer Kritik unterliegt es. Bezweifelt worden sind insbesondere die logische, hermeneutische und pragmatische Adäquanz des Modells[30]. Nicht unzweifelhaft erscheint, ob Syllogismus und Subsumtion mit den Mitteln der klassischen, Aussage-, Prädikaten-, Junktoren-, Quantoren- oder deontischen Logik einwandfrei präzisiert werden können. Insbesondere ist eingewendet worden, dass an sich nur (Unter-)Begriffe unter (Ober-)Begriffe »subsumiert« werden können, während Sachverhaltsaussagen singuläre Urteile sind, die Begriffen nur (extensional oder intensional) zugeordnet werden können. Vor dem Hintergrund der philosophischen Hermeneutik ist kritisiert worden, das Modell des Syllogismus und der Subsumtion verkenne, dass Rechts- und Tatsachenfragen untrennbar miteinander verschränkt seien[31]. Das hat *Engisch* mit seinem berühmten Bild vom »Hin- und Herwandern des Blicks« sprichwörtlich gemacht: »Für den Obersatz ist wesentlich, was auf den konkreten Fall Bezug hat, am konkreten Fall ist wesentlich, was auf den Obersatz Bezug hat«[32]. Allgemeiner gesprochen ist das Verstehen von (Rechts-)Texten von Vorverständnissen beeinflusst, die wiederum maßgeblich von den jeweiligen (Anwendungs-)Fällen geprägt sind: Ebenso wie das Vorverständnis von dem jeweiligen (Rechts-)Text die Wahrnehmung des jeweiligen (Anwendungs-)Falles beeinflusst, kann der jeweilige (Anwendungs-)Fall das Vorverständnis von dem jeweiligen (Rechts-)Text beeinflussen. Dieser »hermeneutische Zirkel« oder, wenn immer besseres Verstehen unterstellt wird, diese »hermeneutische Spirale« kommt im Modell des Syllogismus und der Subsumtion nur unzureichend zum Ausdruck. Vor allem aber sind pragmatische Einwände gegen die »Subsumtionsideologie« und das Bild vom Rechtsanwender als »Subsumtionsautomat« vorgebracht worden: Das Modell des Syllogismus und der Subsumtion verkenne, dass Rechtsanwendung sich nicht in logisch-begrifflichen Operationen erschöpfe, sondern kreativ sei. Es lege einen unhaltbaren »juristischen Determinismus« nahe und verschleiere »methodenunehrlich« die wahren Gründe für eine Rechtsanwendung (Vorverständnisse, Erwägungen der Gerechtigkeit oder Moral, Folgenargumente usw.). Entgegen den berühmten Worten *Montesquieus* sei der Richter keineswegs nur »Mund des Gesetzes« (bouche de la loi) und die Judikative keineswegs »in gewisser Weise nichts« (en quelque façon nulle). Auch versage das Modell bei unbestimmten Rechtsbegriffen und Generalklauseln und bei der Anwendung von Rechtsgrundsätzen[33].

In neuerer Zeit findet das Modell des Syllogismus und der Subsumtion allerdings wieder Befürworter: Hinter ihm stehe ein »Deduktivitätspostulat«, das die Bindung des Rechtsanwenders an das Recht gewährleiste, Rechtsanwendungen kritisierbar mache und Gleichbehandlung sowie Rechtssicherheit fördere[34]. In der Tat implizieren Syllogismus und Subsumtion keineswegs, dass die in der Sache entscheidende Entfaltung des (möglicherweise) anwendbaren Rechts einerseits und des (möglichen) Sachverhalts andererseits logisch-begriffliche, nichtkreative und nichthermeneutische Vorgänge seien. Syllogismus und Subsumtion bieten nicht mehr als einen äußeren Rahmen für die Darstellung – nicht: Herstellung – von Rechtsanwendungen. Zugleich sichern sie die Autonomie des Rechts – wie eine Kontrollüberlegung zeigt: Ein Richter, der bei der Gesetzesanwendung auf jede Subsumtion verzichten und statt dessen »methodenehrlich« nur seine politischen, moralischen usw. Vorverständnisse für seine Entscheidung anführen würde, wäre ohne Zweifel befangen!

26 Hierin sieht Dworkin (Fn. 25) den Unterschied zwischen Prinzipien und Politiken (policies), bei denen es (nur) um die Optimierung von Gemeinwohlzielen (goals) politischer, wirtschaftlicher oder sozialer Art geht.
27 Grundlegend Esser, Grundsatz und Norm in der richterlichen Fortbildung des Privatrechts, 3. Aufl. 1974.
28 S. sogleich 4.
29 Statt aller Larenz/Canaris (Fn. *), S. 92 ff.; Vogel (Fn. *), S. 173 ff.; je mit Nachw.
30 S. zum Folgenden Vogel (Fn. *), S. 174 ff.
31 S. zum Folgenden Vogel (Fn. *), S. 19 f. mit Nachw.
32 Engisch (Fn. *), S. 15.
33 Krit. hierzu Koch/Rüssmann, Juristische Begründungslehre, 1982, S. 67 ff.
34 Eingehend Koch/Rüssmann (Fn. 33), S. 112 ff.

Teil II:

5. § 268 StGB stellt die Fälschung technischer Aufzeichnungen unter Strafe. In § 268 Abs. 2 StGB wird die »technische Aufzeichnung« legal definiert als »Darstellung von Daten..., die durch ein technisches Gerät ... selbsttätig bewirkt wird, den Gegenstand der Aufzeichnung ... erkennen lässt und zum Beweis einer rechtlich erheblichen Tatsache bestimmt ist...«. Auch derartige Legaldefinitionen sind der Auslegung zugänglich und bedürftig[35]. Konkret hatte der BGH über die Auslegung des Begriffs »Darstellung« zu entscheiden: Ist eine Darstellung nur eine solche Aufzeichnung, bei der die Information in einem selbständig verkörperten, vom Gerät abtrennbaren Stück enthalten ist, oder genügt jede Darstellung von nur gewisser Dauerhaftigkeit, insbesondere auch die auf Bestandteilen des technischen Geräts erscheinende Aussage wie vorliegend die Kilometerstandsanzeige eines Tachometers?

Wie es einem Urteil (im Unterschied zum Gutachten!) angemessen ist, stellt der BGH das *Auslegungsergebnis* voran (S. 205): Eine »Darstellung« setze ein selbständig verkörpertes, vom Gerät abtrennbares Stück voraus. Dafür beruft er sich auf zahlreiche *Autoritäten*, verschweigt freilich nicht, dass er selbst unter Berufung auf andere Autoritäten zuvor anderer Auffassung gewesen war (S. 206 f.)[36]. Dann folgt eine geradezu »schulmäßige« Auslegung nach den vier »klassischen« Auslegungsmethoden oder -kriterien:

Alle Auslegung geht vom *Wortlaut* des Gesetzes aus[37] – was jedenfalls im Strafrecht auch deshalb zwingend ist, weil der Wortlaut die Grenze der Auslegung bezeichnet und wortlautüberschreitende Analogie zum Nachteil des Angeklagten verboten ist (Art. 103 Abs. 2 GG). Diese *grammatische Auslegung* meint die (nichtempirische[38]) Ermittlung des fach- und umgangssprachlichen Wortsinns oder Wortgebrauchs[39]. Hilfsmittel hierfür sind bedeutende Wörterbücher der deutschen Sprache – weshalb der BGH denn auch den Duden heranzieht (S. 206). Weil Wortbedeutung kontextabhängig ist, weist bereits die grammatische Auslegung historische und systematische Elemente auf[40]. Deshalb ist es folgerichtig, dass der BGH bereits bei der grammatischen Auslegung das systematische Argument heranzieht, im Text des § 268 StGB sei »führend« der Begriff »Aufzeichnung«, nicht der – weichere und weitere – »Darstellung« (S. 206), sowie das historische Argument, die Entstehungsgeschichte zeige, dass der in § 268 Abs. 2 StGB verwendete Begriff »Darstellung« gleichbedeutend mit »Aufzeichnung« sein sollte (S. 206 f.). Der Wert der grammatischen Auslegung wird überwiegend gering eingeschätzt[41], und der BGH hält mit Recht fest, dass sie noch nicht zwingend ergebe, dass § 268 StGB nur selbständig verkörperte Aufzeichnungen erfassen solle (S. 207).

Mehr Honig saugt der BGH aus dem erkennbaren *Willen des Gesetzgebers* und damit aus der *historischen Auslegung*. Genauer gesagt beschränkt sich der BGH auf eine »genetische« Auslegung aus der Entstehungsgeschichte[42] und auf eine »subjektiv-historische« Auslegung nach den Auffassungen der an dem Gesetzgebungsverfahren Beteiligten. Sie ergeben sich aus den Gesetzesmaterialien, nämlich Gesetzentwürfen und deren Begründungen sowie aus Protokollen der Beratungen in Kommissionen, Ausschüssen und im Parlament selbst. Dem Umstand, dass in den Beratungen zum nunmehrigen § 268 StGB zwar viele Beispielsfälle genannt wurden, jedoch kein einziges »Nur-Anzeigegerät« wie Wasser-, Gas- oder Stromzähler, entnimmt der BGH ein weiteres Argument für das Erfordernis einer selbständigen Verkörperung der Aufzeichnung (S. 208). In der Tat können subjektive Vorstellungen der am Gesetzgebungsverfahren Beteiligten eine Auslegung bestätigen oder Auslegungszweifel ausräumen; entscheidende Bedeutung haben sie allerdings nicht, insbesondere wenn das eigentlich Gemeinte keinen Ausdruck im Gesetz gefunden hat[43].

Deshalb wendet sich der BGH mit Recht weiterhin der vom Gesetzgeber gewählten *systematischen Einordnung* des § 268 StGB und damit der *systematischen Auslegung* nach dem Normzusammenhang zu[44]. Äußerlich-systematisch ist § 268 StGB den Urkundendelikten zugeordnet – was dafür spricht, den Begriff »Aufzeichnung« so weit wie möglich dem der »Urkunde« anzunähern, deren Erklärungsinhalt selbständig verkörpert ist (S. 209). Auch innerlich-systematisch ist § 268 StGB den Straftatbeständen der Urkundenfälschung und -unterdrückung nachgebildet, was gleichfalls ein Argument für die vom BGH vertretene Auslegung ist. Da und insoweit Systembildung der Kern der juristischen Dogmatik ist, sind derartige äußerlich- oder innerlich-systematischen Argumente besonders »dogmatisch« und haben in der juristischen Argumentation besonderes Gewicht.

Schließlich bezieht sich der BGH auf den *kriminalpolitischen Zweck* des § 268 StGB (S. 209 f.). Diese *teleologische Auslegung* nach dem Zweck des Gesetzes wird vielfach als »Krone der Auslegungsverfahren« bezeichnet[45], ist freilich nicht unbestritten, da sie Raum für an sich dem Gesetzgeber vorbehaltene rechtspolitische Erwägungen lässt. Derartige Bedenken wiegen weniger schwer, wenn der Rechtsanwender nur »subjektiv-teleologisch« mit denjenigen Zwecken argumentiert, welche von den am Gesetzgebungsverfahren Beteiligten namhaft gemacht worden sind. In diesem Sinne betont der BGH, dass der historische Gesetzgeber den Schutz der Beweisführung durch »Diagramme« bezweckt habe, die »wegen ihrer Vollkommenheit und Zuverlässigkeit« als hochwertige Beweismittel erachtet würden; derartige Vollkommenheit und Zuverlässigkeit gingen einem Kilometerzähler aber ab (S. 210). Nur angedeutet wird die im Hintergrund stehende, die Auslegung sprengende rechtsprinzipielle Argumentation: Strafrecht ist ultima ratio des Rechtsgüterschutzes, was extensiver Auslegung Grenzen setzt.

Da sämtliche Auslegungsmethoden in ein und dieselbe Richtung weisen, geht der BGH nicht auf die Frage nach einer *Hierarchisierung* der Auslegungsmethoden oder -kriterien ein. Nach überwiegender Auffassung gibt es keine feste Hierarchie (beispielsweise des Inhalts, dass die teleologische Auslegung Vorrang vor der grammatischen genösse)[46]. Aus dem Vorrang der Verfassung folgt allerdings, dass die – hier nicht in Rede stehende – *verfassungskonforme Auslegung* Vorrang vor den »einfachen« Auslegungsmethoden genießt.

6. § 34 StGB setzt u.a. voraus, dass »bei Abwägung der widerstreitenden Interessen, namentlich der betroffenen Rechtsgüter und des Grades der ihnen drohenden Gefahren, das geschützte Interesse das beeinträchtigte wesentlich überwiegt« (Satz 1 am Ende). Die somit erforderliche Interessenabwägung kann methodisch durch die Gebote der Vornahme, der Vollständigkeit und der Proportionalität der Abwägung strukturiert werden[47].

Dass bei § 34 StGB eine Abwägung vorgenommen werden muss *(Gebot der Vornahme der Abwägung)*, ergibt sich bereits

35 Jedoch impliziert eine Legaldefinition ein Auslegungsverbot in Bezug auf den legaldefinierten Begriff als solchen, Vogel (Fn. *), S. 75 f.

36 Die Berufung auf Autoritäten fristet in der juristischen Methodenlehre ein Randdasein und wird überwiegend kritisch eingeschätzt – was ihrer praktischen Bedeutung widerspricht und theoretisch nicht begründet ist; näher Vogel (Fn. *), S. 106 ff.

37 Allg.M., s. nur Larenz/Canaris (Fn. *), S. 141.

38 S. hierzu Vogel (Fn. *), S. 114 Fn. 7.

39 Näher Vogel (Fn. *), S. 114 ff.

40 Hassold, in: Larenz-FS, 1983, S. 211 (223).

41 Näher (und krit.) Vogel (Fn. *), S. 114 Fn. 6.

42 Näher F. Müller/Christensen (Fn. *), Bd. I, Rdn. 360 f.

43 Näher Vogel (Fn. *), S. 129 f. mit Nachw.

44 Näher Vogel (Fn. *), S. 120 ff. mit Nachw.

45 So z. B. Jescheck/Weigend, Lehrbuch des Strafrechts Allgemeiner Teil, 5. Aufl. 1996, S. 156.

46 S. nur Larenz/Canaris (Fn. *), S. 166: »kein festes Rangverhältnis« (mit weit. Nachw., auch zu Gegenauffassungen, a.a.O. in Fn. 70).

47 Näher Vogel (Fn. *), S. 153 ff.

aus dem Gesetz[48]. Allerdings ist in Rechtsprechung und Lehre anerkannt, dass im Rahmen des § 34 StGB eine Abwägung ausnahmsweise nicht stattfinden darf, wenn Leben gegen Leben steht *(Abwägungsverbot)*[49]. Dieses Abwägungsverbot betrifft freilich nur den Fall, dass ein Mensch (oder mehrere) vorsätzlich getötet wird (werden), um das Leben eines anderen Menschen (oder mehrerer anderer) zu retten. So liegt es im Beispielsfall nicht, selbst wenn angenommen wird, die Trunkenheitsfahrt des B sei mit (abstrakter) Lebensgefahr für die Beteiligten verbunden gewesen.

§ 34 StGB setzt sodann voraus, dass die widerstreitenden Interessen[50] vollständig erfasst werden *(Gebot der Vollständigkeit der Abwägung)*. Im Beispielsfall steht auf der einen (»Erhaltungs-«)Seite das Interesse des A an seiner körperlichen Unversehrtheit, genauer: sein Interesse an der Erhaltung der Sehfähigkeit des rechten Auges. Daneben kann daran gedacht werden, das allgemeine und Interesse des B zu berücksichtigen, die im Grundsatz gebotene Hilfe bei dem A widerfahrenen Unglücksfall zu leisten (vgl. § 323 c StGB). Auf der anderen (»Eingriffs-«) Seite steht das Interesse der Allgemeinheit daran, dass Trunkenheitsfahrten unterbleiben (vgl. § 316 StGB). Dieses Interesse erschöpft sich nicht im Rechtsgehorsam, sondern besteht darin, dass die Sicherheit des Straßenverkehrs gewährleistet werden soll und zumindest abstrakte Gefahren für Leben, körperliche Unversehrtheit und Eigentum aller Verkehrsteilnehmer (übrigens auch des A als des Beifahrers des B) verhütet werden sollen.

Sodann müssen die Interessen gewichtet und zueinander ins Verhältnis gesetzt werden *(Gebot der Proportionalität der Abwägung)*. Zunächst sind die widerstreitenden Interessen *abstrakt* zu gewichten – was § 34 StGB mit der Wendung »namentlich der betroffenen Rechtsgüter« andeutet. Im Beispielsfall ist auf der Erhaltungsseite die körperliche Integrität und, genauer, die Sehfähigkeit des A auf dem rechten Auge durchaus ein hohes Rechtsgut, wie u. a. aus dem scharfen Strafrechtsschutz dieses Rechtsguts hergeleitet werden kann (s. § 226 Abs. 1 Nr. 1 StGB). Auf der Eingriffsseite ist die Sicherheit des Straßenverkehrs gleichfalls ein wichtiges, strafrechtlich selbständig geschütztes (s. § 316 StGB) Rechtsgut, hinter dem die hohen Rechtsgüter Leben, körperliche Integrität und auch Eigentum stehen. Weiterhin muss aber das *konkrete* Betroffensein der jeweiligen Interessen gewichtet werden – was § 34 StGB mit der Wendung »des Grades der ihnen drohenden Gefahren« andeutet. Im Beispielsfall war die Sehfähigkeit des A auf dem rechten Auge konkret gefährdet. Auf der anderen Seite wurde die Sicherheit des Straßenverkehrs durch die Trunkenheitsfahrt beeinträchtigt, was freilich in der Sache nur auf eine abstrakte Gefährdung von Leben, körperlicher Unversehrtheit und Eigentum hinausläuft; bei 1,8 Promille Blutalkohol und einer Nachtfahrt sind diese abstrakten Gefahren freilich durchaus als gewichtig anzusehen. Schließlich muss die *Schutzwürdigkeit* der jeweiligen Interessen gewichtet werden, die sich u. a. danach richtet, ob und inwieweit der Gefährdete die Gefahr selbst zu verantworten hat. Im Beispielsfall ist zu bedenken, dass die dem A drohende Gefahr für die Sehfähigkeit auf seinem rechten Auge von ihm selbst verursacht worden ist, und ihm dürfte auch ein gewisses Verschulden gegen sich selbst vorzuwerfen sein, da er sich betrunken hatte[51]. Zu bedenken ist weiterhin, dass B sich betrunken hatte, mag daraus auch kein Schuldvorwurf herzuleiten sein, weil B nicht damit rechnen musste, ein Kraftfahrzeug zu führen[52].

Die eigentliche Abwägung richtet sich nach dem *Abwägungsmaßstab*. Bei § 34 StGB genügt das einfache Überwiegen der Erhaltungs- über die Eingriffsinteressen nicht, sondern es ist ein wesentliches Überwiegen erforderlich[53]. Gewiss wiegt im Beispielsfall das Interesse des A an der Erhaltung der konkret gefährdeten Sehfähigkeit auf dem rechten Auge auch unter Berücksichtigung des gewissen Vorverschuldens schwer. Aber auch die mit der Trunkenheitsfahrt verbundenen abstrakten Gefahren (auch für A) wiegen nicht leicht. Zu bedenken wären noch anderweitige Rettungsmöglichkeiten[54]. Insgesamt erscheint fragwürdig, ob von einem *wesentlichen* Überwiegen der Erhaltungs- über die Eingriffsinteressen ausgegangen werden kann[55]. In der Tat führen Abwägungen häufig nicht zu eindeutigen *Abwägungsergebnissen*, sondern es sind verschiedene Abwägungsergebnisse vertretbar[56].

48 Zu den nicht seltenen stillschweigenden (konkludenten) Abwägungsgeboten s. Vogel (Fn. *), S. 153.
49 S. nur Kühl, Strafrecht Allgemeiner Teil, 4. Aufl. 2002, § 8 Rdn. 114.
50 Also nicht bloß Güter, näher Schönke/Schröder-Lenckner, StGB, 26. Aufl. 2001, § 34 Rdn. 22 mit Nachw.
51 Zur Beachtlichkeit des Vorverschuldens für die Interessenabwägung s. nur Kühl (Fn. 49), § 8 Rdn. 142 ff. mit Nachw.
52 Zu der dogmatischen Streitfrage, ob bei rechtfertigender Notstandshilfe das (Vor-) Verschulden des Notstandshelfers zu Lasten des Gefährdeten zu berücksichtigen ist, s. nur Kühl (Fn. 49), § 8 Rdn. 146 mit Nachw.
53 Zur Wesentlichkeit des Überwiegens s. nur Kühl (Fn. 49), § 8 Rdn. 97 ff. mit Nachw.
54 Z. B. wenn sich in der Nähe der Diskothek Telefonzellen befinden, s. OLG Koblenz (Fn. 2). – Dogmatisch wäre dieser Aspekt bereits bei der Prüfung der Erforderlichkeit anzusiedeln.
55 S. die bei Tröndle/Fischer, StGB, 51. Aufl. 2003, § 34 Rdn. 20 f. angegebene Judikatur mit der Tendenz, bei einer schweren Verletzung eine unumgängliche Trunkenheitsfahrt zwecks Rettung des Verletzten für gerechtfertigt zu halten.
56 Vogel (Fn. *), S. 154.

Semesterabschlussklausur

Allgemeine Staatslehre

Von Professor Dr. Matthias Ruffert, Jena

Allgemeine Staatslehre – Demokratie – »Klassiker« der Allgemeinen Staatslehre – Souveränität – Föderalismus – Verfassungsstaat

Fragen[1]

1. Beschreiben Sie die unterschiedlichen Formen der Demokratie mit ihren charakteristischen Merkmalen und Problemen und benennen Sie gegebenenfalls einzelne Beispiele!

2. Von wem stammt der folgende Text? Welche drei Typen der Herrschaft sind gemeint? Welche Bedeutung hat diese Typenlehre für die allgemeine Staatslehre?

»Herrschaft, d.h. die Chance, Gehorsam für einen bestimmten Befehl zu finden, kann auf verschiedenen Motiven der Fügsamkeit beruhen: Sie kann rein durch Interessenlage, also durch zweckrationale Erwägungen von Vorteilen und Nachteilen seitens des Gehorchenden, bedingt sein. Oder andererseits durch bloße »Sitte«, die dumpfe Gewöhnung an das eingelebte Handeln; oder sie kann rein affektuell, durch *bloße* persönliche Neigung des Beherrschten, begründet sein. Eine Herrschaft, welche *nur* auf solchen Grundlagen ruhte, wäre aber relativ labil. Bei Herrschenden und Beherrschten pflegt vielmehr die Herrschaft durch *Rechtsgründe*, Gründe ihrer »Legitimität«, innerlich gestützt zu werden, und die Erschütterung dieses Legitimitätsglaubens pflegt weitergehende Folgen zu haben.

An »Legitimitätsgründen« der Herrschaft gibt es, in ganz reiner Form, nur drei, von denen – im reinen Typus – jeder mit einer grundverschiedenen soziologischen Struktur des Verwaltungsstabs und der Verwaltungsmittel verknüpft ist.«

3. Skizzieren Sie das Konzept der Souveränität unter Berücksichtigung seiner aktuellen Entwicklung und Bedeutung!

4. Nehmen Sie folgendes fiktive Szenario an:

Die Partei »Moderner Staat« mit dem Kanzlerkandidaten Edmund Merkel-Schröder gewinnt die Bundestagswahl 2002 und erringt die 2/3-Mehrheit. Sie plant eine tiefgreifende Umgestaltung des Behörden- und Gerichtsaufbaus zur Steigerung der Effizienz und Senkung der Kosten. Das Grundgesetz soll in der Weise geändert werden, dass für den Vollzug von Bundesrecht dezentrale Bundesbehörden und vereinzelt dezentrale Bundesgerichte gebildet werden. Der Katalog der Bundeszuständigkeiten wird drastisch verkleinert und auf alle Gewalten bezogen.

Die Opposition läuft gegen diese Pläne Sturm. Sie verletze die Grundzüge der Bundesstaatlichkeit und sei international ohne Beispiel.

Nehmen Sie Stellung zum Vorhaben der neuen Bundesregierung und zur Kritik durch die Opposition!

5. In der Entscheidung des Bundesverfassungsgerichts zur Rechtschreibreform findet sich folgender Satz: »Dem Grundgesetz liegt nicht die Vorstellung zugrunde, dass sich jede vom Staat ergriffene Maßnahme auf eine verfassungsrechtliche Ermächtigung zurückführen lassen müsse.« (BVerfGE 98, 218 [246]) Wie beurteilen Sie diese Aussage?

LÖSUNGSHINWEISE

Zu Frage 1:

Der Begriff der Demokratie bezeichnet eines der kompliziertesten Konzepte der Allgemeinen Staatslehre. Auf eine einfache Formel hat ihn 1863 *Abraham Lincoln* in der sogenannten *Gettysburg-Formel* gebracht: »Government of the people, by the people, for the people.«[2] Zentrale Formen der Demokratie sind die unmittelbare Demokratie, die repräsentative (oder mittelbare) Demokratie sowie das Rätesystem[3].

In der *unmittelbaren Demokratie* werden politische Entscheidungen von der Aktivbürgerschaft durch Referenden bzw. Plebiszite selbst getroffen. Ihre Hauptprobleme werden in der Schwerfälligkeit politischer Entscheidungen, die bis zur Handlungsunfähigkeit reichen kann, sowie in der Manipulierbarkeit durch Teile der Aktivbürgerschaft (Problem der Demagogie) gesehen[4]. In der Gegenwart wird die unmittelbare Demokratie vor allem in der Schweiz praktiziert. Das Grundgesetz kennt nur punktuelle, in ihrer Bedeutung wenig weittragende Möglichkeiten unmittelbarer demokratischer Herrschaft, namentlich in den Art. 29 und 118 a GG. Sämtliche Landesverfassungen enthalten plebiszitäre Elemente in unterschiedlicher Ausgestaltung[5]. Schließlich hat sich in den letzten Jahren die unmittelbare Bürgerbeteiligung auf kommunaler Ebene durchgesetzt[6].

Kennzeichen der *repräsentativen Demokratie* ist nach *Abbé Sieyès* (1748–1836), einem der führenden Wegbereiter der französischen Revolution, dass die Regierung einer kleinen Zahl von Bürgern anvertraut ist, die von den übrigen Bürgern gewählt werden[7]. Der Gedanke der Repräsentation ist eng verbunden mit dem Konzept der Gewaltenteilung. Innerhalb der repräsentativen Demokratie werden die Präsidialdemokratie und die parlamentarische Demokratie unterschieden. Die Präsidialdemokratien sind heute die USA und Frankreich. In den USA wird sie durch die strikte Trennung der Legislative von der Exekutive in einem System von checks and balances verwirklicht. Das suspensive Veto

1 Die Klausur wurde zum Abschluss der Vorlesung »Allgemeine Staatslehre« an der Rechtswissenschaftlichen Fakultät der Albert-Ludwigs-Universität Freiburg zum Erwerb des Grundlagenscheins nach § 8 II 1 lit. c BWJAPrO 1993 (jetzt § 3 I 2 i.V.m. § 9 Nr. 2 BWJAPrO 2002) gestellt. Fragen und Lösungshinweise sind auf die spezifische Ausbildungs- und Prüfungssituation im ersten Semester sowie auf die Eigenheiten der Allgemeinen Staatslehre zugeschnitten: Die Lösungshinweise, die dem Korrekturassistenten in stichwortartiger Form vorlagen, enthalten keine Information, die nicht in der Vorlesung und den dazu ausgegebenen Begleitmaterialien zu erlangen war.
Hintergrund für dieses Vorgehen ist vor allem, dass – anders als in anderen Fächern – der Lehrbuchbestand in der Allgemeinen Staatslehre noch nicht (wieder) kanonisiert ist. Zur Vorlesung, deren Abschlussklausur hier veröffentlicht wird, waren jeweils thematisch einschlägige Schriften sowie folgende Gesamtdarstellungen empfohlen worden: Stefan Breuer, Der Staat, 1998; Karl Doehring, Allgemeine Staatslehre, 2. Aufl. 2000; Martin Kriele, Einführung in die Staatslehre, 5. Aufl. 1994. S. nun (m. w. N.) Andreas Vosskuhle. Die Renaissance der »Allgemeinen Staatslehre« im Zeitalter der Europäisierung und Internationalisierung, JuS 2004, S. 2.

2 S. Giovanni Sartori, Demokratietheorie, 1992 (orig.: The Theory of Democracy revisited, 1987), S. 44 (mit Hinweisen zur Textentwicklung S. 493, Fn. 31); Uwe Volkmann, in: BerlK, GG, Art. 20 (2001), Rdn. 9.

3 Im Überblick Doehring (Fn. 1), Rdn. 326 ff.

4 Näher Reinhold Zippelius, Allgemeine Staatslehre, 14. Aufl. 2003, § 23 I 1.

5 Volksinitiative bzw. -antrag: Art. 61 VerfBln, 76 Verf Bbg, 59 VerfMV, 47 VerfNds, 67 VerfNRW, 108 a VerfRhPf, 71 SächsVerf, 80 VerfLSA, 41 VerfSchlH, 68 ThürVerf; Volksbegehren bzw. Volksentscheid: Art. 60 VerfBW, Art. 74 BayVerf, Art. 62 f. VerfBln, 77 f. VerfBbg, 69–74 VerfBrem, 50 VerfHH, 124 HessVerf, 60 VerfMV, 48 f. VerfNds, 68 VerfNRW, 109 VerfRhPf, 63 f. VerfSaarl, 72 SächsVerf, 81 VerfLSA, 42 VerfSchlH, 82 ThürVerf.

6 Dazu Eberhard Schmidt-Assmann, in: ders. (Hrsg.), Besonderes Verwaltungsrecht, 12. Aufl. 2002, 1. Abschnitt, Rdn. 82–84; Peter Michael Huber, Die Vorgaben des Grundgesetzes für kommunale Bürgerbegehren und Bürgerentscheide, AöR 126 (2001), S. 165.

7 S. Friedrich Berber, Das Staatsideal im Wandel der Weltgeschichte, 1978, S. 192 f.

des Präsidenten kann mit einer Zweidrittelmehrheit des Kongresses überstimmt werden[8]. In Frankreich ist die gesamte Verfassung auf den Präsidenten konzentriert, die das Gewaltenteilungsprinzip noch schärfer fasst: Der Legislative steht die Gesetzgebung nur in einem Katalog von Materien zu; Regierungsmitglieder dürfen keine Abgeordnete sein[9]. In der parlamentarischen Demokratie, wie sie in der Bundesrepublik Deutschland praktiziert wird, steht das Mehrheitsprinzip im Mittelpunkt. Die Repräsentanten müssen der Mehrheit der Repräsentierten entsprechen. Komplementär zu diesem Grundsatz ist das Prinzip des Minderheitenschutzes[10].

Das *Rätesystem* basiert auf dem imperativen Mandat. Lokale Räte entsenden Delegierte auf die nächst höhere bis zur nationalen Ebene, die dort den jeweils auf unterer Stufe ermittelten Willen repräsentieren und koordinieren sollen. Als Demokratie ist das Rätesystem in der Geschichte wohl niemals verwirklicht worden. Praktischer (und kaum als demokratisch zu bezeichnender) Anwendungsfall sind die Volksdemokratien nach sowjetischem Vorbild bis zur politischen Wende Ende der achtziger/Anfang der neunziger Jahre[11].

Zu Frage 2:

Der abgedruckte Text stammt von *Max Weber*[12]. Die drei am Ende des Textes angesprochenen Typen legitimer Herrschaft sind die charismatische, die traditionale und die rationale bzw. legale Herrschaft[13]. Die charismatische Herrschaft stützt sich auf die emotionale Bindung der Beherrschten an den Herrscher. Historisches Beispiel ist der »Häuptling«, (vor-)modernes Führertum. Traditionale Herrschaft erwächst aus der Festigung charismatischer Herrschaft und der sich daraus entwickelnden Hierarchie der Macht. Hauptbeispiel ist die Herrschaftspyramide des Mittelalters. Die rationale bzw. legale Herrschaft schließlich wird in den modernen Staaten seit der Renaissance praktiziert. Rationale Herrschaft ist Herrschaft des Gesetzes; sie benötigt eine moderne, effiziente Verwaltung und ist daher bürokratische Herrschaft. Aus dieser modernen, effizienten Bürokratie schöpft sie ihre Legitimität.

Die Drei-Typen-Lehre *Webers* ist für die Allgemeine Staatslehre von herausragender Bedeutung, weil sie als moderne Staatstypenlehre das antike Vorbild des *Aristoteles*[14] ablöst bzw. ergänzt. *Weber* steht in enger Verbindung zu *Georg Jellinek*. Insofern lässt sich die Typenlehre *Webers* als soziologische Seite der *Jellinekschen* Zweiseitenlehre des Staates verstehen[15].

Zu Frage 3:

Das Konzept der Souveränität entspringt einem Bedürfnis politischer Sicherheit. Ausgangslage sind das konfliktträchtige antagonistische Verhältnis zwischen König und Papst sowie die darüber hinausgehende innerpolitische Zersplitterung der einzelnen Stände, gipfelnd in den konfessionellen Auseinandersetzungen des 16. Jahrhunderts[16]. Der französische Staatslehrer und Philosoph *Jean Bodin* (1530–1596) verstand in seinen Six livres de la République die Souveränität als höchste Befehlsgewalt: »Der Begriff Souveränität beinhaltet die absolute und dauernde Gewalt eines Staates, die im Lateinischen maiestas heißt«[17]. Gedacht ist im 16. Jahrhundert vor allem an die Souveränität des Fürsten gegenüber den Ständen. Historisch bedeutet die Entdeckung der Souveränität den Beginn moderner Staatlichkeit.

Die Elemente der Souveränität lassen sich durch zwei Begriffspaare kennzeichnen. Das erste Begriffspaar Staatssouveränität – Organsouveränität hat seine Bedeutung in der Gegenwart verloren, weil rechtlich ungebundene, souveräne Organe im modernen Staat kaum denkbar sind[18]. Weiterhin bedeutsam ist jedoch das Begriffspaar innere – äußere Souveränität[19]. Die innere Souveränität verleiht dem Staat im Innern die höchste Befehlsgewalt. Sie ist eng mit dem Gedanken des Gewaltmonopols des Staates und dem positivistischen Rechtsbegriff verknüpft *(auctoritas, non veritas, facit legem)*. In der französischen Revolution wird das Konzept der inneren Souveränität in der Unterscheidung von pouvoir constituant und pouvoir(s) constitué(s) fortentwickelt. Allein der pouvoir constituant ist ohne Einschränkungen souverän; die pouvoir(s) constitué(s) sind von ihm abgeleitet[20]. *Carl Schmitt* hat das Konzept der inneren Souveränität mit seinem berühmten Ausspruch »Souverän ist, wer über den Ausnahmezustand entscheidet.«[21] auf die Spitze getrieben. Fehlt die Fähigkeit zur Entscheidung über den Ausnahmezustand, geht eine politische Einheit in einer anderen auf, verliert sie ihre Bedeutung. Mit der äußeren Souveränität ist die Anwesenheit von Bindungen und Abhängigkeiten im Verhältnis zu anderen Staaten gemeint[22]. Souveräne Staaten bilden sich allein auf freiwilliger Basis[23]. Diese freiwillige Bindung (durch den Beitritt zu internationalen Organisationen) stellt die Souveränität wiederum nicht in Frage.

In der aktuellen Diskussion haben sich die Akzente verschoben. Das Zentrum der Betrachtung hat sich von der Souveränität auf die Legitimität von Herrschaft verlagert. Nach innen wie teilweise auch nach außen ist die Souveränität gebunden durch die Menschenrechte und das Demokratieprinzip. Als *new sovereignty* wird die Souveränität in der modernen Völkerrechtslehre als Fähigkeit zur Teilnahme an internationaler Kooperation verstanden[24]. Im Ergebnis stehen heute die rechtlichen Bindungen staatlicher Herrschaft vor der Souveränität, aber das Verständnis der Souveränität ist unabdingbar für ein umfassendes Verständnis des modernen Staates.

Zu Frage 4:

Das Konzept der fiktiven Partei Moderner Staat zielt auf einen grundstürzenden Umbau des föderalen Systems der Bundesrepublik Deutschland. Unter den verschiedenen Spielarten des Föderalismus wird im Grundgesetz indes nur eine Variante verwirklicht. Absoluten Schutz genießt allein die Gliederung des

8 Art. I, Section 7 (3). Dazu Winfried Brugger, Einführung in das öffentliche Recht der USA, 2. Aufl. 2001, § 7 III 4.

9 S. Ulrich Hübner/Vlad Constantinesco, Einführung in das französische Recht, 4. Aufl. 2001, S. 7 f., 49; Hans Jürgen Sonnenberger/Christian Autexier, Einführung in das französische Recht, 3. Aufl. 2000, Ziff. 21 f.; Rainer Grote, Das Regierungssystem der V. französischen Republik, 1995, S. 73 ff. und 93 ff.

10 Zur repräsentativ-parlamentarischen Demokratie des Grundgesetzes Peter Badura, Staatsrecht, 3. Aufl. 2003, D 6 ff.

11 Dazu Doehring (Fn. 1), Rdn. 384 ff.

12 Die drei reinen Typen der legitimen Herrschaft (gesammelte Aufsätze zur Wissenschaftslehre, 4. Aufl. 1973, S. 475).

13 Zu ihnen Breuer (Fn. 1), S. 14 ff., und passim.

14 Aristoteles, Politik III 1279 a 22 ff.

15 Die rechtliche Seite mit ihrer Untergliederung Staatsvolk – Staatsgebiet – Staatsgewalt gehört zum Standardwissen der Allgemeinen Staatslehre. Zu Weber und Jellinek Jens Kersten, Georg Jellinek und die klassische Staatslehre, 2000, S. 123 ff.

16 S. nur Kriele (Fn. 1), §§ 9 ff.

17 Jean Bodin, Über den Staat (dt. Übers. der *Six livres de la République*), 1994, I. Buch, 1. Kap., S. 1 f. Dazu Zippelius (Fn. 4), § 9 III 1.

18 Vgl. Zippelius (Fn. 4), § 9 III 2.

19 Dazu Zippelius (Fn. 4), § 10 I. S. auch Thomas Fleiner-Gerster, Allgemeine Staatslehre, 2. Aufl. 1995, S. 158 f.

20 Vgl. Zippelius (Fn. 4), § 9 III 2.

21 Politische Theologie, 2. Aufl. 1934, S. 11.

22 Wolfgang Graf Vitzthum, in: ders. (Hrsg.), Völkerrecht, 2. Aufl. 2001, 1. Abschnitt, Rdn. 73.

23 Klassisch ist die Formulierung des Internationalen Gerichtshofs im Lotus-Fall Frankreich/Türkei PCIJ Reports, Ser. A, No. 10, S. 18: »International law governs relations between independent States. The rules of law binding upon States therefore emanate from their own free will as expressed in conventions or by usage generally accepted as expressing principles of law and established in order to regulate the relations between these co-existing independent communities or with a view to the achievement of common aims. Restrictions upon the independence of States cannot therefore be presumed.«

24 Grundlegend Abram Chayes/Antonia Handler-Chayes, The New Sovereignty, 1995.

Bundes in Länder und die grundsätzliche Mitwirkung der Länder bei der Gesetzgebung (Art. 79 III GG)[25]. Andere bundesstaatliche Gestaltungsformen sind durchaus möglich. Die skizzierte Idee eines reduzierten Kataloges von Bundeszuständigkeiten und eines zweigliedrigen Behörden- und Gerichtsaufbaus ist dem in den USA realisierten Konzept nachempfunden[26]. Auch andere Bundesstaaten kennen Strukturen, die erheblich von derjenigen der Bundesrepublik Deutschland abweichen. So kennt etwa Belgien allein nationale Gerichte, keine Gerichte der Gemeinschaften bzw. Regionen[27]. Bosnien und Herzegowina – ebenfalls ein Bundesstaat – kennt in seiner in Dayton (Ohio) durch völkerrechtlichen Vertrag gestifteten Verfassung einen Zuständigkeitskatalog für alle Staatsgewalten[28].

Frage 5:
Die Aussage des Bundesverfassungsgerichts kann unter zwei Aspekten diskutiert werden. Erstens ist sie im Licht des Konzepts des Verfassungsstaats zu sehen. Die Allgemeine Staatslehre bzw. Verfassungslehre muss sich der Grundfrage nach dem (nicht nur zeitlichen) Vorrang des Staates oder der Verfassung stellen. Ist der Staat der Verfassung vorgelagert oder ist es die Verfassung, die sich den Staat formt[29]? Das Postulat einer virtuellen Allzuständigkeit des Staates, wie es in der Formulierung des Bundesverfassungsgerichts angedeutet wird, scheint auf ein Verständnis zu zielen, das staatliche Maßnahmen ohne Grundlage in der Verfassung kennt[30]. Dieses Verständnis des Verfassungsstaates ist hochgradig problematisch.

Zweitens nimmt die Formulierung Bezug auf das Verhältnis von Staat und Gesellschaft. Eine strikte Trennung von Staat und Gesellschaft wird in der modernen Staatslehre nicht mehr vertreten[31]. Dennoch ist der Staat des Grundgesetzes ein sektoraler Staat[32]. Im Gegensatz zum totalitären Staat erfasst er nicht alle Bestandteile, Äußerungen und Formen des gesellschaftlichen Lebens. Staatliche Herrschaft greift nur punktuell auf der Basis verfassungsrechtlicher Kompetenzzuweisungen. Auch unter diesem Gesichtspunkt ist die Äußerung des Bundesverfassungsgerichts im Rechtschreibreform-Urteil kritisch zu würdigen.

25 Gleiches gilt, wenn man mit der h.M. auch die Grundsubstanz der Eigenstaatlichkeit der Länder über Art. 79 III, 20 I GG als geschützt ansieht; vgl. statt vieler Horst Dreier, in: ders. (Hrsg.), GG II, 1998, Art. 79 III, Rdn. 39.
26 Dazu Brugger (Fn. 8), §§ 4 und 6.
27 In der Vorlesung waren exemplarisch als nicht deutsche Bundesstaaten die USA, Belgien sowie Bosnien und Herzegowina behandelt worden, letzteres mit Blick auf die friedenstiftende Perspektive des Föderalismus.
28 Art. III der Verfassung von 1995; abrufbar auf der Internetseite des Verfassungsgerichtshofes von Bosnien-Herzegowina, http://www.ccbh.ba/constitution/.
29 Grundlegend Konrad Hesse, Grundzüge des Verfassungsrechts der Bundesrepublik Deutschland, 20. Aufl. 1995, § 1, einerseits, Josef Isensee, in: ders./Kirchhof (Hrsg.), Handbuch des Staatsrechts I, 2. Aufl. 1995, § 13, Rdn. 1–3, andererseits.
30 Weniger kritisch die Deutung bei Hartmut Bauer/Christoph Möllers, Die Rechtschreibreform vor dem Bundesverfassungsgericht, JZ 1999, S. 697 (699).
31 Umfassend Hans-Heinrich Rupp, in: Isensee/Kirchhof (Fn. 29), § 28.
32 Begriff: Isensee (Fn. 29), Rdn. 58–61.

www.ingramcontent.com/pod-product-compliance
Lightning Source LLC
LaVergne TN
LVHW070906300926
849162LV00012B/1866